国境と仏教実践

中国・ミャンマー境域における
上座仏教徒社会の民族誌

地域研究のフロンティア

小島敬裕 著

CIAS

京都大学
学術出版会

そこに国境がある風景

中国側から見たミャンマーのムーセー市街。ミャンマー側から瑞麗を写した表紙と比べると，瑞麗の方がかなり大規模な町であることがわかる。景観の差異がそのまま，両国の経済格差を物語っている。

境域を生きる

国境を示す看板には,「観光客は立入禁止」と書いてあるが,住民たちは日常的に越境する。

左　瑞麗市内にある国境を示す看板。無断での越境に500元の罰金を科す旨が,中国語とビルマ語の2か国語で表記されている。

右　民家の庭に立てられた国境を示す標識。国境線が瑞麗江の中に引かれたため,実際の位置よりやや移動してここに立てられることになった。

村を支える在家の宗教者たち

右 TM村のザウラーン（*tsău laŋ*）。ザウラーンとは女性の霊媒であり、精霊を憑依させて悪霊の除祓や占いなどを行い、村人たちの宗教的需要に応えている。その一方で、儀礼を行う場所は自宅の「仏典棚」前であり、熱心な仏教徒でもある（本書第4章参照）。

下 ホールー（*ho lu*）の説法。雨安居期間中の布薩日に、寺院内の仏像前でホールーは歌うように仏典を朗誦する。寺籠りして持戒する老人たちは、じっと説法に耳を傾ける。出家せずして信仰の中核を担う彼らは、徳宏の宗教実践の独自性を象徴する存在である（本書第5章参照）。

灌水祭 ―― 徳宏の一つの新年

灌水祭（poi sɔn lăm）の一幕。瑞麗のタイ族は、上座仏教徒社会の他地域と同様、新年として灌水祭を盛大に祝い、踊りを繰り広げる。しかしそれだけでなく、漢族の新年である春節、そしてタイ族新年とあわせて3つの新年を祝うのは、中国・ミャンマーの境域における文化的特徴である（本書第3章参照）。

僧侶に水を掛ける女性。水を掛けて1年の穢れを祓う習慣は、上座仏教徒社会の他地域と共通するが、僧侶の身体にまで水を掛けるのは珍しい。この日、僧侶は多くの信徒に水を掛けられ、もう着る袈裟がないとこぼす（本書第3章参照）。

目　次

口絵

序章　本書の課題と目的 …………………………………………………… 1
　1．研究の背景 ── 在家者が主導する上座仏教　3
　2．上座仏教徒社会の先行研究と課題　8
　3．本書の構成　20

第1章　「境域」空間をなす徳宏 …………………………………………… 23
　1．徳宏の主要都市 ── 芒市と瑞麗　25
　2．徳宏タイ族　27
　3．徳宏の地域史　34
　4．調査村TL村　40
　　コラム　52

第2章　徳宏タイ族の宗教的特徴 ………………………………………… 55
　1．他地域との比較から　57
　2．西双版納と徳宏　64
　3．徳宏において出家者が少数にとどまる背景　70
　4．出家者の止住を必要としない村落　76
　5．TL村の宗教構成　81
　6．宗教実践の場　85
　　コラム　104

第3章　「在家」が織りなす信仰空間 …………………………………… 107
　1．TL村の年中儀礼　109
　2．村人の人生と儀礼　149
　3．死者供養の儀礼　159
　4．在家者と仏　168
　5．在家者と出家者　173
　6．精霊信仰と仏教　177
　　コラム　183

i

第 4 章　担い手から見る宗教実践 ……………………………………… 185

 1．ホールー　188
 2．女性修行者　192
 3．出家者　197
 4．サーラー　206
 5．ザウザーイ・ザウラーン　210
 コラム　218

第 5 章　ホールーの越境と実践の動態 ……………………………… 221

 1．ホールーの役割　223
 2．ヒン・ラーイの寺籠りとホールー　226
 3．越境するホールー　229
 4．誦経・説法に関する実践の変容　235
 5．継続する声の実践　243
 コラム　249

第 6 章　仏教実践と政治権力 ………………………………………… 253

 1．戒律実践の多様性　255
 2．多様性を生む要因　257
 3．ミャンマー政府の宗教政策と地域の実践　268
 4．中国政府の宗教政策と実践の変容　270
 5．政治権力と宗教実践　276
 コラム　278

終章　徳宏タイ族の仏教実践とその行方 ……………………………… 281

 1．在家者が主導する仏教実践　283
 2．課題と展望　285
 3．TL 村の生活変化と仏教実践の行方　287

参考資料 ………………………………………………………………… 289

 1．用語集　289
 2．年表　305

あとがき　309

文献一覧　313

索　引　321

凡　例

1. 国名，民族名の区別
　本書では，地域または国家の名称をミャンマーとし，ミャンマー国内に居住する民族のうち「バマー（Bama）」と呼ばれる民族名をビルマとする。また国家としてのタイ（Thai）はタイ国，民族としてのタイ（Tăi）はタイ族と表記する。いずれも国名と民族名の混同を避けるためである。ただしミャンマー側に居住するタイ族は，慣例に従ってシャン（Shan）と呼ぶ。

2. 地名
　地名は，それぞれの国家における国語表記を優先する。中国側の行政単位名であれば漢字表記，ミャンマー側の行政単位名であればビルマ語をカタカナ表記する。ただし徳宏タイ語，またはシャン語の地名は，カタカナ表記とともに徳宏タイ語をローマ字で併記する。

3. ローマ字表記
　徳宏タイ語・シャン語のローマ字表記には標準化されたものがなく，研究者がそれぞれ異なった表記法を用いている。徳宏タイ文字で直接表記する方法もありうるが，徳宏タイ文字を読める研究者は日本でも数名しか存在しない。徳宏タイ語には他のタイ系民族と共通する語彙も含まれているため，タイ系民族研究者にもある程度の発音の推測ができるよう，本文中にはローマ字表記を用い，巻末の要語集にはローマ字と徳宏タイ文字の対照表を付した。
　ローマ字表記については，徳宏タイ語は中国で発行された『傣汉词典』［孟編 2007］の国際音標表記，ビルマ語はオケル［Okell 1971］の慣習的表記法（Conventional Transcription），漢語はピンイン表記に従っている。ただしいずれも声調記号は省略した。
　なお，ローマ字の前にB：と表記されている場合はビルマ語，C：と表記されている場合は漢語，T：と表記されている場合はタイ国語，P：と表記されている場合はパーリ語であることを示す。無表記の場合は，基本的に徳宏タイ語である。

4. 徳宏タイ語のカタカナ表記
　子音については，無気音/有気音の対立は無視し，g/ŋ の対立も無視してガ行で表記する。母音については，e/ɛ はエ，o/ɔ はオ，u/ə/ɯ はウと表記する。音節末が子音で終わる場合は，a の場合のみ長母音には「アー」と表記し，そのほかには長音符号をつけない。音節末が母音で終わる場合は，長音符号をつける。音節末の子音については，閉鎖音 -p, -t, -k はそれぞれプ，ト，クとし，鼻音 -m はム，-n, -ŋ はともにンで転写する。

5. 田地の面積
　中国の田地の面積はムー（畝）を単位としている。中国の1ムーは6.667アール，15分の1ヘクタールである。

6. 貨幣単位
　中国の貨幣単位は元（Yuan）である。本書では慣例に従い，「ユエン」とせずに「元」と表記する。なお，2006年から2007年の調査期間を通じて1元≒15円であった。

7. 行政単位

中国・ミャンマーの行政単位は以下のように表記する。

中国 … sheng＝省，zhou＝州，shi＝市・xian＝県，xiang＝郷・zhen＝鎮，cun＝村

ミャンマー … pyine＝州・taing＝管区，myone＝郡，kyeiywa＝村

8. 年齢

本文中の括弧内に記載した年齢は，インフォーマントの調査当時の年齢である。

□本書は，ＱＲコードに対応しております。

□本書中のＱＲコードをスマートフォン（iPhone、Android）で読み込むことで，京都大学地域研究統合情報センター（CIAS）のデータベース中の動画資料にアクセスすることができます。動画は，著者が撮影した徳宏の宗教実践の映像の中から特徴的なものを選び，その一部を編集したものです。

1. 見習僧出家式 …… p. 105
2. 出安居 …… p. 144
3. 結婚式 …… p. 153
4. 追善供養 …… p. 165
5. 仏像奉納祭 …… p. 170
6. 公民館新築時の悪霊祓い …… p. 175
7. 僧侶による悪霊祓い …… p. 200
8. 憑依する霊媒師 …… p. 214
9. ホールーの説法 …… p. 226
10. 初転法輪朗唱儀礼 …… p. 249

□なお，全ての動画の著作権は，著者に帰属します。私的使用の範囲を超えて許可なく使用・複製・複写・改変・加工・転載等することを禁じます。

□本サービスの利用によって生じたあらゆる損害に関して，当会は一切の責任を負いかねます。また，本サービスは，予告なく変更，全部又は一部の利用停止，廃止されることがあります。あらかじめご了承ください。

序　章

本書の課題と目的

瑞麗では子供が生まれると，1か月後に親戚を集めてお披露目をする。右側に写っている男性はその父親であり，筆者が居住していた家の親戚にあたる。そのため筆者も「親戚」の一人として招かれ，その際に瑞麗を旅行で訪れていた友人のMarcel de Montgolfier氏が撮影してくれた。宴会に招かれるのはうれしいのだが，辛かったのは飲酒である。彼らの飲酒量は，筆者にとって尋常ではなかった。この時も酒量の少なさを女性たちに指摘され，筆者はやむをえずビールを注ぎたしている。

1. 研究の背景 ── 在家者が主導する上座仏教

(1) 徳宏研究の意義と射程

　本書は，中国雲南省における徳宏タイ族の仏教徒の宗教実践を，国境の地域社会との関わりから明らかにする民族誌的研究である。

　徳宏タイ族は，中国とミャンマーとの国境線に面した徳宏傣族景頗族自治州（以下，「徳宏州」と表記）に居住する。民族としてはミャンマー側のシャンと同系統で，その大部分が仏教徒である。彼らの信仰する仏教は，東南アジア大陸部の仏教徒諸国（タイ，ミャンマー，ラオス，カンボジア）および隣接する西双版納傣族自治州（以下，「西双版納州」と表記）で信奉されている上座仏教と共通する部分を多く持っている。

　上座仏教徒社会の他地域において主流をなすスリランカ大寺派系の実践は，持戒と出家主義を特徴とする。筆者は 2001 年にミャンマー中央部マンダレーのビルマ寺院，2003 年にはシャン州ティーボー（B: Thibaw，徳宏タイ語ではシーポーSipo）のシャン寺院において 2 度の一時出家を経験した。日本人の「出家」に対するイメージからすると，「2 度の一時出家」とは理解し難いかもしれないが，上座仏教徒社会に生きる人びとにとって，男子が短期間の出家を幾度も繰り返すのは珍しいことではない。そのためミャンマーでは，数十名から，多い寺では数百名の出家者が各寺院に止住する。

　これに対し，徳宏では出家者がきわめて少ないという上座仏教徒社会の他地域とは大きく異なる特徴を持つ。各村落に寺院は存在するが，多くは「無住寺」なのである。また徳宏の仏教には，ビルマとシャンの 2 つの仏教の特徴が見られるばかりでなく，さらに漢文化の影響やタイ国の仏教も混淆しており，複数の民族や国家が担う仏教の様々な影響が見うけられる。本書では，このような国家と国家の狭間に注目することによって見えてくる「地域」とそこで展開される仏教実践に焦点を当て，長期フィールドワークで得た一次資料に基づいて，在家者を中心とする実践仏教の動態を解明する。

　聖典や宗教的エリートの言説，法制度が表象する宗教ではなく，信徒の日常生活の中で慣習化した「行い」としての実践宗教［Leach 1968］に着目した研究は，東南アジア大陸部の仏教徒社会においては，60 年代から 70 年代にかけてタイ，ミャンマー，カンボジアで行われた。それらの研究は，仏教徒たちが，

地域の精霊信仰や国家の政治権力との関わりの中で，上座仏教をいかに実践しているのか，という問題について，機能・構造主義的に分析してきた。しかし70年代から80年代にかけては，冷戦の影響からタイ以外のフィールド調査の機会が閉ざされたため，実践宗教としての仏教研究に大きな空白が生じることになった。そのため，同地域での仏教研究は，植民地化・社会主義化を経験せず，現在まで王室を保持するタイを舞台とする調査研究が中心となり，タイでの研究成果が規範的なモデルとなってきたと言えよう。このことは，後述するような研究上のバイアスを生んできた。

　冷戦体制が終息する90年代以降になってようやく，ラオス，カンボジアなど東南アジアの社会主義を経験した諸国におけるフィールド調査が，それぞれ制限付きながらも可能となる。特筆すべきは，上座仏教を信奉するタイ系民族が居住する中国の雲南省（西双版納や徳宏）も，東南アジア仏教徒社会の研究の射程に組み入れられるようになったことである。ここにおいて，タイ以外の国家や地域の上座仏教徒とその実践に関する基礎的な研究と，さらには地域間比較がはじめて可能となった。

　本書の研究対象とする徳宏は，上座仏教徒が居住する同じ雲南省の西双版納とともに，50年代末から70年代末にかけての大躍進・文化大革命（以下，「文革」と表記）の影響によって，仏教実践がいったん途絶した経験を持つ。そして，90年代まで実証的な調査研究から外国人を閉ざしてきた地域である。西双版納は，徳宏に先んじて調査が可能となり，隣接するタイ国の上座仏教徒との友好関係もあって，当該地の仏教の復興と，制度の実態を明らかにする研究が蓄積され始めた。これに対し，徳宏の仏教研究はいくつかの例外を除いて手つかずのままであった。筆者が徳宏を調査地として選んだ動機の一つは，この空白を埋めることにあった。また筆者自身は，調査開始前までに漢語とビルマ語を習得しており，調査に好都合だろうという現実的な理由もあった。

　しかし徳宏を研究対象とすることの意義はそれだけではない。国境地域に位置し，複数の国家や民族と関わる宗教実践が見られる徳宏は，地域の宗教実践について考察するためには絶好のフィールドだからである。徳宏の宗教実践は，ミャンマー，中国，タイ国の宗教と関わると同時に，同じミャンマー国内でもビルマ，シャンという2つの民族から影響を受けている。こうした仏教のダイナミズムをもたらす大きな要因の1つとして挙げられるのは，人の移動である。近年，トランスボーダー研究は盛んになりつつあるが，国境を越えて人が動く

こと自体は決して目新しい現象ではなく，調査村および周辺地域の人々は近代国家の成立以前から頻繁に移動し往来してきた。人の移動の中で，様々なネットワークを築きつつ地域の宗教実践は培われてきたのである。にもかかわらず上座仏教徒社会に関する従来の先行研究は，調査が困難な状況におかれてきたこともあり，1つの国民国家を単位として仏教実践をとらえようとしてきた。これに対し本書では，「越境」する人々がもたらす実践の動態を，国境の地域社会との関わりから解明する。特に現代社会において，地域や国家を超える宗教実践は決して珍しいことではなくなっており，仏教のみならず他の世界宗教との比較研究に貢献する可能性もある。

もちろん，近年の人類学的研究には，国境を越えた宗教的ネットワークのあり方に注目する研究も現れている。しかしいかなる地域の宗教実践もその地域のおかれる国家と無関係ではありえない。本書では徳宏と関わる2つの国家，すなわち中国とミャンマーの宗教関係の諸制度や政策との関わりに注目し，地域間比較研究の視点から検討する。特に徳宏の宗教実践が興味深いのは，中国という社会主義国家に位置しているためである。前述の通り，従来の上座仏教徒社会研究は，植民地化，社会主義化を経験せず，王制を維持するタイを伝統的なモデルとしてきたが，本書では中国の事例からそれを再検討する。

また東南アジアの上座仏教徒諸国では，近代以降，国家が仏教関係の法制度を整備するとともに，経典に基づく実践への標準化が進められてきた。一方，中国では大躍進，文革の動乱の時期を経たこともあり，バラエティに富む地域，民族ごとの実践を統一・規定する制度化の浸透は，まだ実効力を持つものとして顕在化していない。それゆえ，国家や制度が分節化する以前の実践が築かれている現場をとらえることができる。当事者の外部から観察する者は，こうした実践を，経典から演繹される実践や制度が規定する実践から逸脱した形態ととらえがちである。しかし現に，聖書を読まずとも人はクリスチャンになり，アラビア語が読めずともムスリムは生まれている。このことと同様，地域に生きる，経典を読むことのない人々にとっての仏教とは，まずもって経典に書かれた文字知識というよりも，むしろ地域社会に根ざした儀礼や口承による知識である。さらに，文字で記載される経典もまた，目で読まれるのみならず，地域によって異なる独自の実践の中で様々に用いられる。本書では，こうした特定の地域に根ざす宗教のダイナミズムや生命力について事例をもとに理解を深めるとともに，経典に書かれた教理や国家の築く制度に基づく仏教実践の相対化を目指す。

さらに，徳宏の宗教実践について明らかにすることは，中国とミャンマーの社会の知られざる一側面を照射することにもつながる。2011年にミャンマーは民政移管を実現し，日本企業の進出も開始されつつある。しかしミャンマーでは約50年にわたって長期定着調査が困難な状況におかれてきたため，ミャンマーの社会や文化に関する情報はきわめて限定的である。特にミャンマーを理解するためには，人口の大多数が信仰する上座仏教に関する知識が不可欠であるが，先行研究も少数にとどまっている。

　一方，中国に関しては，尖閣諸島の領有権問題等，耳目を集める問題が発生するたびに大々的な報道こそなされるものの，それは日本人にとって理解しやすいよう咀嚼された報道・分析であり，実態とは乖離した表面的な説明となっているケースも多い。少数民族についても，チベット族やウイグル族の問題がしばしばとりあげられることもあってか，政府によって抑圧された少数民族像ばかりが強調される。しかし彼らの生活や文化の実態については，まだまだ知られていないのが実態である。

　また中国は近年，東南アジア諸国との間に強い交流関係を築きつつあることも報告されている。特に中国とミャンマー，さらにインドを結ぶ交通ルートの要衝に位置する瑞麗の町は，高速道路や鉄道などの物流網の整備も進み，国際貿易の拠点として注目を集めつつある。この地域の経済的・政治的動態に注目した研究も現れつつあるが，国境地域に住む民族の生活や文化，そして国境を越える人の移動の実態に関しては，ほとんど明らかにされていない。こうした現状に対し，本書は中国・ミャンマー国境での長期フィールドワークにより，宗教および地域社会の動態を明らかにするとともに，地域間比較の立場から中国とミャンマーの国家や地域の特徴を浮かび上がらせ，より具体性を持った国家像，地域像を描き出すことを目指した。

(2) 生活をともにすることで見えるもの

　地域で生きられる宗教の実態を理解するためには，そこに住む人々と生活をともにすることが重要である。そこで筆者は2006年10月から2007年11月まで約1年間，TL村という一村落の農家に住み込んだ。定着して真っ先に力を注いだのは徳宏タイ語の習得である。徳宏ではほとんどのタイ族が母語の徳宏タイ語のみならず漢語を話す。また出家者や女性修行者であれば，その大多

数はミャンマーでの学習経験を持つため，ビルマ語での会話も可能である。トライリンガルの人さえ珍しくない。このため，すでに習得していた漢語とビルマ語で人々と会話すること自体は可能であった。しかし，家族の団欒や井戸端会議は徳宏タイ語で行われており，何より，仏教儀礼で重要な役割を果たす在家信徒は，パーリ語で誦経し，徳宏タイ語で説法している。当然のことながら，人々の暮らしから宗教実践に接近するには，徳宏タイ語の習得が必須と判断したためである。その結果，定着当初は併用していた漢語やビルマ語を使用する頻度は減り，最終的に徳宏タイ語での参与観察と聴き取り調査の実施が可能となった。さらに，この経験によって，徳宏タイ族の人々の生活世界や宗教実践を彼ら自身の視点から理解し，民族間関係や国家間関係の歴史的交渉のなかで生成してきた地域社会の動態をとらえる座標軸が得られた。

　調査期間中，拠点である TL 村全体で行われた集合儀礼にはすべて参加し，結婚式，新築式，葬式など個人宅で実施された儀礼にも可能な限り参加した。かつ，瑞麗市内の他村で開催された大規模な儀礼や仏教関係の行事にも，ほぼすべて参加した。徳宏州内を旅行すると，同一州内でも盆地によって実践の形態が異なることがわかる。瑞麗以外の地域における実践も，基本的な調査を行ったが，本調査で TL 村を中心とする瑞麗市内に軸足を固定したのは，第 6 章で述べるように村落や個人による実践の差異が大きく，瑞麗市内だけでも把握するのは容易ではなかったためである。

　本書で記述するデータは基本的に，2006 年から 2007 年にかけての本調査期間中に得られたものである。本調査に入る前の 2005 年 3 月，10 月，2006 年 1 月～2 月，8 月には，留学先の雲南民族大学の休暇期間などを利用して予備調査を行った。その際には，徳宏州内の各市・県や西双版納の知人を訪ね，瑞麗以外の地域についての概況を把握した。

　また 2009 年 2 月，8 月～9 月，2010 年 8 月～9 月にも瑞麗市において補足調査を実施した。この時には，科学研究費補助金基盤研究 (A)「大陸部東南アジア仏教徒社会の時空間マッピング—寺院類型・社会移動・ネットワーキング（研究代表者：林行夫・京都大学地域研究統合情報センター教授，課題番号 20251003，2008 年度～2010 年度）」による調査の一環として，瑞麗市内の全 118 施設に止住する出家者，寺子，女性修行者に対する悉皆調査を行った。これは，同時期にタイ，ラオス，カンボジアで調査を行った他の研究者とともに調査項目をそろえて実施したものである。成果の一部は，本書の第 2 章で用いている

が，筆者にとって有意義だったのは，それまでおもに1か村の質的調査に集中していたのに対し，同一盆地内の全村を調査することによって，村落による実践の多様性に気づくと同時に，地域間比較研究の視点が得られたことである。

　さらに徳宏から視野を広げ，ミャンマー側でも調査を実施した。2011年2月，2012年3月，12月には，科学研究費補助金基盤研究(A)「東南アジアにおける宗教の越境現象に関する研究（研究代表者：片岡樹・京都大学大学院アジア・アフリカ地域研究研究科准教授，課題番号22251003，2010年度〜2012年度）」による調査の一環として，カチン州，シャン州，ヤンゴンで調査を行った。また2011年8月，12月，2012年8月〜9月，2013年3月には，科学研究費補助金基盤研究(C)「上座仏教徒社会の国家と地域の実践に関する研究—現代ミャンマーを中心に（研究代表者：小島敬裕・京都大学地域研究統合情報センター研究員，課題番号23510311，2011年度〜2014年度）」を得て，シャン州のムーセー(B: Muhse，徳宏タイ語ではムージェーMu tse)郡・ナンカン(B: Nanhkan，徳宏タイ語ではラムハムLăm xăm)郡を含む地域で調査を実施した。ミャンマーの仏教は理解しているつもりだったが，徳宏での調査経験で得られた問題意識をもって再びミャンマーの仏教を見直すと，今まで気づかなかった徳宏との共通点，そして相違点に気づかされた。これらの調査の際に得られた知見も本書の一部に援用している。

2. 上座仏教徒社会の先行研究と課題

(1) 東南アジア大陸部における仏教徒社会研究

　東南アジア大陸部における上座仏教徒社会の研究では，上座仏教（以下，「仏教」と表記）の特徴は「出家主義」であるとされてきた。「出家主義」とは，人々が出家し，サンガ（僧侶の集団）で戒律を厳守した生活を送ることによって自力救済を追求することを意味する。しかし戒律によって労働を禁じられた出家者は，在家者からの寄進なしには修行生活を維持できない。そのため「出家主義」の上座仏教は，在家と深く関わりながら実践されてきた。「在家者」の中でも，王権をはじめとする政治権力者はサンガに対する最大の支援者であった。王権はサンガを保護することによって自らの支配の正統性を主張した。したがって，東南アジア大陸部を中心とする地域で行われてきた仏教徒社会の研究は，各地

域で実践される仏教と，在家者の暮らしや政治権力との関係に焦点が当てられてきた。本節では，仏教徒社会研究の流れを紹介するとともに，本研究の位置づけを示す。

　西欧諸国において上座仏教研究が始まるのは，アジアの植民地化が進行する19世紀から20世紀にかけてのことである。当初は，経典研究によって純粋な教義を追求する方向へ向かった。そのため，仏教徒の日常的な実践は研究の対象外におかれていた。

　第二次世界大戦後になると東南アジア大陸部の仏教徒社会研究が進むとともに，経典に記された教理としての仏教ではなく，生きられる仏教の現実を明らかにしようとする研究が本格化する。特に欧米の人類学者はミャンマーやタイで調査を行い，実践仏教の実態解明に大きな役割を果たした。

　初期の研究の主要なテーマとして注目されたものの1つが，土着の精霊信仰と仏教との関わりであった。当時の研究は，1950年代にレッドフィールド［Redfield 1960］が提唱した大伝統と小伝統の二分法的な分析概念を継承し，文字を持つ大伝統としての仏教と文字を持たない小伝統としての精霊信仰を峻別する傾向があった。

　その典型的な例として挙げられるのがスパイロ［Spiro 1967, 1970］である。スパイロはミャンマーの精霊信仰と仏教を異質な宗教体系と見なし，両者を以下のように規定した。すなわち，精霊信仰は仏教の教義では満たされない現世利益の心理学的要求を満たすものである。一方の仏教は，①教義が目指す涅槃仏教（Nibbanic Buddhism），②布施によって輪廻的存在の位置づけを向上させる積徳行の仏教（Kammatic Buddhism），③悪霊や災難を避ける除祓仏教（Apotoropaic Bugghism），④秘儀的仏教（Esoteric Buddhism）の4つに分類される。スパイロは経典に記載されているかどうかを基準として観念や実践を分類したため，経典に根拠のない観念や実践は「非仏教」と位置づけた。

　これに対し，タイの農村で調査を行ったタンバイアは，精霊信仰と仏教を本質的に相容れないものとして対照的にとらえるのではなく，両者が村落社会のなかで相互補完的に統合されているととらえた［Tambiah 1970］。タンバイアは調査村で実施される儀礼を，宗教的象徴の属性と儀礼執行者の類型から4つの範疇に分類する。すなわち，①僧侶による集合的な仏教儀礼（積徳行），②民間バラモン（出家経験者で村の俗人長老）による魂の強化，回復儀礼，③シャーマンらによる村の守護霊儀礼，④モータム祈祷師（仏法の専門家）による悪霊の

除祓儀礼，である。その上で，年長者を代表する民間バラモンが年少の出家志願者に魂の強化儀礼を施し，得度した年少者は逆に年長者へ功徳を回向するといった互酬的な関係が成り立っているとした。このようにタンバイアは，精霊信仰と仏教が村落社会のなかで相互補完的な関係をもって統合されていることを明らかにしたのである。

　タンバイアの研究は，村落における実践を統一的にとらえる視点を提示したという意味で大きな貢献をなした。しかしスパイロ，タンバイアの両者とも，仏教を識字者によって担われる大伝統と位置づけた点では共通している。このことは，両者が実践仏教の研究を旗印として掲げながらも，結局は仏教学の伝統を受け継ぎ，経典に記された文字知識としての仏教をその本質と見なしていたことを意味する［林 2004］。

　もちろん，両者と異なる視点がなかったわけではない。たとえば，ミャンマーにおいて1950年代末にフィールドワークを行ったメンデルソンは，ミャンマーにおける俗人の儀礼専門家ウェイザー（B: *weikza*）に注目し，「アニミズムという土地に縛られた世界と，より大きな『純粋』仏教という国家的世界とのギャップを埋めるもの」［Mendelson 1961b: 573］であると指摘した。このようにメンデルソンは，仏教と精霊信仰の二分法的な解釈を超え，経典ではなく実践から仏教をとらえようとする視点を，スパイロ，タンバイア以前から持っていたのである［Mendelson 1960, 1961a, 1961b, 1963a, 1963b, 1991］。しかしその後，近年までミャンマーでは外国人による調査が不可能な状態におかれたため，メンデルソンの仏教と精霊信仰に関する研究が発展することは長らくなかった。

　以上のような村落仏教の実践に焦点をあてた研究の一方で，サンガと王権または近代国家の関係について扱った研究も進展した［石井 1975; Tambiah 1976］。以下，タイのサンガと政治権力の関係を対象とする石井米雄の研究を紹介しておきたい。

　上座仏教徒社会において在家信徒は日常的に五戒，布薩日には八戒を守るが，それは強制されるものではなく，あくまで自主的に守る心がけである。これに対し，20歳以上の僧侶（比丘）は二二七戒，20歳未満の見習僧（沙弥）は十戒の遵守を義務づけられている。ひとたび戒律を受けて出家すると，その後は戒律に基づく脱俗の修行生活を送らなければならない。このように出家者と在家者は明確に区別されている。

上座仏教の出家者は，労働によって食料を獲得することを戒律によって禁じられており，在家信徒からの托鉢によって生きなければならない。出家者は戒律を厳守することによって在家者の支持を獲得し，寄進に値する存在とみなされる。一方の在家者は出家者への布施によって功徳を積むというような相互依存関係が存在する。このように出家と在家は連続する側面も持っている。

　在家信徒の中でもサンガに対する最大の寄進者は国王であり，「国王がサンガを擁護し，サンガは正法を嗣続し，正法は国王による支配の正統性原理として機能する」という三者関係が成立していた。タイの王朝時代においては正法（P: *dhamma*）に基づいて国を統治し，サンガを擁護する正法王（P: *dhammaraja*）が理想とされていた。王権によるサンガの「擁護」には，托鉢によって修行しなければならないサンガへの物質的支援を行う「支援的側面」と，僧侶の持戒によってサンガの清浄性が保たれ，清浄なサンガによって正法が継承されるよう，サンガの統制に努める「統制的側面」が存在した。

　だが王朝時代において王権の及ぶ範囲は王都とその周辺に限られていた。その後，近代国家の形成期には国家の中央集権的な統治機構が整備されるとともに，1902 年の「サンガ統治法」制定後には統一サンガ機構が組織され，タイでは，王室を中心とするタマユット派と在来派のマハーニカイの二教派に再編された。タマユット派の特徴は，①教理原典理解の重視，②通俗仏教書の否定，③仏教純化による合理主義的側面の強調，④持戒の重要性の強調，の四点にまとめられる。これは国家規模で形成された近代仏教の規範となり，タマユット派の主導によって地方サンガも再編成された。このように国家によるサンガへの統制が強化されるとともに，地域や民族ごとに見られた多様な実践が排除され，タイのサンガに「斉一性」が生み出されたのだとする［石井 1975］[1]。

　石井の議論は，上座仏教徒社会のモデルとして現在まで影響力を持ち続けている。また冷戦時代にはタイ以外の地域での調査が困難となったこともあり，植民地化や社会主義を経験せず，現代まで王権を維持するタイの事例に基づくモデルを，歴史的経験や政治体制の相違を顧慮することなく他地域の事例に適用する傾向も見られた。

1）　タイ以外の上座仏教徒諸国においても，近代国家形成の過程で，各国別のサンガ機構を設置するとともに，国家の「正統」な仏教を規定してサンガに対する統制が強められてきた。カンボジアでは 1943 年に「勅令」，ラオスでは 1959 年に「サンガ勅令」，ミャンマーでは 1980 年に「サンガ組織基本規則」が制定され，それぞれサンガ機構が設置された。

また1970年代までの研究において仏教は、経典に記された文字知識あるいは国家が築く均質な制度として扱われる傾向があった。そのため、制度レベルでの標準化の進行と、地域における実践との動態的な関わりについては明らかにされなかったのである。

　これに対し、1990年代以降の研究は、同一国内でも地域によって異なる上座仏教の多様な実践形態を経験的な調査に基づいて明らかにしてきた [ex. 田辺編1993; Tannenbaum 1995; 林2000]。さらに近年では、限定的ではあるが、ミャンマーでも調査が可能となり、超能力者ウェイザーの宗教実践に関する研究 [土佐2000] や、女性の宗教実践に注目した研究 [飯國2010, 2011] も現れた。また小林 [2011] は、カンボジアにおける仏教実践を農村社会との関わりから明らかにしている。さらにミャンマー、カンボジア、ラオス、中国雲南省における仏教実践を制度との動態的な関わりでとらえようとする研究や、国家と国家の狭間の実践に注目した研究も現れている [ex. 林編2006, 2009]。

　これらの研究は、制度からこぼれるような地域の実践に注目している。たとえばポル・ポト政権による仏教の破壊を経験したカンボジアでは、その復興過程において、元僧侶が寺院の仏像前で受戒し、得度式を行ったという事例が報告されている [林1998]。このような実践は、経典に記された教理や国家の規定する制度仏教からの逸脱ととらえてよいのだろうか。本書で明らかにする徳宏の仏教実践ではむしろ、経典に記された教理としての仏教から逸れるように見える実践が主流をなしている。このことは、地域における実践のあり方を再検討する必要性を示している。

　仏教徒社会の各地域において、比較的均質のパーリ語経典が保持されていながら、その実践形態に多様性が見られるのは、上座仏教が地域社会や国家と深く関わりながら実践されているからである。出家者は、在家者とは明確に区別されているが、聖職者として固定されているわけではない。その構成員は出家も還俗も比較的自由であり、出家者が還俗後、村落において仏教に関わる知識の担い手の役割を果たすことも多い。このように実践主体や仏教に関わる知識は在家と出家の間を「周流」しており、両者には連続性も見られるのである [林2000: 163]。

　そのため、上座仏教の実践を対象とする研究を行う際には、まず地域間比較の視点に立ってそれぞれの地域の実践の特徴を明らかにするとともに、人々の生活との関わりからその社会的背景を理解することが必要となる。本書で目指

すことの一つは，地域における宗教実践を人々の生活との関わりから理解するとともに，制度的な仏教実践のあり方の相対化を目指すことである。

　しかしその一方で，地域の実践と言えども政治権力から離れて自由ではありえない。ここで，本書のテーマとも大きく関わるミャンマーの事例を紹介しておこう。上座仏教徒社会の各地域で保持される経典は朗誦の際の発音の相違を除いて比較的均質だが，戒律実践や儀軌作法の微細な相違によって分派が生じ，その実践は師弟関係によって継承されていく［Ferguson and Mendelson 1981］。こうした実践を共有する出家者（時に出家者を支える在家信徒を含む）の集まりを，本書では「教派」と定義する。仏教は本来，無限に多様な教派を生む可能性を持っている。その中から「正統」な実践を決定するとともに「異端」を排除してきたのは，王権であり，近代国家であった。王朝時代のミャンマーでは，ボードーパヤー王（B: Bodawpaya，在位 1781〜1819 年）やミンドン王（B: Mindon，在位 1853〜1877 年）らが，仏教「浄化」と称して「正統」な仏教を実践するサンガを保護し，「異端」仏教を排除する役割を果たしてきた。

　しかし上座仏教徒国の中では唯一，植民地化も社会主義も経験しなかったタイと異なり，ミャンマーでは植民地化を経験した際に，王制は廃止されてしまう。近代国家成立後のミャンマーでは 1980 年に全教派合同会議が開催され，既成の教派のうち九教派が公認されるとともに，統一サンガ機構が成立した。その際，統一サンガ機構は，各地域で独自の実践を営んできた教派の独立を認めず，公認九教派のうちいずれかの教派への編入を迫った。また①僧籍登録証の発行，②サンガ裁判の実施，③試験制度をはじめとする教育改革などを行い，国家サンガ大長老委員会（B: Naingngandaw Thanga Maha Nayaka Ahpwe）が決定する経典解釈に基づく実践への標準化を目指した。その結果，超自然的な「力」を信仰する集団（B: *gaing*）や，占星術，病気の治療などに僧侶が関わることも制度的には禁止されている［小島 2005a, 2005b, 2006, 2009］。

　このように，ミャンマーにおいても国家権力による仏教への統制は強化されつつある。それに対し，地域の人々は，統制の圧力と折り合いをつけながら，どのように独自の実践を構築しているのだろうか。本書のもう一つの目標は，林編［2006, 2009］をふまえつつ，徳宏における仏教実践を制度との動態的な関わりでとらえることである。

　本書ではこうした先行研究の流れを受け継ぐが，本書独自の特徴は，国境地域の徳宏という場で生きられる仏教の現実に注目する点である。従来の先行研

究が，一国単位で研究を進めてきたのに対し，本書では国家を越えて人が移動する地域の実践のあり方を，複数の国家や地域社会との関わりから明らかにする。

(2) 西南中国における仏教徒社会研究

　上座仏教が信仰される地域は東南アジアの大陸部諸国を中心とするが，中国雲南省の西双版納州と徳宏州でも，おもにタイ系の民族が上座仏教を信仰している。

　雲南の上座仏教は伝統的に，土着の政治権力者ザウファー（*tsău fa*, B: *sawbwa*）によって保護されてきた。中国の歴代王朝は13世紀末以降，彼らを土司に任命し，間接的な支配体制下に組み込んだ。

　1949年の中華人民共和国成立後まもなく土司制度は消滅し，共産党主導の統治機構が成立する。当時の宗教政策においては，「宗教」と「迷信」を区別した上での個人の宗教信仰の自由が保障されていたが，わずか1年後の1958年には大躍進運動が開始され，仏教協会は活動を停止する。社会主義路線の左傾化によって農業の集団化が進められるとともに宗教活動も批判の対象となったため，多くの住民と出家者が国外へ流出した。1960年に運動が収束した後，一時的に宗教政策は回復するが，1966年に文化大革命が開始されると再び多くの住民や出家者が国外へ逃亡した。この時期には多くの寺院，仏塔が破壊され，仏典も焼却されるなど仏教実践は断絶を経験した。1976年になって文革は終結し，1978年の十一期三中全会の開催以降，文革期の宗教政策が緩和されるとともに，徐々に復興が開始された。1982年には「社会主義時期宗教問題の基本観点と基本政策」が発布されて，宗教信仰の自由が認められるとともに，仏教実践も本格的に再開する。

　このように，雲南では大躍進，文革の影響もあり，国家による出家者の管理体制が成立したのは1982年以降のことである。また中国政府による現行の仏教管理の法令としては2005年に施行された「宗教事務条例」が存在するのみで，これは上座仏教にとどまらず，すべての宗教に関する法令である。このことは，東南アジア大陸部の仏教徒諸国とは上座仏教の位置づけがまったく異なっていることを示しているだろう。東南アジア大陸部の仏教徒諸国においては，仏教徒が人口の大多数を占め，現在では国家が仏教を庇護する関係にある。

しかし中国の場合，雲南省の上座仏教徒人口は2004年統計［熊・楊編 2005: 4］によれば93万7411名であり，中国の全人口に対する割合から言えば0.1％にも満たない。雲南省の全人口に対する割合でも，2％あまりにとどまる。また共産党員には宗教信仰の自由が認められていないという事実にも示唆されるように，上座仏教徒諸国とは異なり，基本的には宗教を積極的に擁護するようなスタンスをとっていない。つまり中国においては，地理的，政治的にも，対人口比でも上座仏教は「周縁」的な存在に過ぎないのである。

このように，雲南の上座仏教は，大躍進・文革期間中の仏教実践の断絶とその後の復興の経験，そして国家体制における位置づけなど，東南アジア大陸部諸国とは異なった社会的，歴史的文脈におかれている。しかし同じ雲南でも徳宏と西双版納ではさらに実践の形態が異なっている。ここではまず西双版納の仏教に関する研究を紹介しよう。

雲南の上座仏教に関する研究は文革前から行われていたが，文革期に研究が中断されたこともあり，フィールドワークに基づく本格的な研究が開始されたのは文革以降のことである。なかでも西双版納は徳宏よりも早く外国人によるフィールドワークが可能となり，1980年代以降から人類学的な調査に基づく研究が開始された。馬場雄司は民間歌手と仏教・精霊信仰の関係や，西双版納への上座仏教の流入経路について明らかにしている［馬場 1984, 1990, 1994］。また長谷川清は王権とサンガの関係や，文革によって断絶した仏教の復興の過程を明らかにした［長谷川 1990, 1991, 1993, 1995］。

しかし冒頭で述べた通り，徳宏は，出家者が少なく，住職不在の「無住寺」が多い点で，西双版納の仏教とも大きく異なっている。出家者を置かない村落においても日常的な儀礼は成立しているのである。また一部の寺院に止住する出家者も，そのほとんどがミャンマー側の出身である。TL村の寺院にも出家者は存在せず，ミャンマー側のナンカン郡出身の女性修行者が居住するのみである。なぜこのような状況が生じたのだろうか。またこうした状況において，誰が，どのように宗教実践を展開しているのであろうか。これらの問題を解明することは，上座仏教徒の実践においては出家者の存在を不可欠とするという先行研究の前提を相対化することにもつながるだろう。

しかし徳宏の仏教に関する先行研究の蓄積は少ない。大躍進，文革の時代には本格的な調査が不可能な状態におかれたこともあり，上記の問題についてはほとんど明らかにされていない。以下では，徳宏の上座仏教に関する先行研究

の流れをトレースしておきたい。

(3) 中国人による徳宏研究

a. 大躍進・文革前の研究

　徳宏の宗教に関する先駆的な研究は，新中国成立前からすでに開始されている。中国人研究者による研究は，上座仏教の教派とその戒律，仏教儀礼などに関する制度的な記述が中心である。

　徳宏で実践される仏教について，最初に調査を行ったのは，当時，広州中山大学の大学院生であった江応樑である。江は「雲南西部民族考察専門家」として 1937 年から 1938 年までの 6 か月間にわたりフィールドワークを行った。調査では各地の土司を頼りに現在の徳宏州全域をめぐり，『滇西擺夷研究』と題する修士論文を提出した。なお，「滇」は雲南省の略称，「擺夷 (C: Baiyi)」はタイ族に対する漢語での当時の呼称である。さらに 1938 年には滇西調査団の一員として第二次調査を行い，『滇西擺夷之現実生活』を執筆したが，日中戦争や文革期の混乱によって出版できず，江の死去後にようやく出版された [江 2003a, 2003b]。江の徳宏に関する著作には，この他に江 [1948, 1950a, 1950b, 1963, 1983, 1987, 1992] などがあり，土司制度，経済，社会，言語，宗教などについての貴重な記録を残している。

　江応樑の次に徳宏で調査を行ったのは田汝康である。田は 1935 年に北京師範大学へ入学したが，1937 年に開始された日中戦争の影響を受け，1938 年には昆明に設立された西南連合大学へ転入した。大学を卒業した田は，雲南大学の費孝通の勧めで，燕京大学・雲南大学社会学フィールドワークステーション（燕京大学云南大学社会学実地調査工作站）の一員となり，現在の徳宏州潞西市の那目村でフィールドワークを行った。調査期間は 1940 年から 41 年にかけての 5 か月あまりで，その後も 1942 年の日本軍進駐まで潞西市の芒市を中心とする地域で補充調査を行っている。調査後，中国で出版したモノグラフ [田 2008 (1946)] をもとに，1948 年にはロンドン大学経済政治学院 (LSE) に博士論文 (Religious Cults and Social Structure of the Shan States of the Yunnan-Burma Frontier) を提出した。この博士論文は，エッセンスをまとめて雑誌に掲載されるとともに [T'ien 1949]，書籍としても出版された [T'ien 1986]。

　田の研究は，徳宏の農村で行われた初の人類学的な定着調査に基づくもので

ある。田は特にポイ・パーラー（Pɔi pha la）と呼ばれる仏像奉納祭に注目し，この儀礼が徳宏タイ族の村落を統合する重要な役割を果たしていることを明らかにした。近年のフィールドワークに基づく研究 [Yos 2001; 褚 2005; 長谷 2007] も，田の研究を批判的に検討し，発展させるという形をとっており，徳宏の宗教研究を代表するモノグラフとなっている。議論の詳細については第4章で検討するが，ここでは田の議論に機能主義の影響が色濃く見られることを指摘しておきたい。

　江応樑，田汝康による研究以降，徳宏は日中戦争，さらに国民党と共産党の戦乱の時期を迎え，研究は一時的に途絶える。中華人民共和国成立後の1950年代になって，政府は民族政策を策定するため各民族の「社会歴史調査」を実施する。その一環として徳宏でも調査が行われたが，その後，大躍進，文革が開始されたため出版が遅れ，文革後にようやく出版される [《民族問題五種叢書》雲南省編輯委員会（編）1984a, 1984b; 雲南省編輯組（編）1987][2]。これらの成果は，文革前の時期における村落の社会，経済，歴史とともに，仏教の教派や儀礼の種類などについて明らかにしている。

b. 文革後の研究

　大躍進が始まる1950年代後半から文革後の1980年代に到るまで，徳宏の仏教研究は約30年間にわたって完全に中断する。再開されるのは改革開放後の1990年代以降のことで，当初は制度に関する研究が中心であった。しかし近年になって中国人研究者も人類学的な定着調査に基づく研究を開始している。

　制度研究の代表として挙げられるのが張建章による研究である。張は長年にわたって徳宏州史志弁公室に勤務した人物で，共産党の政策や政府の統計資料などに基づく制度的な記述を行っている [張編 1992, 1993]。

　近年では呉之清が徳宏の上座仏教に関する博士論文を執筆し，それに基づく研究書 [呉 2007] を出版した。呉はおもに文献資料に依拠し，徳宏の仏教実践の現状とその歴史について網羅的にまとめている。そのわずか1年後に呉は西双版納に関する書を出版しているが，それはあたかも「徳宏」の語をそのまま「西双版納」に入れ替えたかのような，内容的にはほぼ同様の書である [呉

---

[2]　社会歴史調査による成果は近年，修訂版が続々と出版されつつある [《中国少数民族社会歴史調査資料叢刊》修訂編輯委員会編 2009]。

2008]。ここには，本書で扱うような地域差への感覚が皆無である。

人類学者による調査として注目に値するのは，褚建芳である。褚は，2002年に7か月あまりにわたって，田汝康と同じ潞西市の那目村で定着調査を行う。そのデータに基づき，2003年に北京大学から博士号を取得し，さらに『人神之間』と題するモノグラフ［褚 2005］を出版した。褚は，村落における儀礼の調査に基づき，下の地位の者が上の地位の者へ布施（*lu*）をすることによって善果（*atso*）を獲得するといった「人と神との交流関係」が徳宏の仏教儀礼の核心をなしていると主張する[3]。

(4) 外国人による徳宏研究

外国人が徳宏を自由に訪問できるようになったのは，西双版納より遅れて1990年代以降のことであり，本格的な研究が開始されたのも1990年代の半ば以降であった。当初は中国語文献に依拠した制度研究が主体であったが，近年では長期間の定着調査に基づく研究も行われている。中でもポイ（*pɔi*祭り）儀礼に焦点が当てられてきた。

長谷川清は，日本における徳宏の仏教研究のパイオニアとして1990年代から着実に調査を積み重ねてきた。仏教実践に関する基礎的なデータや法制度，歴史について，おもに中国語文献を用いて記述している［長谷川 1996, 2001, 2002, 2006a, 2006b, 2009］。

定着調査に基づく人類学的調査を最初に調査を行ったのは，タイ人研究者のヨットである。ヨットは1997年から98年にかけて，芒市郊外のLak Chang村でフィールドワークを行い，徳宏タイ族のエスニシティの性質について考察した。ヨットは，徳宏タイ族が4世紀にわたって漢族の政治的支配を受け，社会経済的変容も大きいなかで，ポイのような様々な文化的シンボルを形成することによって，民族的境界やタイらしさ（Tai-ness）を再定義してきたと主張する［Yos 2001］。

ヨットとほぼ同時期の1997年から1999年にかけて都市部とその周辺で定着調査を行ったのが長谷千代子である。長谷は潞西市芒市鎮の旧市街とN村を中心に長期間の定着調査を行い，水かけ祭り，ポイ・パラ（本書の記述法で

---

3) 以上の研究のほか，中国人による徳宏の宗教研究としては，タイ族の精霊信仰について扱った朱［1996］や，タアーン（徳昂）族の仏教実践を紹介した楊［2009］などが挙げられる。

は「ポイ・パーラー」），守護霊祭祀，上座仏教と大乗仏教の混淆したような実践などを事例として，それらの実践と国家が規定する「文化」の概念や言説との関わりについて議論している［長谷 2007］。

(5) 本研究の視座

　以上に挙げた研究は，資料としては貴重な価値を持っている。特に中国人による大躍進・文革以前の研究は，当時の徳宏における宗教実践の状況を知るためにきわめて重要である。

　しかし以下のような問題点を抱えている。

　まず特に中国人の研究者に顕著なのは，何らかの理論を適用して宗教実践を解釈することに終始する傾向である。先述したように，田汝康は機能主義に依拠しており，社会歴史調査は基本的にマルクス主義民族理論に基づいている。褚もやはり「機能主義，解釈人類学，構造主義の長所を総合して儀礼分析を行う」と，人類学的理論の適用が議論の中心となる。田汝康の議論に関しては第3章で改めて検討するが，人類学的理論の適用を試みるあまり，現実を歪めて解釈する傾向さえ見られる。これに対し本書では，地域に根ざす実践を精査することにより，東南アジア大陸部の仏教徒社会の研究において前提とされてきたことがらの相対化を目指す。

　また中国人による研究では，同じ「タイ族」という名のもとに，西双版納も徳宏も一括りに論じてしまう傾向さえ見られる。しかし上述したように，両地域の実践には共通性が存在しながらも，根本的な相違さえ見られる。そこで本研究では，上座仏教徒社会の他地域における実践との比較によって，徳宏における実践の特徴を明らかにする。

　さらに，中国人の研究にも外国人の研究にも共通するのは，徳宏が中国の周縁社会であることを前提とし，中国という国民国家の視点から研究が行われてきたことである。前述したように，徳宏は，東南アジア大陸部の仏教徒社会の周縁にも位置づけられる地域であり，シャン文化，ビルマ文化，漢文化など複数の国家や民族の実践が混淆している。中でも本書の調査地である瑞麗市は，ミャンマー側のムーセー郡・ナンカン郡とともにひとつの盆地を形成しており，その中央を流れる瑞麗江に沿って国境線が引かれた地域社会である。先行研究の集中してきた潞西市の芒市では漢文化の影響が強く，仏教実践にも異な

る形態が見られる。そこで本書では，まさに国境に直面した瑞麗に軸足を置き，国境を越える人の移動や他地域とのネットワークがもたらす実践の変容過程を解明する。

3. 本書の構成

　本書は，序章，6章の本論，および終章からなる。

　第1章では，徳宏と調査地の瑞麗市TL村および周辺地域の社会・文化的特徴とその歴史的背景を記述する。現在の徳宏に相当する地域は，王朝時代および近代国家としての中国・ミャンマーの成立以降も，2つの政治的中心の狭間にあって，漢文化，ビルマ文化やシャン文化の影響を受けつつ，独自の文化を育んできた。1990年代以降は，国境貿易の活発化によって中国内陸部や沿海部より漢族の移住が増加するとともに，中国側の経済発展とミャンマーでの政治的混乱がミャンマーからの越境者の増加を促している事実を指摘する。

　第2章では，徳宏の仏教徒社会のきわだった特徴について記述するとともに，TL村の宗教が実践される空間のセッティングを概観する。TL村には寺院と仏塔が存在し，それぞれ女性修行者が居住しているが，どちらにも僧侶は止住していない。「無住寺」が到る所にあることは，宗教を否定して出家者を排除した大躍進・文化大革命期の影響によるものでもあるが，同様の時期を経た後，各寺院に出家者が止住する西双版納とは異なる徳宏独自の特徴である。また止住する出家者がいても，その多くがミャンマー側の出身である。こうした現象には，様々な社会的背景が存在するが，大躍進以前から，他の上座仏教徒社会で広く見られる男子の出家慣行がないことが1つの大きな要因である。一方，特に文革後は村落の側でも，必ずしも出家者を常駐させる必要がないと考える村人が多く，出家者の招請を志向しないことを示す。

　第3章では，調査村で観察される集合儀礼全般を記述する。日常的な仏教儀礼では，僧侶が招かれることはなく，仏塔や寺院内の仏像，「仏典棚」に置かれた仏典，さらに数々の守護霊への供物の奉納によって功徳（*ku so*）や加護（*kum*）を得ることが重視されている。これは，仏教徒社会の他地域において，在家者が日常的に出家者に対して寄進を行い，それによる功徳の獲得を重視することと比較すると対照的であることを指摘する。

　第4章では，在家者が中心となって営まれる儀礼の担い手に焦点を当てる。

特に村人の日常生活において，病気や様々な災難に直面した際，村人はそれぞれの宗教的嗜好に応じ，解決を試みる。その際，誦経・説法の在家専門家ホールー (ho lu) や女性修行者は，仏への寄進によって守護を得るための儀礼を行う。これに対し，出家者，サーラー，ザウザーイ・ザウラーンは，おもに悪霊祓いの儀礼を行う。その際，いずれの実践者にとっても仏の言葉を記した文字やそれを誦える声が重要な役割を果たすことを示す。また彼らの経歴の調査から，特に 1990 年代以降，ミャンマー側からの移住者が多くなり，それにともなってミャンマー側の実践の影響が強くなる一方で，必ずしも実践の均質化に向かっている訳ではないことを示す。

第 5 章では，在家者を中心とする儀礼において特に重要な役割を果たすホールーの越境と，その実践の動態に注目する。ホールーは，寄進の際に重要な役割を果たすほか，持戒する老人（ヒン・ラーイ xiŋ lai）の安居期間中の寺籠りなどの際に，節回しをつけて仏典を朗誦するという重要な役割を果たす。文革以前，ホールーはおもに村落内または中国側の近隣村の在家が務めていたが，文革の影響によって後継者が不足し，特に 1990 年代以降，ミャンマーからのホールーの移動が増加した。ホールーの越境にともなって，ミャンマー側の仏教実践も中国側にもたらされる。それにより徳宏タイ語の誦句や仏典を書写する文字は，シャン州と共通するものへと変化した。他方で仏典朗誦の節回しが変化していない事実や，ホールーには文字知識とともに説法の声の良さが要求されることから，「声の実践」が重視されている事実が浮かび上がる。ホールーが仏典を朗誦し，それを聴くという実践は，徳宏の仏教徒にとって重要な積徳行であり，そうした声の実践に関する知識は在家者から在家者へと継承されていく局面がきわだっていることを明らかにする。

第 6 章では，徳宏の多様な仏教実践を，政治権力との関わりから考察する。徳宏の戒律に関する説明とその実践は，ミャンマー中央部のものと異なり，各教派，村落，個人によっても異なる。その一つの要因は，近代国家の成立以前より数多くの教派がビルマや北タイから徳宏に流入した経緯に加えて，同一教派内でも様々な戒律実践が築かれ，師弟関係によって継承されてきたことである。このように多様な実践の中から「正統」な実践を決定してきたのは，王権や近代国家であった。ミャンマーの王朝時代には国王が仏教「浄化」の名のもとに「異端」教派を追放し，1980 年の全教派合同会議では国家公認の経典解釈に基づく実践への標準化が目指された。一方，徳宏の伝統的な政治権力者（ザ

ウファー）はこうした実践のあり方を容認してきた歴史事実がある。また改革開放後，中国政府は仏教の管理を進めてきたが，実践の作法を規定する制度的な措置を浸透させているわけではない。こうしたことが，僧俗双方のレベルで流動的にして多様な実践を可能にしていると論じる。

　また各章の末尾には，コラムを付した。本書ではTL村の事例を中心に扱ったため，他村での仏教実践については割愛した事項も多い。しかしその中にも，徳宏に特徴的な興味深い実践は見られるため，各章の内容と関連する事項をとりあげ，コラムとして掲載した。こちらもあわせてご覧いただければ幸いである。

　最後に参考資料として，本文中に現れた宗教関係用語の徳宏タイ文字とローマ字・カタカナ表記の対照表，徳宏の宗教と社会に関する年表を付した。また用語集には，確定できる範囲内で徳宏タイ語のビルマ語，パーリ語語源を示した。適宜参照されたい。

第1章
「境域」空間をなす徳宏

村人たちが菩提学校（第6章参照）を訪れ，ホールーの先導のもと，見習僧たちに布施をしている光景である。ここで壁際に2つの時計が並べられていることに注目していただきたい。1つの時計が中国時間の12時5分，もう1つの時計はミャンマー時間の10時35分をさしている。出家者が徳宏の南中時刻に近いミャンマー時間を使用して修行生活を送るのに対し，村人たちは中国時間で生活するためである。瑞麗には2つの時間が流れている。

本章ではまず，徳宏の地域的特徴と，その歴史的背景について記述する。徳宏の宗教実践について理解するためには，まず徳宏という場所と，その長い歴史の中で変容してきた社会の動態をふまえることが必要だからである。また徳宏と一口に言っても，州内の各地における地域差は大きい。その中で，おもな調査対象とする瑞麗市 TL 村はどのような社会・文化的特徴を持っているのか。それはどのような歴史的経緯によって生じたのか。本章では，これらの問題について明らかにしていく。

1．徳宏の主要都市 —— 芒市と瑞麗

　雲南省最大の町，昆明から徳宏へは現在，飛行機に乗れば 1 時間弱で到着する。高原に位置し，気候のおだやかな「春城」こと昆明（標高約 1900 メートル）から，標高で約 1000 メートル下った芒市（標高 920 メートル）の空気は南国のものである。盆地を囲む山々には菩提樹やガジュマルの巨木が生い茂り，その下に広がる平地には水田とともに砂糖キビ畑が広がる。西双版納と同様，徳宏は中国にありながら亜熱帯気候に属しており，その風景は東南アジア大陸部を想起させる。

　徳宏州は，中国西南部のミャンマーと国境を接したところにある。徳宏（C: Dehong）という地名は徳宏タイ語のタウホン（*tau xoŋ*「怒江の下流」の意）に由来すると言われるように，怒江（Lǎm xoŋ，サルウィン川の源流をなす）の西南に位置する地域である。

　徳宏州の行政的中心である潞西市の芒市鎮は，昆明から陸路で 661 キロの距離に位置する。徳宏州内でも芒市では漢文化の影響が強く，民家は漢族の民家と同様，高い塀で囲まれており，瓦屋根，1 階建てである。

　芒市から南西へ 100 キロほど下ると瑞麗市にたどり着く。国境線に沿って流れる瑞麗江（Lǎm mau）を挟んでミャンマーとむきあう町である。川向こうにはムーセーの町が見渡せる。複数の国境検問所が点在するものの【写真 1】，住民は瑞麗江に小船をうかべてミャンマーとの間を往来する【写真 2】。市内ではミャンマーからの商人が闊歩し，商店の看板には漢字とビルマ文字が目立つ。これにシャン文字や徳宏タイ文字を併記するものもある。農村に入ると芒市とは違って民家に塀がなく，2 階建てが多い。2006 年から 2007 年までの約 1 年間，筆者が調査を行ったのはこの瑞麗市郊外の TL 村である【図 1】。

写真1　姐告とムーセーの国境ゲート

写真2　国境の瑞麗江の渡し船

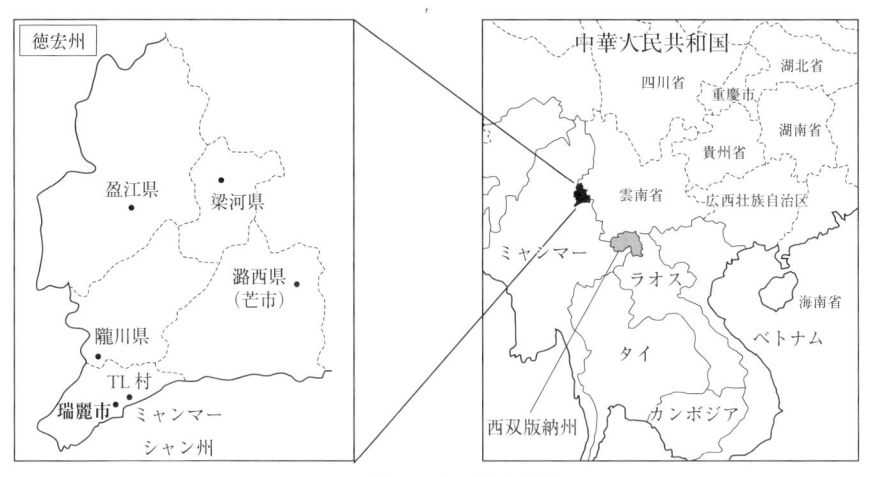

図1　徳宏州の地図（筆者作成）

2．徳宏タイ族

　徳宏州は住民の多数を漢族と徳宏タイ族が占める。2007年度の民族別人口構成を示した【表1】からは，徳宏州内の各市，県ともに漢族が最多であり，漢族を除いた少数民族の中で徳宏タイ族が最多数を占めていることが読み取れる。

　ここで「徳宏タイ族」という呼称を用いたが，これはあくまで研究上のくくりに過ぎず，自称ではない。研究者によっては「タイ・ヌア（Tai nua）」［ex. 綾部 1971］または「タイ・ヌー（Tai noe）」［ex. 長谷川 2001］と表記しているが，これは「上方または北方のタイ」を意味するタイ国語に由来するものであって，徳宏にこのような呼称は存在しない［宇佐美 1998: 45］。タイ・ヌアの徳宏タイ語の発音はタイ・ルー（Tai lə）であるが，タイ・ルーとカタカナ表記すると一般的には西双版納のタイ族（Tai lɯ）をさすことになる。厳密に言えば lə と lɯ の発音は異なるのだが，日本語ではどちらも「ルー」と表記せざるをえないため，本書では混乱を招かないよう徳宏タイ族という呼称を用いて西双版納のタイ族と区別する。またミャンマー側のタイ族はビルマ語のシャンという呼称が一般化しているため，シャンを用いる。

　中国側の研究では，徳宏タイ族には「漢タイ（旱タイ）」と「水タイ」の区別があるとされるが，徳宏タイ語にそのような区別はない。しかし，地域ごとの

表1　徳宏州の民族別人口（2007年）

	潞西市	瑞麗市	隴川県	盈江県	梁河県	徳宏州（徳宏州内で占める割合）
漢族	18.98	9.01	7.95	11.12	10.61	59.14（50.24%）
タイ（傣）族	13.11	5.58	2.98	10.24	3.54	35.34（30.02%）
ジンポー（景頗）族	2.93	1.37	4.64	4.30	0.19	13.54（11.50%）
アーチャン（阿昌）族	0.20	0.02	1.39	0.09	1.30	2.99（2.54%）
リス（傈僳）族	0.41	0.09	0.48	0.18	0.14	2.98（2.53%）
タアーン（徳昂）族	0.97	0.18	0.13	0.04	0.08	1.39（1.18%）
その他	0.87	0.45	0.23	1.88	0.17	2.34（1.99%）
合計	37.47	16.71	17.79	27.85	16.03	117.72（100.00%）

単位：万人
出典：徳宏州史志弁公室［2008］をもとに筆者作成。

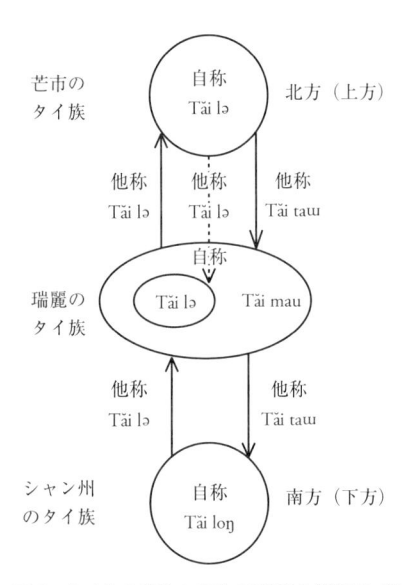

図2　タイ族の他称と自称の関係図（筆者作成）

呼称の差異は存在する。しかも，徳宏タイ語では，自称と他称，あるいは会話の相手や場所によって異なる。この関係を図示すると【図2】のようになる。

シャン州のタイ族（シャン）は，瑞麗または芒市に居住する徳宏タイ族をタイ・ルー（Tāi lə 北方／上方のタイ族）と呼ぶ。逆に最も北方に位置する芒市のタイ族から見れば，南方の瑞麗のタイ族もシャンもタイ・タウ（Tāi taɯ，南方／下方のタイ族）である。

シャン州と芒市の中間に位置する瑞麗のタイ族は，シャン州のタイ族から見れば北方に位置するため，タイ・ルーと呼ばれる[1]。しかし芒市のタイ族から見れば南方に位置するためタイ・タウと呼ばれる。以上のように他称の場合は，相対的な位置関係で呼称が決まる。

　ただし，自称の場合はやや事情が異なる。たとえば瑞麗のタイ族は，南方に位置するシャンの人々をタイ・タウと呼ぶが，シャンの人々が自称にタイ・タウを用いることはなく，タイ・ロン (Tāi loŋ，大きいタイ) と呼ぶ。一方，瑞麗のタイ族が芒市や盈江など北の地方に行った場合も，タイ・タウとは自称せずに，こちらはタイ・マーウ (Tāi mau) と呼ぶ。このマーウとは，現在の中国側の瑞麗市，およびミャンマー側のムーセー，ナンカン一帯の盆地をさすタイ語名称「ムン・マーウ (Məŋ mau)」に由来する。すなわち，タイ・タウは他称としては用いるが自称には用いないのである。逆にタイ・ルーは他称にも自称にも用いる。ここには自らを「下 (タウ)」と位置づけることに対する抵抗感があるように思われる。

　瑞麗の場合はさらに複雑となる。というのも，瑞麗には，芒市，盈江，梁河，隴川など漢文化の影響の強い地域からの移住者も多いためである。タイ・マーウと自称するというのは，あくまでも先住民の話であって，移住者たちは，瑞麗盆地内ではタイ・ルーを自称する。ただし，芒市などへ出かけた際にタイ・マーウと自称する点は，共通する。このように，会話の場所や相手との関係によって，自称は相対的に規定されるのである。

　ただし，瑞麗盆地内での日常会話では，自称，他称ともにタイ・ルー/タイ・マーウの二分法で語られることが多い。本書でも，原則この分類に従って記述する。芒市をはじめとする徳宏州内の他地域から移住した漢民族の影響の強いタイ・ルーと，ミャンマーに面した瑞麗の先住民タイ・マーウの間には，現在では希薄になりつつあるが文化的差異が存在することも事実である。

　筆者の調査村 TL 村は，タイ・ルーの村であり，人々の多くは，瑞麗盆地 (ムン・マーウ) に居住しながら，日常会話では自称も他称もタイ・ルーを用いている。文化的特徴において，タイ・マーウと差異はあるが，かといって芒市などのタイ・ルーと一致するわけでもない。もちろん村の中でも個人や家族による多様性は存在するが，ここでは，芒市のタイ・ルーおよび瑞麗のタイ・マー

---

[1]　シャンからは Tāi xe (タイ・シェーまたはタイ・ケー) すなわち「中国のタイ」と呼ばれる場合もある [cf. デーヴィス 1989: 31]。

写真3　タイ・ルーの服装　　　　　写真4　タイ・マーウの服装

ウと比較しながら，その典型的な特徴を素描しておきたい。

　まず異なるのは衣服，なかでも女性の服装である。芒市のタイ族女性は白またはピンク色の上着に，黒い巻き布（sin）を着用する。また頭に布を巻きつける。これに対し，瑞麗のタイ・マーウは日常的に頭部の布を着用せず，巻き布も柄つきの華やかなものを着用する。なお男性の服装はほぼ同様である。TL村では1990年代ごろまではタイ・ルーとタイ・マーウを容易に識別できたというが，現在では日常的にタイ・ルーの服を着用している人をほとんど見かけず，タイ・マーウと同様の服装を着用する。【写真3・4】はTL村の村人たちの求めに応じ，筆者が記念撮影したものであるが，人によって着用する服が異なっていることがわかる。ただし灌水祭などで着用するタイ族服はタイ・マーウ式で統一されている。

　家屋の様式も異なる。芒市のタイ・ルーの家屋は1階建てで，床が地面に接しているためフンリン（hɤn lin，リンは「土」，フンは「家」の意）と呼ばれる【写真5】。家屋の周囲は塀で囲われている。これは漢族の家屋とほぼ同様の形態である。これに対し，タイ・マーウの家屋はシャンと同様の2階建てで，フンハーン（hɤn haŋ，ハーンは「高い建物」の意）と呼ばれる【写真6】。家屋の周囲

写真5　芒市のタイ・ルーの家屋　　写真6　瑞麗のタイ・マーウの家屋（Marcel de Montgolfier 氏撮影）

には塀がなく，開放的である。瑞麗でも旧市街などタイ・ルーが多く居住する村には1階建てで塀のある家屋が多いが，TL村の場合は両者が混在している。

さらに姓を持つかどうかも異なる。芒市のタイ・ルーは姓を持ち，父親側の姓が子に受け継がれる。漢族と同様に家系（xɔ hɔn）を重視し，家系の相続者としての男子の存在が不可欠である。財産のうち不動産は男子（末男である場合が多い）に相続され，その代わり両親の老後の世話をする。男子が存在しないと家系が途絶える（xɔ xat）ため，結婚後に女性が男の子を生めなかった場合，以前は男性側から離婚を申し出てもかまわないとされた。これに対し，タイ・マーウは姓を持たず，家系を重視するという理念も存在しない。なお，TL村の人々は姓を持っているが，日常的に使用することはまずない。

また暦もタイ・ルー暦，シャン暦，ビルマ暦，仏暦の4種類が用いられている。芒市，隴川，盈江，梁河のタイ・ルーの暦は，漢族の農暦を基準とし，それに3か月を加えたものである。たとえば，漢族の農暦1月1日（春節）は，タイ・ルー暦では4月1日になる。それゆえ，春節は徳宏タイ語でルンシー（lɔn si, 4月）と呼ぶ。これに対し，瑞麗ではミャンマー側のシャン暦を使用しており，タイ・ルー暦とは約1か月の差異がある。たとえばタイ・ルー暦4月はシャン暦3月にあたるが，新月，満月の特定方法や，閏月を入れる年が異なるため，徳宏州内でも瑞麗と瑞麗以外の地域では儀礼開催日に差異が生じる。【表2】に挙げるのは，2001年から2009年までの入安居（xāu va）と出安居（ɔk va）の例である。雨安居期間は，瑞麗のシャン暦では8月15日から11月15日まで，瑞麗以外のタイ・ルー暦では9月15日から12月15日までである。シャン暦に基づく瑞麗と，タイ・ルー暦に基づく他地域では，閏年の入れ方が異なるた

表2 入安居と出安居の日程

年	入安居		出安居	
	瑞麗	瑞麗以外	瑞麗	瑞麗以外
2001	8月4日	8月4日	11月1日	10月31日
2002	7月24日	7月24日	10月21日	10月20日
2003	7月13日	7月14日	10月10日	10月10日
2004	7月31日	7月31日	10月28日	10月28日
2005	7月20日	7月20日	10月17日	10月17日
2006	7月9日	7月10日	10月6日	10月6日
2007	7月29日	7月28日	10月26日	10月25日
2008	7月17日	7月17日	10月14日	10月13日
2009	7月6日	8月5日	10月3日	11月1日

出典：龔［2005］ならびにシャン州発行のカレンダーを参照して筆者作成。

め，2009年のように1か月以上のズレが生じることがある。TL村の場合も瑞麗のシャン暦に従っており，村人たちはシャン州で発行されたカレンダーを5日ごとに開催される市場で購入し，それを見て布薩日（*văn sin*, 新月，上弦8日，満月，下弦8日の4日）や儀礼開催日を知る。最近では漢族企業がカレンダーを配布し，村人たちもそれを用いることが多くなったが，そこに記載されているのは陽暦と漢族の農暦のみであり，村人たちの間にも混乱が生じることがあった。儀礼の日程を知ることが重要な筆者は，常にシャン州発行の小型カレンダーを携帯していたため村の老人から重宝され，「今日は布薩日だったかね」などと尋ねられることもしばしばであった。

瑞麗の暦はシャンの暦と同様と述べたが，儀礼の際などに用いられる年号まで考慮に入れると，さらに複雑になる。なぜなら，ミャンマー中央部で用いられる仏暦年（*pi pha la* または *pi sa săn la*），ビルマ暦年（*săk ka let*）の他に，シャン州で用いられるタイ暦年（*pi tăi*）の3種類が用いられているからである。そのうち仏暦，ビルマ暦は陽暦4月の灌水祭に新年を迎えるが，タイ暦は陽暦11月頃に新年を迎える。それゆえ，筆者の調査当時を例に挙げれば，2006年11月のタイ新年の際には，仏暦2550年，ビルマ暦1368年，タイ暦2501年であったが，2007年4月の灌水祭以降は，仏暦2551年，ビルマ暦1369年，タイ暦2501年となった。儀礼の際にはこの3種類の年が誦えられるのである。

また新年として祝うのも，タイ・ルーは漢族と共通の春節（陽暦1月〜2月頃）で，タイ・マーウはミャンマーと同様の灌水祭（*pɔi sɔn lăm*）という相違も見られる。瑞麗のタイ・マーウの村では1990年代ごろまでは春節を祝わなかった

表3 芒市のタイ・ルー，TL村のタイ・ルー，瑞麗のタイ・マーウの文化的特徴

	芒市のタイ・ルー	TL村のタイ・ルー	瑞麗のタイ・マーウ
（女性の）服装	黒の巻き布を着用	1990年代まではタイ・ルーの衣服を着用。現在ではタイ・マーウの衣服を着用	ミャンマー産の模様入りの巻き布
家屋	1階建てが多く，漢族式に土塀を築く	1階建てが多いが，2階建ての家屋も増加しつつある	2階建てが多く，土塀を築かない
寺院	瓦屋根が多く，正面に円形の入口が設けられるなど，漢族寺院の影響が強い	寺院の最上部はトタン屋根，中間は瓦屋根。円形の入り口は存在せず	トタン屋根が多く，ビルマ寺院の影響を強く受ける
言語	漢語を多く借用。徳宏タイ文字で筆記	ビルマ語・漢語の両者を借用。徳宏タイ文字，シャン文字の両者を使用	ビルマ語を多く借用。シャン文字で筆記
暦	漢族の農暦に依拠	タイ・マーウと同様，シャン暦に依拠	シャン暦に依拠
新年	漢族と同様，春節を新年として祝う	春節も灌水祭も新年として祝う	ミャンマーと同様，灌水祭を新年として祝う
姓	姓を持ち，父親の姓が子に受け継がれる	姓は存在するものの，日常的には用いない	姓を持たない

が，現在では春節と灌水祭の両方を祝うようになってきている。TL村も現在では両方を祝う。なお，タイ暦1月1日には毎年，瑞麗市内の一つの村を会場としてタイ族新年（*pi mau tāi*）が開催される。これはミャンマー側のムーセーで1984～85年頃に開始され，それが中国側にも普及したもので，1990年代後半から開催されている。歌や踊りのステージショーやバスケットボール大会などが開催されるのみで，各村落では何も行わないが，これも含めれば，漢族，ビルマ族，シャン（タイ）族の3つの新年が存在することになる。

日常会話で使用する語彙では男女とも，タイ・ルーは漢語を多く借用し，タイ・マーウはビルマ語を借用することが多い。使用する文字もタイ・ルーは現在でも徳宏タイ文字（*lik to jau*）を用いるが，タイ・マーウはシャン文字（*lik to mon*）を使用することが多い[2]。TL村での日常会話中の語彙には漢語とビルマ語

---

2) 19世紀後半に現在の中国・ミャンマー国境地域で調査を行ったスコット（Scott, J. G.）は，ビルマ系シャン（Burmese Shan）と中国系シャン（Chinese Shan）を比較し，両者が文字，衣服の色やデザイン，頭に被るターバンの形などが相互に異なることをすでに報告している［Scott & Hardiman 1983 (1900): 202-204］。

の両方の借用が見られ，筆記には徳宏タイ文字もシャン文字も用いられる。

以上，述べてきたことをまとめると，【表3】のようになる。このように，同じ徳宏州内でも瑞麗はシャン文化，さらにビルマ文化の影響が比較的強い地域であるが，TL村はタイ・ルーの村であるため，一部に漢文化の影響も見られることがわかる。

3. 徳宏の地域史

それではなぜこのような地域差が存在するのだろうか。この点を理解するためには徳宏の地域史についてふれておく必要がある。

タイ族はおもに山間の盆地（ムン məŋ）に居住しており，近代国家の成立以前まで，それぞれのムンの政治権力者ザウファーが統治してきた[3]。中国，ビルマという強大な王朝の狭間にあたる同地域において，ザウファーはさらに中緬両王朝の間接的な支配下におかれる関係にあった。ウォルターズにならってこのような関係をマンダラに例えれば，中国，ビルマ両王朝は中央の大きな円，各ザウファーの支配する地域はその外周にある小さな円に相当すると言えるだろう [Wolters 1999]。それぞれの王朝の軍事的支配力の強弱によって従属関係は変化するものの，現在の徳宏に相当する地域は，13世紀後半の元軍による遠征後，おもに中国王朝の支配下におかれる時代が続いた。以下では，楊 [1997]，徳宏州傣学学会 [2005] に基づき，その歴史的経緯について説明しておきたい。

元朝は1276年に，現地の支配者を任命して統治させる間接支配の制度を採用した。これが後の土司制度であり，雲南西部には麓川路（瑞麗，隴川），平緬路（梁河南部，隴川北部），鎮西路（盈江），鎮康路（鎮康県），芒施路（芒市），柔遠路（保山市潞江）の六路総管府が設置された。

14世紀になるとムン・マーウ（瑞麗）ではスーハーンファー（Sə Xan fa，漢字では「思翰法」「思可法」「思漢法」などと表記，在位1311〜1369）が即位し，各地のムンを支配して一大王国を築いた。元軍はこれに対して数度の遠征を行ったがいずれも失敗したため，スーハーンファーを麓川平緬宣慰使に任命して間接統治する形態をとった。

---

[3]「ムン」という語は一つの盆地をさすのみならず，大規模なムンは内部に複数の小規模のムンを包含する場合もある。

スーハーンファーの死後，服属していた各地のムンは離反したが，14世紀後半のスーホムファー（Sə Hom fa，漢字では「思混法」「思倫法」「思倫発」などと表記，在位1382～1399）は明朝と朝貢関係を結びつつ，再び勢力を回復した。しかしセンウィー（Sɛn vi，シャン州テインニー（B: Theinni））のザウファーによる反乱に敗れた結果，各地のムンはムン・マーウの支配下から離脱し，明朝の支配を受けることになる。

　15世紀前半になるとムン・マーウのスーアンファー（漢字では「思昂法」「思任法」「思暗法」などと表記，在位1413～1445年）が明朝に奪われたムンの奪還を目指して反乱を起こしたため，明朝は1441年にムン・マーウを遠征した。各地のムンはもはやスーアンファーに従わず，明軍に協力してムン・マーウを攻め，スーアンファーはムン・ヤーン（Məŋ jaŋ，カチン州モーフニン（B: Mohnyin））へ逃亡するが，ビルマ軍に捕らえられた後に死去する。その子スージーファー（漢字では「思機法」と表記）も再び明朝に対する反乱を起こしたが，1443年，1448～49年の2度にわたって明軍に敗れ，王国は滅亡することになる。この合計3度にわたる遠征は，三征麓川として知られている。

　三征麓川以降，現在の徳宏州へ漢族が屯田として大量に送り込まれ，彼らは農業生産，商業，手工業，鉱山開発に従事するとともに，漢文化をもたらした［長谷川 2001: 231-232］。徳宏州の歴史に詳しく，長年にわたって徳宏タイ語古文書翻訳の経験をもつG氏（男性，81歳）への聴き取りによれば，芒市，盈江，隴川，梁河において漢族の農暦が参照されるようになったのも，明代の三征麓川の後，各ムンのザウファーが土司として漢族王朝の支配下に入ってからのことだという。しかし先述したように，瑞麗のみ現在に到るまで暦が他地域と異なっている。ではなぜ瑞麗は漢族の文化的影響が少ないのだろうか。この理由について，徳宏タイ族の知識人たちは以下のように説明する。

　まず徳宏州傣学学会幹部のF氏（男性，68歳）は，中国王朝の支配下におかれた他地域とは異なり，ムン・マーウがしばしばセンウィーやビルマ王朝の支配を受けたためだとする。スーホムファーの時代にセンウィーに敗れて以降，ムン・マーウの中でも現在のシャン州側の地域は基本的にセンウィーの支配下におかれ，また現在の中国側の地域も三征麓川の後，150年以上ザウファー不在となったため，ビルマ王朝の支配をたびたび受けている［楊 1997］。1886年のビルマ英領化以降，清朝とイギリス植民地政府の間で国境画定問題の協議が開始され，ザウファーと中緬両王朝との朝貢関係などに基づいて瑞麗江からサ

ルウィン川までの国境が画定されていく[4]。1894 年に「清英緬甸境界通商条約」，1897 年には同条約付款 19 条が批准された結果，ムン・マーウは瑞麗江にほぼ沿って中緬の両国家に編入されることになる。徳宏州ではムン・マーウのみシャンやビルマの文化的影響が比較的強い要因の 1 つには，こうした王朝支配の歴史的影響が考えられる。

一方，1938 年に盈江に生まれ，1962 年から長年にわたって芒市で教員を務めた D 氏（男性，69 歳）は交通ルートの問題だと説明する。

> 子供の頃は，盈江のほうが芒市より賑わっていたが，次第に滇緬公路沿いの芒市，畹町のほうが経済的に発展を遂げる。それにともなって芒市にも漢文化が流入するようになった。一例を挙げれば，若い頃，盈江にはすでに漢族式の墓を作る習慣があったが，（1962 年に）芒市に赴任した当時，この漢族式の墓はまだ普及しておらず，その後徐々に普及していった。このように，交通路の発展によって徳宏の文化は大きく変わった。文化も道によって運ばれるためである。

中国内陸部の蜀（現在の四川省）から現在の徳宏州，ミャンマーに相当する地域を通り，さらに身毒（インド）へ抜けるルートは漢代から「蜀身毒道」として知られていた。徳宏州内には保山から騰沖，梁河，盈江経由でビルマのバモーやミッチーナーに抜けるルート，また梁河から隴川を経由してバモーに抜けるルートが通じており，これらが中国からビルマ方面へ抜ける場合のメインルートであった。ただしマラリアなどの熱帯病を恐れ，保山や騰沖以西に定住する漢族はほとんどいなかった。その後，清代中期以降にいたり，英領ビルマとの交易の発展にともなって中国内地から漢族移民が大量に流入し，騰沖・バモー間の交易ルート沿いに集落が形成された［長谷川 2001: 232］。このことと，梁河，盈江，隴川が漢文化の影響を比較的早くから受けてきたことは，無関係ではないだろう。

芒市に漢文化の影響が浸透するのは比較的遅く，滇緬公路の開通（1938 年）以降のことである。1937 年に日中戦争が開始されると，日本軍は中国沿海部の海上交通路を封鎖した。これに対し，アメリカやイギリス，ソ連は，当時内

---

[4] 朝貢関係は時代によって異なり，また中緬両王朝に対して同時に朝貢することもあったため，国境画定には時間がかかった。最終的には，1960 年に現在の国境線が画定されている。なお，中緬国境線の画定経緯については，大野［1991］，長谷川［2002b］，方［2008］に詳しい。

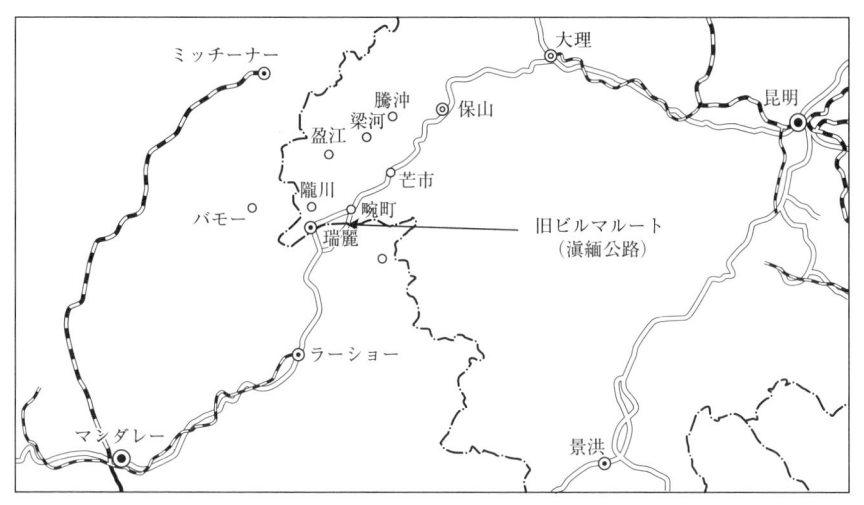

図3 中国・ミャンマー国境付近の交通ルート

陸部の重慶にあった中華民国政府を支援するために，援蒋ルート（「蒋介石を支援する」の意）から物資の支援を行った。そのうちのひとつがビルマルートであり，漢語では滇緬公路（滇は雲南，緬はビルマを意味する）と呼ばれる。当時すでに英領ビルマのラングーン（現ヤンゴン）に陸揚げされた物資は，マンダレー経由でシャン州ラーショーまで鉄道で運輸することができたが，ラーショーから昆明までの間はトラックが通行できなかった。そこで1937年にこの間の工事を開始し，翌38年には完成している。そして1942年にビルマから徳宏に侵略した日本軍によってルートが遮断されるまで，中華民国政府にとっての唯一の物資補給路となっていたのである【図3】。

1940年から1942年の間に芒市に滞在した田汝康は，このルートの完成によって芒市の人々の生活が大きく変化したことを報告している。滇緬公路の開通以前，漢族は上述したようにマラリアを恐れて定着せず，芒市に住む漢族は雑貨屋2軒のみであり，外部世界と隔絶された空間であった。そのため，タイ族は余剰財の多くをポイ・パーラー（仏像奉納儀礼）につぎこんでいた。開通後，外界との交易が可能となり，数千名の漢族が流入するとともに，経済活動の範囲も飛躍的に拡大したため，余剰財は商売への投資に用いられるようになり，ポイ・パーラーへの関心が次第に薄れていったという［T'ien 2008: 119-130］。このように，滇緬公路の開通以降，芒市における漢族の文化的影響が強まった

表4 徳宏州の民族別人口（1953年）

	潞西県	瑞麗県	隴川県	盈江県	梁河県	徳宏州
漢族	1.50	0.05	0.30	3.20	5.00	10.05
タイ（傣）族	6.50	2.00	2.00	5.70	1.40	17.60
ジンポー（景頗）族	2.00	1.50	3.50	2.60	0.45	10.05
アーチャン（阿昌）族	0	0	0.30	1.07	0.35	1.72
リス（傈僳）族	0.10	0.02	0	0.84	0.14	1.10
タアーン（徳昂）族	0.02	0.02	0	0.04	0	0.07
その他	0	0	0	0.02	0.07	0.09
合計	10.12	3.58	6.10	13.47	7.41	40.68

単位：万人
出典：雲南省人口普査弁公室・雲南省統計局人口処・雲南省公安庁編［1990: 498-501］をもとに筆者作成。

表5 徳宏州の民族別人口（1971年）

	潞西県	瑞麗県	隴川県	盈江県	梁河県	徳宏州
漢族	9.91	2.48	4.61	6.29	7.03	30.69
タイ（傣）族	6.89	2.17	1.30	5.65	1.88	17.89
ジンポー（景頗）族	1.38	0.60	2.31	2.13	0.06	6.48
アーチャン（阿昌）族	0.08	0	0.65	0.01	0.64	1.37
リス（傈僳）族	0.11	0	0.18	0.62	0.04	0.96
タアーン（徳昂）族	0.42	0.06	0.06	0.02	0.04	0.61
その他	0.12	0.06	0.08	0.06	0.04	0.28
合計	18.90	5.75	9.17	14.79	9.74	58.36

単位：万人
出典：雲南省人口普査弁公室・雲南省統計局人口処・雲南省公安庁編［1990: 498-501］をもとに筆者作成。

ことは間違いないだろう。

　それでは瑞麗はルート完成の影響を受けなかったのだろうか。日本軍侵略前の1941年当時，畹町に居住していたT氏（男性，76歳）は，「畹町には中緬国境の橋があり，漢族商人が多く居住して瑞麗よりはるかに栄えていた。瑞麗は漢族もほとんど居住しておらず，町というより村に過ぎなかった」と証言する。

　この証言は，新中国成立直後の1953年の人口統計からもはっきりと裏づけられる。【表4】の一番上の漢族の欄を見よう。D氏の証言を裏付けるように，梁河県，盈江県に漢族人口が集中していることがわかる。次に潞西県が続くが，瑞麗県はわずか500名に過ぎず，漢族が他地域と比べて圧倒的に少なかったことがわかる。またビルマルート開通の影響はあったにせよ，漢族居住地域の

表 6　瑞麗市（旧瑞麗県）の民族別人口の推移

年度	1951	1958	1978	1988	1990	1996	2000
タイ（傣族）	17668	9228	25886	35161	37005	41493	47343
	(61.45)	(49.56)	(41.66)	(45.25)	(45.33)	(45.51)	(43.19)
漢族	2406	4660	27027	30527	31797	36169	46135
	(8.37)	(25.03)	(43.50)	(39.28)	(38.95)	(39.67)	(42.09)
ジンポー（景頗）族	8250	4368	7656	9764	10272	10761	12010
	(28.69)	(23.46)	(12.32)	(12.56)	(12.58)	(11.80)	(10.96)
タアーン（徳昂）族	391	300	646	950	1039	1080	1499
	(1.36)	(1.61)	(1.04)	(1.22)	(1.27)	(1.18)	(1.37)
リス（傈僳）族	36	62	139	268	378	329	438
	(0.13)	(0.03)	(0.22)	(0.35)	(0.46)	(0.36)	(0.40)
その他			779	1041	1148	1344	2195
			(1.25)	(1.34)	(1.41)	(1.47)	(2.00)
合計	28751	18618	62133	77711	81639	91176	109620

単位：人，（　）内は全人口比。
出典：鄭・孫・烏［2006: 9］，瑞麗市志編纂委員会［1996: 101］をもとに筆者作成。ただし明らかな誤りは筆者が訂正した。

騰沖に近い梁河県を除き，各県でタイ族の人口が漢族より多数を占めている点に注目しておきたい。

以上のような傾向に変化が見られるのは文化大革命が開始された 1966 年以降のことである。

文革中の 1971 年の人口統計【表 5】を見ると，すべての県において漢族の人口がタイ族の人口を上回っていることがわかる。この時期には内陸部から多くの漢族が徳宏にも派遣され，労働活動に従事したためである。その多くは文革後に内陸部へと戻ったが，そのまま徳宏に定住した人もおり，文革以降，現在に到るまで漢族の総人口はタイ族の総人口を上回っている。

次に，瑞麗市の人口推移を示した上の【表 6】を見てみよう。瑞麗が大きく変容を遂げるのは，改革開放後の 1989 年に瑞麗江のミャンマー側の飛び地である姐告地区と瑞麗市を結ぶ姐告大橋が開通して以降のことである。さらに昆明と瑞麗を結ぶ国道が姐告まで延長され，畹町経由だった旧ビルマルートに代わり，姐告，ムーセー経由が主要なルートとなった【図 4】。1991 年に姐告は雲南省初の「辺境貿易経済区」に認定され，それ以降，国内外の企業の多くが姐告への投資を開始した［瑞麗市志編纂委員会編 1996: 89-90］。

畹町から瑞麗への国境貿易拠点の変化にともない，行政区分も変遷する。

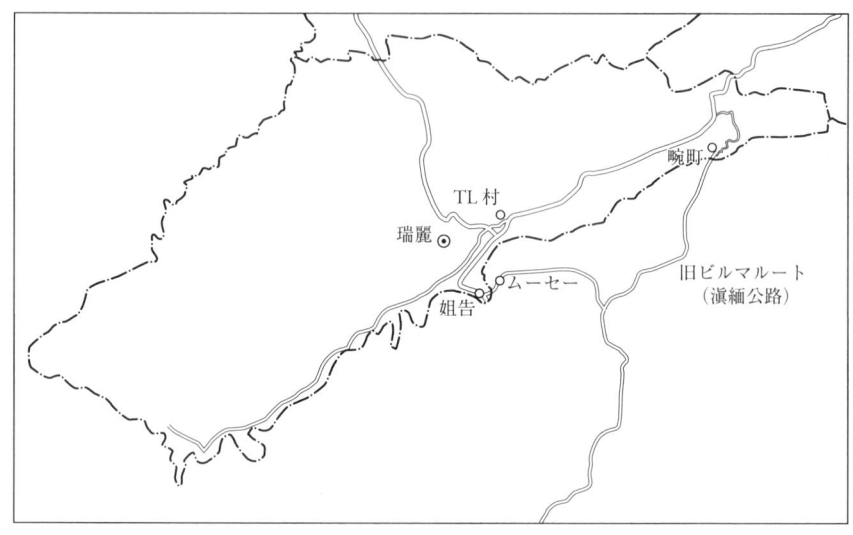

図4　瑞麗市付近の交通ルート

　1985年に畹町鎮は市へと昇格するが，今度は瑞麗県が1992年に市へ昇格している。1999年には畹町市は瑞麗市に編入され，現在では寂れた田舎町の様相を呈している。一方の瑞麗は，特に1990年代前半から中盤にかけて多くの観光客や商人を集めた。この頃に国境貿易が本格的に再開されたため，1990年代前半に中国側では入手困難だった日本製品をはじめとする外国製品を，ミャンマー側のムーセーで入手することも，瑞麗を訪れる人の目的の1つだったという。その後，中国側は経済発展が進んで外国製品も容易に購入できるようになる一方，ミャンマー経済は不振が続き，貿易，観光ともに一時の勢いをなくしているのが調査当時の状況だった。
　以上のように，瑞麗に漢族が増加したのは特に文革，改革開放後のことであり，それまでは漢族人口も他地域と比べて少数にとどまっていた。このことが瑞麗の他地域との文化的な差異を生んでいると言えよう。

4．調査村 TL村

　筆者が滞在した瑞麗市勐卯鎮TL村は，瑞麗市街から約6キロ，中緬国境の瑞麗江から約1.5キロ離れたところに位置する農村である。村の水田や裏山の

墓地からはミャンマー側のムーセー（ムージェー）の町並みがはっきりと見渡せる【写真7・8】。ムン・マーウ盆地の東端，瑞麗江の上流に位置しており，標高は857メートルと市の中心部（標高760メートル）よりやや高い。

1年の気候は，東南アジアとほぼ同様，寒季（siŋ kăt およそ11月～2月），暑季（siŋ măi およそ3月～5月），雨季（siŋ fon およそ6月～10月）にわかれる。しかしTL村の年平均気温は22℃で，ミャンマー（ヤンゴンの年平均気温は27.5℃）と比べてずいぶん過ごしやすい。北緯24度01分，東経97度53分に位置しており，緯度は台湾とほぼ同様であるが，気候が比較的穏やかなのは，高原に位置しているためであろう。

以下では筆者の聴き取り調査と2007年度統計［中国勐卯鎮委員会・勐卯鎮人民政府2009］に基づき，TL村の社会，経済の概況について述べる。

TL村では218世帯に970名（男性488名，女性482名）の村民が暮らしており，周辺では比較的大規模な集落である。TL行政村（村民委員会）には12の自然村（村民小組）が含まれるが，そのうち唯一の村役場（村公所）が置かれている。村民委員会というのは農村部住民の「自治組織」で，原則的には行政村ごとに1つの村民委員会が設置されている。村民委員会の主任，副主任，委員は，村の人口に応じて3名から7名を選出する。任期は3年である。具体的には党，国家の政策の村民への宣伝や，村民の意見，要求の上部組織への伝達をおもな任務としている［田原1999］。その下部組織として各自然村に村民小組がおかれ，各組の「組長」が村長に相当する。村長は村民の直接選挙によって選ばれ，任期は3年である。

TL村の経済総収入は476.7万元で，内訳は農業収入（水稲，砂糖キビ栽培）176万元，家畜業収入（豚，鶏の飼育，販売）65万元，漁業収入（魚の養殖）3万元，林業収入28万元，第二次，三次産業収入113万元，賃金収入15万元，その他の収入（財産収入など）76.7万元となっている。TL村の農民ひとりあたりの平均年収は3042元で，同じ2007年度統計における徳宏州の農民の平均年収2046元［徳宏州史志弁公室2008:68］より大幅に多いが，瑞麗市の農民の平均年収2957元［徳宏州史志弁公室2008:125］と比較するとほぼ平均的な経済条件におかれている。

村の人口の大部分は農業従事者が占める。村全体の耕地面積は1102.8ムー（1ムー＝約6.667アール）で，そのうち水田面積が952.8ムー，畑面積が150ムーである。この他，林地面積が2578.9ムーあり，おもにゴムの木が栽培されて

写真7　墓地からTL村（中央左側）を望む。中央右側の丘の上に見えるのはシャン州ムーセーの町。

写真8　TL村の公民館から見た村落内

いる。また池の面積が69.2ムーあり，ここで養殖した魚はTL村の仏塔前にある食堂街の名物となっている。

　徳宏タイ族料理の名物は，パックゾー（*phăk tso*，青菜を煮込んだもの）や，パックソム（*phăk som*，青菜の漬物），トーラーウ（*tho lău/tho tsi*，納豆），パーリップ（*pa lip*，魚の刺身）などで，それぞれ日本の料理に非常によく似ている。筆者は納豆や青菜の漬物を日本から持参し，TL村の人々に試食してもらったところ，「タイ族のものと同じだ。やはりタイ族と日本人は親戚（*pi bŋ*）同士だ」と口をそろえる。辛くなく，油も控えめで，日本人の味覚に非常によくあう。

　主食は粳米で，箸を使って食べる。この他，新年にあたる春節や灌水祭の際には，日本とほぼ同様の餅を食べる。TL村では現在，6月上旬に田植えを開始し，9月下旬に稲刈りを行う。TL村は盆地を流れる川の上流側に位置しており，水量が増加する時期が遅いため，田植え，稲刈りの時期も比較的遅い。同じムン・マーウ内でも下流側の村では5月下旬に田植え，9月上旬に稲刈りをする。隣の芒市や遮放では5月上旬に田植え，8月下旬に稲刈りと，瑞麗よりさらに早い。それは稲刈りの終了後，裏作に小麦を植えるため，稲刈りの時期を早くしなければならないからである。瑞麗は芒市より気温が高く，西瓜を早く収穫できるため，小麦より高価に売れる西瓜を植えることが多い。裏作には他に，トウモロコシ，菜の花などを植えるが，TL村の村人自身は耕作せず，芒市から裏作の時期のみ移住するタイ族の農民に貸して土地の借料を受け取るケースが多い。砂糖キビを栽培する場合もあるが，植え続けると虫害が発生するため，数年おきに水稲耕作と交代する。

　なお1990年頃までは，瑞麗ではタイ族の伝統的な品種（老品種）の米を植えており，この収穫時期は陽暦11月頃であった。タイ族にとっては「老品種」のほうが味はよかったが，収穫量が少なく，また収穫時期も遅いため，現在ではほとんどの農家が中国内地産の「雑交」品種を植えている。このように農事暦が早まったことによって，儀礼開催の時期も変化しつつあることについては第3章で述べる。

　近年では兼業農家も増加している。筆者の聴き取りによれば，2007年現在，

TL村付近の製紙工場で20名以上，木板工場で5〜6名，セメント工場で3〜4名，木炭工場で2名，市街地に近い製糖工場で4名が働いている。製紙工場は1958年に建設された当時は国営工場であったが，現在は民営化されている。その他の工場はすべて民営である。瑞麗には竹材が豊富で，この材料を利用して紙を作る。文革後の1987年にはコンクリート工場，1989年には木板工場が稼動を開始した。木板工場で原料として用いられる木材はおもにミャンマー産のもので，工場で加工して中国内地に送る。TL村は瑞麗市の東端に位置しており，昆明への輸送の便が良いため，工場が集中しているのだという。ただし木板工場，製紙工場とも2007年になってミャンマー側からの木材や竹の入手が困難となったため，従業員の多くが解雇されて再び専業農家に戻っている。

村内の民族構成は，徳宏タイ族が890名（約92％）で最多数を占め，次いで漢族75名（約8％），この他，タアーン（徳昂）族1名，ジンポー（景頗）族1名，その他3名となっている[5]。

TL村の住民はこのようにタイ族が多数を占めるが，瑞麗盆地を囲む山の麓に位置するTL村周辺の村には近年までタアーン族が多く居住していた。老人たちによれば，TL村も以前はタアーン族の村であり，子供の頃にはタアーン族の寺院跡が残っていたという。彼らがいなくなった理由はわからないが，他の地域に移住するか，次第にタイ族と同化して「タイ族になった」のではないかとTL村の老人たちは推測する。リーチ[1995]はカチン（ジンポー）族が「シャンになる」事例を報告しているが，瑞麗では他村においても「タアーン族がタイ族になった」という事例はしばしば聞かれる。

またタイ族の中でもTL村は特に数世代前，芒市や遮放から移住したというケースが多い。ではなぜ彼らはムン・マーウに移住したのか。聴き取りを行うと以下のような答えが返ってくる。

> 祖父の代まで芒市に住んでいたが，芒市は人口が多く，水田の面積が狭くなったので，当時人口が少なかった瑞麗に移住した。（M氏，男性，63歳）

このような説明は，他村で聴き取りを行った際にも多く挙げられた。前掲の

---

[5] ミャンマーでは，タアーン族はパラウン（B: Palaung），ジンポー族はカチン（B: Kachin）と呼ばれている。言語系統はモン・クメール系に分類される。またタアーン族はピンイン表記ではDe'angとなるため，日本語ではドアン族，またはドゥアン族などと表記されるが，本書ではより自称に近い「タアーン」を用いる。

1953年の人口統計を見ても，当時の瑞麗の人口は芒市の約三分の一程度に過ぎず，水田を求めて他地域から人が移住したことは十分に考えられる。

> 父は芒市に生まれたが，ザウファーの徴兵を避けるためにTL村へ逃げた。その後，隴川の親戚に，良い田があると誘われて隴川へ移住した。当時は中国側よりビルマ側のほうが経済的に豊かであったため，親戚を頼ってカチン州マンシー（B: Mansi）郡のPT村へ移住した。しかし日本軍が侵略し，家を燃やされたため，親戚を頼って中国側のTL村に再び戻った。（J氏，男性，68歳）

M氏と同様，よりよい水田や生活条件を求めて，盆地から盆地へと移住を繰り返す人々の姿が浮かび上がる。

> 曽祖父の代まで芒市に住んでいたが，芒市はザウファーによる年貢の取立てが厳しかった。これに対し，瑞麗のザウファーは女性で，取立てが厳しくなかったため，曽祖父は瑞麗に移住した。（K氏，男性，45歳）

このように芒市のザウファーによる年貢の徴収から逃れるために移住したという話もしばしば耳にする。また文献資料にも瑞麗のザウファーが女性であったという記述が見られる。楊［1997: 20］によれば，「1929年に当時の瑞麗土司，衎盈豊が死去し，息子の衎景泰が即位したが，当時わずか3歳に過ぎず，執政できなかった。衎景泰の母と祖母ら3名の女性が政務を代行していたが，衎景泰の祖父，衎国鎮がこの機に乗じて土司の職権を奪おうとした。そこで衎景泰の母は干崖（現在の盈江県）土司の刀京版を呼んで土司の任務を執らせるとともに，衎国鎮の武装勢力を破り，衎国鎮はビルマに背走した」という。こうした記述からは，1930年代以降のムン・マーウ土司政権は不安定で，年貢の徴収も十分に行われなかった可能性が考えられる。

その後TL村に一時的に居住した「異民族」は日本軍であった。先述したように日本軍は，ビルマルートの遮断を目指し，1942年にヤンゴンからラーショー経由で畹町に進軍した。当時，日本軍はTL村では寺院に寝泊まりしており，後述する元ホールーのJ氏（男性，75歳）は当時，見習僧として寺院に止住していたため，日本語を今でも少し記憶しており，筆者に当時の思い出を懐かしそうに話してくれたものである。また何軒かの老人宅には日本軍の残した日本刀や飯盒が保存されている。

S氏（男性，55歳）の父親は，日本軍に「兵補」として徴用され，2年間ほど

日本軍とともに戦地へ赴いた。1945年に日本軍が瑞麗から撤退したのにともない，S氏の父親も帰宅した。その間に多くの日本人の友人たちが亡くなったことを嘆き，戦後も日本軍の残虐さを描いたドラマを見ると，「日本軍はこのようなことはしなかった。すべて嘘だ」と怒ってテレビを消してしまったという。前述したように，筆者の調査期間中には，いわゆる「日本バッシング」によって筆者も辛い思いをすることがよくあったが，TL村でこのような経験をすることがなかったのはS氏の父親のおかげである。

1945年に日本軍が撤退した後に瑞麗へ進駐したのは国民党軍だった。TL村の村人が国民党軍の記憶を良いイメージで話すことは少ない。S氏によれば，国民党軍は家畜を勝手に徴収して食料とするなど規律が守られていなかった。そのため「日本軍が戻ってきて国民党を追い払って欲しい」などと言う人さえいたという。

1949年に新中国が成立すると，1950年には共産党軍が瑞麗を「解放」し，国民党軍はミャンマー側へと逃亡する。その後国民党の再侵入を防ぐため，国境に面した瑞麗には辺防大隊が置かれ，TL村の外には現在でも辺防派出所という国境警備隊の基地が設置されている。軍人の中には村人と結婚し，TL村に住みついた人もいる。

新中国成立後からTL村には漢族が徐々に増加していく。その多くは製紙工場やダム，瑞麗市内の商店で従業員として働いている。彼らの多くは男性で，仕事を求めて内陸部や沿岸部から移住し，TL村のタイ族と結婚して妻の家へ婿入りしたケースが多い。漢族や徳宏タイ族は結婚後，一般には夫方に居住するが，徳宏に移住して家を構えた漢族はほとんど故郷へは戻らない。故郷へ戻るより，国境の瑞麗で仕事についたほうが収入も多く，豊かな生活ができるという。

1956年には郵便局員の一家が最初にTL村へ移住した。その後1958年にはTL村の北側の山間部にダム建設が開始され，特に保山から多くの漢族が移住した。その中には村人と結婚して村内に居住する人もいた[6]。

1958年に大躍進運動が開始されると，共産主義は急進化し，農地の個人所有が認められなくなる。村民は生産隊への加入を義務付けられ，農地の共有と共同作業が開始される。そのため特に富裕層の農民はこの政策を嫌い，ミャン

---

6) 『瑞麗市志』には，1960年1月4日に保山から1323名が瑞麗に移住してダムの建設にあたったとする記述が見られる［瑞麗市誌編纂委員会 1996: 410］。ダムは1964年に完成した。

マー側へと逃亡した。しかしミャンマー側での生活も困難であったため，大躍進後には再びほとんどの村民が TL 村に戻った。大躍進は 1960 年に終了し，TL 村でも 1962 年頃には一時的に生産隊への参加，不参加が任意となった。1966 年に文革が始まると再び生産隊への加入が強制され，富農の多くはミャンマー側へ逃亡した。

　TL 村で文革を経験した M 氏（男性，63 歳）は，当時の生活を次のように回顧する。

> 　生産隊では，朝 7 時半から 11 時半，午後は 3 時から 6 時半まで村人全員で農作業が行われた。夜は 7 時から 9 時まで会議や政治活動が行われ，収穫時には夜も作業が続けられた。国慶節と春節を除いて休日はなかった。商売をする人や仕事を怠ける人は村人から「資本主義者」のレッテルを貼られて批判された。1970 年に結婚した時も，家で飼育していた豚を殺して食事を作り，毛沢東語録の歌を参加者がともに歌うぐらいの簡素なものだった。家の中の「仏典棚」（後述）に仏典を置くことはできず，現在のように結婚式で誦経するということもなかった。ただし葬式のときのみは特別に誦経が認められていた。

　大躍進の際にミャンマー側のムーセー郡 TJ 村，TM 村へ逃亡し，大躍進後に帰国した T さん（女性，72 歳）は以下のように言う。

> 　大躍進前には TL 村の富農だったが，大躍進の際には批判されるおそれがあったため，夜に船で瑞麗江を渡って TJ 村に逃げた。親戚を頼りに農業で暮らしたが，田の面積が十分でないため，より広い田が得られる TM 村へ親戚を頼って移住した。しかし TM 村では 1988 年頃（筆者注：民主化運動時），ビルマ軍，カチン軍，共産党軍の間で戦闘が繰り広げられ，カチン軍に息子が徴兵されそうになったため，1989 年に中国側の TL 村へ戻った。その当時は身分証の取得が容易であったため，中国，ミャンマーの二重国籍を取得した。カチン軍が来なければ今でもミャンマー側に住んでいたかもしれないが，幸い中国のほうが経済発展しているため，ミャンマー側へ戻ろうとは思わない。

　富農の中にはミャンマー側へ移住したまま帰国しない家族もあるというが，T さんのようにミャンマー側での徴兵を恐れて帰国したという例が多い。
　また文革中，TL 村には内地から多くの知識青年が移住し，村内に居住しながら労働に従事した。『瑞麗市志』によれば，1969 年に毛沢東は「知識青年は農村へ赴け」との号令を出し，瑞麗県には「知識青年再教育領導小組」が設け

られた。昆明，北京，上海，成都などの都市から合計7000名以上の知識青年が移住し，農村に居住して農作業にあたったという［瑞麗市誌編纂委員会 1996: 47］。

　文革後の1980年代前半に生産隊は廃止され，1983年には農家経営請負制へと変更された。すなわち，田地が各戸の人口に応じて均等配分され，各農家が国家から農地の経営を請け負うという形をとり，契約で定められた国家上納分と集団留保分を除いた残りを，農家が自分のものにできる制度になったのである。1993年には請負地の頻繁な割換えによる経営規模細分化を避けるため，「人が増えても請負地を増やさず，人が減っても請負地を減らさない」方式に改められ，現在に到っている［加藤1999］。TL村でも1983年に一旦，田地が各戸へ人口に応じて均分された後，1993年には文革後の帰国者も含めて田の再分配がなされた。その際にひとりあたり1.2ムーの田地が分与され，現在に到っている。なお，1.2ムーというのは，筆者が聴き取りを行った限り，瑞麗市内では比較的少ないほうで，1人あたり5ムーが分与されている村もある。

　TL村には特に1990年代以降，漢族が増加する。なかでも1980年代から瑞麗市内で大きな経済的影響力を持っているのは福建人である。その理由は，福建は台湾と面しており，台湾人との関係が深いため，文革中に批判をおそれた人々がミャンマー側のムーセー，ナンカンに逃げたからだという。その後も福建へ戻らず，中国側の瑞麗で福建の衣服や海産物などを売って生計をたて，ある程度の財産を築くと親戚を呼び寄せたため，徐々に人口が増加していった。またミャンマーとの国境地帯に設けられた賭場や，瑞麗市内の商店で働く漢族も増加している。TL村の75名の漢族のうち33名の移住年とその理由を示すと【表7】のようになる。

　この姻戚関係を頼りに，1990年代後半からは逆にTL村の若者たちが福建へ出稼ぎに行くようになる。さらにミャンマー国境から遠く離れており，アヘンやヘロインなどの薬物が少ないことも，福建が好まれる理由のひとつだという。

　ここで薬物の問題について簡単に触れておく。瑞麗市内を歩くと，いたるところに「禁毒防艾」の文字が見られる。これは「毒物を禁じ，エイズ（艾滋病）を防ぐ」ことを意味し，雲南省政府が中心となって推進する政策である。瑞麗はミャンマー国境に直面しているため，薬物の輸送ルートとなっており，筆者が昆明で「瑞麗へ調査に行く」ことを告げると，友人に「麻薬とエイズに気を

表7 TL村に居住する漢族

移住年	男性	女性	出身地	移住の理由
1956年	1		保山	父がTL村の郵便局に勤務。TL村に生まれ，村内で結婚。
1963年	3	3	保山	ダム関係者。
1980年代	1		施甸	TL村の軍隊に勤務。村人と結婚。
1980年代	1		施甸	道路工事に従事。村人と結婚。
1980年代	1		保山	農場で働く。村人と結婚。
1990年代	1	1	南京	ダムでアルバイト。村人と結婚。
1990年代	1		山東	製紙工場に勤務。村人と結婚。
1990年代	1		湖南	製紙工場に勤務。村人と結婚。
1990年代	2		四川	文革中に瑞麗へ移住し，農業に従事。村人と結婚。
1990年代	1		玉渓	ダムでアルバイト。村人と結婚。
1990年代	1		龍陵	TL村の軍隊に勤務。村人と結婚。
1990年代	1		福建	瑞麗で商売。村人と結婚。
1999年	1		福建	TL村で養魚業を営む。村人と結婚。
2000年		1	貴州	瑞麗でアルバイト。村人と結婚。
2000年	1		瑞麗	運転手。村人と結婚。
2001年	1	1	四川	建築業。妻と離婚後，娘とともに移住。
2002年	1		四川	瑞麗でアルバイト。村人と結婚。
2002年	2		四川	賭博。
2002年	1		天津	シャン州洋人街で賭博。村人と結婚。
2002年	1		不明	農場で働く。村人と結婚。
2004年	1		四川	木板工場で働く。村人と結婚。
2006年		1	龍陵	瑞麗でアルバイト。村人と結婚。
2006年	1		安徽	瑞麗でアルバイト。村人と結婚。
2007年		1	施甸	瑞麗でアルバイト。村人と結婚。
合計	25	8		

出典：筆者の聴き取りによる。正確な移住年が確定できない場合には「年代」とした。

つけて」と注意されるほど，大きな社会問題となっている[7]。特に若者の間で薬物を使用する者が増加しており，これが発覚した場合は，親が福建へ仕事に行かせるケースが多いという。この他にも，瑞麗市内や昆明，広東などに出稼ぎに行く若者たちは1990年代後半から急激に増加し，10代から20代の若者

---

7) 政府統計［中国勐卯鎮委員会・勐卯鎮人民政府 2009］によれば，TL村民委員会に属する12の自然村の2007年現在の人口は合計で6146名であるが，TL村民委員会への聴き取りによると，そのうち272名（男性259名，女性13名）の「吸毒者」が存在する。薬物の種類はヘロイン217名，アヘン29名，注射27名，その他3名で，民族別ではタイ族247名，漢族25名である。薬物の使用が発覚した場合，「戒毒施設」へ送られることになっており，2007名現在，TL村民委員会からは強制戒毒施設に34名，労教戒毒施設に40名が収容されている。また麻薬の注射針を介したエイズ感染も多く，HIV感染者は67名に上っている。

たちを村の中で見かけることはあまりない。

　ところで，TL 村には，中国側の統計には現れないが，ひとりのビルマ人が居住している。彼の経歴も国境に面した瑞麗の住民の特徴をよく示しているように思われるので，簡単に紹介しておきたい。

　彼はもともとビルマ共産党軍の一員であったが，政府軍の掃討に遭い，1990年に中国側の騰沖へ逃げる。1994年に瑞麗へ移動し，ミャンマーの宝石を中国へ売る商売を始める。そのときに TL 村出身の妻と知り合って結婚し，1996年から TL 村に居住している。彼は中国国籍を取得せず，「雲南省辺境地区境外辺民臨時居留証」を持って中国側に居住している。中国側に身分を保証する人がいれば，ミャンマー国籍の人でも一定期間は居留が認められているのである。

　彼の他にも，ミャンマー側の（元）反政府活動家が中国側に逃れてきているという話はよく耳にし，筆者もあるシャン州軍（SSA: Shan State Army）関係者を訪れたことがある。彼も中国籍の女性と結婚して婿入りする形をとっているため，村落内に居住することは問題ない。ミャンマー軍も中国国境を侵犯して瑞麗側に来ることはまずないため，安全である。自宅ではインターネットでミャンマー国内の情勢に関する情報を収集する。ミャンマー国内では反政府活動系のサイトにアクセスすることがサーバーから制限されているため，情報収集の手段が限られているが，中国側ではそうしたサイトも問題なく閲覧できる。このように，国境線は地元のタイ族住民にとっては容易に越えられるものであるが，一方で防波堤の役割を果たしてもいる。さらに中国側はミャンマーと比べて圧倒的に経済発展が進んでいる。そのため徳宏は，漢族のみならずミャンマー側からの人々も惹きつけているのである。

　以上，本章で述べてきたことをまとめておこう。本章では徳宏の地域的特徴について，歴史的経過をふまえながら述べてきた。今までの記述からわかるように，徳宏の地域性をひとことで表現すれば，「境域」という言葉が適切であろう。王朝時代からムン・マーウはビルマ王朝と中国王朝の狭間に位置していた。ビルマの植民地化と，その後の近代国家の形成にともなって国境線が引かれた際に，両国家の周縁に位置づけられたのも，このような歴史を反映している。そして中国とビルマの権力関係の変遷や，両者の狭間を往来する人々の移動の流れは，徳宏に多様な文化をもたらした。それゆえ，徳宏にはビルマ文化，

シャン文化や漢文化のそれぞれの特徴が見られるのである。

　また近年は中国の経済発展とミャンマーの政治的混乱により，ミャンマー側から中国側へのシャン人，ビルマ人の移住が増加している。こうした世俗社会の変化が本書のテーマである宗教実践にどのような影響を及ぼしたのかという問題に関しては，本書の後半部分で扱う。次章ではまず徳宏の宗教の特徴について概観する。

コラム　タイ文字講座 ── 宗教と識字教育

　本章で述べた通り，TL村の住人の大部分は徳宏タイ語と漢語を話し，中にはビルマ語会話が可能な人もいる。また日常生活の様々な局面で，漢字，ビルマ文字，徳宏タイ文字，シャン文字といった複数の文字が用いられている。とはいえ，複数の文字を自在に使いこなすことの困難は，私たちも思い知るところである。TL村の住人のどれほどの人々が，どの文字を，どの程度使いこなすことができるのだろうか。

　筆者の調査当時でいえば，およそ30代以下の世代は，義務教育によってほぼ全員，基本的な漢字の読み書きができた。これはある意味で当然のことである。一方，徳宏タイ文字については，1990年代までは瑞麗市内の小学校で教えられていたが，現在は英語教育がそれに取って代わっており，読み書きができる子供は皆無といってよい。40代以上であれば，徳宏タイ文字を書ける人はTL村内に数名存在し，結婚式や葬式の時の書記役を務めていた。彼らは以前，雨安居期間中に村の識字者から教えてもらったのだという。しかし近年では村の中でタイ文字を習う人もなく，徳宏タイ文字の識字率は危機的な状況にある。

　これは中国政府の方針によるものではない。むしろ中国政府は漢語と少数民族言語の「双語教育」を推進し，徳宏タイ文字版の教科書まで編纂している。にもかかわらず，現地の小学校の校長が，徳宏タイ文字より「役に立つ」英語の教育を選択するのだという。また若いタイ族の側にも，「徳宏タイ文字を習得しても仕事につける訳ではない。それよりも漢語や英語を教育したほうが役に立つ」といった考え方が広まっている。

　こうした状況に対し，2007年から，瑞麗市仏教協会の主催によってタイ文字講座が開始された。その中心となったのは，当時，協会副会長を務めていたV師と秘書長だったO師らである。講座開催の目的についてV師は，「中国側では仏教を知らない若者たちが増加しており，その若者たちのために三帰依五戒を始めとする基本的な誦句を教えることが必要である。しかし誦句を学ぶためには，まずタイ文字から教えなければならないと考え，講座の開催を企画した」と説明する。またO師は，「中国側でエイズや薬物が問題になっているのはタイ族の文化や礼儀が失われているのが原因だ。タイ文字を学べばタイ族の習慣や礼儀作法を自ら学ぶことができるため，エイズなども自然となくなるはずだ」と主張する。V師やO師に限らず，タイ文字やタイ族の文化が失われつつある状況に危機意識を抱く僧侶は多い。

　僧侶がこのような活動を開始した背景には，ミャンマー側の状況も関わって

村の公民館で開催されたタイ文字講座

いる。ミャンマーでは、ネーウィン政権が少数民族のビルマ族への同化政策を進めたことにより、1973年以来、学校教育でビルマ語以外の少数民族言語を教育することは禁じられている［牧野 2001: 139］。そのため1999年からは、タイ文芸文化協会（Kɔ lik lai lɛ fiŋ ŋɛ tăi）が、タイ文字講座を学校の夏季休暇期間中に実施していた。しかし、2005年にムーセーのタイ文芸文化協会が瑞麗で会議を開催したところ、帰国した際に全員、ミャンマー政府の厳しい取調べを受けた。それ以降、弾圧を恐れてタイ文字講座は開催されなくなってしまう。このままではタイ文字が忘れさられてしまうとして、ムーセー郡タンマザッカ協会（第5章コラム参照）の理事を務めるTX寺の住職がリーダーシップをとり、2006年の雨安居期間中からタンマザッカ協会主催のタイ文字講座を始めたのである。

　講座は45日間、雨安居期間中と雨安居明けの1年に2回、開催される。教科書はシャン州で作成されたシャン文字バージョンに徳宏タイ文字を併記したもので、講座では両方が教えられている。寺院内または公民館に僧侶またはタンマザッカ協会の会員（在家）が2名ずつ住み込みで教師役として指導にあたっている。時間は朝・昼・夜の3回で、村人はそれぞれ都合のよい時間に参加する。講座終了後に行う試験の合格者には表彰状、成績優秀者（各村成績上位3名）には賞品が授与される。

　講座は徳宏州内の他地域、さらに2009年には保山市の潞江タイ族郷でも実施されるなどの広がりを見せている。その背景には、出家者たちのタイ族意識

の高まりと，国境を越えたネットワークが大きな役割を果たしているのである。

徳宏タイ文字とシャン文字の対照表。徳宏タイ文字（上）はやや角ばっており，シャン文字（下）は丸いのが特徴である。（瑞麗市仏教協会編『タイ文字教科書（Pap hen lik tai）』より）

第2章
徳宏タイ族の宗教的特徴

瑞麗市内に3か所ある仏足跡の一つである。仏は存命時代，瑞麗を訪れたことがあり，その際の足跡が現在まで残ったものだとされる。3か所とも山中奥深くに位置しており，アクセスは容易ではない。にもかかわらず，瑞麗の村人たちは連れだって参拝に訪れる。雨安居期間中の布薩日になると，老人ヒン・ラーイたちが付近の宿泊所に籠って修行に励む村もある。このように徳宏の日常的な宗教実践は，仏に由来する聖遺物との関わりで築かれる。

徳宏地域の仏教徒社会にきわだった特徴があることは，すでに何度か述べたとおりである。本章ではまず，各種統計データとともに，筆者も参加した僧侶のライフコースや寺院の立地条件に関する量的調査[1]で得られたデータに基づきながら，歴史的経緯とあわせて，その特徴を記述する。次いで，筆者が定着調査を行った TL 村の宗教が実践される場ないし空間に着目する。寺院，仏塔，村の中心の柱，守護霊の祠，「仏典棚」など，特徴的な構成要素を中心に，その概略を述べる。

1. 他地域との比較から

　上座仏教徒社会では，寺院に出家者が止住するのが一般的である。在家者は僧侶に食事や修行生活に必要な品々を用意し，仏教儀礼に参加して布施することによって，功徳を得る。これは功徳を積むことによって，来世または現世の近未来における善果（よい結果）が得られるという考え方に基づくものである。なかでもサンガは寄進者に幸福をもたらす「福田」にたとえられる。それゆえ在家者の積徳行にとって，出家者は不可欠な存在であるとされてきた [cf. 石井 1975, 1991]。また自ら積んだ功徳は他者と共有することができ，他界した霊に転送することもできる。

　徳宏にも功徳（クーソー）を積むことによって，現世（*tsat lāi*）または来世（*tsat la*）での善果（*a tso*）を得るという考え方は存在する。儀礼においては様々な供物が奉納され，終わると女性たちが菩提樹やガジュマルの木の下へ供物を置いてあらゆる生き物（*sǎt ta va*）に食べさせる。またヒン・ラーイと呼ばれる老人たちは安居期間中の布薩日に八戒を守り，寺籠りする。これらはみな積徳行である。積徳儀礼の終了後に行われる滴水儀礼（*jat lām*）によってあらゆる存在に功徳を分け与える（*me ku so*）実践が見られる点でも共通する。

　このように上座仏教徒社会の他地域との共通点を持ちながらも，徳宏を訪れてまず気づくのは，寺院はほぼ各村落に存在するものの，ほとんどの寺院に僧侶が存在せず，施錠したままの寺院も多いことである。筆者は 1999 年から

---

[1]　「大陸部東南アジア仏教徒社会の時空間マッピング―寺院類型・社会移動・ネットワーキング」（科学研究費補助金基盤研究 (A)「大陸部東南アジア仏教徒社会の時空間マッピング（研究代表者：林行夫・京都大学地域研究統合情報センター教授，課題番号 20251003, 2008 年度～2010 年度））。

表8　上座仏教徒社会における出家者数と寺院数

	寺院	僧侶	1寺院あたり僧侶数	見習僧	1寺院あたり見習僧数	統計年
ミャンマー	5万6839	24万2891	4.3	30万5875	5.4	2007
タイ	3万5244	25万8163	7.3	7万0081	1.9	2007
ラオス	4140	8055	1.9	1万1740	2.8	2007
カンボジア	4237	2万4929	5.9	3万2421	7.7	2007
西双版納	577	828	1.4	3998	6.9	2005
徳宏	602	90	0.1	101	0.2	2007

出典：ミャンマーは藏本龍介氏，タイは林行夫氏，ラオスは吉田香世子氏，カンボジアは小林知氏のご教示による。西双版納・徳宏は各州仏教協会に行った発表者の聴き取りに基づく。

2003年にかけてミャンマーに居住し，その間，2度の一時出家を経験したが，出家したマンダレーの寺院では40名以上，シャン州ティーボーの寺院でも約10名の出家者が止住していたのと比較すると顕著な相違である。この点を統計調査からもう少し詳しく見てみよう。【表8】は，上座仏教徒社会における寺院数，出家者数，ならびに1寺院あたりの出家者数である。この表からも，徳宏の1寺院あたりの出家者数が，他地域と比べてきわめて少ないことが読み取れる。これが，単に政治的混乱のためではないことは，徳宏と同様，文化大革命期に仏教の断絶を経験した西双版納において文革後に出家者数が再び増加に転じたことや，内戦による断絶と復興を経験したカンボジアと比較しても徳宏の出家者数が非常に少ないことなどから裏づけられる。

【図5】は，上記科研プロジェクトによって，上座仏教徒社会の各地域（タイ，ラオス，カンボジア，中国雲南省徳宏，西双版納）を調査対象とする研究者が，出生年，出家者の見習僧，僧侶としての得度年齢に関する悉皆調査を行った結果をチャート化したものである。チャート化した2010年の調査施設数は，Khong Chiam（タイ）90施設，Dehong（徳宏）118施設，Xishuang Banna（西双版納）67施設，Kien Svay（カンボジア）48施設，Kampong Thum（カンボジア）87施設，Vientiane（ラオス）117施設，Luang Phabang（ラオス）94施設，Chanmpasak（ラオス）44施設であり，徳宏は調査施設数が最多であるにもかかわらず，出家者数の少なさが際立っている[2]。

また出家パターンにも徳宏独自の特徴が見られる。まずタイと比較すると，

2) ラオスのVientiane, Luang Phabangのみ2009年度のデータを使用している。

得度チャート（縦軸は10年ごとの西暦年）

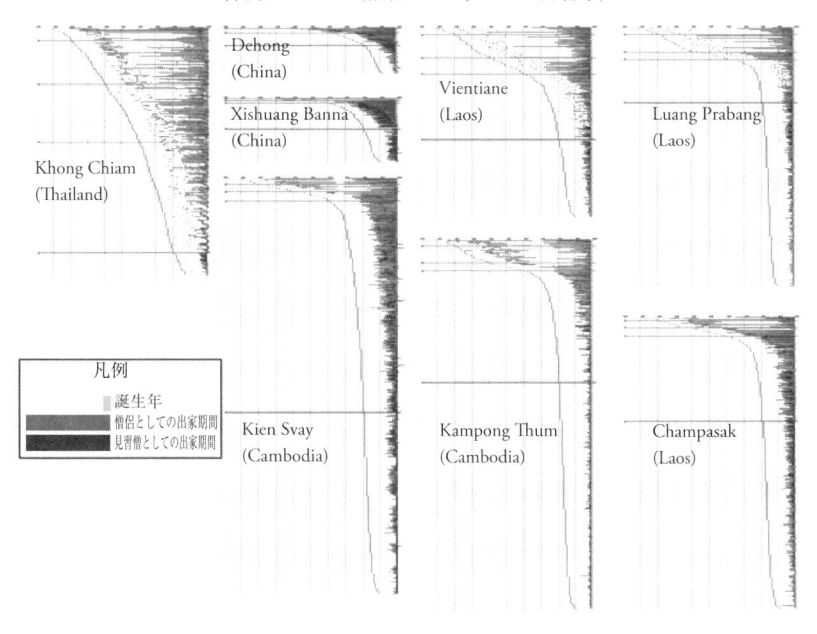

凡例
■ 誕生年
■ 僧侶としての出家期間
■ 見習僧としての出家期間

得度チャート（縦軸は10年ごとの年齢）

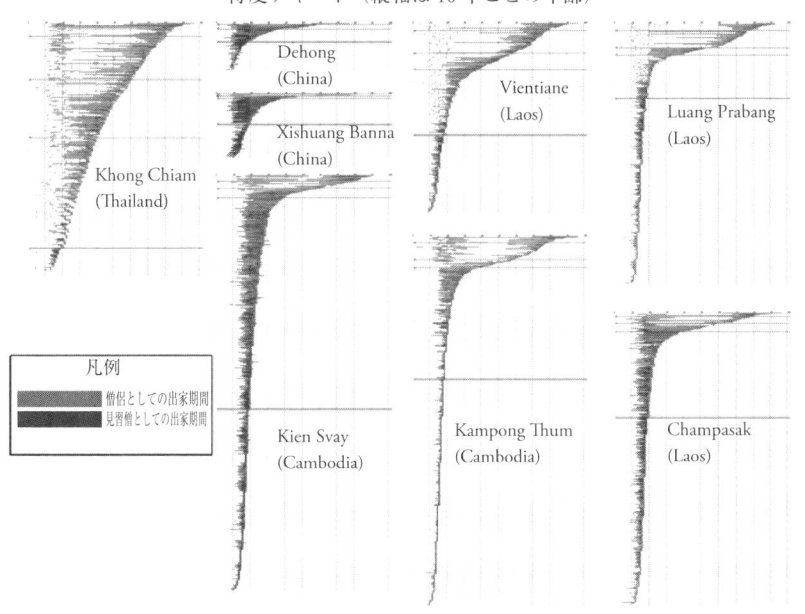

凡例
■ 僧侶としての出家期間
■ 見習僧としての出家期間

図5　上座仏教徒社会各地域の得度チャート（須羽新二氏作成）

タイの棒グラフの中には空白が目立つのに対し，徳宏の棒グラフは密であることがわかる。これは，タイでは青年期に見習僧として出家した後，中年期に僧侶として一時出家，さらには老後に僧侶として再出家するような事例が多いことを示している。これに対し，徳宏においては複数回の出家が少ない。すなわち，出家と還俗を繰り返すようなケースは限定的であることがわかる。

次に，【図5】のカンボジアのチャートをご覧いただきたい。すると中央部に空白部が目立つ。これは，ポル・ポト時代の仏教に対する弾圧によって，僧侶は還俗を余儀なくされたことによる。【図6】は，社会主義の急進化による仏教実践の断絶を経験した徳宏，西双版納，カンボジアのチャートを抽出したものである。西双版納，カンボジアでは社会主義期（灰色の網かけ部分）に出家者がほとんどいなくなっているのに対し，徳宏では他地域ほどの断絶が見られないことがわかる。これは徳宏で文革の影響がなかったことを意味するわけではなく，文革後にミャンマー側から招請した出家者が多数を占めるためである。

ミャンマー側の出身者が多いことは，瑞麗市内に居住する出家者の出身地を地図上に示した【図7】からも見てとれる。また筆者が2009，2010年に，畹町鎮を除く瑞麗市内の全僧侶，見習僧，寺子に対して出身地調査を行ったところ，2009年は僧侶38名，見習僧78名，寺子24名の計140名のうち，中国側出身者31名（21%）に対してミャンマー側出身者は109名（79%）で，約8割がミャンマー側の出身であった【表9】。2010年は僧侶42名，見習僧83名，寺子35名の計160名のうち，中国側出身者41名（26%）に対してミャンマー側出身者は119名（74%）と，やや中国側出身者が増加したが，やはりミャンマー側から招請したケースが目立つのである【表10】。

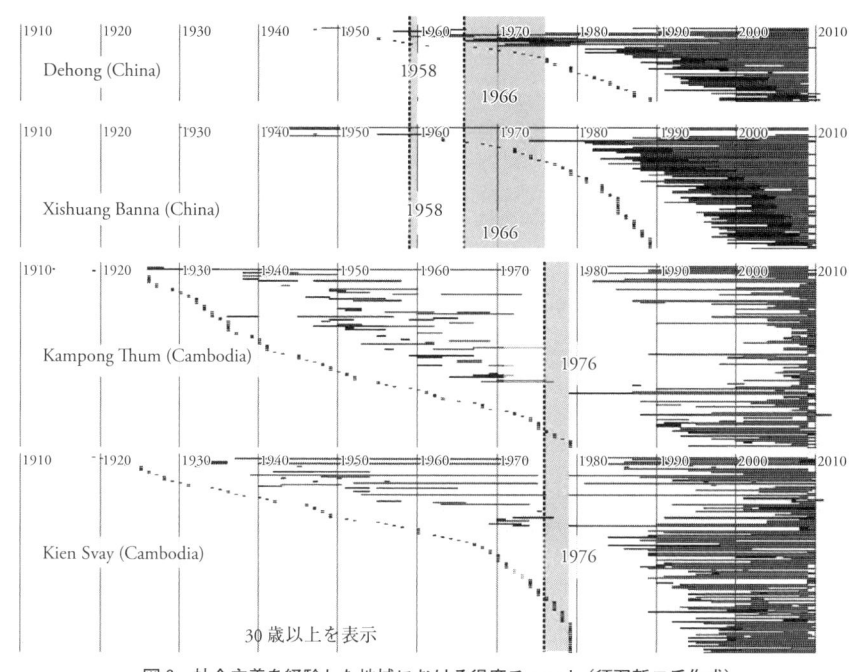

図6 社会主義を経験した地域における得度チャート（須羽新二氏作成）

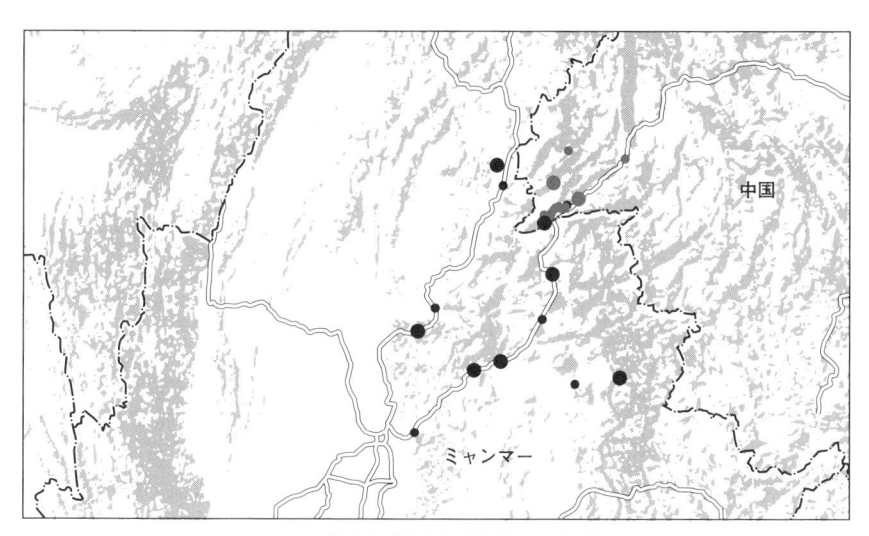

図7 出家者の出身地（須羽新二氏作成）
注：地図中の灰色の円は中国側の出身地，黒色の円はミャンマー側の出身地を示す。
　　円が大きいほど，その地域の出身者が多い。

第2章　徳宏タイ族の宗教的特徴　61

表9 僧侶・見習僧・寺子・女性修行者の居住する瑞麗市内の寺院一覧（2009年8月調査）

村落名	種別	教派	僧侶 合計	僧侶 中国	僧侶 ミャンマー	見習僧 合計	見習僧 中国	見習僧 ミャンマー	寺子 合計	寺子 中国	寺子 ミャンマー	女性修行者 合計	女性修行者 中国	女性修行者 ミャンマー
VO	寺院	ポイゾン	1	0	1	4	0	4	0	0	0	0	0	0
VT ※1	寺院	ポイゾン	3	1	2	3	0	3	0	0	0	0	0	0
PT	寺院	トーレー	0	0	0	0	0	0	0	0	0	2	0	2
ML ※2	俗人宅	ポイゾン	0	0	0	0	0	0	0	0	0	1	1	0
TL	寺院	トーレー	0	0	0	0	0	0	0	0	0	4	0	4
TL	仏塔		0	0	0	0	0	0	0	0	0	1	1	0
VM	寺院	トーレー	1	0	1	2	1	1	0	0	0	0	0	0
TK	寺院	トーレー	4	0	4	5	0	5	0	0	0	0	0	0
TN	寺院	トーレー	2	0	2	2	0	2	0	0	0	0	0	0
LA	寺院	トーレー	0	0	0	0	0	0	0	0	0	1	0	1
LN	寺院	トーレー	0	0	0	0	0	0	0	0	0	1	0	1
LH	寺院	トーレー	0	0	0	0	0	0	0	0	0	1	1	0
LH	仏塔		0	0	0	0	0	0	0	0	0	1	1	0
TH	寺院	ポイゾン	0	0	0	0	0	0	0	0	0	2	0	2
VL ※3	寺院		1	0	1	24	2	22	19	9	10	0	0	0
HS	寺院	トーレー	5	1	4	0	0	0	0	0	0	0	0	0
TT	寺院	ポイゾン	4	1	3	0	0	0	0	0	0	0	0	0
LS	寺院	トーレー	4	0	4	5	1	4	0	0	0	3	0	3
TX	寺院	トーレー	2	2	0	5	0	5	0	0	0	0	0	0
TO	寺院	トーレー	1	1	0	6	5	1	0	0	0	0	0	0
OL	寺院	トーレー	1	0	1	0	0	0	1	0	1	0	0	0
LX	寺院	トーレー	0	0	0	0	0	0	0	0	0	1	0	1
TS	寺院	ポイゾン	1	0	1	1	0	1	1	1	0	0	0	0
NT	寺院	トーレー	3	0	3	12	1	11	0	0	0	0	0	0
MA	寺院	トーレー	1	0	1	3	0	3	0	0	0	1	0	1
LT	寺院	ポイゾン	1	1	0	2	1	1	3	2	1	0	0	0
TS	寺院	トーレー	1	0	1	4	0	4	0	0	0	0	0	0
LM	寺院	トーレー	1	0	1	0	0	0	0	0	0	1	0	1
TT	仏足跡		1	1	0	0	0	0	0	0	0	0	0	0
合計			38	8	30	78	11	67	24	12	12	20	4	16

※1 VT村の寺院はもともとヨン派であったが，ヨン派の僧侶が不在となったため，現在ではポイゾン派の僧侶が住職を務めている。

※2 ML村の女性修行者は，息子の家に寄宿しており，村の女性修行者としては認識されていない。

※3 仏塔や仏足跡に教派は存在しない。VL寺は瑞麗市の「総仏寺」と位置づけられているため，教派に属さない。

※4 網かけを施した箇所は，該当者がタアーン族であることを示す。

表10　僧侶・見習僧・寺子・女性修行者の居住する瑞麗市内の寺院一覧（2010年8月～9月調査）

村落名	種別	教派	僧侶			見習僧			寺子			女性修行者		
			合計	中国	ミャンマー	合計	中国	ミャンマー	合計	中国	ミャンマー	合計	中国	ミャンマー
VO	寺院	ポイゾン	2	0	2	1	0	1	0	0	0	0	0	0
VT ※1	寺院	ポイゾン	2	1	1	4	0	4	0	0	0	0	0	0
PT	寺院	トーレー	0	0	0	0	0	0	0	0	0	2	0	2
ML ※2	俗人宅	ポイゾン	0	0	0	0	0	0	0	0	0	1	1	0
TL	寺院	トーレー	0	0	0	0	0	0	0	0	0	4	0	4
TL	仏塔		0	0	0	0	0	0	0	0	0	1	1	0
VM	寺院	トーレー	1	0	1	2	0	2	0	0	0	0	0	0
TK	寺院	トーレー	4	1	3	5	0	5	0	0	0	0	0	0
TN	寺院	トーレー	1	0	1	0	0	0	0	0	0	0	0	0
LA	寺院	トーレー	0	0	0	0	0	0	0	0	0	1	0	1
LN	寺院	トーレー	0	0	0	0	0	0	0	0	0	1	0	1
LH	寺院	トーレー	0	0	0	0	0	0	0	0	0	1	1	0
LH	仏塔		0	0	0	0	0	0	0	0	0	1	1	0
TH	寺院	ポイゾン	0	0	0	0	0	0	0	0	0	3	0	3
VL ※3	寺院		5	4	1	30	5	25	33	13	20	0	0	0
HS	寺院	トーレー	6	1	5	0	0	0	0	0	0	0	0	0
TT	寺院	ポイゾン	2	1	1	0	0	0	0	0	0	0	0	0
LS	寺院	トーレー	5	0	5	5	2	3	0	0	0	1	0	1
TX	寺院	トーレー	2	2	0	3	0	3	0	0	0	0	0	0
TO	寺院	トーレー	1	0	1	4	3	1	0	0	0	0	0	0
OL	寺院	トーレー	1	0	1	0	0	0	1	0	1	0	0	0
LX	寺院	トーレー	0	0	0	0	0	0	0	0	0	1	0	1
TS	寺院	ポイゾン	1	0	1	0	0	0	1	0	1	0	0	0
NT	寺院	トーレー	3	0	3	15	0	15	0	0	0	0	0	0
MA	寺院	トーレー	1	0	1	4	1	3	0	0	0	1	0	1
LT	寺院	ポイゾン	2	1	1	6	5	1	0	0	0	0	0	0
TS	寺院	トーレー	1	0	1	4	0	4	0	0	0	0	0	0
LM	寺院	トーレー	1	0	1	0	0	0	0	0	0	0	0	0
TT	仏足跡		1	1	0	0	0	0	0	0	0	0	0	0
合計			42	12	30	83	16	67	35	13	22	18	4	14

※1　VT村の寺院はもともとヨン派であったが，ヨン派の僧侶が不在となったため，現在ではポイゾン派の僧侶が住職を務めている。
※2　ML村の女性修行者は，息子の家に寄宿しており，村の女性修行者としては認識されていない。
※3　仏塔や仏足跡に教派は存在しない。またVL寺は瑞麗市の「総仏寺」と位置づけられているため，教派に属さない。
※4　網かけを施した箇所は，該当者がタアーン族であることを示す。

2. 西双版納と徳宏

次に，同じ雲南省内に位置する西双版納と徳宏について比較してみよう。

西双版納と徳宏の相違を理解するためにまず【図8】をご覧いただきたい。これは2004年から2010年までの出家者（僧侶，見習僧）の移動経路を地図上にマッピングしたものである。一見して，西双版納の出家者はタイ，徳宏の出家者はミャンマーとの結びつきが強いことがわかる。

西双版納の仏教（ヨン派）は，北タイのランナー王国経由で15〜16世紀ごろ広まったとされる［馬場 1994; ダニエルス 2002］。文革以降の仏教復興の過程においてもタイ仏教との結びつきが大きな役割を果たした［長谷川 1995; Davis 2003］。【図8】を見てもわかるように，西双版納の出家者は大部分が出身村落の寺院で学習した後，一定期間を経て還俗することが多いため，移動経路は盆地内でまとまっている。しかし中にはチェンマイなど北タイの寺院へ教理学習に赴く出家者もいる。着用する袈裟の色もタイと同様のサフラン色である。

一方，徳宏に仏教が伝来した時期については諸説あるが，瑞麗市内の主要四教派（kəŋ）の寺院を地図上にマッピングすると【図9】のようになる。実際にはこれよりさらに複雑な教派のネットワークが存在するのだが（第6章参照），主要教派だけを見ても村落による多様性がきわだっていることがわかる。また1989年度統計［張編 1992: 131］に基づく徳宏州内の教派別寺院数を示した【表11】が示すのは，同じ徳宏州内でも地域によって教派の勢力の差異が見られることである。

次に，先行研究によって徳宏への流入時期と経路を示すと以下のようになる［江 1983; 顔 1986; 劉 1990; 張編 1992, 1993; 長谷川 1996］。各教派の流入時期は，先行研究によって大きな幅があるため，ここでは先行研究が示す時期の中で最も早い時期と遅い時期を示した。漢籍史料から推測される仏教普及の時期は15世紀とされる［江 1983: 345］[3]。

・ポイゾン（Pɔi tsɔŋ）派（239寺院）……11〜17世紀にシャンマーより伝来
・ヨン（Jon）派（57寺院）……15世紀ごろ北タイのランナー王国より伝来
・ゾーティー（Tso ti）派（12寺院）……15〜18世紀にシャンマーより伝来
・トーレー（To le）派（150寺院）……18〜19世紀にシャンマーより伝来

---

3) 徳宏への上座仏教伝来の時期についてダニエルス［1998, 2004］，飯島［1999］はともに16世紀半ばとする。

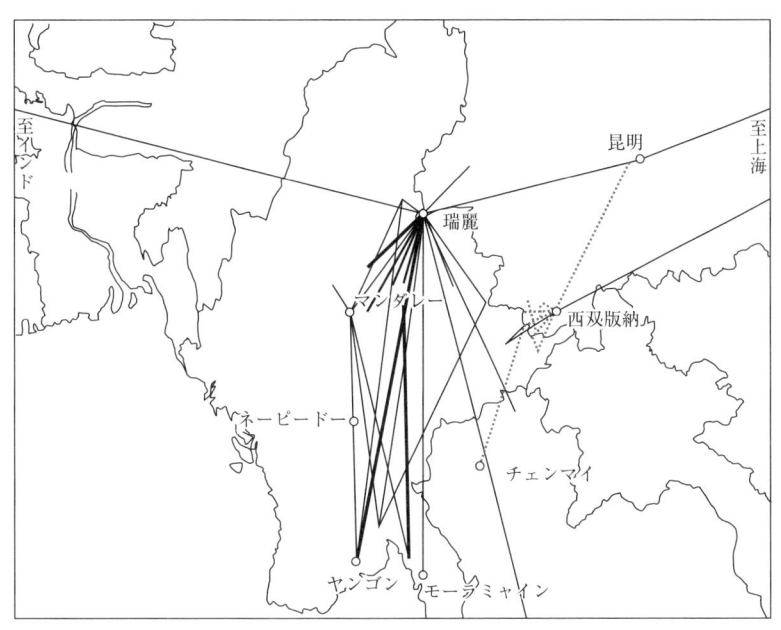

図8 西双版納と徳宏における出家者の移動経路（実線は瑞麗，点線は西双版納の出家者の移動経路を示す）ジュリアン・ブルドン氏作成

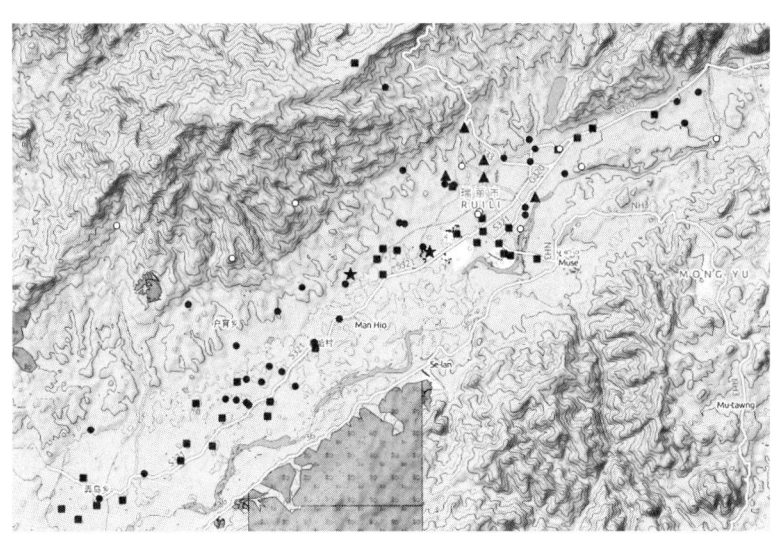

図9 瑞麗市内の寺院の教派別分布図（●＝ポイゾン派，■＝トーレー派，▲＝ヨン派，★＝ゾーティー派，○＝仏塔・仏民跡で教派なし）ジュリアン・ブルドン氏作成

第2章　徳宏タイ族の宗教的特徴　65

表 11　徳宏州における教派別村落数（1989 年現在）

県（市）名	ポイゾン派	トーレー派	ヨン派	ゾーティー派	合計
梁河県	17	3	0	0	20
盈江県	100	40	10	0	150
隴川県	34	29	14	0	77
瑞麗県	34	52	3	2	91
畹町市	7	0	0	0	7
潞西県	47	26	30	10	113
合計	239	150	57	12	458

出典：張［1992: 131］。ただし現在では潞西県は潞西市に昇格し，瑞麗県は畹町市と合併して瑞麗市となっている。

　ここで注目しておきたいのは，西双版納ではヨン派一教派のみであるのに対し，徳宏には様々なタイプの「仏教」が時間をかけて徐々に流入したとされていることである[4]。また西双版納の上座仏教が北タイの仏教の影響を強く受けているのに対し，徳宏では四教派中，三教派がビルマに起源を持っており，その実践にはビルマ仏教やシャン仏教の影響が強い。【図8】からもわかるように，現在でもほとんどの僧侶はミャンマー中央部（ヤンゴン，マンダレーなど）での教理学習経験を持つ。袈裟は一般的にミャンマー製の赤茶色のものを着用し，誦経の方法も節回しや語句の発音の若干の相違を除いてミャンマー側とほぼ同一である[5]。

　では，もともとミャンマー中央部に起源を持つ教派は，どのようにして徳宏へ到来したのだろうか。以下では先行研究に基づき，徳宏への流入の経緯を簡単にまとめておきたい。

　ポイゾン派について，中国側の資料は，ミャンマーのパガン時代にアノーヤター王（B: Anawyahta，在位 1044-1078）によって追放された破戒僧アリー僧の末裔とする［張編 1992: 117-118］が，両者が同一であることを示す根拠は薄い。顔［1986: 458］は，ビルマ国王が 1662 年に僧侶の持戒を検査し，不合格の僧侶をすべて強制還俗させた際に，その一部が徳宏へ移動したものだとする。一方，ミャンマー側の史料には，ポイゾン（ビルマ語ではポェチャウン（B: Pwe

---

4)　西双版納のヨン派は戒律実践，仏教儀礼，寺院立地の違いなどからパイパ（*pai pa*）とパイソン（*pai son*）に分かれる［馬場 1994］。ただしこれはヨン派内部での相違にとどまる。
5)　ただし特に儀礼などの際にはサフラン色の袈裟を着用する出家者もいる。

kyaung）派が占星術，武術，薬学などを教育する寺院であり，ボードーパヤー王統治下の1812年に宮中でポイゾン派の見習僧による拳闘を開催して以降，ポイゾン派の寺院で反乱が起こることを恐れて弾圧したという記述が見られる [Mendelson 1975: 151][6]。これらの記録から，ポイゾン派への弾圧は一回性のものではなく，取り締まりが行われるたびにビルマ王朝の中心地から離れたシャン高原，そして徳宏周辺地域への移動が繰り返されたのではないかと考えられる。

　ゾーティー派は，中国側の資料によれば，15世紀中庸以降，ミャンマーより4度にわたって流入した。このうち最初の2回はタアーン族の村落に僧侶が居住し，次第にタイ族の間にも伝わった。1907年の4回目の流入の際には芒市の人が40人余りの僧侶を招請し，一時は芒市のザウファー（土司）もゾーティー派を信仰するようになった。しかしゾーティー派とポイゾン派の間に争いが発生し，ザウファーはポイゾン派を信奉するようになったため，1915年にシャン州のシャン州モーメイッ（B: Momeik，徳宏タイ語ではムン・ミット（Məŋ mit））に移動し，現在はさらにカチン州モーフニンに僧侶は止住している [張編 1992: 121-122]。ではゾーティー派はなぜシャン高原へと移動したのだろうか。シャンの歴史家カーンカム・サーンサーム氏は，国王がしばしば行う積徳行としての寺院・仏塔建設をゾーティー派の長老が評価しなかったため，ビルマ王の不興を買い，18世紀半ばにミャンマー中央部から現在のシャン州へと移動したとする [村上 2003: 162][7]。

---

6)　ミャンマーの上座仏教史伝『タータナー・リンガーヤ・サーダン』には，アラウンパヤー王（B: Alaungpaya，在位 1752-1760）が「プエジョン無恥の村落住僧たちを正法に従って訓誡し，仏法を清浄にしました」という記述がある [池田訳 2007: 286]。またボードーパヤー王とミンドン王が，それぞれ1802年と1855年にポェチャウン派を弾圧したという記録も残されている [土佐 2000: 225]。

7)　サンジェルマーノ神父 [Sangermano 1995 (1893)]，英国使節ヘンリー・ユール [Yule 1968 (1858)]，植民地行政官ジョージ・スコット [Scott 1999 (1906)] らの記述に基づき，メンデルソンは [Mendelson 1975: 73-75] は，ボードーパヤー王（在位 1782-1819）の時代に弾圧され，シャン州へ逃れたと推定する。一方，ミャンマーの歴史書には，ゾーティー派がミェードゥ（B: Myedu，在位 1763-1776）王の時代に弾圧され，その残党がボードーパヤー王の時代に取り締まられたとする記録がある [Than Tun ed. 1990: 25-26]。これに対し，シャンの歴史書に基づく村上 [2003] は，ゾーティー派のシャン州への移動が開始されたのは，それより前の18世紀半ばのことであるとする。

以上の記述から，ポイゾン派，ゾーティー派ともにビルマ王から何らかの理由によって迫害を受け，現在のシャン州を経て徳宏周辺地域へと移動した可能性が高いと考えられる。これに対し，ヨン派の伝来は，15世紀に1名の高僧がチェンマイより仏像を持って今の潞西市に到った時を嚆矢とするという［張編 1992: 121］。またトーレー派は，1739年に潞西市遮放出身の長老がマンダレーのトーレー派寺院で教理学習を行い，1751年に4名の僧侶（1名はビルマ族，3名はシャン族）とともに徳宏へ戻り，現在のムン・マーウに伝わったとされる［張編 1992: 123］。

　このように，各教派が徳宏に流入した契機はやや異なるが，ビルマ国王との対比から興味深いのは，徳宏のザウファーが伝統的に，特定の教派を保護して他教派を排除するのではなく，各教派を並立的に保護していた点である。もちろん上述したように，教派間の争いが生じた際にザウファーの支持を得られなかったゾーティー派が他地域へと移動した例はあるが，ザウファー自身が追放したわけではない。そしてザウファーは，各教派の長老と密接に関わってきた。張編［1992: 133-136］によれば，新中国成立後の1956年に土司制度が廃止される以前は，それぞれの教派の最高位に当たるシーラードー（ポイゾン派），フーマーザウ，マハージェン（ヨン派），ザウサンハーラージャー（トーレー派）は，ザウファーが任命してきた。そしてザウファーは彼らに同一教派の僧侶を管轄し，盛大な儀礼を主催する権利を与えた。各教派長は1名のみで，年齢が高く，ザウファーに忠実で，人望が篤いことが基本的な条件であった。またヨン派では一般の僧侶はフーマーザウまでしか昇進できず，アガーマーリ，マハージェンに到達できるのはザウファーの家族が出家した場合のみであった。1956年以降，これらの「高級長老」はみな州，省，全国レベルの仏教協会の理事や政治協商委員などに任命されたという[8]。

---

8) 張編［1992: 134-135］は，1956年以前，各教派の寺院は「総仏寺」「中心仏寺」「村寺」の3つのレベルに分かれていたとする。総仏寺は各ムンのレベルの寺院で，各教派の「総仏寺」はすべてザウファーの居住地の付近に所在した。住職はザウファーによって任命される。その下のカーン（*kay*，新中国成立前の徳宏の行政単位。現在の「郷」に相当する）レベルには「中心仏寺」，各村落レベルには「村寺」が存在した。そして「総仏寺」が複数の「中心仏寺」，各「中心仏寺」が複数の「村寺」を管理する教派ごとの中央集権的な体制が成立していた。「総仏寺」あるいは「中心仏寺」では各教派の長老僧が住職となり，布薩日に各「村寺」の長老僧は「中心仏寺」へ集まって，ともに布薩堂（*sim*）に入って受戒したという。ただし筆者の聴き取りでは，盆地ごとの各教派の「総仏寺」の存在は確認できるものの，カーンの「中心仏寺」の存在は確認できていない。

たとえば瑞麗市のあるムン・マーウの場合，元ザウファーの館があった旧市街のワンオック（Van ɔk, 東門）寺はポイゾン派，ワントック（Van tok, 西門）寺はヨンソン派，パーイザーン（Pai tsan, 南門）寺はトーレー派，ラーホン（La hɔŋ, 北門）寺はヨンパーン派というように異なる教派の4つの寺院が集中している。筆者の聴き取りによれば，これらの寺院にはザウファーもしばしば寄進したと伝えられている。このように徳宏のザウファーは複数の教派の存在を容認し，その中にはポイゾン派やゾーティー派のようにビルマ国王から追放されたと言われる教派も含まれていた。そのため多様な「仏教」が実践される空間が成立していたのだと言える。

　このことは西双版納における寺院の序列構造と比較すると対照的である。王朝時代においては，西双版納も徳宏と同様，ワット・ロンと呼ばれる寺院が王と深いつながりを持ち，その下にワット・カオ（各管区の中心寺院），ワット・バーン（村落寺院）というヒエラルキーが成立していた［長谷川 1993: 224-227］。ここに教派ごとの組織は存在しない。これに対し，徳宏では教派ごとの複数の序列体系が並立していたのである。

　このような状態に対し，1957年に設立された徳宏州仏教協会は，仏教活動に対する統一指導と管理を行い，「相互理解と団結を促進」した［張編 1992: 155］。ここで仏教協会の成立経過について簡単に説明しておきたい。中国仏教協会は，「中国各民族の仏教徒の連合組織」であり，1953年に北京で成立した。1957年には党統一戦線部の直接指導のもと徳宏州人民政府内に宗教事務科が設けられ，さらに徳宏州仏教協会が成立して仏教に対する管理が開始される。1958年から始まった大躍進と，その後の文革期間中は，州，県レベルの人民政府宗教僑務科も廃止され，仏教協会の活動も中断する。文革後の1982年に徳宏州仏教協会は活動を再開し，入安居，出安居，灌水祭など重要な仏教儀礼を統一して挙行する決議を出すなど教派間の融和を図っている。

　2002年に改訂された協会規定には，宗教信仰の自由政策を貫徹する人民政府への協力，仏教界の合法的な権益の保護，仏教の優良な伝統の発揚，社会主義物質文明と精神文明の建設への積極的な参加，祖国統一と世界平和への貢献，などがその設立趣旨として挙げられている［杜・黄編 2006: 60］。このように，名目的には仏教徒による独立した組織とされているが，実際には宗教政策を担当する政府機関である民族宗教事務局の局員が仏教協会の要職を兼務しており，実質的には共産党統一戦線部の指導のもと，政府民族宗教事務局と仏教協

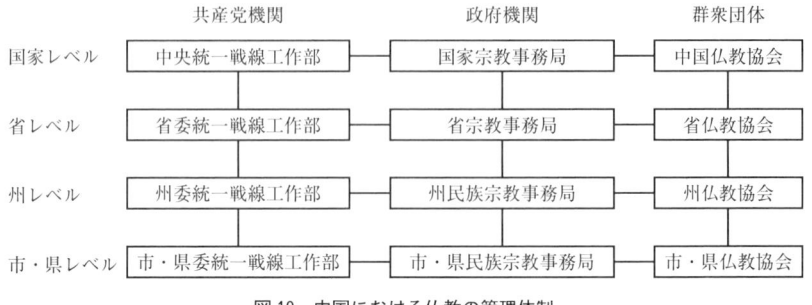

	共産党機関	政府機関	群衆団体
国家レベル	中央統一戦線工作部	国家宗教事務局	中国仏教協会
省レベル	省委統一戦線工作部	省宗教事務局	省仏教協会
州レベル	州委統一戦線工作部	州民族宗教事務局	州仏教協会
市・県レベル	市・県委統一戦線工作部	市・県民族宗教事務局	市・県仏教協会

図10　中国における仏教の管理体制

会が出家者を管理する制度となっている。これらの組織の関係を図示すると【図10】のようになる。

3. 徳宏において出家者が少数にとどまる背景

　ここまでは，他地域との比較から徳宏の独自性について述べてきた。前節で述べたような様々な相違も見られるが，やはり際立つのは他地域と比較して圧倒的に出家者が少数にとどまっている点である。以下，徳宏タイ族自身による説明もふまえながら，そのような宗教的環境が形成された必然性を検討してみよう。

　2009年に筆者が畹町鎮を除く瑞麗市内の全村落で調査を行ったところ，タイ族村落では114村中105村に寺院が存在した[9]。タアーン族村落にも6寺院が存在するため，村落寺院は合計111寺院である。この他，2005年に建設された総仏寺（Vǎt loŋ tsɔm məŋ）が1寺院，仏塔が3基，仏足跡（tsak to）が3か所，存在するため，合計すると118の仏教関係施設が存在することになる。

　しかし118施設のうち，僧侶，見習僧，女性修行者が止住するのは29施設（25％）のみで，残りの89施設（75％）は，いわゆる「無住寺」である。徳宏州全体で見ても，出家者が止住する寺院は18％に過ぎず，残りの82％の寺院には出家者が存在しない［郭・董 2005］。

9）　筆者が畹町鎮の悉皆調査を行なわなかったのは，勐卯鎮と畹町鎮の間に麻薬や密輸品のチェックポイントが設けられており，頻繁にそこを通過することによって麻薬密売人の嫌疑がかけられることをおそれたためである。

表12　徳宏州における寺院数および出家者数の推移

	寺院	僧侶	1寺院あたり僧侶数	見習僧	1寺院あたり見習僧数	女性修行者	1寺院あたり女性修行者数
1956年（大躍進前）	632	236	0.4	139	0.2	137	0.2
1966年（文革前）	644	171	0.3	120	0.2	47	0.1
1985年（文革後）	445	42	0.1	44	0.1	41	0.1
1989年	551	54	0.1	143	0.3	39	0.1
2007年	602	90	0.1	101	0.2	41	0.1

出典：1956～1989年の数値は張［1992: 125-130］，2007年の数値は徳宏州仏教協会に行った筆者の聴き取りによる。

　では，なぜこのように出家者が少ないのか。

　まずは出家者の「なり手」の問題である。瑞麗市民族宗教局の内部文書「瑞麗市仏教及総仏寺基本情況」（2007年10月1日発布）は，出家者数が少数にとどまる要因について，一人っ子政策で少子化が進んだことにより，子供に義務教育を受けさせることが困難でなくなったためだと説明している。

　こうした分析の背景にある中国政府の政策について，ここで簡単に説明しておこう。中国政府は1979年から一人っ子政策を実施し，その後1984年には農村の夫婦に二子，少数民族に三子をもうけることを許可したが，現在では少数民族に対しても二子までと制限している。また1986年には義務教育法を制定し，九年制義務教育を実施した。これらの政策が，出家者数を抑制する要因となった可能性は否定できない。しかし次のような疑問点も挙げられる。ひとつは，これらの政策が存在しなかった大躍進，文革前は出家者が多かったのか，という問題。もうひとつは，徳宏と同様に大躍進，文革を経験したはずの西双版納ではなぜ出家者数が徳宏より多いのか，という問題である。

　最初の疑問に答えるために，徳宏州における上座仏教寺院数，出家者数の推移を示した次の【表12】を見ると，確かに大躍進，文革前の出家者数は現在より多いが，僧侶，見習僧，女性修行者の人数は，それぞれ1寺院平均で1人に満たず，他地域に比べれば決して多いとは言えないことがわかる。

　実際，1930年代後半に徳宏で調査を行った江応樑は，当時，出家するのは，「A父母が早死にして保護者を失う，B父母の家庭が貧しく子供を養う金銭がない，C占いによって見習僧になるべきだとされる」といった条件におかれた子供のみであったと述べている［江 2003］。

それではTL村の文革前の様子はどうだったのか。以下，TL村に居住する3名の老人の証言をもとに，当時の様子を推察してみたい。

まず1955年から66年までTL村小学校の校長を務めたD氏(男性，72歳)は次のように証言する。

> 文革前，男の子は牛飼い，女の子はきょうだいの面倒をみたり，水汲みをする子が多かった。小学校ではおもに漢字やタイ文字を教えていたが，字を書けるようになったとしても，せいぜい仕事はホールー，占い (pe taŋ)，村の会計係ができるようになる程度で，これらの仕事は収入がさほど多くなく，魅力がなかった。当時，裕福であるということは，牛を多く所有していることを意味していたからである。子供たちは農業をやって食っていければよいと両親も考えていたため，教育を受けさせる必要を感じていなかった。したがって学校へ通う子も，出家する子も多くなかった。子供が出家するのは，①父母が死去する，または父母が経済的に貧しいため，生活が困難であるケース，②身体に障害があり，仕事ができないケース，③子供が畑仕事や牛飼いをしたがらないケース，などに限られていた。

この証言は，上述した江応樑による記録と同様，多くの子供たちは出家行動に向かわなかったことを裏付けている。

次に，TL村の出家経験者の証言を紹介する。TL村には現在，出家経験者が3名のみ存在する。いずれも大躍進，文革前にTL村で出家した老人である。そのうち2名は時期がほぼ重なっているため，以下ではそれぞれ新中国成立前と成立後に出家した2名の老人を例としてとりあげる。

1932年にTL村で生まれ，新中国成立前の1939年(7歳)から1949年(17歳)までの10年間にわたって見習僧出家を経験したJ氏(75歳)は次のように証言する。

> ほとんどの子供たちは牛飼いをしていたが，自分は勉強して善い人になりたかったから出家した。当時の住職はナンカン郡KL村の出身だったが，私が出家した際には，病気のためすでにKL村へ戻っており，そこで死去した。実際に寺院を管理していたのは，同教派(トーレー派)のHS村の寺院から呼ばれた僧侶であったが，彼もまもなく死去した。その後さらにHS村の寺院出身の見習僧3名が呼ばれ，TL村出身の2名とあわせて5名の見習僧が寺院に止住していた。

次に，1943 年生まれで，新中国成立後の 1950 年（7 歳）に寺子（*kap pi*）となり，1953 年（10 歳）から 1958 年（15 歳）まで見習僧として出家した Y 氏（64 歳）は以下のように証言する。

　　当時，TL 村の寺院には住職 S 師と見習僧が 6 名，女性修行者が 5〜6 名止住していた。S 師はミャンマー側のシャン州マインカイン（B: Maingkaing，徳宏タイ語ではムン・クン Məŋ kuŋ）出身で，教派の同じ HS 寺に僧侶が不在となった際に招かれ，さらに隣村の TT 村の寺院で教学にあたっていた。TL 村では前住職が不在となったため，同じ教派のトーレー派の中で法臘（*va* 僧侶として雨安居を過ごした年数）が最多の TT 寺住職へ僧侶の派遣を要請に行き，TT 寺に居住していた S 師を招請した。見習僧 6 名のうち 2 名は瑞麗市内の他村落出身で，S 師とともに TT 寺から移住した。残りの 4 名は TL 村の出身者であった。寺子になった 1950 年当時はまだ TL 村に小学校がなく，寺で勉強したかったのが出家の理由である[10]。当時，TL 村の隣の VM 村には僧侶がおらず，必要の際には TL 村の僧侶が赴いて誦経した。1958 年に大躍進が始まり，住職がミャンマー側へ逃亡したため，還俗した。大躍進当時は村人も食料が十分に確保できず，共同作業によって昼食の準備が正午を過ぎてしまうこともあった。そのため僧侶への食事の布施が十分にできず，住職はミャンマー側の故郷マインカインへ帰った。

以上の 2 名の証言から推察されるのは，文革前には住職が確かに存在したが，村内出身の見習僧は数名程度にとどまっていたということである。このことからも，文革前の徳宏において出家する子供は現在よりやや多かったものの，大部分の男子が出家経験を持つ仏教徒社会の他地域と比較すればやはり少数にとどまっていたことが裏づけられる。また見習僧の多くは数年で還俗してしまうため，住職は再生産されていかない。そのため常に住職は不足気味であり，住職が不在となると同教派内で法臘が最多の長老僧（*tsău loŋ*）に僧侶の派遣を要請している。これは TL 村に特殊な事例ではなく，また時代的に限定された状況でもない。瑞麗市内で住職を招請している他村落では，現在でもほぼ同様のパターンが見られるのである。

文革後，TL 村にはわずかに 1 名の出家者が存在したが，隣村の VM 寺で出家した後，数年間で還俗している。日常的にも，本人が出家したい，あるいは

10） TL 村小学校の創立は 1954 年である。

子供を出家させたい，という話がきかれることはほとんどない。それはなぜであろうか。上述の元小学校校長D氏は，以下のように説明する。

> 1980年代の改革開放政策導入後，瑞麗の市街地も開けはじめ，漢族の流入が増加し始めた。それに伴い，仕事をみつけるためには漢字の読み書きが必要不可欠な条件となり，小学校に通う子が増えた。さらに中学校，高校に通えば，良い仕事に就ける可能性もあるため，親は出家させたがらない。僧侶になって，タイ文字の読み書きができるようになっても，金持ちにはなれないのである。ミャンマー側では子供が多く，親が貧しければ，教育を受けさせるために子供を寺にあずける。だから見習僧が多い。

仏教徒社会のタイやミャンマー，ラオスなどの諸国においても，出家が世俗教育へアクセスするための手段にもなっていることは，すでに先行研究で指摘されている [ex. Tambiah 1976; 小島 2005; 吉田 2009]。しかし寺院で教育される徳宏タイ文字やビルマ文字を習得しても中国社会では役に立たない。現代の子供たちにとって必要なのは，漢語を習得し，経済大国となった中国社会に適応していくことなのである。

また次のような説明をする僧侶もいた。「中国側のタイ族は家系を大切にするため，男の子が出家して家系が絶えてしまうことをおそれて出家させたがらない」(盈江県TT寺住職V師，40歳)。第1章で述べたように，徳宏タイ族の中でも特に漢文化の影響の強いタイ・ルーは，男子によって姓が継承されていき，両親の老後も男子が同居して養うため，男子の存在が重要視される。さらに一人っ子政策も存在するため，男子を出家させることは両親にとってためらわれるのだろう。

しかし少数ながらも出家者は存在する。彼らはどのような理由で出家したのだろうか。

まず「脚に障害があるため，寺に預けられた」(TX寺の僧侶V師，20歳)という例が挙げられる。上座仏教では出家の際に，五体満足であることが戒律で義務づけられている。しかしV師のように身体が不自由な僧侶を見かけることは瑞麗では珍しくない。「オーペム・サームロー (O pem sam lo)」など多くの民間説話を採集，記録するとともに創作活動を行った僧侶として有名なS師 (1848〜1916) は目が不自由であったし，現在ムン・マーウでもっとも信奉を集めているムセ郡のコーケー師 (第4章，コラム参照) も，小児麻痺を患っている。

また次のようなケースもある。「見習僧V（12歳）は，父が死去した後，母は仕事に出て子供を育てられないため，寺院に預けられた」（TS寺の住職，33歳）。見習僧本人に直接，出家の動機を聴き取ると，「勉強したいから」と答えたが，住職や周囲の人々への聴き取りからこのような事情が明らかになることもよくある。

　この他，VO寺の見習僧P師（19歳）は，13歳（2001年）で出家した理由を以下のように説明する。「当時は学校に通っていたが面白くなかったし，瑞麗では麻薬も出回っており，世俗での生活は危険が多い。そこへVO寺の住職を務めていた親戚の兄が，手伝いを必要としていたため，出家を勧められた。出家すればこのような危険に直面することもないと思い出家した。」

　以上のように，出家の背後に何らかの社会的な要因が存在するケースが多く，逆に言えばこうした事情がない限り，文革前・文革後を問わず出家行動には向かわないのである。

　一方，西双版納においては，文革後に再び出家者数が増加している。この理由について，西双版納の上座仏教にも詳しい瑞麗在住の郷土史家G氏（男性，68歳）は，「西双版納には男子は一生に一度，出家すべきという考え方があるため，もともと見習僧が多かった。しかし徳宏にはそのような考え方がなく，出家したい者がすればよいと考えられていたため，文革前から出家者は比較的少なかった」と説明する。G氏の証言によっても，徳宏では男子の人生儀礼としての出家慣行がなかったことがうかがえる。これに対し，西双版納においては文革後も7～8歳になると男子は見習僧出家し，出家して初めて社会的地位を持ち，結婚して家庭を築く資格があるといった理念が存続していた［中央党校民族宗教理論室編 1999: 453-454；西双版納傣族自治州民族宗教事務局編 2006: 183-184］。つまり西双版納では見習僧出家が一種の通過儀礼として位置づけられているのである。現在では出家を希望しない子供たちも増加していると言われるが［郭・董 2005］，徳宏の出家者数と比較した場合，西双版納の出家者数はやはり圧倒的に多い。こうした西双版納の出家慣行は，仏教徒社会の他地域とほぼ共通しており，むしろ徳宏のように出家慣行を持たないのは特殊な事例である。

表13 ムーセー郡，ナンカン郡，瑞麗市の寺院数と出家者数

	寺院	僧侶	1寺院あたり僧侶数	見習僧	1寺院あたり見習僧数	統計年
ムーセー郡	95	190	2.0	372	3.9	2011
ナンカン郡	101	238	2.4	430	4.3	2010
瑞麗市	118	42	0.4	83	0.7	2010

出典：ムーセー郡，ナンカン郡の数値は各郡のワーゾー月僧籍表による。瑞麗市の数値は筆者の調査による。ただし瑞麗市のうち畹町鎮は除く。

4. 出家者の止住を必要としない村落

　前節で述べたように，中国側ではそもそも出家希望者がきわめて少ないということは，徳宏における「僧侶不在」の状況を形成するひとつの大きな要因となっている。他方で，瑞麗市の場合，川を渡ったムーセー，ナンカン郡には，【表13】のように比較的多数の出家者がおり，仏教協会や市（県）民族宗教事務局への手続きさえ踏めば招請することは可能である。村人たちがどうしても僧侶を必要とするなら，ミャンマー側から招けばよいのである。

　後述するように，筆者が調査を行ったTL村では，文革終了後の1984年に寺院を再建した際，新たな住職を招請しなかった。では村人たちはなぜ住職を招かなかったのだろうか。以下に筆者の聴き取りに対するTL村の住民の返答の例を挙げておく。

> 　僧侶に食事を布施するのが面倒（*jap tsau*）である。また日用品などを布施しなければならないため，金がかかる。その点，女性修行者なら安く済み，食事も自分たちで作るので，村人は手間がかからない。（女性，47歳）

　ここで補足しておきたいのは，徳宏やミャンマー側のシャン州では托鉢の習慣がなく，村人たちが輪番制で食事を運ぶか，あるいは食費を負担しなければならないことである。では，女性修行者と僧侶で，村民の負担はどれほど異なるのだろうか。女性修行者の居住するTL村と，僧侶が止住する隣村のVM村の事例を具体的にみてみよう。TL村（2007年当時218戸）の村人は，女性修行者に対して1戸あたり5元，さらに村から500元の補助金をあわせて，村全体で約1700元の負担となる。これに対し，VM村（2007年当時100戸）では現在，食事を布施せずに，毎年1戸あたり100元，村全体で10000元を支出している。確かに両者の経済的負担には大きな差がある。とは言え，第1章で述べたよう

に，1人あたりの平均年収は3000元余りなので，3人家族なら約1万元の年収があることになる。1万元のうち100元の支出は家計に影響するほど大きな負担とは言えない。また食事を輪番制で作れば，金銭的負担はさほどかからない。寺院に僧侶が止住するTX村の村人（男性，67歳）は，「僧侶に布施をするのは信徒（ta ka）であるならば当然の務めであり，また僧侶への食事の布施の当番が回ってくるのも朝2戸，昼2戸で，230戸あまりの村落において1〜2ヶ月に1回のみであるから特に苦にはならない。金銭的な負担も1年間に5元のみである」という。こうした状況から，TL村の村人たちが僧侶の常駐を必要と考えていないため，もし常駐させるなら「経済的負担が大きい」と認識されているのだと考えられる。

実際，文革前にはTL村にも住職が止住しており，食事も布施していた。それではなぜ文革後にこのような意識の変化が生じたのだろうか。この点についてS氏（男性，68歳）は，「仏教に熱心な老人の中には，毎日の食事を負担してでも僧侶をおくべきだと考える人もいる。だが村長を含む若い世代は文革前後に生まれたため，仏教のことを知らず，僧侶の世話も面倒だと考えるのだ」と説明する。中国の村長は比較的若い世代が多く，TL村の村長も1972年の文革中の生まれで，村に僧侶がいた時代を知らない。1958年の大躍進運動の開始から1983年に仏塔，84年に寺院が再建されるまで，合計約20年にわたって村人が仏教に触れる機会が限られていたことは大きな要因だろう。

また徳宏州民族宗教事務局が2005年に発行した内部文書「徳宏州南伝上座部仏教状況汇報」は，徳宏州内で住職の還俗が相次いでおり，中には布施の金品を持って還俗してしまう住職もいるため，僧侶に対する信頼が失われつつある状況を指摘する。実際，瑞麗市内で住職を招請しない理由について聴き取りを行うと，「若い僧侶を招いても，すぐに在家者の布施を持って還俗し，結婚してしまう」（男性，64歳），「僧侶の結婚したい気持ちが落ち着き，還俗しなくなるのは，年齢が50歳ぐらいに達してから。しかしこのような法臘の多い僧侶は，ミャンマー側の村でも手放したがらない。それゆえ還俗しないことが確実な住職はほとんどおらず，むしろ住職を置かないほうがいい」（男性，52歳）といった声がきかれる。

このような説明がなされるときに，必ずと言ってよいほど引き合いに出されるのは，VM寺とVO寺の例である。以下，それぞれの寺院の事例を挙げておく。

VM村では文革後の1980年代に小規模の寺院を再建したが，老朽化したため，1997年に新寺院を建て直した。その際，せっかく立派な寺を建てたのだから，管理のためには住職をおいたほうがよいと村人たちの意見がまとまった。しかしVM村は村落の規模が小さいため文革前も住職は存在せず，TL村の僧侶が行き来していたが，文革後にTL寺でも僧侶不在となったため，寺院間のつながり (xɔ tsɔŋ) がなかった。そこで僧侶が多く止住するムーセー市内のTH寺へ，住職の派遣の要請に赴いた。村人たちは当時20歳の僧侶を選び，1998年に住職として招請した。彼は絵がうまく，また占いも得意であったため，人望が篤かった。しかし2005年に住職（当時27歳）が村の娘と恋仲になった挙句に還俗し，結婚したため，村人の僧侶に対する印象は悪くなり，それ以降，僧侶を止住させるのをやめようとした。しかし瑞麗市内の寺院や出家者の管理を担当する当時の瑞麗市仏教協会長T師に，「いったん僧侶を招いた以上，不要というのは認めない」と言われたため，やむなく寺院に止住していたもう1名の僧侶（当時20歳）を住職とした。現在では住職1名，見習僧2名が止住している。VM村の村人たちも，還俗そのものは決して悪いことではないという。しかし「住職が還俗した」「村人が布施したバイクを還俗後も乗り回している」ことなどが村人の反発を招き，現在では村人たちも僧侶を止住させ続けることに対して複雑な感情を抱いている。
　ミャンマー側ナンカン郡に止住する僧侶T師（28歳）は，村人が反発する理由について以下のように説明してくれた。

>　見習僧や若い僧侶の還俗はミャンマー側でもよくあることで，問題にはならない。ある程度の年齢になれば，結婚したい，両親の面倒を見なければならない，村人とそりがあわない，布施が集まらないといった理由で還俗するのは普通のことである。彼らの多くは住職になっていないため，ミャンマー側では目立たない。しかし中国側では若い僧侶が住職になるため還俗が目立ってしまう。さらに中国側の住職には布施も集まるので，在家者は反発するのである。

　ミャンマー側では僧侶数が多いため，住職候補者も多い。基本的には法臘（ほうろう）（僧侶として雨安居を過ごした年数）の多い順に住職となるため，住職に就任した時には一般的に結婚適齢期を過ぎている。そのため住職の還俗というケースは少ない。しかし中国側では，VM村の例に限らず住職候補の人材不足によって，20数歳の僧侶がいきなり住職となることも稀でない。「住職」とは言うものの，

彼らは結婚適齢期でもあり，還俗も多い。しかし在家者からの布施を受け取った後に還俗してしまうため僧侶不信を生む，というパターンになっているのである。

次に挙げるのは，VO村の寺院の事例である。VO寺では大躍進の際，見習僧O師が1名のみ止住していた。O師はVO寺と同じポイゾン派のナンカン郡PP寺院へと避難した後，同派の最長老僧（tsău xu va）となっていた。しかし年齢とともに病気がちになったため，VO村の村人たちは医療施設の整っている中国側で治療したほうがよいと考えて1991年に呼び戻したが，翌1992年にO師は死去した。

その後，「VO村は旧市街で最大の村で，1990年には新寺院を建築したばかりでもあったため，住職をおいたほうが村の面子が保てる（mi la ta）」（VO村の男性，68歳）という村人の意見が多くなったため，老人たちが後継の住職をナンカン郡のPP寺へ探しに行った。村人は若い僧侶の中からP師を選び，1993年に村に招いた。彼は間もなく占い（pe taŋ/toi ka la/tak ka la）で有名となり，莫大な布施を集めるようになる。また僧侶，見習僧も20～30名までに増加した。しかし1996年にP師は突然，数十万元の布施を持って還俗してしまう。還俗当初，彼は中古車販売の仕事をしていたが，次第に麻薬売買にも手を出し，2007年現在は中国側で逮捕されて服役中だった。

P師の還俗後，1996年にはPP寺から新しくT師を招いた。T師も占いで有名になり，2001年からは瑞麗市仏教協会会長を務めていた。しかし2004年には彼も数十万元を持って還俗し，結婚してしまう。現役の仏教協会会長の還俗は，在家者に大きな衝撃を与えたという。現在，彼は故郷の芒市に戻り，占い師として生計を立てている。

前述したVM寺の前住職とも共通するのは，占いで布施が集まると還俗してしまうというパターンである。こうした出家者の心理を，ナンカン郡の寺院に止住する僧侶（25歳）は，「ミャンマー側では僧侶は多いため布施が得られてもさほどの量ではない。しかし中国側では僧侶が少なく，特に占いのできる僧侶のところには，タイ族ばかりでなく漢族も運勢を見てもらいに来る。布施が集中し，金が貯まると還俗したくなるのだろう」と説明する。筆者が現地調査を行っていた際にも，占いで有名な僧侶のところには朝から晩までひっきりなしに信徒が訪れ，その布施は莫大な額にのぼるだろうと推測された。

またミャンマー側出身で，現在は中国側の寺院に止住する僧侶（38歳）は以

第2章　徳宏タイ族の宗教的特徴　79

下のように説明した。「中国側は世俗の生活が経済的に豊かであるため，出家者も布施を集め，ある程度の年齢になると還俗してしまう。ミャンマー側は世俗の生活も経済的に貧しく，布施も集まらないため，還俗しても苦労すると思い，還俗する僧が少ない」。このように，経済的な理由によって中国側での還俗者が多いことは，ミャンマーとの経済格差を考えれば十分にありうることだろう。しかしこうした僧侶の増加が，在家者の僧侶に対する不信感を生む一つの要因となっている。

　以上のように，様々な要因によって寺に住職を招請しない村が多い一方で，瑞麗市内の仏教関係 118 施設中，19 施設（約 16％）において住職が止住していることも事実である。それらの村落の人々はなぜ，住職を必要としたのだろうか。上述の VM 村では，寺院を新築した際，その管理のために住職を招いた。VO 村では住職が相次いで還俗する中，2007 年からは X 師が住職を務め，信望を集めている。その理由の一つは，「X 師は肉食をせずに修行生活を送り，寺院境内の掃除をよくし，寺の管理（kɔn tsɔŋ）をよくする」（VO 村の男性，66 歳）ためである。また「仏像の世話をする（lum la pha la）」すなわち仏像に対して朝は食事，夕方には花を供えることも怠らないという。このように，住職に期待される大きな役割の一つは寺院や仏像の管理である。

　次に，LP 村のケースを挙げよう。LP 寺の僧侶（25 歳）は，「数年前，村は悪霊に襲われ，人や動物が続々と死んだ。そこでムーセー郡から住職を招請し，村の除祓儀礼を行ったところ，村は平静を取り戻した。そのため村人が安心できるよう，住職に止住してもらうことにした」という。

　また儀礼の際に僧侶が必要だという村もある。MA 村の男性（52 歳）は，「葬式や家の新築儀礼などの際に僧侶を招く必要があり，他村に出向くよりも自分たちの村で養っておいたほうがよい」と説明する。

　これらの事例を挙げ，住職をおかない村人たちに対し，「住職を招いたほうがよいのではないか」とあえて尋ねると，やはり村人たちは以下のように答える。

- 「女性修行者でも寺院の管理は可能だから僧侶をおく必要はない」（男性，63 歳）

- 「仏教徒であれば僧侶よりもまず仏（pha la）を大切にすべきである。僧侶も仏弟子に過ぎない。仏に毎日，供え物をしていれば僧侶がいなくてもよい」（男性，

59歳）

ただしこのように述べつつも，住職をおかない村の村人たちが僧侶との関わりを絶っている訳ではない。では，こうした状況において形成される宗教実践とはいかなるものだろうか。そして村の在家者たちはどのように功徳を積んでいるのだろうか。この点を明らかにするには，よりミクロな村の日常生活に入り込んで観察する必要がある。そのために筆者が選んだのが，瑞麗市の TL 村である。

5．TL 村の宗教構成

徳宏州最大の都市潞西市の中心地・芒市から遮放の盆地を経て瑞麗へ到る道路沿いの風景を車中から眺めると，各村落には一つずつ寺院が建てられているのが目に入る。芒市では寺院の入り口が漢族寺院風の円形で，屋根は瓦で葺かれている【写真 9】。また床が地面に接している寺院 (tsɔŋ lin) が多い。遮放に入るとビルマ，シャン式のトタン屋根と漢族式の瓦屋根が混在した形になる。瑞麗の寺院はトタン屋根，高床式 (tsɔŋ haŋ) で，ビルマ・シャン式の寺院とほぼ同様である【写真 10】。

僧侶が止住する寺院に入ると，ビルマ文字で記載されたミャンマー政府教理試験の合格証が掲示されている。ミャンマーで一時出家を経験した筆者にとって，赤茶色の袈裟を身に纏った徳宏の僧侶の姿は，中国領内にありながらミャンマーにいるかのような懐かしさを感じさせるものである。

僧侶が止住する寺院の時計を見ると，中国時間より 1 時間半遅れていることが多い。2 種類の時間を示す時計が並べられていることもある。また中国時間の 12 時を過ぎても僧侶が食事をする姿も見られる。これは「正午過ぎの食事をとることを禁じた戒律に抵触するのではないか」と僧侶に尋ねると，そうではないと言う。「戒律では太陽が南中した時刻を過ぎたら食事をとってはならないと定めているのであり，12 時とは書いていない。そもそもブッダが生きていた時代には時計などなかった」のである。中国の標準時間は北京時間であり，北京から西側へ大きく離れた徳宏では，太陽が南中する前に 12 時を迎えることになる。国境を越えたミャンマー側とは 1 時間半の時差が存在するが，そちらの方が北京時間より太陽の南中時刻に近い。そこで徳宏の出家者たちは

写真9　芒市 FP 村の寺院（Marcel de Montgolfier 氏撮影）

写真10　瑞麗 VM 村の寺院

北京時間ではなくミャンマーの標準時間にあわせて修行生活を行っており，中国時間の午後1時半までに昼食をとれば戒律違反にはならないと考える。一方，村人たちは中国時間の12時ごろ昼食をとる。このように，徳宏には世俗の中国時間と寺院内のミャンマー時間の2つの時間が流れているのである。

　TL 村には，村落内に寺院（tsɔŋ）が1つある。文革前には，小規模な村落は他村と寺院を共有する場合もあったが，文革後はほぼ全村に1つの寺院が存在する。TL 村の寺院の教派はトーレー派である。

　他村と異なるのは寺院付近の仏塔（コンムー，kɔŋ mu）の存在である。瑞麗市内のタイ族の仏塔として長い歴史を持つものに TL 村のホーマーウ（賀卯）仏塔（kɔŋ mu ho mau），ロンアーン（Lɔŋ aŋ，弄安）村のペットハム（金鴨）仏塔（Kɔŋ mu pet xăm），マーンヨック（Man jok，芒約）村のロイゾンセン（Lɔi tsɔŋ sɛŋ，雷奘相）の3塔がある。この他，近年に建築された小規模なものとしてハーンサー（Haŋ sa，喊沙）村の寺院境内の仏塔，パーンプン（Paŋ puŋ，棒蚌）村のホーハム（Ho xăm，宮殿）仏塔の2塔，タアーン族の村落には勐秀郷のコンハー（Kɔŋ xa，広卡）村と戸育郷のロイコン（Lɔi koŋ，雷貢）村の各寺院に1塔ずつ建てられている。これら小規模なものをあわせても仏塔は7つしかない。そのうち最大で，徳宏州を代表する仏塔が TL 村にある。

　ミャンマーとタイを比較したサドラーは，ミャンマーで仏塔は在家者の仏教実践の場，寺院は出家者の修行の場というように両者が空間的，機能的に分離しているのに対し，北部タイの仏塔は空間的，機能的に寺院領域の一部を構成すると述べている［Sadler 1970］。TL 村の場合はミャンマーの形態に近く，仏

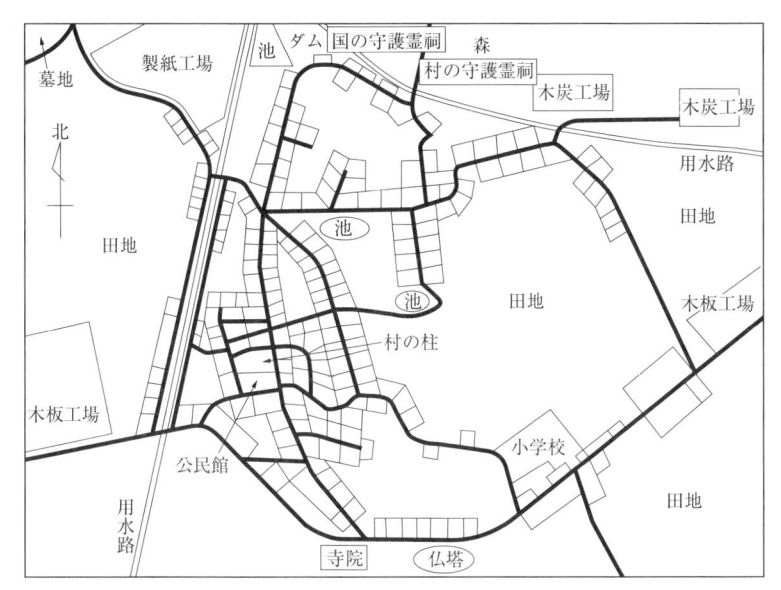

図 11　TL 村地図（出典：奈良康明・下田正弘編『新アジア仏教史 04 静と動の仏教』佼成出版社，2011，31 頁）

塔と TL 村の寺院は別個の存在である【図 11】。一方で，瑞麗市内でもタアーン族の寺院【写真 11】や芒市市内の寺院【写真 12】では，北タイや西双版納と同様，境内に仏塔を建立するケースも見られる。

　寺院の他，各戸に存在する「仏典棚（センターラー*seŋ ta la*）」，村はずれの森の麓に位置する村の守護霊（ザウマーン *tsău man*）祠，ムンの守護霊（ザウムン *tsău məŋ*）祠，村の中央部に位置する村の柱上祠（*tsa tsi*）などで儀礼は実施される。

　2009 年現在，TL 村の寺院にはミャンマー側ナンカン郡出身の女性修行者（*lai xau*）が 1 名，クッカイン（B: Kuthkaing）郡出身の女性修行者が 3 名居住しており，いずれもタアーン（徳昂）族である。仏塔には，潞西市出身のタイ族女性修行者が 1 名居住している。タアーン族というのは，盆地周辺の山地に住むモン・クメール系の民族で，ミャンマー側ではパラウン族と呼ばれる。瑞麗周辺の山地部には，おもに漢族，ジンポー（景頗）族，タアーン族が居住しているが，このうち上座仏教徒はタアーン族のみで，漢族は大乗仏教，ジンポー族はキリスト教または精霊を信仰している。なお，女性修行者の経歴や役割については第 4 章で述べる。

写真11 仏塔が併設されたタアーン族雷貢（ロイコン）村の寺院

写真12 芒市市内の仏光（ホーシン）寺

　この他，TL村の宗教実践においては，ホールーと呼ばれる在家の誦経・説法専門家が重要な役割を果たしている。2006年から2007年にかけての長期調査当時のホールーS氏（40歳）はミャンマー側の出身で，結婚後に中国側の他村に居住し，儀礼の際のみTL村に通っていた。2011年にホールーになったT氏（18歳）は，故郷がミャンマー側の遠隔地にあるため，TL村が家屋を貸与し，そこに居住している。もう1名，引退した前任のホールーJ氏（75歳）が村には居住している。彼はTL村の出身で，1984年にTL村の寺院が再建されてから1995年まで11年間にわたってホールーを務めた。現在は村落全体の儀礼で誦経・説法はしないが，各戸で個別に行われる儀礼の際には，村人の依頼に応じて今でも誦経することがある。

　この他，雨安居期間中の布薩日（後述）に寺籠りして八戒を守る老人ヒン・ラーイは，2007年現在，合計102名であった。全員がTL村の村民である。そのうち男性老人ヒンは20名，女性老人ラーイは82名と圧倒的に女性が多い。ヒン・ラーイもほとんどすべての儀礼に参加する。

　老人の代表サムマーティ（*sǎm ma thi*）は2名の男性が務める。彼らはTL村の老人のなかから村民選挙で選ばれ，村落内では寺院の施設や財務管理，対外的には村の老人の代表者としての役割を務める。

　以下では，まずTL村の宗教実践の場について紹介しよう。なお，TL村の儀礼に関わる人については，第3章以下で順に説明していく。

6. 宗教実践の場

(1) 仏塔

　TL 村でもっとも大規模な宗教建造物は，高さ 39.5 メートルの仏塔である【写真 13】。瑞麗市内の代表的な仏塔であるため，2011 年からは，観光地として整備する計画も実行に移されている。村はずれの小高い丘の上に位置し，昆明からムン・マーウ盆地に入る国道上からも最初に目に入る建造物である。TL 村の仏塔は，徳宏タイ語でコンムー・ホーマーウ (Kɔŋ mu ho mau) と呼ばれる。徳宏タイ語で仏塔を意味するコンムーは，ビルマ語で「善行」を意味するガウンフムー (B: *kaung hmu*) が語源である。ホーマーウは，「ムン・マーウの頭」を意味することが示すように，仏塔はムン・マーウ盆地の中央平原部の端に位置する。

　ここでは TL 村の仏塔の歴史を，張編 [1992: 21-24, 227-229] に基づいて説明しておこう。

　この仏塔が最初に建立された年代は明らかではない。今のところ最も古い再建記録は 1756 年のことである。その後，地震や暴風雨によって何度も倒壊したが，そのたびにザウファーの資金援助を得て再建されている。さらに文革期に入ると，1967 年には紅衛兵によって破壊された。

　文革後の 1981 年から瑞麗県人民政府の主導によって再建が開始される。その際，国務院宗教局も 7 万元の資金援助を行っている。1983 年には仏塔の戴傘祭 (*poi taŋ thi*，仏塔建築の最後に「ティー」と呼ばれる傘型の飾りを頂上部に設置する祭り) を開催し，長老僧を含む僧侶 59 名 (国内 12 名，ミャンマー人 46 名，タイ人 1 名)，女性修行者 28 名 (全員ミャンマー人)，信徒 5 万名 (うち国外 3 万名) が参加したとされている[11]。当時徳宏州仏教協会会長を務めていたウー・ハンディーヤ (伍汉地亚) ら 11 名の僧侶が儀礼を執行し，雲南省人民政府宗教事務処，雲南省仏教協会，徳宏州人民政府宗教事務科の代表者が祝辞を述べている。

　こうした中国政府からの援助のみならず，国境を越えたシャン州の政府関係者，高僧らの支援を受けながら仏塔は再建された。1987 年にはナンカン郡主

---

[11] なお，この傘は 2004 年につけかえられ，改めて儀礼が開催されている。

写真13　TL村の仏塔

席ウー・ザーイダーアイ（呉赛达埃）氏が，民間宗教団体の名義で仏像を1体寄進し，シャン州の名僧ザウ・ムンロン（召勐弄）ら13名の僧侶によって仏像開眼式典が執行された。その後ザウ・ムンロン自身もウー・ザーイダーアイ氏を通して仏塔に2体の仏像を寄進している。

　仏塔は，仏舎利を納めた宗教的シンボルであると同時に，在家者の信仰の場でもある。実際，文革以前から仏塔境内に居住し，清掃を行ってきたのは在家の女性修行者であった。しかし寺院の住職と同様，1958年に大躍進が開始されると，女性修行者たちはミャンマー側へと逃亡し，その後は管理する人もいないまま放置されることとなった。

　文革後の1988年，TL村から瑞麗江を隔てたミャンマー側ムセ郡TJ村出身のタイ族の女性修行者（当時75歳）が仏塔に移り住んだ。彼女には子供が5人いたが，夫との生活に嫌気がさし，50歳のときにムセで女性修行者になった。その後TL村の仏塔が再建されたのを期に移り住み，仏塔境内の掃除などをし

ていた。しかし高齢のため，ひとりでの生活は困難であったため，その数か月後，2人の女性修行者（タアーン族，後述のSさん，Nさん）が中国側で布施を集めながら仏塔を訪れた際に，共住を要請した。それをうけて2人が仏塔に移住した翌年，1989年に初代の女性修行者は76歳で死去した。

同年，勐卯鎮KT村出身のタイ族女性修行者が，仏塔境内に先住の2名とは別のホーシンを建てて移住した。彼女はミャンマー側のナンカンで結婚し，子供をもうけていたが，50歳過ぎてから「女性修行者にならないと死ぬ」と占いで言われたため受戒を決めた。TL村の仏塔は著名であり，村人の中に知り合いもいたため，仏塔境内で受戒した。1993年からはTL村近くのHM村の寺院から潞西市出身のタイ族女性修行者が移住し，同じホーシンに同居し始めた。HM村で同居していた先輩の女性修行者がミャンマー側へ戻ることになったためである。それ以降，タイ族とタアーン族の女性修行者2人ずつが2軒のホーシンに分かれて居住することになった。

ところがこの両グループの間に諍いが生じることになる。TL村の仏塔は瑞麗市内でも最大規模であるため，市街地に居住して宝石商などを営むビルマ人がしばしば参拝し，布施をする。タアーン族の女性修行者はミャンマー側で生まれ育ったためビルマ語が得意だが，タイ族の女性修行者はビルマ語がほとんど話せない。そのためタアーン族の2人に布施が集中し，それを嫉妬したタイ族の女性修行者と対立したのだという。そこで1996年にタアーン族の女性修行者2名は仏塔境内から隣接するTL村の寺院境内のホーシンへ移り，仏塔には中国側出身の女性修行者2名が残った。

その3年後の1999年には，仏塔に住んでいたKT村出身の女性修行者が死去した結果，現在では仏塔に潞西市出身のタイ族女性修行者1名のみが居住している。仏塔の境内には，女性修行者のほか，勐卯鎮内の3村から選出された管理人が日常的に寝泊まりしている。彼らに給料は支給されず，仏塔の入場料と布施が収入となる。第3章でも触れるが，仏塔を管理しているのはTL村ではなく，勐卯鎮仏塔管理委員会（Mu tsum kɔŋ mu məŋ mau）である。管理委員会は勐卯鎮内の全54か村の中から選ばれた13名の委員（全員俗人）によって構成されている。2007年現在，会長はTL村の元小学校長D氏（男性，72歳），副会長はベットハム仏塔が所在するロンアーン村のホールーS氏（男性，55歳）

が務めており，瑞麗市民族宗教局の役人も委員に含まれていた[12]。

D氏はムン・マーウに隣接する遮放盆地のザウファーの血筋を引いている。彼は1956年からTL村小学校の校長を務めていたが，文革中は「封建領主」の家系であるということもあって批判され，ミャンマー側のシャン州ラーショー（B: Lasho, 徳宏タイ語ではラーセウ La seu）に逃亡した。文革後にTL村へ戻り，1980年には瑞麗県長によって仏塔管理小組（現勐卯鎮仏塔管理委員会）の主任に任命された。1992年に校長を退職した後も2009年に死去するまで会長を務め続けた。

仏塔委員会の任務は，仏塔管理と，春節明けの4月祭（Pɔi lən si），雨安居明けの23日祭（Pɔi sau sam）の二大イベントの主催である。祭りの20日前には各村の村長，サムマーティ（村の老人代表），村民委員会（行政村）の指導者，勐卯鎮の政府関係者らを仏塔境内に集めて会議を開催し，祭りの開催方法について協議する。

仏塔境内には，女性修行者が持戒して修行する建物（ホーシン ho sin），祭りの際に僧侶や各村の代表者が休憩・宿泊する建物（ザーロップ tsa lɔp）などがある。この他，灌水祭の時に仏像に灌水するための回転式水車（コンソン kɔŋ sɔn）を設置する小屋が設けられているが，これについては第3章で詳述する。

(2) 寺院

小高い丘の上にある仏塔の下には，TL村の寺院がある【写真14】。ムン・マーウ盆地全体の在家者にとっての信仰の場である仏塔とは異なり，寺院はTL村の村人にとっての仏教実践の場である。上述したサドラーが指摘するように，ミャンマーの寺院は第一義的には出家者が修行生活を送る場であるため，ビルマ語の「チャウン（B: *kyaung*）」は日本語では「僧院」と訳されることが多い。しかし徳宏ではそもそも出家者が止住していない寺院が多い。また出家者が止住している場合でも，村人たちは寺院内の仏像をしばしば参拝に訪れる。その

[12) 2007年以前は勐卯鎮団結行政村16村の村民によって構成される金鴨仏塔委員会（Mu tsum kɔŋ mu pet xăm）と勐卯鎮の勐卯行政村4村，姐岗行政村4村，芒令行政村5村，姐勒行政村11村，姐東行政村14村の合計38村の村民によって構成される賀卯仏塔委員会（Mu tsum kɔŋ mu ho mau）の2組織が存在していたが，姐勒郷と勐卯鎮が合併し，勐卯鎮に統一されたため，2つの仏塔協会も「勐卯鎮仏塔協会」に統一された。

写真14　TL村の寺院

ためミャンマー中央部の「僧院」ともやや位置づけが異なり，徳宏の寺院は出家者が止住する寺院では彼らの修行生活の場でもあり，村人の信仰の場でもあると言えよう。寺院には，大仏（*pha la loŋ*）が置かれる仏殿（*tsɔŋ pha la*），女性修行者が持戒して修行する建物（ホーシン），雨安居期間中の布薩日に女性老人が宿泊する建物（ホーシン），儀礼などの際に料理を作る台所（*suŋ fǎi*），灌水祭で用いる回転式水車（コンソン）を設置する小屋が建てられている。なお，男性老人が寺籠りの際に宿泊するための施設をザーロップと言い，村落によってはホーシンと別に設けられている。TL村の場合，男性老人は寺院内で宿泊まりするため，ザーロップは存在しない。ザーロップの語源は，ビルマ語で「宿坊（在家者用の宿泊施設）」を意味するザヤッ（B: *zayat*）である。

徳宏タイ語で寺院を意味するゾンは，ビルマ語チャウンに由来する。ただし2005年に完成した瑞麗市の総仏寺のタイ語名称がワットロンゾムムン（Vǎt loŋ tsɔm məŋ）とされたように，最近ではタイ国語と同様のワット（*vǎt*）も一部の僧侶は使用するようになってきている。なぜワットを用いるのかと僧侶に尋ねる

と，決まって「ワットはタイ語でゾンはビルマ語だからタイ語を使うべきだ」と説明される。ただし在家者は「ゾン」を用いることが多い。

TL村の寺院が最初に建てられた時期は明らかではない。文革前はミャンマー側出身の住職が止住し，境内には布薩堂 (sim) も存在したという。しかし1958年に大躍進運動が開始されると，住職はミャンマー側へ逃亡し，無住寺となる。1960年以降，一時的に仏教活動は再開するが，1966年に文化大革命が開始されると，寺院は仏塔とともに紅衛兵によって破壊される。寺院が再建されたのも，仏塔と同じく文革終了後の1984年のことであった。ただし，政府の強力な援助を得た仏塔とは異なり，村人たちが自ら裏山から建材を伐りだし，無償で建築に協力した。前住職はすでにミャンマー側の故郷で死去していたため，当初は村人が交代で寺院に住み込み管理にあたった。上述したように，1996年には仏塔に居住していたタアーン族の女性修行者2名が寺院境内のホーシンと呼ばれる建物へ移住したため，その後は寺院の管理人 (kɔn nɔh) と女性修行者による共同管理体制となっていた。2006年に村の会議で管理人をおかないことが決定されたため，現在では女性修行者のみによる管理体制となっている。寺院の女性修行者はしばらく2名のみであったが，そのうちの1名の親戚の女性修行者2名が2008年に移住し，2009年現在，タアーン族の女性修行者4名が居住している。女性修行者の経歴については，第4章で詳述する。

先ほど，寺院の屋根の形についてふれたが，TL村の寺院は，最上部がミャンマー風のトタン屋根，その下の屋根は中国風の瓦屋根になっている。瑞麗でも，このような形が見られるのは，漢文化の影響の強いタイ・ルーの村に多い。

徳宏では地形の如何にかかわらず，あらゆる寺院が東側を向いて建てられている。なぜなら仏が悟りを開いた時，東を向いていたからだとTL村の老人たちは説明する。一般的には大仏の正面あたりが寺院の入り口となっており，その前には長廊 (tsɔŋ tan) がある。長廊には階段が設けられており，そこから出入りする。ただしTL村の寺院の場合は，地形の関係上，北側に張り出しが設けられており，そこが境内の入り口に当たる。

寺院内に上がると，正面奥には1メートルほどの台が設けられており，大仏が鎮座する。この大仏は2004年に村長の母親LXさん (76歳) とその家族，親戚6世帯が出資して建立したものである。建立を担当した仏師はナンカン郡に居住するアーイ・ラー (Ai la) 氏である。アーイ・ラー氏はムン・マーウでは最も有名な仏師で，中国側の新寺院内の大仏はほとんどが彼の作品である。

写真15　女性老人の最前列に座る女性修行者　　写真16　男性在家の後部に座る女性在家

TL村のホールーS氏がアーイ・ラーの知り合いであったため，その紹介で，彼に建造を依頼したのだという。なお，それ以前には村人が寄進した小さな仏像が多数置かれていたが，現在では大仏の脇に移されている。小さな仏像はミャンマー製で，村人たちがナンカンまたは中国側のロンアーン（Loŋ aŋ 弄安）村で購入してくる。ロンアーン村には仏像，仏具店が軒を連ねており，仏像の一大産地マンダレーから輸送された仏像を販売している。沿海部または内陸部の漢族の注文も多く，マンダレー管区のサジン（B: Sakyin）村で採れた石をロンアーン村まで運び，顧客の注文を聞いてからビルマ人職人が彫刻する場合もある。

　大仏の前の一段高いスペースは儀礼の際に僧侶が座る場所であるが，現在では僧侶が止住していないため，日常的には使用されていない。その下の段は基本的に男性在家者，最も下の段は女性在家者が座るスペースである。男性の中ではホールーが最前列の中央に座る。寺院で雨安居（va）を過ごした経験年数の多い老人が前列に並び，後ろに行くほど経験年数が少なくなる。まだ寺院で雨安居を過ごしていない人は，その最後尾に座る。女性も同様に，経験年数の順に並ぶ。なお女性修行者は，出家者ではなく，あくまで在家者の位置づけであるため，女性老人の最前列に座る【写真15】。ただしTL村の場合，女性の儀礼参加者が多く，女性用のスペースに座りきれない場合は，男性用のスペースの最後部に座る場合もある【写真16】。また男性が不在の場合は，女性も上の段に座ることが可能である。

　なお，大仏が安置されているスペースをゾンパーラー（仏殿）というが，TL村の寺院には側面に張り出しているスペースがあり，ここをゾンウー（tsoŋ u,

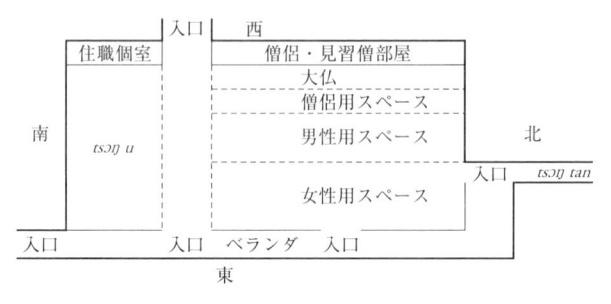

```
          入口  西
   ┌─────┬──────────────┐
   │住職個室│ 僧侶・見習僧部屋 │
   │     ├──────────────┤
   │     │     大仏     │
 南 │ tsɔŋ u ├──────────────┤ 北
   │     │  僧侶用スペース  │
   │     ├──────────────┤      tsɔŋ tan
   │     │  男性用スペース  │ 入口
   │     ├──────────────┘
   │     │  女性用スペース
   └─────┴──────────────
    入口  入口 ベランダ 入口
            東
```

図12　TL村の寺院配置図

寺院頭）という。すべての寺院に存在するわけではなく，小規模な寺院にはこの部分がない。

　この寺院頭の部分の西側（向かって奥側）と大仏の裏には部屋がある。僧侶が止住する場合には寺院頭の部屋が住職の個室であり，大仏の裏部屋には僧侶や見習僧たちが集団で居住する。これは上座仏教徒社会の他地域とはやや異なり，タイやミャンマーでは，本堂（講堂）と出家者の居住スペースは別になっている場合が多い。TL村の場合には僧侶が存在しないため，雨安居期間中の布薩日における老人の寺籠り（lɔn tsɔŋ）の際には，僧侶用のスペースと寺院頭の部分がヒン（男性老人）たちの就寝スペースとなる。なお，寺籠りの詳細については第4章，第5章で後述する。

　以上述べてきた寺院内の配置を示すと【図12】のようになる。

　寺院の境内には，女性修行者用の建物（ホーシン）が一棟建てられている。ここの二階にも，村人たちが寄進した多数の小仏像が置かれている。寺院に置かれる仏像の大部分は，白い肌や紅い口を特徴とするミャンマー製である。それらに混じって，タイ国製のエメラルド色の小仏像が置かれている。これは村長の母らがポイパーラーを開催した際にナンカンの仏像販売店で購入し，寄進したものである。仏像販売店の主人への聴き取りによれば，これらの仏像はミャンマーのヤンゴンやタイ国境メーソートに面したミャワディー（B: Myawadi）の町で仕入れたものという。このように，タイ国は「同じ民族の国」という親近感を抱いていることもあり，徳宏の寺院内にはタイ国製の仏像も徐々に増加しつつある。

　寺院で何らかの儀礼を行うときには台所で調理する。寺院によっては境内に食堂（ɔŋ leŋ xāu）も設けられているが，TL村の場合は建物としては食堂が存在

写真17　TT村の寺院の結界（2005年）

写真18　TT村の寺院に完成した仏塔型の布薩堂（2009年）

せず，儀礼の際には寺院の軒下で食事をとる。瑞麗市内では大部分の寺院が高床式の寺院であるため，軒下はこのように食堂として利用される場合が多い。

なお，僧侶が止住する寺院では，僧侶用の食堂（tsɔŋ sɔm）や台所（tsɔŋ fai）先述したようにが別に設けられている場合もある。ミャンマーでもビルマ族の多い中央部では毎日托鉢に出るため，僧侶は托鉢で得られた物や寺院に住み込む在家者が作った料理を食べる。先述したように徳宏では，シャン州，カチン州などと同様，托鉢の習慣がなく，村人たちが朝二軒，昼二軒というように輪番制で食事を持参する[13]。またミャンマー側からの偽僧侶による不法な布施集めを防ぐため，瑞麗市仏教協会の規定によっても托鉢は禁止されている。しかし近年では寺に食事を届けるのが煩わしいということで，村人たちが食費を支出し，見習僧たちが料理を作る方式に変更した村もある。

また第4章で後述するヒン・ラーイの寺籠りの際，男性老人ヒンは寺院内で寝泊まりするが，女性老人ラーイは寺院に隣接したホーシンと呼ばれる建物に寝泊まりする。TL村のホーシンは1軒ずつが小さいこともあって全部で5軒あるが，他村の場合は1～2軒であることが多い。また寺院内に僧侶が止住する場合，ヒンは寺院内で寝ることができないため，ヒン用の宿泊施設ザーロップが別に必要となる。

[13]　シャン州でも教学寺院など大規模寺院の場合は，村が僧侶たちの食事を賄いきれないため，托鉢に出るケースはある。

第2章　徳宏タイ族の宗教的特徴

このほか，TL村を含めたあらゆる寺院に灌水祭で用いる回転式水車（コンソン）を設置する小屋が存在する。灌水祭については第3章で後述する。
　以上がTL村の寺院境内に現存する施設である。文革前は僧侶が止住していたため，得度式や布薩日に授戒儀式を行う布薩堂（tsɔŋ sim）が設けられていたが，僧侶のいない現在，布薩堂は再建されていない。このこともまた，僧侶の不在が文革以降の住人の意向と合致することを示唆している。2009年現在，瑞麗市内には118の仏教関係施設（寺院，仏塔，仏足跡）が存在するが，そのうち布薩堂が設けられているのは13寺院のみである。近年になって【写真18】のような布薩堂の建設が進んでいるが，【写真17】のように結界のみが存在し，建物が未完成の寺院も3寺院ある。
　TL村には存在しないが，他寺院の境内にはバスケットコートが設置されている場合もある。党員への聴き取りによれば，これは第1章で述べた「禁毒防艾」政策の一環で，スポーツを振興することによって青少年の麻薬，エイズ汚染を防ぐ試みであるという。
　この他，きわめて稀なことではあるが，寺院境内に村の守護霊祠，ムンの守護霊祠が建てられているケースも見られる。ただし一般的にはTL村のように寺院は村落に近く，村の守護霊，ムンの守護霊は村はずれの森林の中にあるため，両者は分離していることが多い。

(3) 村の柱

　寺院の位置は，村の中心部にあるとは限らず，村落によって異なる。TL村の場合は，村の周辺部に位置している。これに対し，必ず各村の中心部に立てられているのが村の柱である。瑞麗ではザージーと呼ばれることが多いが，語源は不明である。ケンザウマーン（kɛn tsau man「村の中心」の意）またはラックマーン（lăk man「村の柱」の意）と呼ばれることもある。他地域から村人が移住し，村として成立した時に立てられるもので，タイ系民族には共通して見られる［ex. Keyes 1975; Condominas 1975; Durrenberger 1980; Tannenbaum 1990, 1995; 村上 1997］。
　ただし中国側の各村のザージーは文革中に破壊され，文革後に再建されたものである。TL村のザージーは1985年に再建された。柱は木製で，下部はレンガで覆われている【写真19】。村の柱の上部にはテンタム（theŋ thăm「仏法亭」

写真 19　ザージー　　　　写真 20　テンタム　　　　写真 21　ザージー先端部

の意）またはテンザージー（*theŋ tsa tsi*「ザージー亭」の意）と呼ばれる柱上祠が建っており【写真 20】，その床に村の柱の先端が突き刺さる形になっている【写真 21】。毎年タイ暦 7 月 7 日（または 17 日，27 日）に行われる村の除祓儀礼（*jap man*）の際には，僧侶が前の梯子からこの村の柱上祠に登って誦経する[14]。儀礼の詳細については第 4 章で後述する。

　なお，柱上祠が設置されず，柱が剥き出しの状態になっている村もある。また TL 村の場合，村の柱上祠と寺院は別の位置にあるが，寺院が村の中心に近い場合，境内に設置されるケースもある。

（4）村の守護霊祠，ムンの守護霊祠

　村はずれの山の麓には村の守護霊（ザウマーン），ムンの守護霊（ザウムン）の祠が設けられている。マーン（*man*）は村を意味し，ザウ（*tsāu*）は「持ち主」「所

---

14)　同日の午後に行われる守護霊への参拝儀礼とあわせて「村直しの儀礼（*me man*）」と呼ばれることもある。シャン族の間ではむしろ「村直し（*mae waan*）」という呼称が一般的である［ex. Tannenbaum 1995: 53］。

写真22　村の守護霊祠　　　　　　　写真23　ムンの守護霊用の馬

有者」を意味し，敬意を払うべき存在に対する敬称としても用いる[15]。精霊を意味する言葉として徳宏タイ語にもピー (*phi*) という語は存在するが，中国で出版された『傣漢詞典』にはその訳語として「鬼（亡霊）」があてられている [孟編 2007] ことにも示唆されるように，一般的には亡霊や悪霊をさす。そのため，守護霊のような敬意を払うべき精霊には「ザウ」が用いられることが多い。これらの守護霊，もタイ系民族の間で広く見られる [ex. Durrenberger 1980; Condominas 1990; Tannenbaum 1995; 村上 1997]。

　2006年までTL村のムンの守護霊祠は山の上にあったが，村から遠くて不便なため山の麓に移築され，今では2つの祠がほぼ並んだ位置にある。村の守護霊祠，ムンの守護霊祠はともに新築したばかりで，コンクリート製でトタン屋根の立派な造りである。大きさは村人が住む家屋より若干小さめである。正面玄関の両脇に三角形の旗 (*xi*) と傘状の旗 (*tsŋ si*) が置かれている。村の守護霊の旗は白色，ムンの守護霊の旗は赤色である。また祠の両脇には守護霊が乗用する馬 (*ma tsău*) の像が置かれており，村の守護霊のものは白馬，ムンの守護霊のものは赤馬である【写真22・23】。

　村の守護霊祠，ムンの守護霊祠ともに，内部には向かって右脇にはベッド，

---

15)　ザウ (*tsău*) が「持ち主」「所有者」の意味で用いられる例として，たとえばザウファー（天の主人）「土司」，ザウターラー (*tsău ta la*)「施主」が挙げられる。一方，村人たちは敬意を払うべき存在に対する敬称として用いる。

向かって左脇には椅子が2つと真ん中にテーブルが置かれている。椅子が2つずつあるのは客人が訪れた際に座るためであるという。両者で異なるのは，村の守護霊祠には左奥の壁に女性用の衣服と肩掛け鞄が掛けられ【写真24】，ムンの守護霊祠には男性用の衣服と肩掛け鞄，そして2本の刀が掛けられていることである【写真25】。こうした相違が見られるのは，TL村の守護霊は村に最初に居住した女性の霊である一方，ムンの守護霊は男性の将軍（ho sǝk）とその従者（ta pe）であることによる。TL村のように村の守護霊，ムンの守護霊の2つの祠があるのは珍しく，ムンの守護霊の祠が建てられた1982年以前は，他の多くの村と同様，村の守護霊の祠のみであった。

村の守護霊は村に最初に居住した人であり，ラーイハム（Lai xăm）という名のタアーン族女性と言われる。ただし村の守護霊の性別は村によって異なり，また多くの村落の守護霊はタイ族である。先述したように，TL村とその周辺の村落は，実際にもとタアーンの村落であったと伝えられているため，村の守護霊もタアーン族とされるのである。

ムンの守護霊は，その名をポージン（Po tsin）と言い，1950年代前半にTL村で死去した実在の軍人である[16]。TL村生まれの老人の多くは，子供の頃，ポージンを見たことがあると証言する。長男はタイ国，娘はカチン州のパーカーン（B: Hpakan）に居住しており，2006年にムンの守護霊の移築祝いをした際には，娘がTL村を訪れている。その人となりは，おおよそ以下のとおりである。

ポージンはもともとミャンマー側の出身で，シャン州南部に居住するヤーン（Jaŋ）人である。ヤーンは『シャン語・英語辞書（Shan-English Dictionary）』によればカレン族のことをさすという［Sao Tern Moeng 1995: 264］が，実際のところは不明である。彼はミャンマーで日本軍に軍事訓練を受け，表彰されるほどの人物であったが，戦争に敗れたためTL村へ逃げてきた。非常に有能で，ビルマ語，ジンポー語，日本語，シャン語を話せた。TL村の女性と結婚し，村を守る民兵のような役割を果たしていた[17]。しかし何らかのトラブルがあり，ミャンマー側からともに敗走したジンポー族の同僚に現在の村の門付近で謀殺

---

16) ポージンの「ポー」はビルマ語で将校を意味するボー（B: bo）が語源だと村人は説明する。

17) 人によっては，瑞麗のザウファーの傭兵隊長として雇われており，1950年頃，解放軍が瑞麗に進駐した際には，ザウファーの命令で解放軍に抵抗した，と説明する人もいる。

第2章 徳宏タイ族の宗教的特徴 97

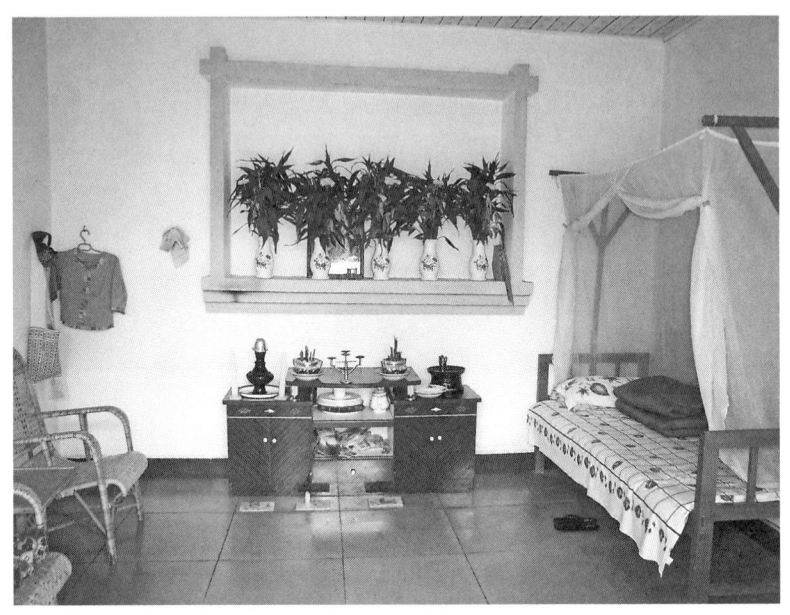

写真24　村の守護霊祠の内部。左側に女性の衣服と帽子が掛けられている。奥にあるのは「仏典棚」。

写真25　ムンの守護霊祠の内部。壁に2本の刀がある。

されたのだという。殺害された場所には当初，墓が建てられたのみで，文革前にはまだムンの守護霊として祀られていなかった。しかし文革中，文革後に村人が病気になった際，しばしば「ポージンの霊が憑依した」と口走ることがあり，村を守護してくれた恩を忘れないために，村人は文革後の1982年からムンの守護霊として祀るようになった。村の守護霊祠，ムンの守護霊祠を管理しているのはコンパウ（kon pau）と呼ばれる人で，村人の中から村民会議で選ばれる。具体的な任務は，1か月に4回の布薩日や春節の際に掃除し，花を取り替えに行くことである。村人の中には，旅行に出るときや商売繁盛の祈願をする際に，村の守護霊とムンの守護霊に供え物をする人もいる。しかし村人全員が集まるのは，第4章で述べる村の除祓儀礼の1年に1回のみである。

　TL村の老人たちは寺籠りしてヒン・ラーイになると，村の守護霊，ムンの守護霊の祠には一切行かなくなる。その理由をたずねると，「ヒン・ラーイは精霊を信じず，仏のみを信じなければならないからだ」と定型的な答えが返ってくる。そのため守護霊祠の管理人（コンパウ）もヒン・ラーイになると辞めなければならない。

　このような発言を聞くと，村人にとっても，仏教と精霊信仰は相容れない異なる体系なのではないかとの印象を持つ。しかし一方で，村の守護霊祠，ムンの守護霊祠には，一般の家屋と同様，奥の壁の窪みに「仏典棚」が設けられている。そこには5本の花瓶に花が挿され，花瓶の後ろにはミャンマー製の仏画が置かれている。なぜ精霊の祠であるにもかかわらず仏画が置かれているのかと尋ねると，村の守護霊，ムンの守護霊ともに仏教徒であり，日常的に礼拝する必要上，置いておかなければならないのだという。また第4章で述べるように，村の仏教儀礼においても村の守護霊，ムンの守護霊は必ず招かれる。このように，仏教と精霊信仰は，不可分に結びついて実践されている。

(5)「仏典棚」

　次に，村の家庭を訪問してみよう。徳宏タイ族の村落では，どの世帯にも必ず家の奥に，仏壇に似たものが置かれている。だがよく見ると中には仏像が置かれておらず，花と仏典（ta la）が置かれ，その奥にはミャンマー製の仏画が貼ってある。徳宏タイ語の名称を尋ねると，「仏像の棚（seŋ pha la）」とは言わずに，「仏典の棚（seŋ ta la）」と呼ばれる。そこでここでは日本語の名称も「仏典棚」

としておく。

　世帯によっては仏像を置く場合もあるが，きわめて小さなものである。中には3本，または5本の花を置く。3本の場合は仏 (*pha la*) 法 (*ta la*) 僧 (*saŋ xa*)，5本の場合は仏法僧に加えて師 (*sa la*) 父母 (*po me/ma ta pi tu*) に供えるものと説明される。仏典は，ホールーまたは在家の識字者モーリック (*mo lik*) が筆写したもので，儀礼の際に寺院でホールーが朗誦した後，自宅へ持ち帰って仏典棚に保管する。ホールーが寺院内で一度誦えて初めて仏典は威徳 (*puŋ*) を持ち，家を守護 (*kum*) することができるのだという。なお，本書では，タイ語をタイ文字（ただし一部のパーリ語の部分のみビルマ文字）で筆記した書物を「仏典」と呼び，パーリ語「経典」と区別する。またホールーによる仏典の筆写または朗誦の実践については第5章で詳述する。

　仏像を置く棚は仏教徒社会の各地で見られるが，このように仏像がなく，仏典のみ置かれる事例はあまり報告されていない。筆者はシャン州とカチン州のゾーティー派の世帯に同様の「仏典棚」が置かれているのを目にしたことがあるが，ミャンマーでも一般的には仏像，仏画を置く。

　第3章で述べるように，結婚式，葬式，新築儀礼など各世帯で個別に行われる儀礼においては，「仏典棚」が積徳行の場所となる。「仏典棚」が設けられるのは，他のタイ系民族のように寝室の中ではない。TL村の家屋に2種類の様式が見られることは第1章で述べたが，タイ・ルー式の1階建ての家屋の場合，客間が中央にあり，その両脇が家人の寝室となっている。その客間の最も奥の壁に窪みがあり，そこが「仏典棚」となっている【写真26】。タイ・マーウ式の2階建ての家屋の場合は，階段を上がって最も奥側のスペースに木製の「仏典棚」が置かれる【写真27】。寺院と同様，家屋内でも奥に行くほど地位が高い存在の場所となり，儀礼を行う際には仏像前に男性，その後ろに女性が座る。なお，1階建て，2階建てともに玄関は道路に面する方向にあり，寺院とは異なって東西南北には左右されない。ただし老人夫婦の寝室は北側にあるのが望ましいとされる。家の見取り図を示せば以下のようになる。家屋の造りは各戸でほぼ同様であるが，家族によって住む部屋が若干異なる。1階建ての家屋の例として挙げたVT村のT家【図13】は老人夫婦，長男，長女夫婦，次女の家族構成である。老人夫婦の部屋が「仏典棚」とともに最も奥の位置にあることがわかる。2階建ての家屋の例としてあげたTL村のY家【図14】は老夫婦，娘夫婦の家族構成で，息子は昆明へ出稼ぎに行って不在である。2階建ての場合，

写真26 タイ・ルー式の壁の窪みに設けられた「仏典棚」。仏典は花の下に置かれる。

写真27 タイ・マーウ式の木製の「仏典棚」。仏典は棚の中に置かれる

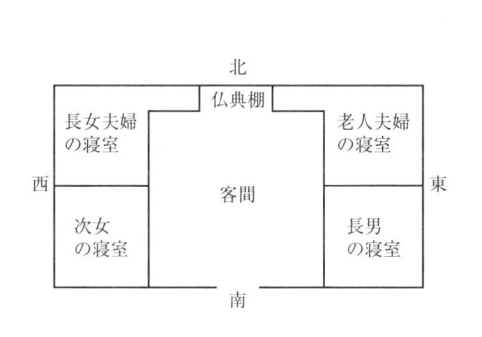

図13 1階建ての家屋

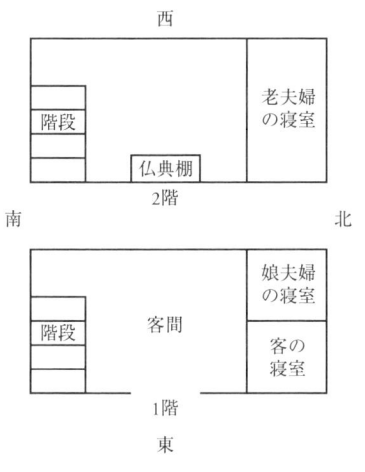

図14 2階建ての家屋

第2章 徳宏タイ族の宗教的特徴 101

老人は2階，若者は1階で寝る。「仏典棚」は階段を上がって一番奥，すなわち玄関の上あたりに設置される。

なお，前述したように，各家屋のみならず，村の守護霊祠とムンの守護霊祠にも，祠の奥に同様の「仏典棚」が設けられている。

(6) 墓地

徳宏タイ語でパーヘウ (*pa heu*)，ビルマ語 (B: *thingyain*) 風にサーンヘン (*saŋ xɛŋ*) とも呼ばれる。

TL村の住人が死去すると，遺体は1日の間，各戸の「仏典棚」の前に安置され，2日目の午後，親族男性が棺桶を墓地まで野辺送りをする（第3章参照）。TL村の場合，墓地は村外れの山の中腹に位置している。他村でも，村はずれの農地に接して設けられており，日本やタイのように寺院境内に墓地が設置されることはない。墓の形は，文革中までは土盛りをしただけの簡単なもので，死後10年ほどの間は石で囲い，破壊を防いでいたが，10年以上経つと破壊されて拝む人もいなくなったという。文革が終わった1980年代から，芒市や遮放の影響でコンクリート製の家型の墓が作られ始め，現在に到っている。

第3章で述べる清明節を除いて，村人が村はずれの山の上の墓地を訪れることはほとんどなく，普段は雑草で覆われている。

以上，ここまで明らかになったことをまとめておこう。本章ではまず，他地域との比較から，徳宏における出家者がきわだって少ないことを示した。ではなぜ出家者が少ないのか。もちろん大躍進・文革による仏教の破壊の経験は大きい。しかし，徳宏の僧侶数は，大躍進以前から他地域より少なかった。それには様々な社会的要因が考えられるが，重要なのは，男子の出家慣行がなかったことである。つまり，男子が出家して自身あるいは両親のために功徳を積むという観念が希薄なのである。さらに文革中，文革後に成長した世代は出家者に対する関心が低く，村落の側でも住職の招請に向かわない。

このような状況は，仏教徒社会の他地域で見られる実践とは大きく異なっている。前述したように，仏教徒社会においては，儀礼に僧侶が参加し，僧侶への布施によって在家者は功徳を積むことが可能になるとされる。ミャンマーで儀礼を開催する際に在家者は僧侶を必ず招くし，毎日の托鉢の際には在家者た

ちが喜んで布施に応じることを，筆者は身をもって知っている。またミャンマーでも男子であれば大部分の人が一時出家経験を持っている。出家によって本人のみならず両親も功徳を積むことができると考えられており，親たちも進んで子供たちを出家させる。このような「常識」は徳宏では通用しない。

　では徳宏ではどのように積徳行が実践されているのだろうか。本章ではTL村の儀礼が行われる場を見てきたが，次章からはその具体的な様子について紹介していこう。

コラム　ミャンマーの出家，徳宏の出家

　序章で述べたように，筆者はミャンマーで2度の一時出家を経験した。しかしこれは，上座仏教徒諸国のうち出家者数が最多数を占めるミャンマーではまったく珍しいことではない。統計の対象となっている「出家者」は，雨安居の3か月間を寺院で過ごした出家者のみであって，短期間の一時出家者はこれよりさらに多い。

　とくに，毎年4月の灌水祭（B: *dagyan* /*thingyan*）期間中には，僧院内が出家者でごった返す。灌水祭はミャンマーの新年に相当し，仕事も学校も休みになるため，その期間中を利用して多くの男性が一時出家するのである。大部分は短期間で還俗してしまうが，数日のつもりで出家したところ，出家生活が気に入り，一生にわたって継続する僧侶もいる。短期間での還俗も悪い行いとはみなされず，毎年のように出家と還俗を繰り返してもよい。そのため必然的に，ミャンマー人の仏教徒男性の多くは出家経験者ということになる。瑞麗の寺院でも，ミャンマー出身の僧侶が住職を務める寺院でビルマ人宝石商らが灌水祭期間中のみ一時出家しているのを見かけたことがある。こうしたビルマ人の過ごし方は，徳宏の人々と対照的であった。

　ではなぜ彼らは出家するのだろうか。ミャンマーでは僧侶よりむしろ見習僧として出家することのほうが一般的である。男の子を出家させる両親にその理由をたずねると，「子供に功徳（B: *kutho*）を積ませるとともに，両親も功徳を積めるため」といった返答が多い。出家生活中の善行によって功徳を積むと，子供の運（B: *kan*）が良くなると考えられているのである。これに対し，僧侶の場合はおもに自らの意思で出家するが，その動機は様々である。「戒律を守り，瞑想修行に専念し，悩みや苦しみのない涅槃に到るため出家した」と語る人もいれば，社会生活における何らかの問題や困難と直面した際に，修行によって功徳を積み，運を良くしようと出家する人も多い。

　筆者のような外国人でも出家するのは難しいことではない。まず出家者として受け入れてくれる僧院を探す。住職に出家を相談すると，施主（B: *dayaka*）を探すように言われる。在家の人々にとって出家者の施主となることは積徳の機会であるため，見知らぬ人であっても喜んで引き受けてくれる。筆者の場合，1度目は友人夫婦，2度目は知己がいなかったため，住職の紹介に頼り，夫婦または家族の数名で簡単に済ませた。

ポーレン・マーウに肩車されて村を練り歩くサーンロン（▶動画リンク）

　ミャンマーで3年半にわたって生活した後，徳宏を訪れた筆者を驚かせたのが，この施主の多さである。徳宏タイ語では，タイ語で男性の既婚施主は「大養父（po leŋ loŋ）」，女性の既婚施主は「大養母（me leŋ loŋ）」，同様に未婚男性（mau）の施主はポーレン・マーウ（po leŋ mau），未婚女性（sau）の施主はメーレン・サーウ（me leŋ sau）と呼ばれることが示すように，出家者との間に擬制的な親子関係が結ばれる。また出家式は頻繁には行われず，出家希望者が多くなった時に盛大に祝う。1回の見習僧出家式（pɔi xam saŋ），僧侶の得度式（pɔi xam mon）で，複数の男子が同時に出家するため，出家者の養父母は100名を越えるのが一般的である。出家式の前には，ブッダにならって王子の服装を着用し，見習僧出家予定者（saŋ lɔŋ, B: shin laung）として村の中を練り歩く。途中で村人たちの「妨害」を受けるが，ポーレン・ロンがお金を払って通してもらう。もちろんこれは，彼らの遊びである。まず村の守護霊を参拝し，村落内の主要なポーレン・ロン，メーレン・ロン宅を周る。これと同様の習慣はミャンマーやタイ北部にも見られるが [ex. 村上 2013]，ポーレン・メーレンの数がここまで多いのは，徳宏の特徴である。出家者が伝統的に少ない徳宏では，男子なら誰もが一度は出家するミャンマーとは必然的に形態が異なってきたのかもしれない。

第3章

「在家」が織りなす信仰空間

徳宏では1年に3回の新年を迎える。東南アジア大陸部の仏教徒社会と共通する4月の灌水祭，次に11月頃のタイ族新年，そして2月頃の春節である。TL村はタイ・ルーの村なので，春節が最も重要な「新年」である。早朝，まず祖霊や村・ムンの守護霊に対して新年の食事を供える。メインは糯米で作った麺であり，自らも餅を焼いて食べる。村人たちは日常的に粳米を食べることを基本とするが，儀礼の際には糯米が用いられることが多い。

仏教徒社会の他地域においては，儀礼の際に必ずと言ってよいほど僧侶が招かれる。それでは，多くの村落に僧侶が止住していない徳宏では，どのように儀礼が行われているのだろうか。また儀礼の担い手は誰なのか。筆者はTL村で開催された年中儀礼にはすべて参加し，個別に開催された儀礼にも可能な限り参加した。本章では，筆者がフィールドワークを行った2006年10月から2007年11月までの1年あまりの間に経験した順にTL村の年中儀礼について紹介しながら，村の1年間の生活を追ってみたい。なお本章の記述で用いた「タイ暦」とは瑞麗ならびにシャン州で用いられるタイ暦のことであり，徳宏州内の他地域とは約1か月のズレがある。また括弧内には，筆者が調査を行った日付を記した。

1. TL村の年中儀礼

a. カティナ衣奉献祭

　筆者が調査許可を取得し，TL村の農家に寄宿させていただくことになったのは，2006年10月のことである。10月には雨季も終わって晴天が続き，脱穀した稲を庭で晒し，乾燥させていた風景を思い出す。米の売却により，農村が経済的には最も潤う時期である。稲の収穫明けの時期で，農民も現金収入が多いため，それを盛大に消費して功徳を積む。ちょうどこの時期に，東南アジア大陸部の上座仏教徒社会では，カティナ衣と呼ばれる特別な衣を，雨安居3か月の期間中，修行に精励した僧侶に奉献する儀礼が行われる。カティナ衣は施された材料で1日の間に作らなければならず，ミャンマーのヤンゴンやマンダレーではその競争が行われる。

　徳宏タイ語ではポイ・カンティン（Pɔi kăn thin）と呼ばれ，カティナ衣（カンティン）の祭（ポイ）の意である。たとえばミャンマーでは，雨安居明け後の1か月間に，様々なグループで金銭を持ち寄り，僧侶へカティナ衣を始めとする様々な供物を奉納する（B: Kahtein pwe）。筆者の調査によれば，2006年の場合，瑞麗盆地のタイ族，タアーン族村落の合計123か村中，6か村でミャンマー側と同様の盛大な儀礼（Pɔi ka thin saŋ kan xin）が開催された。僧侶の止住しない寺院の多い徳宏の場合，多数の僧侶を招いて盛大にカティナ衣を奉献する儀礼が行われることは非常に稀である。またひとたび儀礼を開催すると，3年間は連続して開催するのが徳宏の習慣である。

写真28　ホールーが先導し，砂の仏塔に供物を捧げる村人たち。砂の仏塔は中央に大仏塔が一つ，その周囲に17の小仏塔が作られ，それぞれ頂点には金紙が巻かれている。周囲は竹垣 (fa sǎm mǎt) で囲まれ，その四隅にはバナナと砂糖キビの葉が結びつけられている。ヒン・ラーイたちはこの仏塔の周囲に，蝋燭と線香に点火して立てる。ただしラーイ（女性老人）は竹垣の中に入ることができず，ヒン（男性老人）が手伝って置く。

　TL村では，村の代表としてサムマーティが同教派のHS寺へカティナ衣を寄進するとともに，仏像へ袈裟 (san kan) を着せる儀礼を毎年タイ暦12月15日に行っている。瑞麗の出安居はタイ暦11月15日なので，その1か月後にあたる。これは徳宏における仏教実践の特徴の1つである。

　前日の夜から寺に宿泊していた持戒する老人ヒン・ラーイは寺院内の仏像前に集まる。仏像前に餅を供え，ホールーが先導して誦経し，その後に30分ほど説法する。ちょうど説法が終了する頃，仏像に着せる袈裟を載せ，布施を集めるために村を一周していた駕籠 (u saŋ kan) が，若者たちに担がれて寺院に入ってくる。象脚鼓 (kɔŋ)，銅鑼 (mɔŋ)，シンバル (sɛm) を先頭に寺院の周囲を反時計回りに一周すると，駕籠から袈裟を取り出し，仏像前に供える。次にヒン・ラーイは，境内の北東隅にラーイが作った砂の仏塔 (kɔŋ mu sai) 前に移動し，同様に供物を捧げて誦経する【写真28】。砂の仏塔は悪霊を追い祓い，人々

写真29 仏像に袈裟を着せるサムマーティと仏塔管理人。村人が寺院内の仏像に袈裟を着せる一方，ホールーとサムマーティ2名は，寺院から仏塔にあがり，仏塔の管理人4名とともに仏塔脇の仏像に袈裟を着せ，布施の品物を供える。蝋燭・線香に火を灯して誦経した後，漢族と同様の紙銭を燃やす。

を守護する存在と認識されており，TL村を始めとするタイ・ルーの村では，カティナ衣奉献祭において砂の仏塔を必ず造る。一方，タイ・マーウの村では砂の仏塔を作らず，4月祭の時にロイゾンセンの仏塔境内に作られた砂の仏塔を拝む。砂の仏塔を作る習慣は，上座仏教徒社会の各地に存在するが，その時期には相違が見られるのである。

前日の夜，ヒン・ラーイは寺院内で就寝し，翌タイ暦12月15日（2006年11月4日）の朝から寺院内の仏像と砂の仏塔に供物を奉納し，誦経する[1]。この日には餅（xāu puk）を供えるとともに，朝食として餅にコンデンスミルクをつけて食べる。その後，仏塔，寺院内のあらゆる仏像に袈裟を着せる【写真29】。袈裟を着せるのは，この時期から徳宏は冬に入り，寒さが増してくるからだという。袈裟は翌年の灌水祭まで着せておく。

TL村に入ったばかりの筆者は，この儀礼に参加させていただき，初めて村の老人たちとともに寺院で宿泊した。寄宿先に帰ると，「みんなあなたのこと

---

1) 供物の奉納に先立ち，早朝7時頃から若者たちは寺院外に集まり，象脚鼓，銅鑼，シンバルを打ち鳴らす。ヒン・ラーイたちも起きだして，砂の仏塔の周囲へ蝋燭，線香に火をつけて立てる。

を気に入ったみたいだよ」と調査村の「母」が告げてくれた。筆者自身も，調査の開始当初は村人たちとどのように接すればよいのかとまどい，よそよそしいところがあったが，村人たちも異国からやってきた筆者を，どのような人物かと「品定め」していたらしい。筆者が彼らとともに寺院に宿泊し，同じものを食べ，同じ酒を飲む姿を見て，ようやく筆者のことを信用してくれたようである。この日以来，筆者の存在は村のあらゆる住民の知るところとなり，道を歩けば村中の人が声を掛けてくれるようになった。こうして，よそ者の筆者は，ようやく村の一員として認められるようになったのである。

b．スムロー儀礼

　徳宏では「冬に厳寒がなく，夏に酷暑がない」[徳宏州史志弁公室編 2008]と言うものの，寒季の徳宏は毎朝10℃以下まで冷え込み，午前中は炭火にあたって過ごすほどである。午後になって陽が出ると25℃くらいまで気温は上昇するため，村人たちも午前中は半袖の上にジャンパーを着て昼過ぎに脱ぐ。1日のうちに冬と夏が同時に訪れるような気候が続くと，このような服装で過ごすことになる。朝は盆地の底に冷気がたまり，上空の空気が日光によって暖められると，その気温差によって霧がたちこめる。瑞麗を徳宏タイ語でムン・マーウと呼ぶのも，霧がたちこめて朦朧としている（*mǎu*）ことに由来すると言われる。

　寒季の中でも陽暦1月は年間を通して最も寒い時期である。ちょうどこの寒さが緩み始めるタイ暦3月14日（2007年の場合1月31日）の夜にスムロー儀礼が行われる。徳宏タイ語のソット・スムロー（*sɔt sum lo*）のうち，スムローとは皮を剥いだ白い木（*mǎi sum lo*）を仏塔状に組み立てたものを指し，ソットは燃やすことを意味する。この儀礼の意味について村人に尋ねると，「仏像を火で暖める（*pha la ɔm fài*）」，あるいは「寒さの霊（*phi kàt*）を追い祓う」などと説明される。シャン州を中心とする地域で広く見られるが，ミャンマー中央部では火を焚いて仏像を暖めるのみで，スムローを建てることまでは行われない。

　当日の午後，男性50名ほどが各自，伐り出した木を持って仏塔前の広場に集まる【写真30】。TL村の寺院は境内が狭いため，仏塔前の広場で比較的若い既婚男性（*po lum*）が中心となって仏塔を模した形状に立てる【写真31】。夜8時ごろ，スムロー前に雨安居期間中に寺籠りする老人ヒン・ラーイが集まり，

写真30（左）　各家庭から持ち寄る皮を剥いだ木材。スムロー儀礼が開始される数日前から，各家庭では村の裏山に登り，長さ2〜3メートルほどの木材を2〜3本，伐っておく。

写真31（右）　完成したスムロー。まず長さ5メートルほどの竹を中心とし，周囲に4本の竹を立てる。この5本の竹を柱として，細く切った木材を括りつけていく。釘は使わず，竹を薄く切って紐として使う。下から順に木をくくりつけて行き，上方では若干，丸みをつけて先端を尖らせるような形，つまりロケット状にする。最後に，削った木材と竹で傘（*thi mǎn* または *thi pat lat sat*）を作り，頂上に載せる。

ホールーの先導で誦経した後にスムローを燃やす[2]。

C. 春節

　徳宏タイ語で春節はルンシーと呼ばれる。春節は本来，漢族の新年であり，東南アジア上座仏教徒社会でも祝うのは華人系の住民のみである。瑞麗盆地の中でもTL村のようにタイ・ルーの人々は祝うが，タイ・マーウの人々は特に何も行わない。ただしタイ・ルーの村に親戚がいる場合は，食事に招かれることが多い。タイ・マーウの人々にとって新年といえばやはり灌水祭である。ルンシーは4月を意味するが漢族の新年にあわせて行われるため，瑞麗のタイ暦3月に行われる年が多い。筆者が調査を行った年は，瑞麗ではタイ暦4月3日（2007年2月18日）に行われた。

---

[2]　一般的にはこのまま2〜3日間，立てておくが，2007年は結婚式や葬式が相次いだため村人に時間的余裕がなく，完成した日の夜に即，燃やすことになった。

写真32 「仏典棚」を拝む子供たち。子供たちにお年玉を渡すのは本来，男性の役割だが，A家では数年前から老人男性の体が不自由であるため，彼の妻がこの役割を代わっている。老人は子供たちの脇に座り，「旧年は過ぎてゆき，新年が来ました。子供たちはよく勉強し，口のききかたに気をつけ，お父さん，お母さんの言うことを聴いて，無事息災でありますように」と祈る。その後，子供たちにお年玉を渡す。朝4時過ぎなので外はまだ暗い。

　春節の前夜（2007年2月17日），筆者が寄宿していたA家の門，玄関，台所の入り口の両脇に2本ずつ線香が灯された。また2階の「仏典棚」前にも蝋燭1本と線香を2本立てる。さらに台所の竈の両脇にも2本ずつ線香を立て，上には蝋燭を2本立てる。これは新年の竈の神（*phi puŋ tāu*）に供えるものである[3]。夜9時半に家の門を閉めると，これ以降，外部の人の出入りは明日の朝まで禁じられる。A家は老夫婦のみの世帯であり，新年の爆竹を鳴らして就寝したが，他の家では夜遅くまで爆竹が鳴り続けた。

　春節当日は，朝4時から村の子供たちが続々とお年玉（*ŋən teŋ pi*）をもらいに訪れる。お年玉を受け取る子供たちのうち最も早く来た子は重要であり，その年の運勢を決めると言われる。そのため，前の年に運が良かった場合には，次の年も同じ子に最初に入らせるように前の晩から「予約」しておく。運が悪

---

[3] 春節に先立つタイ暦3月25日・26日には竈の上に何も載せず，竈の神を天に帰らせ，竈周辺の掃除をする。掃除をしなければ竈の神は災いをもたらすかもしれないからである。この習慣はタイ・ルーのみに存在し，タイ・マーウには存在しない。

114

かった場合には別の子を呼ぶ。以前は最も早いのは男の子でなければならなかったが，今は男女を問わない。ただし自分の家の子供を最初に入れてはならない。子供たちは家の前に着くとまず，爆竹に点火して門の外から中に投げ入れる。それから家の人に「起きましたか？」とたずねると家の人は「起きたよ」と答える。A家の女性老人が「何を持って来たの？」と，子供たちは「金（あるいは銀，水，米など）を持ってきました」と答える。なかには冗談で，「自動車（あるいはバイク，爆竹，オチンチンなど）を持ってきました」という答えもあるという。女性老人が「それなら入りなさい」と言うと，子供たちは2階の「仏典棚」前に上がる。子供たちは各戸の「仏典棚」をまず拝み，その家の男性が子供たちにお年玉を渡す【写真32】。子供たちを待つ間，日本のように炭火で餅を焼き，エゴマをつけて食べる。筆者には日本の正月が思い出される。このようにお年玉をもらいに子供たちが各戸を訪ね歩くのはタイ・ルーの村に特有の習慣で，タイ・マーウの村では行われない。そのため2007年当時，筆者の寄宿先のA家には子供が居住していなかったが，タイ・マーウが村の約半数を占めるET村に住む親戚の子供が，大晦日からA家へ「遠征」にやって来ていた。彼の今年の「収入」は50元あまりであった。

　その後，各家の男性（ただし男性不在の場合は女性）は，家の入り口と竈の前，そして自宅付近の井戸の前にも蝋燭と線香をたて，井戸の神（tsău lăm mo）に対して餅ともち米で作った麺（xău sɔi）を供える。また神聖な新年の水（jɔt lăm）を汲み，新年の料理を作るのに用いる[4]。

　新年の朝の仕事は，まず新年のお供え（xău voi pi mau）を作ることから始まる。最初に庭にテーブルを置き，村の守護霊・ムンの守護霊用の食事（xău tsău man tsău məŋ）を並べる[5]。家の中の食卓には，夫方，妻方の祖先に供え物をする【写真33】。机の下に線香を立て，紙銭を燃やしながら記憶している世代の祖先ひとりひとりの名前を呼び，「無事息災（ju li kin van）でありますように」と誦える。さらに竈の前にバナナの葉を敷き，竈の神に対してもスープなしのもち米

4）　なお本来，正月は女性が料理を作らずに休み，男性が作ることになっているが，A家では男性老人の体が不自由なため，女性老人が作っていた。

5）　村の守護霊，ムンの守護霊の2人分のもち米麺を碗に盛りつけるが，村の守護霊は菜食であるため，肉は入れない。またムンの守護霊用には酒と豚の肝臓サラダ（sa tăp lu）が用意されるが，村の守護霊にはない。この他，白飯，果物，ビスケット，飴，お茶が用意される。これらの供物を，A家の女性老人は「無事息災でありますように」と誦えながら机の上に置いていく。終わると机の脇に線香を立てる。

写真33　祖先に対して供える新年の食事。もち米で作った麺，ゆで卵，魚，鶏肉，豚肉の脂身揚げ，豚の肝臓サラダ，干し牛肉，ビスケット，飴，コーラ，みかんなどである。対象となる人数は家によって異なるが，A家の場合は，TL村に居住していた夫方の父，母，弟の3人，ET村に居住していた妻方の父，母，祖父母の4人に対して供えた。箸も用意し，実際にそこで食事が可能なように盛りつける。

麺を供える。最後に爆竹を鳴らして終了する。

　新年の食事をとり終わると，子供，孫，親戚たちが老人へ挨拶に訪れる (kăn to kon thău)。老人たちが「仏典棚」の前に並んで座ると，若者たちは「仏典棚」，老人に向かい，跪いて頭を下げる。老人たちは若者に対し，「無事息災でありますように」と祝福の言葉をかけるとともに，お年玉を渡す。逆に年配の子供，親戚たちが挨拶に訪れると，老人に対して食費と布施のための金 (ŋən kin ŋən lu) を渡す。

　昼，午後は親戚の家に集まり，共食する。賑やかな宴が夜遅くまで続く[6]。

d．4月祭

　徳宏タイ語ではポイ・ルンシーである。ポイは「祭り」，ルンシーは「4月」を意味し，春節後の最初の満月の日に開催される。2007年の場合は瑞麗のタイ暦4月13日〜15日に相当する2月28日から3月2日にかけて開催されたが，

---

6) 就寝前には再び，台所，玄関，門，「仏典棚」の左右に2本ずつ線香を立てる。そして爆竹を鳴らして就寝する。これはタイ暦の正月3日まで毎日，続けられる。

一般的には瑞麗のタイ暦3月13日～15日に開催されることが多い。「4月祭」と言いながら3月に開催されるのは，第2章で述べたように，中国の農暦と瑞麗で用いられる暦には1か月のズレがあるためである。ただし閏月の関係で，2007年の場合は瑞麗でも文字通り「4月祭」となった。

　この祭りはTL村の主催ではなく，勐卯鎮仏塔管理委員会の主催で春節を祝う仏塔祭である。瑞麗市内の大規模な仏塔のうちロイゾンセンでは瑞麗のタイ暦4月に4月祭が開催されるが，これは春節を祝うわけではなく，ミャンマー側で同時期に開催されるダバウン月の仏塔祭（B: Dabaungla hpayabwe）に倣ったものであり，参加するのもおもに春節とかかわりないタイ・マーウの人々である。これに対し，春節を祝うタイ・ルーの人々は，2007年以前，ホーマーウ仏塔かペットハム仏塔のどちらかに参拝していた。参拝者の大きな目的のひとつは仏塔前で開催される賭博であったが，2003～2004年頃に政府が賭博禁止令を出し，また芒市の新仏塔の完成によって他地域からの来訪者が激減したため，「参拝者が分散するより集中して賑やかに祝ったほうがよい」との勐卯鎮政府の意向によって，2007年度から春節後の仏塔祭はホーマーウ仏塔，雨安居明けの23日祭はペットハム仏塔で開催されるようになった。

　TL村にあるホーマーウ仏塔には，勐卯鎮内の村のみならず，ミャンマー側のムーセーやナンカンからも訪れ，まず仏塔前に供物を置いて参拝する[7]。その後，村全体の寄進の金品を村の老人代表サムマーティがまとめ，各村のホールーとサムマーティが交代で受け取る[8]。終了後，村人たちには施しの食事（tsa ka）がふるまわれる[9]。日中は数か村が同時に仏塔境内で踊りを繰り広げ【写真34】，夕方には歌や踊りのコンテストも開催されて賑わいを見せる。

[7] この種の布施を行う際，村人は象脚鼓，銅鑼，シンバルを先頭に列を作ってまず仏塔の周囲を反時計周りに一周する。終わるとまず仏像の前のろうそくと線香に点火して供える。同時に仏塔と仏塔脇の仏像の前へ供物を置く。具体的には，ハウテック（xău tɛk 米をポップコーン状にしたもの）を載せた盥が一つ，ザーックザー（tsak tsa 紙を切ってデザインした三角形の小さな旗），マウトゥン（mau tuŋ 長方形の小さな旗）と花を混ぜ合わせたバケツが一つ，さらに果物を花状に切った飾り（haŋ xɔŋ）が三つである。食事（sɔm）は炊いた米，果物，ビスケット，水などを三つの大きな盆（phən）に載せて供える。三つの盆に分けるのは，仏，法，仏塔の三者に対して供えるためである。また左側には炊いた飯の上にバナナと豚肉を載せたものをどんぶりに入れて三つ供える。これは村の守護霊，ムンの守護霊，仏塔に住むとされる修行者の精霊（tsău su to）に供えるものである。供物の品々を並べ終わると，ホールーが先導して全員で誦経する。
[8] 期間中3日間は，勐卯鎮の各村落からサムマーティあるいは老人の代表者1名が境内の宿泊用の建物（ザーロップ）で寝泊まりする。彼らは交代で布施を受け取り，客をもてなす。
[9] 食事の担当は，勐卯鎮内の54村のうちから毎年輪番制で決まる。

写真34　4月祭当日の仏塔境内。布施が終わると，若手の参加者たちは鼓や銅鑼，シンバルを鳴らし，それらの楽器を弾く人々を中心に円い輪を作って踊り始める。特に午後からは数か村が同時に仏塔境内で踊りを繰り広げ，賑わいを見せる。

　この種の祭り（ポイ）は夜も賑わいを見せる。仏塔の外の空間には多くの賭場が開かれ，徹夜で賭博が行われるからである。TL村の仏塔も賭博で有名で，大いに賑わっていたが，数年前から政府の取締りが厳しくなったため，あまり人が集まらなくなったという。

　最終日の午前中には各村のホールーとサムマーティらが勐卯鎮内の6寺院の見習僧，僧侶を仏塔境内に招き，まず仏像の入魂儀礼（*saŋ that* または *taŋ a le ka tsa*）を最初に行う[10]。次に，ホールーの先導によって各村のサムマーティが誦経すると，僧侶の代表が五戒を授け，出家者全員で護呪経を誦える[11]。その後，僧侶による説法が続き【写真35】，終わると在家者が出家者に布施の金銭と果物，菓子，ジュースなどの品々を手渡す。最後に，僧侶に対して昼食を布施す

10) 5人の僧侶のなかで法臘が最大のハーンサー寺住職の前に，小仏像2体を盆（*pan*）にのせて置く。まず蜜蜂の糞（*si phuŋ*）を粘土状にしたものの中に宝石を埋め込み，それを仏像の内側の心臓部分に貼りつける。それから僧侶全員で，手に花やザーックザーを持ちながらアーレーカーザーと呼ばれる偈頌（*ka tha*）を誦える。誦え終わると仏像には命が吹き込まれたことになる。

11) 誦経は，輪番制で各村のホールーのうち1名が先導する。2007年の担当を務めたのはVT村のホールーであり，その横には仏塔管理委員会の主任D氏が座った。男性老人41名の後ろには女性在家20名と仏塔の女性修行者1名が座った。

写真35 最終日に僧侶へ布施をする在家。VT村のホールーを中心に誦経を開始し、僧侶が授戒する。これが終わるとHS寺の住職が在家に対して説法（ho ta la）する。当日の説法の内容は、「何事も日常的な行いがよければ成功し、悪ければ失敗する」といった内容で、15分ほどで終了した。説法が終了すると再びホールーの先導で誦経する。その後、各僧侶に布施の金品が渡される。

る。仏塔境内にも机が並べられ、在家はそこで施しの食事（ザーカー）を食べる。

このように、他村も含めた大規模な儀礼が開催される時には、やはり僧侶への寄進という上座仏教徒社会の他地域と同様の積徳行が実施されるのである。

e. 清明節

徳宏タイ語でフンロン（xun loŋ）と言い、フンは「登る」、ロンは「墓」の意味である。この日は親族が揃って祖先のために墓参りをする。TL村の墓は村はずれの山の上にあるため、文字通り「墓に登る」ことになる。漢族には陽暦4月4日または5日頃、祖先の墓を参拝し、掃除したり草むしりをする風習がある。芒市ではこの習慣が1939年の滇緬公路開通以降、土司の間に広まり、次第に一般人の間にも広まったとされる［張 1987: 133］。瑞麗ではタイ・ルーの村のみ、文革後に始められた比較的新しい習慣である。ミャンマー側では基本的に行わず、上座仏教徒社会の他地域でも華人社会以外には見られない。

2007年の清明節は陽暦4月5日で、この日から2週間以内の都合の良い日

写真36　A家の男性老人の親族23名が参加した墓参り。参拝したのは，男性老人の父（2004年死去），母（1978年死去），兄（1984年死去）の3つの墓である。これ以上前に死去した祖先の墓は存在しない。墓の前には9名（上記の3名と親戚6名）分の供物を置く。人数の規定はなく，親族で相談して決める。コンビーフ，鶏肉，豚肉，ゆで卵，バナナ，西瓜，葡萄，みかん，りんご，ジュース，ビール，酒，煙草などを供える。

を選んで親族が墓参りに訪れる[12]。当日は午後に墓の掃除を始め，食べ物や飲み物を供える【写真36】。次に墓の入り口と後部の境界の印（*peŋ mai*）に線香と蝋燭を灯す。参加者全員は墓の前に座り，最も年上の男子が米花（米をポップコーン状にしたもの）と花を手に持って墓を参拝（*pai loŋ/pai heu*）し，子孫の加護を乞う【写真37】。続いて墓の横と後部の境界の印の前で，死者のための紙銭（*tse xo/tse ŋən*）や紙の衣服（*tse sə tse kon*）を燃やし，墓の後部で爆竹を鳴らす。終わると墓の前で供えた鶏肉を共食し，夕方には墓を降りる。

　上座仏教徒社会ではそもそも墓参りの習慣が存在しない地域が多く，ミャンマーでは「死者の骨を拝む」日本の習慣について不思議そうに聞かれるのが常

---

[12]　4月5日は一家のうち若者の代表が村の裏山にある墓へ行き，雑草を刈り取るとともに，線香に火を灯し，柳の木（*māi xāi*）を切って墓に立てかけておく。この日はまだ親族たちは集まらず，2週間以内の良い日を選んで改めて会食に来る旨を告げる。筆者が寄宿していたA家の場合，女性老人の出身村ET村へ4月6日に行き，TL村では4月8日に男性老人の妹の婚家（漢族）の一族，4月10日に男性老人の一族が参加して墓参りを行った。

写真37 M家の場合，まず最も年上の男子が父の墓に，「子供たち・孫たちが墓を直しに来ました。子孫が無事息災で，貧しくならず，良いことが絶えないよう，ご加護が得られますように (kum xɛn ma tsa)」と祈った。続けて他の参加者たちも「無事息災でありますように」「ご加護が得られますように」などと祈った。父の墓が終わると，母・兄の墓を同じ要領で参拝した。

であった。これに対し徳宏では，日取りこそ異なれ，日本と同様に墓参りをするのである。

f. 灌水祭

陽暦4月になると，暑季に入り，日中の気温が急激に上昇する。もっとも東南アジアと比較すれば，標高700メートルから800メートルに位置する瑞麗の最高気温は30℃を上回る程度で，朝晩は比較的涼しいが，2月〜3月の2か月余りの「春」を経ていきなり「夏」になるので，気温の急激な上昇にとまどう。

この時期に，東南アジア大陸部を中心とする上座仏教徒社会では，広く「灌水祭」が行われることが知られている。それが徳宏タイ語でポイ・ソンラムまたはポイ・サーンジェン (Pɔi saŋ tsɛn) と呼ばれる儀礼である。ポイは「祭」，ソンは「かける」，ラムは「水」を意味する。逐語訳すれば「水かけ祭」の意である。サーンジェンは，ビルマ語で灌水祭を意味するティンジャン (B:

thingyan) に由来する。1983 年以降，徳宏州政府の方針によって，瑞麗以外の地域では清明節 (4 月 4 日または 5 日) の 7 日後に開始することが決定された [張 1992: 175]。2007 年の場合は，4 月 11 日に花摘み，4 月 12 日から 14 日までは水かけが行われた。瑞麗のみはミャンマー側の暦に合わせて開催することが州政府から認められているため，他地域とは数日間のズレが生じる。2007 年の場合，4 月 13 日から 17 日にかけて行われた。

　タイ・ルーは春節を新年ととらえるが，タイ・マーウは灌水祭を新年として盛大に祝う。タイ語にも「(タイ暦) 4 月になるとタイ・ルーは飛び跳ね，(タイ暦) 5 月になるとタイ・マーウが狂う (lɔn si tăi lə ma, lɔn ha tăi mau vɔn)」という成語があり，この特徴をよく表している。タイ・ルーが大部分を占める TL 村では，タイ・マーウの村ほどの賑やかさはないが，村全体で祝う。

　灌水祭の由来について TL 村の村人に尋ねたところ，以下のように説明してくれた。ある魔王 (xun saŋ) に 7 人の妻がいた。魔王は行いが悪いため，天神は魔王を退治しようとしたが，誰も退治することができなかった。そこで最も寵愛を受けた 7 番目の妻が，弱点はないのかと魔王に尋ねたところ，魔王自身の髪の毛を首に巻きつけられることだという。そこで妻は魔王が寝ている隙に髪を首に巻くと，頭が地に落ちて魔王は死んだが，その頭から火が出て消えなくなった。この世が火の海になってしまうのを防ぐため，7 人の妻たちが毎日交代で魔王の頭を持つことにした。天上の 1 日は人間界の 1 年に相当するため，その交代の時期が灌水祭にあたり，妻たちはお互いに水をかけあって前年の妻の穢れを祓った。後に人は彼女たちを記念して，新年の際にお互い水をかけあうようになったのだという。これと同様の伝説が張 [1992: 173-174] にも記載されている。ミャンマーにもこれとほぼ同様のモチーフの伝説が存在するが，一般には「前年の穢れを水で祓い，新しい年を迎えるために水をかける」と説明され，上記の伝説はヒンドゥー起源だと言われる。

　徳宏の灌水祭の特徴の一つは，灌水祭前にモックコーソイ (mɔk ko sɔi) の花を山へ摘みに行く習慣である。これはミャンマーやタイでは見られない。4 月 13 日，村の若い既婚の父母 (po lum me lum) と未婚の男女 (mau sau) がトラクターに分乗して 1 日がかりで付近の山へ行く[13]。午前中は山中で 2 時間ほど花摘み

---

13)　TL 村の村人は，当日の朝 10 時に公民館前へ集合した。朝から若者たちは象脚鼓，シンバル，銅鑼などをうち鳴らし，雰囲気を盛りたてる。集まった村人は男性 51 名，女性 57 名の合計 108 名である。彼らは自動車 2 台，大型トラクター2 台，小型トラクター4 台に分乗する。そのうち

写真38（左）　山でモックコーソイの花を伐りだす TL 村の村人。村の裏手のダムを越えてトラクターで山道を登っていくと，山の上には漢族やジンポー族村落が点々と見える。50分ほど移動した所の広場で下車し，そこからは徒歩で山道を登りつめ，藪をかきわけてモックコーソイの黄色い花を探しに行く。花が咲いているのを見つけると，村人は持参したナタを使って木の枝ごと切り落とし，肩に担いで持ち帰る。

写真39（右）　伐り出したモックコーソイの枝はトラクターの脇にくくりつけ，象脚鼓，シンバル，銅鑼を鳴らしながら山を下る。そのままトラクターは寺院前の広場に到着し，運んできた枝を寺院や仏塔境内のコンソンを設置した小屋や仏像，門の前に飾りつける。終了すると再び寺院前で輪になって踊り，ひとしきり踊り終わると徐々に解散する。

をする【写真38】。広場に戻って昼食の際，既婚の男女は男女別に食事をとるが，未婚の場合は男女ともに食事する。1990年代中盤頃までこの行事は未婚の男女のみが参加するものであり，結婚相手を見つけるためのよい機会ともなっていた。しかし10数年前から若者の都市部への移住が増加したため，参加者が不足し，若い既婚の父母も参加するようになったのだという。午後に再び山へ入り，花の伐り出しが夕方5時頃まで続けられる。夕方に村へ戻ると，花は寺院や仏塔境内のコンソンを設置した小屋や仏像，門の前に飾りつけ，持ち帰って自宅の「仏典棚」にも供える【写真39】。

翌4月14日から灌水祭は開始される[14]。ヒン・ラーイは，朝7時半頃に寺へ

　未婚の男女は20名ほどで，彼らのみ大型トラクター1台にまとまって乗る。既婚者たちは男女別にまとまる。最年長で45歳，その下の30代が多数を占める。既婚の女性のみ華やかなタイ族の伝統的な巻き布と衣服に着飾るが，若い女の子たちはみなジーンズを穿いている。

14）　1日目はサーンジェンロン（saŋ tsɛn loŋ）と呼ばれ，天神（xun saŋ）が天界から降臨する日とされる。

第3章　「在家」が織りなす信仰空間　123

写真40　灌水龍の背中の部分から水を流す。　　　　　写真41　コンソンから仏像に水が噴射される。

　集まり，肩掛け鞄 (thoŋ pa) に入れたモックコーソイの花と灌水餅 (xău mun sɔn lăm) などを仏前に供える[15]。灌水餅とは日本とほぼ同様の餅に砂糖キビを混ぜて甘く味付けし，バナナの皮で包んだものである。供物を並べ終わると，ホールーはTL村の村人が寄進する旨を述べ，各地の精霊を招いてともに寄進するよう呼びかける。次に仏像前で五戒を受ける。終了すると，また寺院の大仏の脇には村人が寄進した多数の小仏像が並べてあり，これらに着せてあった袈裟を脱がすと同時に，前日モックコーソイの花で飾りつけたコンソンの下へ男性老人が持っていく。

　小屋にはすでに灌水龍 (ŋək koŋ sɔn) がセッティングされている。この灌水龍は木をくりぬいて龍の形にしたものであり，その部分が龍の背中にあたる。また龍の首にあたる部分からは金属製の噴射口が伸びており，龍の背中から水を入れると水圧で噴射口が回転し，水が噴射されて仏像にかかる仕組みになっている【写真40・41】。この灌水龍はタイ系民族の間に広く見られたが，現在で

---

[15] モックコーソイの花と各家庭で作った灌水餅の他，ザーックザー，マウトゥン，ハウテック，白米，卵，肉，線香，蝋燭，果物，ビスケット，布施金をそれぞれ持参し，寺院の入り口の台に置く。その台がいっぱいになると，女性たちが寺の中へ運ぶ。ただし女性は前方の仏像側へ近づくことができないため，女性が男性との境界部分まで布施の品々を運び，男性が仏前まで運んで供える。こうした仏教儀礼に熱心に参加するのはやはり女性で，この時も男性老人（ヒン）8名に対して女性老人（ラーイ）37名であった。

は徳宏以外の地域では失われつつある。こうした古い習慣が現在まで継続しているのが，徳宏の実践の特徴のひとつである。なおビルマ人には灌水龍を使用する伝統がない[16]。

午後になると老人たちは寺院でホールーの説法を聴く。このホールーの説法については第5章で詳述する[17]。

2日目（4月15日）の午後，若い村人たちはトラクターで瑞麗江沿いの江辺広場に赴く[18]。若い世代にとってはこの日の活動がメインである。午後2時前に村内放送がかかると村人は公民館前に集まり始め，男性25名，女性156名の計181名がトラクター8台に分乗する。祭りの日は老若男女を問わず，タイ服（sɤ xo tāi）を着用する。下半身には，女性は巻き布，男性は幅広のズボン（kon）を穿く。大部分を占める既婚女性は黄緑色の上下を着用し，肩掛け鞄を持って頭に笠を被る。ピンク色の上下を着用する未婚女性はわずか5名のみである。これはTL村の例であり，村ごとに女性の衣装の色は異なる。男性の服は未婚既婚にかかわらず，どの村でも灰色または薄茶色である。参加者は若い父母が中心で，未婚の男女は10年ほど前から福建へ出稼ぎに行く者が多く，儀礼参加者は少なくなっている。江辺広場では毎年，瑞麗市政府民族宗教事務局傘下の潑水節組委会（灌水祭組織委員会）主催のステージショーが開催されている。3日間の期間中，お互いに水をかけあいながらミャンマー側のシャンも含めた踊りや歌が繰り広げられ，ステージの前には着飾った人たちでごった返す[19]。ステージを見終わると，広場の後方でTL村の女性参加者全員が2列の大きな輪になって並び，輪の中央では男性たちが象脚鼓と銅鑼，女性たちが円太鼓と銅鑼，シンバルをうち鳴らし，それにあわせて踊る。この象脚鼓の踊り（ka

---

16) TL村の仏塔はムン・マーウのみならず徳宏を代表する仏塔であるため，他村の村人ばかりでなくビルマ人たちも参拝に訪れる。当日は45名のヤンゴンからの旅行団が灌水祭の休みを利用して徳宏観光に訪れていた。瑞麗から盈江を経てカチン州ミッチーナー経由でヤンゴンに戻る全行程5日間のツアーだという。

17) この日の説法で用いられたのは，シャン文字で書かれたスックシーラーハン（Suk si la xăn）という経であった。この経は，村人のひとりが亡き父のためにミャンマー側シャン州の親戚から購入し，2006年に寺院へ供えたものである。上座の仏像に近い側には男性老人が10名とホールー，下座には女性老人が29名座り，説法を聴いた。

18) 2日目はワンラウ（vǎn lāu）と呼ばれる。「ラウ」とは，村人によれば「一時停止」の意味で，この日は確かに老人の活動は行われない。

19) 混雑を避けるため，初日は姐相郷，2日目は勐卯鎮，3日目は弄島鎮というように分散されているが，それでも広場は着飾った人たちでいっぱいになる。

kɔŋ) の輪が村ごとにいくつもでき，村人たちは日暮れまで踊り続ける。

3日目（4月16日）の午後，TL村の村人たちはHS寺へ参拝する[20]。TL村の村人（男性14名，女性77名）は，トラクターに乗ってHS寺に移動した。TL村の女性たちは黄緑色に統一されたタイ服を着込み，肩掛け鞄を持つ。HS寺にはすでに他村からも多くの村人がそれぞれの村ごとに異なった衣装で踊っており，TL村の村人たちもその輪に加わる。HS寺はTL村から11キロほど離れており，距離的には遠いにもかかわらず参拝するのは，文革前のTL村の前住職をHS寺から招請するなど，寺院間のつながり（フーゾン）があるためである。そのため他の儀礼を開催する際にも，TL村の人々はHS寺の住職との関わりが多い。村の代表が布施の品物を渡すと，住職は五戒を授けた後，「無事息災でありますように」などと祝福の言葉を述べる[21]。終わると境内の灌水龍の前に移動し，全員でまずコンソンの下の仏像に参拝する。その後小型のバケツに水をくみ，龍の背中のパイプを通してパイプの下の仏像に水をかける。次に寺院前の階段下に設置された管を通して僧侶の手を洗い，さらに全身に水をかける【写真42】。僧侶の手を洗う習慣は，ミャンマー側のシャン州などで見られるが，僧侶の全身に水をかける習慣は，ムン・マーウ独自のものであろう。夕方にTL村へ戻る途中もタイ・マーウの村では多くの人に水をかけられるが，町に近いタイ・ルーの村では水をかけられることもない。中国側ではあくまで平日で，子供たちは学校に通い，工場や会社に勤める若者たちは参加できないため，村外労働者の増えた1990年代後半から，灌水祭に参加する人たちは急速に減ったという。

4月17日はタイ・マーウの新年で，タイ・マーウの村ではシャン州と同様，村の除祓儀礼が行われる。TL村はタイ・ルーの村であるため特別な儀礼は行われず，後述するようにタイ暦7月に行われる。ただ寺洗い（laŋ tsɔŋ）という行事が午後から行われるため，老人たちが寺院に集まる。老人たちはまず，前

---

[20] 3日目のサーンジェンフン（saŋ tsɛn xuun）には天神が天上へ戻ると言われる。HS寺は前住職が中国仏教協会理事を務めたばかりでなく，現住職も法臘が多く占いや病気の治療でも有名であるため，灌水祭期間中には合計29か村が布施に訪れたという。そのためTL村の人たちも布施をするまで境内で順番を待たなければならないほどであった。

[21] TL村ではホールーを呼ばなかったため，村の書記，村長，副村長と女性の代表者のみが村を代表して布施の品々を手渡すのみの比較的簡略な方法をとった。しかしTL村以外の村で参拝に訪れたのはほとんどタイ・マーウの村で，彼らはホールーの先導に従って誦経していた。タイ・マーウの人々は，灌水祭期間中の3日間，自分の村の周辺の僧侶が居住する寺を訪れてまわる。

写真42（左）　僧侶の手とともに全身に灌水する。僧侶はずぶ濡れになり，しかも1日に何か村もの人々が水をかけに訪れるため，「袈裟が何枚あっても足りない」とぼやく。
写真43（右）　寺院内を洗い清める寺洗いの行事。

年のタイ暦12月15日（2006年11月4日）のカティナ衣奉献祭以来，寺院内と仏塔の境内の仏像に着せてあった袈裟を脱がす（lon saŋ kan）。徳宏はこの時期から1年で最も気温の高い季節を迎えるためである。次に寺院のカーペットを取り除き，「無事息災でありますように」「ご加護が得られますように」などと誦えながら，寺院内の仏像や壁，灌水龍などあらゆる所に柄杓やバケツで水をかけていく【写真43】。終わると仏塔へ上がり，灌水龍や仏塔の周囲の仏像に「村やムンをお守りください（pau man pau məŋ）」などと誦えながら水をかける。さらに境内のガジュマルの木（ton huŋ）や菩提樹（ton hăi）にも水をかける。これらの木は1000年以上の寿命があるとされており，ザウトンホン・トンハイ（tsau ton huŋ ton hăi）というように村やムンの守護霊と同じく「ザウ」の尊称をつけて呼ばれ，聖なる存在とみなされている。

g. 村の除祓儀礼

徳宏では陽暦5月頃から雨季に入る。寒季，暑季には晴天が続くが，続く雨季にはほぼ毎日雨が降る。年間降水量1195mmのうち5月〜10月の降水量が88〜90%を占めている［徳宏州史志弁公室編 2008］。ただしヤンゴンの年間降水量2530mmよりはるかに少ない。また日本の梅雨のように朝から晩まで雨が続くわけではなく，にわか雨が上がるとさっと日が射し，虹がかかる。

この頃に行われるのが，タイ系民族の間で広く見られる村の除祓儀礼であ

る[22]）。村人は「各世帯が無事息災で，病気にならないように祈るため」と儀礼開催の理由を説明するが，陽暦5月下旬から6月にかけて行われる田植えの時期と重なるため，もともとは豊作を祈願する儀礼であったと推測される。タイ・ルーの村ではちょうどこの時期に相当するタイ暦7月7日，17日，27日のいずれかに開催される。タイ・マーウの村も以前は同じ日程だったというが，近年ではミャンマーのシャン州と同様，灌水祭明けの新年に行われるケースが多い。

徳宏タイ語で村の除祓儀礼をヤープマーンと呼ぶ。ヤープは「鎮圧する，鎮める」，マーンは「村」の意である。ヤープという言葉は，僧侶の誦経によって悪霊を除祓する際に用いられる。TL村の場合は，午前中に村の柱上祠へ僧侶を呼んで儀礼を行うのでヤープマーン，午後は僧侶を呼ばずに村人のみで村の守護霊祠，ムンの守護霊祠に参拝するのでメーマーンと呼ばれるが，厳密に区別せずメーマーンと総称する場合もある。2007年の場合，TL村ではタイ暦7月7日（5月22日）に実施された。

前日5月21日の夜には，村の柱上祠の前で老人たちが花を供える[23]）。柱上祠の下部には各家庭から持参した多くのバケツが掛けられている。バケツの中には徳宏タイ語で悪霊を「追い祓う」といったニュアンスの言葉を含む名の植物と水，砂が入っている[24]）。またビニール袋に団子（*xău mun*）と糸玉（*măi lo*）を入れて置く。団子を入れるのはムン（*mun*）に「発展する」とのニュアンスが含まれるからだという。中には竹で六角形に編んだ魔除け（ターレウ *ta ḳeu*）を置いていく家もある。この日はホールーと老人が誦経して，村の柱上祠に花，蝋燭，線香，ザーックザー（*tsak tsa* 三角形の小さな旗），マウトゥン（*mau tuŋ* 長方

---

22) 第2章注18で述べたように，シャン族の間ではむしろ「村直し（*mae waan*）」という呼称が一般的である［ex. Tannenbaum 1995: 53］。徳宏でも，同日の午後に行われる守護霊への参拝儀礼とあわせて「村直しの儀礼（*me man*）」と呼ばれることもある。

23) 柱上祠の柱の上部には蓮の造花，下部にはバナナ，砂糖キビとトーロー（*to lo*）と呼ばれる竹で編んだ籠が結びつけられている。バナナと砂糖キビが供えられるのは，最も甘いものであるからだと言われる。

24) 植物は各家庭から持参したもので，茉莉花（*săp pe: pe* は「取り除く」の意），センダングサ（*ja phai: phai* は「悪魔」の意），山椒（*mak kat: kat* は「消滅する」の意），綿（*mak ka: ka* は「行く」の意），ネムノキ（*măi kaŋ: kaŋ* は「離れる」の意），マンセー（*măn xe: xe* は「救う」の意），木豆（*tho he: he* は「阻む」の意），鉄線草（*ja phet: phet* は「欺く」の意）などの葉が入っている。それぞれタイ語で悪霊を「追い祓う」といったニュアンスの言葉を含む植物ばかりである。

写真44　竹を芯にした長い傘状の「紙の仏塔」は，TL村の前ホールーが1年に1回のみ自作する。下の円形の砂の上には水筒と砂筒を供える

形の小さな旗) などを供える[25]。

　翌5月22日は早朝から老人たちが村の柱上祠の前に紙の仏塔 (kɔŋ mu tse) を立て，その下の円形に盛った砂の上に線香，蝋燭，水を入れた竹筒 (mɔk lăm) と砂を入れた竹筒 (mɔk sai) をそれぞれ9本ずつ束ね, 各2束の計4束を供える。この紙の仏塔は悪霊を防ぐ (he phi) 役割を果たす【写真44】。柱上祠の中央には村の柱の先端部分が少し突き出しており，その近くには多くの糸玉が置かれ，糸は下へ伸びてバイクにつながっている。このようにバイクの除祓 (jap mo tho) をしておけば交通事故に遭わないという【写真45】。また祠上祠の四隅の柱に結び付けられた竹籠 (to lo) の中に，参加者たちは米，果物，ビスケットなどを入れていく[26]。

---

25) ホールーは，翌日，村の除祓儀礼を行うため，花や蝋燭・線香を供えることを宣言し，その後参加者 (老人男性7名, 老人女性28名) 全員で誦経した。15分ほどで終了した。
26) 村の柱上祠の前には，日常的な布施儀礼と同じく，米，果物，ビスケットなどの供え物が置かれる。前方には男性老人が18名，後方には女性老人が約100名集まる。午前7時40分からホー

写真45　テンタムとバイクを糸で結ぶ。

　午前9時にHS寺の僧侶5名が車に乗って村へ入ると，村の6箇所の入り口は民兵たちが完全に道路を閉鎖し，外部の人間を村内に入れないようにする。サムマーティがHS寺まで僧侶を車で迎えに行き，村に到着すると村の柱上祠の前まで誘導する。僧侶は正面の階段を上がり，村の柱上祠の中に座ると，ホールー主導の村人の誦経に続けてまず僧侶が五戒を授ける。次に僧侶全員で護呪経 (pa lik/pa lit) のうち吉祥経 (Maŋ ka la suk) と慈経 (Mɛt ta suk) を誦える。終了すると住職は，バイクの除祓儀礼をした人の名前と布施の金額をよみあげ，無事息災で幸福 (sam sa) で，災厄に遭わないようにと祈る。その間，ホールーは村の柱上祠の周囲に白い糸を張り巡らせる。次に住職が村人に向かい，「村の中に悪霊がいた場合，それを好みますか？」と3回たずねる。村人は3回「好みません」と答える。それを確認すると5名の僧侶は全員で羯磨文 (kām pa va) を誦える【写真46】。

　ルーが主導して誦経し，8時過ぎにいったん終了，僧侶の到着を待つ。

写真46 村の柱上祠の中で羯磨文を誦える僧侶。村の除祓儀礼では，危害を防ぐ羯磨文（B：Anantayayika kanmawasa）と悪霊を除祓する羯磨文（B：Patbazaniya kanmawasa）を3遍ずつ誦えた。

　誦経が終了すると住職は立ち上がってバケツの中の水に先述の葉を浸し，村の柱上祠の中から下の村人たちに向かってふりかける。これは村の除祓水（lăm jap man）と呼ばれ，この水を浴びると悪霊（phi hai phi mɔk または phi ăm li ăm ŋam）を追い祓う（lup pɛt）ことができると信じられているため，村人たちは挙ってこの水を浴びる。水をかけ終わると，村の柱上祠を囲った白い糸がとり払われ，僧侶は階段を下りる。村人たちは村の柱上祠の前に一列に並び，退出する僧侶に対してひとり1元ぐらいずつ布施する[27]。
　僧侶が退出すると，それぞれ村の柱上祠から自分の置いたバケツ，糸と団子を入れたビニール袋，竹で編んだ魔除け（ターレウ）を受けとる。また村の柱上祠の四隅に置いてあった果物やビスケット入りの飯（xău si tseŋ me man）をビ

---

[27] 僧侶たちはそそくさと車に乗り，次の村へ向かう。HS寺の僧侶たちは当日，TL村も含めて4か村でこの儀礼に参加しなければならない。タイ暦7月17日，27日も同様であり，HS寺の僧侶たちばかりでなく他の寺院の僧侶たちもこの時期は皆，忙しい。

第3章　「在家」が織りなす信仰空間　131

写真47　家の玄関に団子と葉をつける。　　　　写真48　村の入口にターレウをかける。

ニール袋に入れて持ち帰る。村人たちは帰宅するとまず，先述した葉を用いてバケツの中の村の除祓水と除祓砂（*sai jap man*）を家屋の内側から外側に向かって撒いていく。次に台所でも同様に水と砂を撒く。最後に家の入り口と門の上部に除祓糸（*māi jap man*）を張り，先述の葉と団子を括りつける。このように，まず水と砂で家の中の悪霊を追い祓い，葉と団子で悪霊の再侵入を防ぐ【写真47】。村の柱上祠の四隅に置いた飯は，家畜に食べさせると病気にならないと言われる。村の6つの入り口には，僧侶が羯磨文を読誦した際，村の柱上祠に結んでおいた糸を切りとって，道の上部に張り巡らし，竹で編んだ魔除け（ターレウ）をかけておく。このようにして村全体でも悪霊を追い祓うとともに悪霊の再侵入を防ぐ【写真48】。

h.　村直しの儀礼

　村の除祓儀礼と同日の午後には村直しの儀礼（メーマーン）が行われる。メーは「直す，修理する」，マーンは「村」を意味する。タイ系民族には広く見られる儀礼である。開催される場所は午前中とは異なり，村はずれの山の麓にある村の守護霊，ムンの守護霊の祠である。またこの儀礼に参加する人も午前中とは異なる。午前中は寺籠りをする老人ヒン・ラーイの参加が中心であったが，彼らは戒を守る人（*pu sin*）で，仏のみを信じて精霊は信じないため参加できない。ホールーもヒンであるため，参加するのは130名あまりの若い既婚男性たちが中心である。

　なお女性は，年齢にかかわらず参加できない。この点は，ミャンマーと比較して対照的である。ミャンマーには，男性は精霊祭祀に関わるべきではないと

の規範が存在し，精霊に供物を奉納するのは基本的に女性の役割である［cf. 飯國 2011］。これに対し，TL 村ではこのような規範が存在しないどころか，むしろ男性の参加しか認められていないのは，ムンの守護霊が男性の軍人であるため，女性が参加するのは危険だからだと説明される。

参加者はまず境内を掃除し，白馬・赤馬に水をかけて洗い，餌を与える。祠の中の花瓶の花と水を取り替え，線香・蝋燭に点火して「仏典棚」の前に立てる。終了すると参加者全員が村の守護霊祠の前に集合して座る。ホールーは参加していないため，まだ寺籠りしていない男性老人を先頭に「全村において無事息災でありますように，ご加護が得られますように，どうぞお見守りください（thɛm jem thɛm toi）」などと祈る。終了すると祠の中のテーブル上に食事を供えていく[28]。次にムンの守護霊の祠へ移動し，同様に祈りを捧げ，守護霊と従者の 2 人分の食事を供える【写真 49】。夕方にすべての儀礼が終了すると，参加者はムンの守護霊祠の前，その他の村人は寺院で共食する[29]。

i. 入安居

徳宏タイ語ではハウワー（xāu va）であり，ハウは「入る」，ワーは「雨安居」を意味する。上座仏教徒社会に広く見られる儀礼であり，3 か月の雨安居期間中，仏教徒たちが戒律（sin）を厳守して過ごす。この期間中には結婚することも，家の新築儀礼を行うこともできない。僧侶も雨安居期間中は旅行に出ず，同一寺院に止住して修行に専念しなければならない。また上座仏教徒社会の他地域とは異なり，徳宏の僧侶は雨安居期間中以外は布薩堂に入らないが，雨安居期間中の新月，満月の布薩日には布薩堂に入り，戒文（pa ti muk）を誦唱して日常的な破戒による罪を浄化する。

---

28) 村の守護霊は女性で菜食しかしないため，肉類は用意されない。炊いた白飯には上にビスケットが載せられ，箸を突き立てる。その他，ジュース，茶，バナナなどの果物を供える。準備が整うと経壇の前の蝋燭と線香に点火する。村長や守護霊の管理人たちは，あたかも守護霊が降臨しているかのようにテーブルの傍に控え，一定の時間を置いてはジュースやお茶を入れ替える。
29) 村の守護霊は，上述したように女性で肉食せず，酒の匂いも嫌うため，そちらでは食事をとらない。寺院には老若男女が集まり，当日の朝に屠られた牛肉と豚肉の夕食会が賑やかに行われた。なお，この食費は，他村の男性が TL 村の女性と結婚し，婿入りしてきた場合に村へ納める金（ひとりあたり 2000 元）や，村民規約に違反した場合の罰金（たとえば結婚前に子供が生まれてしまった場合は罰金 2000 元）が用いられる。このように村の除祓儀礼の際に村全体で食事をするようになったのは 2004 年頃からで，これは罰金が増加して余るほどになったためであるという。

写真49 炊いた白飯とともに，ムンの守護霊と従者は男性で肉も食べるため，鶏肉と豚の頭，豚肉サラダ (sa lɛŋ) が供えられる。またジュース，茶のほか酒・煙草も供えられ，煙草には村長が火をつけておく。村の守護霊の場合と同じく，守護霊の管理人がジュース，茶，酒を入れ替える。また肉類を取り分けて白飯の上に載せる。

　出家者のみならず，安居期間中は在家も戒律をよく守る。徳宏では，ヒン・ラーイと呼ばれる老人たちが，布薩日に八戒 (sin pɛt) を厳守するため，寺籠りする。八戒とは，①不殺生戒，②不偸盗戒，③不淫戒，④不妄語戒，⑤不飲酒戒，⑥非時食戒，⑦離歌舞観聴香油塗身戒，⑧離高広大床戒をさし，これらを自宅で厳守することは困難であるため，布薩日には寺に宿泊し，持戒して過ごす。この習慣は，上座仏教徒社会の他地域にも広く見られたが，宿泊する習慣は徐々に廃れつつある。

　瑞麗の入安居は，瑞麗のタイ暦8月15日であり，タイ暦11月15日までの3ヶ月間が雨安居である。2007年の入安居は7月29日であった。布薩日の前日 (vǎn phit) の7月28日の夕方から持戒する老人ヒン・ラーイたちが寺院に集まり始

める[30]。布施の品々を置くと，男性老人ヒンは寺院の増築部分（ゾンウー）および仏像後部の部屋，ラーイは寺院境内のホーシンへ行き，ゴザと薄い布団を敷いて，その上に蚊帳を吊るす[31]。第8条の「高く広いベッドに寝てはいけない」に抵触しないようにするためである。

　夜にはヒン・ラーイ全員が寺院の仏像前に入場する。最初に，新ヒン・ラーイの寺籠りへの参加が認められる[32]。次にホールーは大仏に向かい，全村が無事息災であるよう，花，ザックザー，マウトゥン，水，油，砂，蝋燭，線香を1000ずつ供えることを述べる。続いてホールーの先導のもと全員で五戒などを誦える。その後，村人の中の寄進者13名がヒン・ラーイ全員にザーカー（無償の行為，施し）として現金を配る[33]。寄進者の数名に対し，ザーカーを行った理由をたずねると，「息子の嫁が他人と浮気し，離婚してしまったため，こう

---

[30] ヒン・ラーイたちは，肩掛け鞄に花，米，ハウテック，ビスケット，ザックザー，マウトゥン，蝋燭，線香，果物，ゆで卵，金銭（5角～1元）を入れて寺院に持参する。宿泊する際に使用する布団など重いものは家族や親戚の若者がバイクで寺院に運ぶ。寺院前では同じ布施の品々を集めてまとめる。経験年数の少ない女性老人ラーイたちは果物を削って飾り（ハーンフン）を作ったり，翌日に用いる発泡スチロールの小船を準備したりする。

　また女性老人たちは，数人ずつまとまって寺院境内にある女性修行者の住居（ホーシン）に赴き，布施の食物（米，果物，ビスケット，ゆで卵，焼き魚，粉ミルク，砂糖，ハウテックなど）や品物（花，ザックザー，マウトゥン，蝋燭，線香など），金銭5元を捧げる（soŋ kin soŋ lu）。盆の上に置いて手渡しすると，女性修行者も両手で受け取り，「無事息災でありますように」などと祈りの言葉を捧げる。すでに3～4日前から女性修行者のところには，彼女たちの日常的な生活を支える多くの「養母（メーレン）」たちが訪れ，座るところもないほど混雑したという。女性修行者の「養母」たちは，入安居，中安居，出安居の3回，必ず布施に訪れるが，男性たちの姿は見かけない。なぜなら，徳宏では男性は女性を拝むべきではないと認識されているからである。

　女性老人たちは仕事が終わると，自分の宿泊するホーシン内の仏像に花を供える。

[31] 寺院に出家者が止住する場合にはヒン用にもホーシンが建てられており，そこに寝泊まりするが，TL村の場合は現在，僧侶が止住しないため，ヒンたちは本来，住職や見習僧たちが就寝するスペースを利用する。

[32] 最初に，今年から寺籠りしてヒン・ラーイになることを希望する男性5名，女性12名の中から代表のヒンが花とハウテックを持って老ホールーに渡し，ヒン・ラーイとともに「悪しきを捨て，善きを求める（pet tsa xa li）」ことを請う。この花とハウテックというのは，何らかの依頼をするときに必ず用いられる物である。ヒン・ラーイ全員で同意して，彼らの参加が認められる。

[33] ヒン・ラーイひとりあたりが受け取る金額は最少で1元，最多で5元，合計43元であった。参加者は約100人であるため，単純計算しても寄進者は100元から500元の負担をしていることになる。当日の寄進者は13名で，そのうちヒン・ラーイではない者が7名，ヒン・ラーイ自身が6名であった。功徳を積む（au ku so a tso）ことを希望する時には誰でも自由にザーカーをすることができる。ただし3年間連続して布施しないと効果は少ない。

第3章　「在家」が織りなす信仰空間　135

した不運な状況を変えたい」(男性, 63歳),「脚が悪くて歩けない。また体調も悪い」(男性, 75歳)といったものであった。このように何らかの不幸が続く場合, 後述するように積徳行や厄祓いなどの手段がとられるが, その一つとして寺籠りする老人たちに施しを行う点が徳宏の実践の特徴である。その後ラーイたちは1000本の蝋燭に点火し, 寺院境内の到る所に立てて就寝する【写真50】。

翌7月29日は布薩日である。早朝4時頃から比較的年齢が下のラーイたちは起き出して仏像に供える食事の準備を開始する。前日は賑やかに話しながら作業が行われていたが, 布薩日には会話が禁じられており, 静寂のなかで準備が進められる。準備が終了すると, ラーイたちは大仏の右側の小仏像の前に「1000の食事 (xău sɔm heŋ)」を供える[34]。この他, 西瓜, 南瓜などの果物を花の形に切って飾りつけたもの (sɔm han xəŋ), ハウソムホム (xău sɔm hɔm), ザークザー, 米花を供え, ラーイのみで誦経する[35]。ハウソムホムとはもち米に蜂蜜, 砂糖キビの汁, 砂糖, 牛乳, ピーナッツ, ゴマを混ぜたものである。その後, ラーイたちはハウソムホムの入った盆を村近くの水路まで持って行き, 発泡スチロールの両側に竹を括りつけて作った約50cm×70cmの小船 (hə) に乗せて水に流す【写真51】。

午前中にヒン・ラーイは仏塔境内の金熊堂内の仏像前でホールーの先導によって食事を寄進し, 次に寺院内の大仏前で1000ずつそろえた供物を奉納する[36]。まずホールーは,「仏暦2551年, ビルマ暦 (săk ka let) 1369年, タイ暦2501年の入安居の日に, 全村が無事息災であるよう, 花1000本 (mɔk ja heŋ), ザークザー1000本 (tsak heŋ), マウトゥン1000本 (tuŋ heŋ), 水1000匙 (lăm heŋ), 砂1000匙 (sai heŋ), 蝋燭1000本 (ten heŋ), 線香1000本 (ja phău heŋ), 飯1000 (sɔm heŋ), 食事1000 (o tsa heŋ) をお供えします」といった旨の言葉を述べる。また前日のザーカーの寄進者や, 新築されたホーシンに「仏典棚」を

---

34) 金紙でバナナ状に包んだ飯 (kɔi ho xăm) をひとつの盆に, もうひとつの盆には金紙で丸く包んだ飯 (ho xăm) を置く。実際に1000個あるわけではないが, これを総称して「1000の朝食」と呼ばれる。
35) この時, ホールーやヒンたちはまだ寝ている。なぜ女性のみが参加するのかと何名かに尋ねたが,「昔からの習慣である」との返答があるのみで詳しい理由はわからない。この儀礼に参加できるのはラーイの中でも離婚, 再婚の経験のない「純粋なラーイ (lai tset)」「崇高なラーイ (lai mɛt)」のみで, 当日参加したのは24名であった。先導するのは, 経をよく暗誦している女性2名である。ホールーと同じように誦経していき, 五戒を受ける。滴水儀礼を行って終了する。
36) この時には, ヒンではない男性3名, ラーイではない女性37名も参加していた。

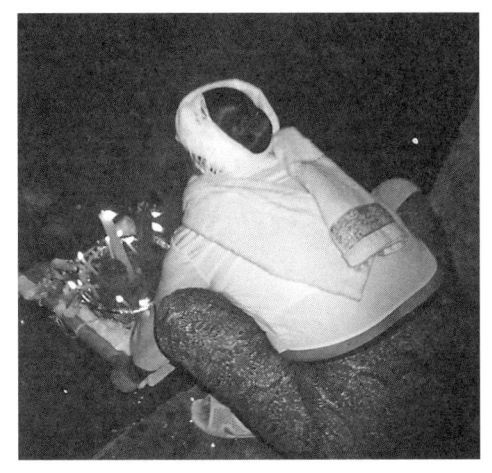

写真50(左) 午後11時にラーイたちは1000本の蝋燭，線香に点火し，寺院境内の到る所に立てる。これを行うのは主要な布薩日（vǎn sin loŋ），すなわち入安居，中安居，出安居の3回のみで，通常の布薩日には行わない。
写真51(右) ラーイたちは水路に着くと，ハウソムホムの上に線香と蝋燭を挿し，発泡スチロールの上へザーックザー，花とともに乗せて水に流す。

布施した新ラーイの名前を読み上げていく。さらに全員で五戒を受け，続けてヒン・ラーイのみ八戒を受ける[37]。その後，ヒン・ラーイは各自で座禅（lǎŋ kan）を行う。まず両手で108個の数珠（mak lǎp）を持ちながら仏像に対し，数珠を繰ることを請う（jɔn an mak lǎp）。次に手で数珠の一端を額の上辺りに持ち上げ，各自で「善行（kɔŋ mu），功徳（ku so），両親（la u tǎŋ sɔŋ）」と誦える[38]。その後108個の数珠を，胸のやや上辺りの高さで持ち，各自で「無常（a lik tsa），苦（tuk xa），無我（a lǎt ta）」などと誦えながら繰っていく【写真52】。10〜15分で繰り終わると，再び両手で数珠を持ち，数珠を下ろすことを請う（jɔn tok mak lǎp）。その後，男性は数珠を左手首に巻きつけ，女性は髪を束ねた部分

---

37) その間，ヒン・ラーイでない人たちは煙草などを吸って待機する。
38) 数珠は男性ヒンが右手，女性ラーイは左手に持つ。徳宏タイ族の間で「女は左，男は右（jiŋ sai tsai xa）」という言葉がしばしばきかれるが，この規範に則ったものであるという。

写真52　数珠を繰る際に誦える言葉は経験年数によって異なる。経験年数が2～3年の新しいヒン・ラーイは，1周目は無常と誦え，終わると額の上で数珠を拝む（kăn to mak）。2周目は苦，3周目は無我と誦えながら3周繰る。比較的経験年数の長い人は，1周目は無常，2周目は苦，3周目は無我，4週目は阿羅漢（a la hăm），5週目は母父（ma ta pi tu）などと誦える。

写真53　仏塔に向かって数珠を繰るヒン。数珠を繰り終わると再びヒンは寺院内，ラーイはホーシンの中に戻る。TL村の仏塔は瑞麗市内でも最大の仏塔であるため，瑞麗市内で働くビルマ人たちも入安居の参拝に訪れていた。

に巻きつける。続いてヒン・ラーイは仏塔境内へあがり、仏塔前に布を敷いて座る。ここで再び、寺院の中と同じ要領で仏塔に祈りを捧げ、数珠を繰る【写真 53】。

　12 時にはヒン・ラーイが昼食（xău e ka）をとる[39]。僧侶と同様、寺院内の時間はミャンマー時間で過ごすため、中国時間の 12 時はミャンマー時間の 10 時半であり、正午過ぎの食事を禁じた第六戒に抵触しない。食事はすべて菜食で、若い既婚の男女たちが費用を出資し、ホーモー（ho mo）と呼ばれる村の料理人を中心に、若い主婦たちも手伝って準備する。入安居、中安居、出安居の 3 日間は重要な布薩日であり、農作業をしてはならないという掟があるため、多くの村人が寺に集まって準備を手伝う。白米をヒンはお碗に、ラーイはバナナの葉に盛り、おかずをかけて食べる。食事のときは話してはならず、しかもスプーンをゆっくり口に運ばなければならない。食後は昼寝で夜の睡眠不足を補う。

　午後は 3 時からヒン・ラーイと村人たちが寺院の仏前に集まり、約 2 時間半、ホールーの説法を聴く（thɔm ta la）。共産党員がヒン・ラーイになることは規定で認められていないが、説法を聴くのは可能であるため、村の党員数名も寺に集まる。なお、説法の過程については第 5 章で詳述する。

　夜にヒン・ラーイは寺院内の仏前に花を供え、ホールーの先導で八戒を受ける。終わると数珠を手に 10～15 分ほど座禅を組み、その後就寝する。

　翌 7 月 30 日は布薩明けの日（văn ɔk sin）である。朝 6 時半にヒン・ラーイたちは寺院の大仏前に集まる。前日の布薩日とは異なり、私語も比較的自由である。まず大仏に食事を供え、三帰依文を誦えてから五戒を受ける。五戒を受戒すると前日受けた八戒は自動的に捨戒（pot sin）となる。全儀礼が終了すると銅磬（tse tse）が鳴らされる。その理由は、あらゆる精霊に音が聞こえ、功徳が分け与えられるようにするという意味がこめられているという[40]。ヒン・ラーイは寺院の軒下で朝食をとり、布薩が明けると早速ヒンたちは肉食、飲酒する。朝食が終わると料理作りをした若い父親、母親たちと寄進者は寺院内に上がる。

39) 昼食前にヒン・ラーイは寺院内の大仏前で、昼食をとることを請う（jɔn kin xău e ka）。三宝帰依文、食事の布施の言葉を述べてから、慈愛を送る文、滴水文、三宝帰依文のみを誦える。その間にヒンの場所へは男性の若者、ラーイの場所へは女性の若者が食事を運ぶ。
40) その後、ヒン・ラーイは各自の就寝場所に戻って荷物を片づける。荷物は息子か娘がバイクで寺まで取りに行き、自宅まで持ち帰る。

彼らはホールーと直接向き合い，その周囲をヒン・ラーイ全員がとり囲む。ホールーが「各家庭が無事息災で幸福でありますように」と祝福の言葉 (xam maŋ ka la) を述べると，ヒン・ラーイも各自で寄進者たちを祝福する。これで布薩日の全儀礼を終了し，帰宅する[41]。

なお入安居以降，雨安居期間中の布薩日には，ヒン・ラーイによる「寺籠り」，それ以外の日には「他寺院への昼食の布施」が行われるが，これについては第5章で後述する。

j. 他寺院への昼食の布施

徳宏タイ語ではソンペン (soŋ pen) であり。ソン (soŋ) は「送る」，ペン (pen) は「昼食」，正確に言えば「太陽が南中する時刻前の食事」を意味する。雨安居期間中の布薩日以外の日に，他村の寺院へ赴き，昼食の布施をする儀礼である。日取りはまずTL村のヒン・ラーイが相談して農作業の忙しくない時期を選び，次に両村落の村長とサムマーティの相談によって決められる。第2章で述べたように，1990年頃までは，瑞麗では「老品種」の米を植えており，収穫時期は陽暦11月頃と遅かったため，ソンペンも陽暦9月の中安居 (kaŋ va tsa le) の後に行っていた。しかし現在植えている「雑交」品種は収穫時期が早く，陽暦9月には稲の収穫が始まって村人たちは農作業に追われるため，中安居の前の時期に行われるようになった。

2007年の場合，TL村の村人たちは8月下旬から9月上旬にかけて，VM村，ML村，HS村の3村へ1週間おきに布施に出かけ，その2～3日後に3村の村人たちがTL村を返礼に訪れた。具体的には，①TL村→VM村，②VM村→TL村，③TL村→HS村，④HS村→TL村，⑤TL村→ML村，⑥ML村→TL村の順に布施を行った。VM村，HS村には僧侶が止住しているため，必ずTL村が先に訪れなければならない。僧侶が止住していないML村の場合，2007年はTL村が先に訪れたため，その翌年は原則としてML村が先に訪れる。筆者の調査を行った範囲では，最多で8か村に出かけるという村もあり，その場合はソンペンに16日間を費やすことになる。

訪れるのは，知り合いや親戚の多い近隣村 (VM村，ML村) や，同じ教派の

---

41) 帰宅すると筆者の滞在先のヒン・ラーイのうちラーイは「仏典棚」に祈りを捧げ，ヒンはすぐに就寝してしまう。寺院内では敷布団も薄い物を使わなければならず，また他人の鼾もあって睡眠が十分にとれず，老人にとって体力的には厳しいことだという。

寺院（HS 寺）である。HS 寺以外にも同じトーレー派の PV 寺や TT 寺，TX 寺にもソンペンへ行ったことがある。1995 年にミャンマー側の LX 村出身の現ホールーを招いた時には，返礼として LX 村に 1 年のみ行った。他村で聴き取りを行った際には，文革後に他村から仏像を分け与えてもらったため，その返礼としてソンペンに訪れたという例もあった。このように，何らかの恩恵を得た村に対して返礼する意味合いも含まれている。

2007 年 8 月 24 日，TL 村から VM 村へのソンペンが行われた。午前中は VM 村の寺院へ移動し，まずホールーが先導して仏前に食事を供える[42]。住職は五戒を授けた後に説法し，終了すると参加者がヤートラム，三宝帰依文を誦える。最後に住職が「無事息災でありますように，繁栄しますように (*xuun jauu mauu suŋ*)」と祈りの言葉を述べる【写真 54】。その後，僧侶に対して昼食を捧げる (*kap pen*)。TL 村の村人たちもヒン用の宿泊施設（ザーロップ）の下で，持参した昼食をとる【写真 55】。

午後は TL 村と訪問先の VM 村の参加者が集まり，ザーロップでホールーの説法を聴く。TL 村では寺院の中で説法するが，住職が止住している寺院では一般的に，僧侶の修行生活の妨げにならないよう寺院内では説法しない。訪問先の村のホールーと TL 村のホールーが交互に説法していき，最後に TL 村・VM 村が無事息災でありますように，と TL 村のホールーが祝福の言葉を述べて夕方には終了する。

なおこの 3 日後に VM 村から TL 村への返礼があり，次は TL 村で同じようなことが繰り返される。TL 村の場合は 3 か村に赴くので，返礼もあわせれば 6 日間を要する。しかし筆者が調査を行った範囲では TL 村が赴く村はむしろ少数であり，多い場合 8 か村に出かける村もあった。その場合，ソンペンに 16 日間を費やすことになる。

k. 中安居

徳宏タイ語ではカーンワーザーレーと呼ぶ。カーンは「中間」，ワーは「雨安居」の意であり，「雨安居の中間」を意味する。入安居は 8 月 15 日で出安居は 11 月 15 日であるため，正確に言えば中間はタイ暦 10 月 1 日の新月の日

---

[42] 朝 9 時頃から TL 村の村人たち（男性 32 名・女性 84 名）は，布薩日と同様の布施の品々を持って徒歩で VM 村に移動する。寺に到着すると入り口で同じ布施の品々をまとめて盆 (*phən kāt to*) の上に載せ，仏前に並べる。

写真54 村人に説法するVM村の住職。20分ほどの説法の内容は，この日は五戒の意味の説明と，在家もきちんと守るように，といった内容であった。

写真55 VM村のザーロップの下で昼食をとる村人たち。こうしたケースに飲酒はつきもので，村人たちは賑やかに食事を楽しみ，気持ちよくなると寺院や宿泊施設内で昼寝する。

ということになるが，実際に行われるのはタイ暦10月15日である。

　ヒン・ラーイたちは布薩入りの日，すなわちタイ暦10月14日（2007年9月25日）の夕方に寺院へ集まる。入安居の際と同様，1000の供物を奉納し，ハウソムホムを水路に流すが，これは入安居，中安居，出安居の3回のみのことであり，他の布薩日には行われない。布薩明けの日のタイ暦10月16日（2007年9月27日）の朝に帰宅する。

I. 出安居

　上座仏教徒社会に共通する儀礼である。徳宏タイ語ではオックワーであり，オックは「出る」，ワーは「雨安居」を意味する。瑞麗のタイ暦11月15日にあたり，3か月間の雨安居が終了する日である。ブッダは雨安居期間中，天界へ説法に赴き，この日に人間界へ戻って来るため，それを歓迎する日と説明される。

　タイ暦11月14日（2007年10月25日）の布薩入りの日は夕方からヒン・ラーイたちが寺に集まり始め，通常の布薩日と同様に寺籠りの準備を始める。一方，午後8時半頃には，公民館に未婚の男女（マーウ・サーウ）40名と若い父母たちが集まる[43]。象脚鼓，銅鑼，シンバルが打ち鳴らされて祭りの雰囲気を盛り立てる中，マーウ・サーウは，サムマーティと父親頭（*ho po*）が準備した5本のバナナの茎に，点火した蝋燭・線香とザークザーを挿していく。この木は「蝋燭の木（*ton sǎm mi*）」または「線香の木（*ton ja phǎu*）」と呼ばれる【写真56】。

　終了すると公民館を出発し，全員で「蝋燭の木」を持ちながら，歩いて仏塔に移動する。仏塔境内に入ると反時計回りに2周し，「蝋燭の木」を仏塔の周囲の仏像の脇に立てかける。次に仏塔やその周囲の仏像に蝋燭を灯す【写真57】。寺院からラーイたちも仏塔境内に上がり，若者たちとともにホールー主導で仏塔に向かって参拝する。

　説法が終わると仏塔下の広場に移動し，2本の幟（*xɔn*）を立てる。1本はヒン・ラーイが布施したものであり，ホーシンの近くに立てる[44]。もう1本は村全体

43）　朝から若い主婦たちは公民館へ供え物（花，ザークザー，マウトゥン，米花，蝋燭，米など）を持って行き，果物の飾りを準備する。この日は各家庭で，金銭，ビスケット，砂糖キビ，生姜，みかん，リンゴ，クズイモ，バナナなどを竹製の紐に串刺しにし，公民館に持参する。

44）　まず村人が持参した生姜などの食物を竹紐で串刺しにしたものを竹竿に結び付けていく。それからラーイが幟の部分を持ち，マーウ・サーウらが中心になって竹竿を持ち上げる。竹竿が立ち上がると，根本にバナナ，砂糖キビ，竹籠（*to lo*）を結びつける。そして地面には線香と蝋燭を

写真56　バナナの葉をすべて切り落として茎だけにし，茎の下に竹のヘラをつきさして直立させる。そして茎には蝋燭や線香，ザーックザーを挿す。以前は未婚の青年男女（マーウ・サーウ）たちが自ら作ったものだが，現在の若者たちは作り方を知らず，また昼間はそれぞれ仕事に出なければならないため，今や中年や老人が若者のために作ってやるのだという（▶動画リンク）。

で布施した幟であり，村の入り口に立てる。幟は翌年のスムロー儀礼の日まで立てられている。

　マーウ・サーウたちは公民館に戻り，各自持参した5元で購入した食材と米大碗1杯を使って供飯（xău taŋ mat）を作る。これはバナナ，南瓜，柚子，西瓜，クズイモ，砂糖キビ，パパイヤ，リンゴ，ビスケットなどを細かく切って混ぜ合わせた飯である[45]。深夜1時過ぎにマーウ・サーウ40名は，仏塔の周囲の仏像とガジュマルの木や菩提樹の下に供える【写真58】。続けて村の中に移動し，各戸の門の前，大樹の下，井戸の前などに供えていく【写真59】。若者たちは村全体を回った後，午前3時に寺院へ戻って麺を食べ，午前4時頃に帰宅し

　　立てて点火する。
45)　ラーイたちも寺に戻り，1000の蝋燭が灯された境内で供え飯を作る。1時過ぎにラーイたちは供え飯を持って仏像前や寺院境内のガジュマルの木や菩提樹の下に置いていく。

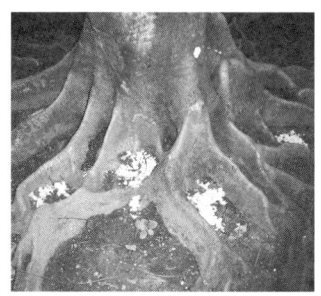

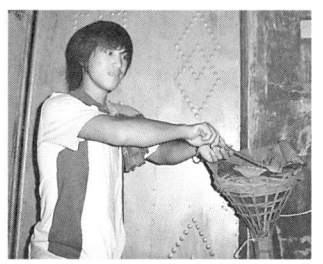

写真57（左）　男性が仏塔の上に登って蝋燭を灯すと，全体が蝋燭の火と満月で薄明るく照らされる。仏塔にはTL村周辺の村の若者たちが「蝋燭の木」を持って訪れ，仏塔に火を灯して参拝し，夜1時過ぎまで賑わう。
写真58（右上）　木の下にターンマート飯を供える。
写真59（右下）　各戸の門の前に供えるマーウ。以前は各家庭の庭に供え飯の壇（xeŋ mat）を竹で作り，その中に蝋燭を立てて中に供飯を置いたが，現在ではほとんどの家に門があるため，門の前に置く。

たという。この日は「娘でも食べ物でも何でも盗んでよい日」とされ，マーウ・サーウたちへの恋愛の機会が用意されているのである。

　翌タイ暦11月15日（2007年10月26日）は出安居の日である。ヒン・ラーイの行動は，入安居，中安居と同様である[46]。なお，出安居の日の晩は，仏塔にビルマ人たちが多く集まって蝋燭を灯す。徳宏タイ族が出安居の前日の夜に蝋燭を灯すのとは若干，習慣が異なる。

　タイ暦11月16日（2007年10月27日）は寺にカントーする（kăn to tsɔŋ）。カントーの原義は「懺悔する」で，雨安居中の罪を悔い改めることが目的とされる。午後にヒン・ラーイは布施の品々を持って寺院に集まる[47]。ヒン・ラーイ

---

46)　午後にはヒン16名，ラーイ76名，ヒン以外の男性16名，ラーイ以外の女性26名，女性修行者2名の合計125名が大仏前に集まりホールの説法を聴いた。入安居，中安居，出安居は参加者もが多い。

47)　ヒン・ラーイたちは当日の朝まで寺籠りした後，いったん帰宅する。午後3時に再び米花，

第3章　「在家」が織りなす信仰空間　145

以外の若い父母たちは，寺院に布施の品々を置くと，仏塔前の広場に移動し，象脚鼓の踊りをおどる。ひとしきり踊り終わると，寺の中に全員が入場する。まずホールーが仏に向かい，「何か過ち（a pɛt）があれば改めてくださるよう，そして村人が無事息災でありますように」と加護を請う。その後は，ホールーが先導して参加者全員で誦経し，花を供えて五戒を受ける。仏像への誦経が終了すると，村長が村の若者の代表として，「もし過ちがあれば改めてください」と老人へのカントー（懺悔）を請う。老人代表の元ホールーは「若者たちに過ちはなく，無事息災でありますように」と祝福の言葉を与える。終わると若い母親たちは再び輪になって踊る。夜は前日に続き，境内は未婚，既婚を問わずTL村周辺村落の多くの若者たちでごったがえす。若者たちは「蝋燭の木」を供えた後，踊り続ける。

　タイ暦11月17日（2007年10月28日）は，昼に未婚の男女（マーウ・サーウ）が寺院へ集まって供飯を共食する（kin xău taŋ mat）。以前は，出安居の前日の夜に集めた金を使用してマーウ・サーウが自分たちで食事を作ったというが，今はマーウ・サーウの人数が激減したのと，料理を作れない若者が増えているため，村の料理人（ホーモー）がマーウ・サーウの金を使って料理を作り，若者たちは食べるのみである。ここにもマーウ・サーウの恋愛の機会がひとつ用意されている。午後は村全体で仏塔のカントー（kăn to kɔŋ mu）に行く。前日と同様，若者たちが象脚鼓の踊りを仏塔境内でおどった後，村人全員が蝋燭，線香に点火して供え，仏塔前に座ってホールー主導で誦経する。

m．23日祭

　雨安居明けの時期は，収穫の時期が過ぎ，村人たちが経済的に余裕を持っていることもあり，儀礼が盛んに行われる。その嚆矢として行われるのが，徳宏タイ語でポイ・サーウサームという儀礼である。雨安居明けの最初の布薩日であるタイ暦11月23日に開催されるため，23（サーウサーム）日の祭（ポイ）という。瑞麗市仏塔委員会の主催で，先述した4月祭とともに勐卯鎮全体の仏塔祭として行われる。先述したように，以前はロンアーン村のペットハム仏塔とTL村のホーマーウ仏塔の両方で開催されていたが，2007年からはペットハム仏塔に統一されるようになった。そのためTL村の村人たちは，午前中にホー

ザックザー，マウトゥン，蝋燭，線香などの布施の品々を持って寺院に集まる。

写真60　TL 村の男性11名，女性52名がホーマーウ仏塔に向かって寄進する。TL村が朝，最も早く寄進し，その後，勐卯鎮内のいくつかの村が布施に訪れるが，23日祭はペットハム仏塔が中心会場であるため，さほどの賑わいは見せていない。

写真61　参拝者で賑わうペットハム仏塔。ペットハム仏塔の境内は狭いため，仏塔前の公道は一車線通行止めにされ，各村落から集まった華やかな衣装を身につけた女性たちが輪になって踊る。この日は参拝者の少ない TL 村の仏塔とは対照的である。

マーウ仏塔，午後はペットハム仏塔を参拝する。

　タイ暦 11 月 23 日（2007 年 11 月 3 日）の早朝，TL 村の村人たちは仏塔に集まり始め，象脚鼓，銅鑼，シンバルが打ち鳴らされ，中年女性たちは踊り始める。参加者がそろうと，仏塔脇の仏像に向かって座り，村の中の無事息災を祈って食事を布施するとともに，ホールー主導で誦経する【写真 60】。

　午後はペットハム仏塔【写真 61】に参拝する。TL 村の村人たちは，まず持参した布施の品々を仏塔の前に供える。仏塔の前には勐卯鎮内の各村からホールー，サムマーティ各 1 名が派遣されており，彼らが交代で布施を受け取るともに，祝福の言葉をかける。次にペットハム寺に入ると，寺院内の仏像に花を供え，ホールーの先導で誦経する。布施が終了すると，女性たちは仏塔前の道路で輪になって踊る。参拝者の集中を避けるため，タイ暦 11 月 21 日から 23 日の間に，2 行政村ずつ分かれて参加するようになっているが，それでも多くの参加者でごった返す[48]。ただし同じ境内でも観音寺を参拝する村人はほとんどいない。長谷［2007］によれば，漢文化の影響の強い芒市ではタイ族も漢族の観音寺や廟に参拝するというが，瑞麗のタイ族とは異なる。

　夜は勐卯鎮内の 6 行政村内から 1 名ずつ選出されたホールーの代表がザーロップ内で説法する。

　翌タイ暦 11 月 24 日（2007 年 11 月 4 日）は，午前中に勐卯鎮内の 6 寺院から 10 名の僧侶，見習僧を招き，各村のホールー，サムマーティが金品を布施する[49]。正午前には僧侶に対して食事をふるまう。

　これが長期調査期間中に参加した最後の儀礼であった。村に住み始めた当初はよそよそしかった村人たちとの関係も，1 年が終わる頃には親族同然となり，最後に村を去る際には多くの村人たちが見送ってくれた。筆者にとっては，忘れがたい想い出である。

---

48) ひとしきり踊り終わるとザーカー（施しの食事）もふるまわれる。これは勐卯鎮内の 54 カ村が 1 村 200 元ずつ出資し，そのうち 1 か村が毎年輪番制で料理作りを担当する。
49) 参加した老人（男性 74 名，女性 43 名）全員が寺院に入り，勐卯鎮内 54 か村の村人たちが布施をすると，代表の TL 村ホールーが宣言する。最初に金額の大きい布施者の名前を読み上げ，これらの布施者が無事息災であるように祈る。次に TL 村ホールーの先導のもと誦経し，五戒を僧侶が授ける形をとる。この日は声が良い TN 寺の住職が担当した。誦え終わると僧侶全員で護呪経のうち吉祥経と慈経を誦える。次いで TN 寺住職による説法。内容は，23 日祭は仏教の伝統であり，大切にしなければならない旨を 10 分ほど説く。最後に再びホールー主導で誦経する。終わると 54 か村の布施金の中から，ホールーが僧侶には 100 元，見習僧には 30 元ずつ布施する。その後参加者は寺院前に 1 列に並び，それぞれ布施の金銭を渡していく。

以上が，TL村で1年間に行われた年中儀礼である。徳宏の儀礼は，広く上座仏教徒社会の他地域と共通するものも多い。なかでもミャンマーの儀礼と共通性が見られるが，一方でタイ系民族に古く見られた儀礼の特徴（たとえば灌水祭で用いる灌水龍，村の除祓儀礼，村直しの儀礼，追善供養の際に用いる幟など）も見られる。

　さらに漢文化の影響も受けている。たとえば，墓地で行われる清明節である。清明節も漢族の影響を受けた比較的新しい儀礼であり，元来，徳宏タイ族は，墓地に対して無頓着であった。現在でもタイ・マーウの村では，ミャンマー側と同様，清明節を行わない。また春節も漢族の風習に由来し，漢文化の影響の強いタイ・ルーの村を中心に行われ，タイ・マーウの村では以前は何も行わなかったという。近年ではタイ・マーウの村でも春節の際に親戚が集まって共食するようになっているが，儀礼は特に行わない。

2．村人の人生と儀礼

　ここまで，おもに儀礼の概略に焦点を絞って記述したが，灌水祭や出安居の記述でもふれたように，村落全体で行われる集合儀礼のうちいくつかは，村の若者たちの恋愛のための機会ともなっている。儀礼は単に村の行事として行われるのみならず，村人それぞれの人生に関わってくるのである。そこで，村人各自の人生と儀礼の関係について見てみよう。

　仏教徒社会の他地域では，出家も青少年期における通過儀礼のように位置づけられている場合が多いが，徳宏では出家者がきわめて限られているため，通過儀礼とは位置づけられない。徳宏で実施される通過儀礼は，厳密に言えば結婚式のみである。ここでも上座仏教徒社会の「常識」は通用しない。

（1）田汝康の研究

　最初に，徳宏タイ族の社会年齢（social age）と儀礼の関係に注目した田汝康の研究［T'ien 1949, 1986; 田 2008（1946）］について紹介する。田は，タイ族のポイ儀礼に注目し，以下の4期に区分される社会年齢によって，それぞれポイにおける役割は以下のように異なるとする。

第1期　子供（*hsiao-jen*）……ポイの手伝いをせず，両親に養われる
第2期　未婚男性（*puu mau*）・未婚女性（*puu sau*）……ポイを手伝い，社会的躾を受ける
第3期　既婚男性（*po*）・既婚女性（*me*）……ポイに参加せず，経済的貯蓄のために働く
第4期　老人（*pha ka*）……ポイ・パーラーの主催者になり，貯蓄を消費する

　第4期に挙げられたポイ・パーラー（仏像奉納祭）は，ポイ儀礼の中でも最も重要な儀礼であり，富裕層がポイ・パーラーを行い，余剰財を消費することによって貧困層の不満を解消し，タイ族（摆夷）村落社会の統合機能を果している，と述べる。
　田の調査地である芒市と，筆者の調査地である瑞麗では儀礼も開催方法が異なる。また1940年当時と現在では実践の形態も変化している可能性が大きい。それゆえ，筆者の調査体験のみによって田の批判を行うのは慎まなければならない。しかしそれを差し引いても，田の議論には以下のような問題点が残る。
　まず社会年齢の概念についてである。第1期，第2期，第3期については，子供をシャオイエン（*hsiao-jen*漢語で表記すると「小人」）ではなく，ルックオンン（*luk ɔn*）と呼ぶことが相違するほかは，現在でも村落社会で用いられる区分とほぼ対応している。ただし第4期の老人は，筆者の調査した限りではコンタウ（*kon thau*）と呼ばれる。パーカー（*pha ka*）という言葉ももちろん存在するが，これはパーラーターカー（*pha la ta ka*）の略で，「仏弟子」の意味であり，田自身も報告するように，ポイ・パーラーを主催することによって初めて得られる称号である。しかし田は，上述したように，ポイ・パーラーの機能を「富裕層が莫大に資金を支出することによって，貧困層の不満を解消し，社会的安定を維持する」ことにあるとする。田がポイ・パーラーを主催したことのある人の割合を示していないため当時の情況については不明だが，この記述からは貧困層がポイ・パーラーを実施できなかったことを示唆している。すると貧困層の老人は「老人」と見なされることが不可能となってしまう。つまり第4期のみ「社会年齢」としての位置づけが他の3期と異なっているのである。
　筆者のフィールドワークを行った2006年から2007年までの1年間に，瑞麗市内全体でポイ・パーラーが行われたのは4回のみであった。現在でも，ポイ・パーラーを主催できるのは比較的裕福な層に限られる。それゆえ，パーカー

を「社会年齢」とすることには問題がある。徳宏タイ語の用法から考えれば，「老人」に相当するのはやはりコンタウである。

　さらに筆者が調査を行った限りでは，老人のみならず比較的若い世代がポイ・パーラーの主催者に加わるケースも多い。そうなると，社会年齢の節目にポイ・パーラーが行われると考えるのは妥当かという疑問を抱かざるをえない。また田は，ポイ・パーラーの主催者になることによって「既婚男性（po），既婚女性（me）」から「老人（pha ka）」へと社会年齢が移行すると主張するが，瑞麗の場合，ポイ・パーラーの主催者でなくとも，布施さえすれば親戚一同，さらには村民一同が仏弟子を意味するパーカーの称号を得られるため，30歳以上になればほとんどの村人がパーカーである。それゆえパーカーが「老人」を意味するわけでは決してない。こうしたフィールドでの現実をふまえると，筆者には，田が機能主義的解釈の適用に終始してしまっているように見える。

(2) 若者とオックワー儀礼

　それでは，現在の瑞麗において，年齢によってどのような呼称の差異が見られ，それは何を契機として変化するのか。以下ではその現状について述べる。

　幼少の子供は，ルックオンと呼ばれる。田汝康は，子供とマーウ・サーウの境界は，ポイ儀礼への参加であると指摘したが，筆者の調査によれば，出安居の晩に行われる行事への参加が境目となる。15～16歳の男女は，他のマーウ・サーウたちに呼ばれて仏塔や村内の各戸に供飯（ハウターンマート）を置いて回る行事に参加すると，マーウ・サーウと認められる。この行事に参加しなければ，まだ「子供」であり，マーウ・サーウになって初めて，結婚対象として認められる。

　TL村の場合，マーウ・サーウは雨安居明けの日に5元をホーポー（父親頭）に払わなければならない。村では以前，マーウ頭（ho mau）・サーウ頭（ho sau）が存在したが，現在ではマーウ・サーウの多くが都市部へ出稼ぎに出ているため，ホーポー（父親頭）・ホーメー（母親頭）がマーウ・サーウの頭を兼務している。マーウ・サーウが出稼ぎに出ている場合も，その親が5元を支払う。筆者が参加した出安居の日には全体で800元以上が集まったため，TL村にマーウ・サーウは約160名以上存在すると考えられる。しかし実際に村の中に居住しているのは100名ほどしかおらず，さらに最近の若者の中には友達同士

で町へ繰り出し，ターンマート飯の活動に参加しない者もいるため，参加者は約40名にとどまっている。なお，以前は長男，長女が結婚していなければ次男，次女は参加できないという決まりがあったというが，現在ではマーウ・サーウそのものが減少しているため，さほど厳格には守られていない。

先述したように，出安居は「娘でも食べ物でも何でも盗んでも良い日」とされ，ターンマート儀礼の他にマーウ・サーウの食事会も開催される。雨安居期間中の3か月間は，結婚が禁じられているが，出安居の日からは結婚が可能になる。そのため雨安居明けの儀礼のみならず，仏塔祭などの儀礼は若者たちに恋愛の機会を伝統的に提供してきたのである。

写真62　料理を運ぶサーウ（未婚女性）。

村全体で儀礼を行うときには，未婚青年組 (tsum mau sau) として食事の準備の手伝いや客への給仕を担当する【写真62】。田汝康は，「未婚男性，未婚女性はポイを手伝い，社会的躾を受ける。既婚男性，既婚女性はポイに参加せず，経済的貯蓄のために働く」［田 2008 (1946)；T'ien 1949, 1986］と記述している。瑞麗でも1990年代までは多くのマーウ・サーウが儀礼に参加していたし，国境を越えたミャンマー側の村ではいまだに多くのマーウ・サーウの儀礼への参加が見られる。ミャンマー側の若者たちは，ヤンゴンへ出稼ぎに出るよりも，中国国境で働いたほうが多くの収入を得られるため，村から出て行かないのである。

しかし第2章で述べたように，TL村の未婚の青年たちは都市部（おもに福建省）へ出稼ぎに出ているケースが多く，村に居住している場合でも工場などに勤めている場合が多いため，現在では村の儀礼への参加者が非常に少なく，若い父母たちが中心的な役割を担っている。既婚の男女は「ポイに参加せず，経済的貯蓄のために働く」どころか今や儀礼で重要な役割を果たしているのである。このように，徳宏では1990年代以降のマーウ・サーウの出稼ぎの増加に

よって，儀礼の担い手は大きく変容しつつある。

(3) 結婚式

　恋愛関係に到り，両親も同意すると，若者たちは雨安居明けに結婚式（ヘック *xɛk*）を行う。雨安居期間中の3か月間は結婚式を行うことができないため，結婚式は雨安居明けに集中し，その時期になると老人たちはほぼ毎日のように親戚宅へ招かれて出かけていく。瑞麗の結婚式は基本的に1日で終了し，徳宏州内の他地域と比較して比較的簡単に済ませる。上座仏教徒社会の他地域では結婚式に僧侶を招き，食事を布施するのが一般的であるが，徳宏では僧侶を招くことはない。式は，妻方の家で行った後，夫方の家でも同様のことを行う。
　筆者が居住していたA家では2006年11月10日に次女の結婚式が行われた。ここでは，この結婚式の様子について紹介する。筆者はA家のほか数回，結婚式に参加したが，瑞麗の場合，式次第は概ね同じである（▶動画リンク）。
　前日の夜は，親戚を自宅と公民館に招き，食事をふるまう。当日の早朝，家の「仏典棚」の前へ，仏と父方，母方双方の祖先に対する食事を供える。食事を供える祖先の範囲に明確な規定はないが，新郎または新婦の父母が記憶している範囲，すなわち当事者から見て2～3代上（祖父母，曽祖父母の代）までである。それ以前の祖先に対しては食事を供えない。A家の場合は，父方，母方両方の36人分の祖先に食事を供えた。
　午前8時半頃から親戚の老人が仏前に集まると，ホールーは食事を供えた祖先の個人名（仏弟子としての名 *tsu pha ka* がある場合は仏弟子名）を誦え，結婚式のために朝食を供える旨を告げる。次にホールーが主導して参加者全員で五戒を受ける。最後にはホールーが滴水儀礼を行う。
　庭にはテーブルを用意してムンの守護霊と従者への食事，小さい盆には村の守護霊への食事を供える。続いて祠の管理人が手に線香を持って供物の前に座り，守護霊の祠の方角に向かって祈りを捧げる【写真63】。
　休憩の後，A家の親戚のひとりが米，バナナ2房，コンデンスミルク2缶，

写真63　守護霊に食事を供える祠の管理人。　　写真64　「仏典棚」前で祝福の言葉を述べるホールー。

砂糖，煙草2カートン，金銭，茶を円錐状の紙に包んだもの(thup leŋ) 2つを盆の上に載せて，男性老人とホールーの前に置く。これらは「子供の時にもらった乳代を返す」意味で捧げるのだという。TL村のサムマーティ(老人代表：後述)と親戚の代表が茶の包みを持ちながら，ホールーと男性老人に対し，2人の結婚にあたって上記の品々を捧げたいと告げる。告げ終わると新郎，新婦とそれぞれの付き添い(kon tsɔm 未婚の男女の友人) 各1名が「仏典棚」前の仏間に入場し，「仏典棚」と男性老人らに向かって三拝する。これに対し，ホールーは「無事息災でありますように」などと祝福の言葉をかける【写真64】。続いて男性老人たちから順に，新郎新婦に10元ずつ渡していく。返礼として布が渡される。次に新婦の両親が新郎に金銭と指輪を渡す。この場合は新郎が婿入りしたためであり，新婦が嫁入りした場合は新郎の両親が新婦に指輪を渡す。続いて女性老人が10元ずつ手渡していく。全員が渡し終わると男性老人のうちのひとりが祝福の言葉に節をつけて歌う。

　結婚式は以上で終了し，参加者は全員，公民館に移動して昼食をとる。食事を作るのは村の料理人(ホーモー)と親戚の壮年，青年の男女である。このような場合，村の料理人には謝礼を払うが，親戚の場合は助け合い(thɛm kan/tsɔi kan)であるから謝礼を払う必要はない。午後は新郎新婦と友人たちで景色の良い場所へ行き，写真撮影する。

(4) ポールム・メールム

　結婚するとポールム・メールムすなわち「若い父親・母親」と呼ばれるよう

になる。

　村全体で儀礼を行う際には，父母組（tsum kon lum / tsum po lum me lum）として来客への施しの食事（ザーカー）作りを担当する【写真65】。父親頭（ホーポー），母親頭（ホーメー）は，それぞれ2名ずつおり，村人の中から互選によって選ばれる。儀礼の際，父親頭，母親頭は料理長として料理作りの中心になる。

写真65　儀礼の際に料理を作る「父母組」。

葬式，結婚式，新築祝いなどの場合にも必ず呼ばれ，村からは年間500元が報酬として支払われている。

　また出安居，4月祭，灌水祭，その他大規模の祭りの際に，若い父親（ポールム）たちは象脚鼓，銅鑼，シンバルを打ち鳴らし，若い母親（メールム）たちは彼らを中心に円い輪を作って象脚鼓の踊り（カーコン）を踊るのも大きな役割である【写真66，67】。儀礼の際には，男女共にタイ族服を着用する。男性の服は未婚既婚にかかわらず，どの村でも灰色または薄茶色で，下に幅広のタイ族ズボン（kon tāi）を穿く。TL村の場合，既婚女性は黄緑色の服と巻き布を着用し，肩掛け鞄を持って頭に笠を被る。未婚女性はピンク色の上下を着用する。村ごとに女性の衣装の色は異なっている。

　以上のように，現在のTL村で儀礼を開催する際に下支えの役割を果たしているのは，マーウ・サーウよりもむしろポールム・メールムであることがわかる。現在のポールム・メールムたちが寺籠りを始める頃，村の儀礼はいったい誰が担うのであろうか。徐々に消滅へと向かっていくのだろうか。今後の行方を見守っていきたい。

(5) 老人の役割

　子供たちが結婚して孫が生まれた頃から老人（コンタウ）と呼ばれるようになる。筆者が寄宿させていただいたのは老夫婦の家庭であったが，村の老人たちもなかなか忙しく，雨安居期間中には寺籠り，葬式，死者供養の儀礼，雨安居明けには結婚式，新築式など，外出することがしばしばであった。老人はこ

写真66　象脚鼓

写真67　銅鑼，シンバル

うした儀礼に必ず招かれ，ホールーを中心に「仏典棚」に対して誦経し，「布施の手伝い (thεm lu)」をする。特に寺籠りする老人ヒン・ラーイは村人たちから尊重される。村の中で揉め事が発生した場合には主要な老人が呼ばれ，彼らの仲立ちによって当事者たちを諫める。また村で何らかの儀礼を行う際には，老人組 (tsum kon thau) は村外からの客人を接待する。

老人の代表は，サムマーティと呼ばれる。男性2名がTL村の老人の中から村民選挙で選ばれ，村落内では寺院の施設や財務管理，対外的には村の老人の代表者としての役割を務める。

サムマーティとは，「禅定」を意味するパーリ語サマディ (P: samadhi)，ビルマ語タマディ (B: thamadi) に由来する。1990年代以降，ミャンマー側の影響でこのように呼ばれるようになったと言われる。村の老人の代表者（男性）で，各村に1〜2名存在する。村の代表であるため，ホールーのように他村の居住者ということはありえない。TL村の場合は2名のサムマーティが村の長老 (thău man) や村長らによって選ばれ，村民会議で承認される。

彼らの主な仕事は，まず寺院の施設や資金の管理である。具体的には女性修行者への布施（1年1戸5元）やホールーへの報酬（1年1戸10元）はサムマーティが各戸から集めて本人に渡す。またスムロー儀礼，ソンペン，カティナ衣奉献祭のときは，参加者は老人が主体であるため，寺の金からサムマーティが支出する。この寺の金というのは，村人の結婚式の際に100元ずつ支出したものと，儀礼の際に村人から集められた布施の金を管理しておくものである。一方，入安居，中安居，出安居，4月祭，灌水祭，村の除祓儀礼などは村全体で参加するため，村の保管，会計らが村全体の金から支出している。支出した金銭はおもに食事の費用として用いられる。

また他村で儀礼が開催された際には村の代表として赴き，布施をする【写真68】。村の除祓儀礼や，公民館の新築儀礼の際にHS寺へ行き，僧侶を招くのも彼らの役割である【写真69】。ホールーに欠員ができた際には，他村から招くといった役割も果している。このように任務が多岐にわたるため，老人の中でも比較的若い人が務めるケースが多い。ただし儀礼の開催方法などに関してサムマーティが判断できない場合，村の長老3名と相談することもある。

調査当時，TL村ではJ氏（60歳）とK氏（53歳）が村民会議で選ばれてサムマーティを務めていた。両者ともに性格が温和で，村人の間で人望があった。サムマーティがヒンである必要はなく，J氏がサムマーティになったのは53歳，

写真68　村の代表として他村への布施に赴くサムマーティ（左から4人目の男性）。

写真69　村の除祓儀礼で僧侶を先導するサムマーティ。

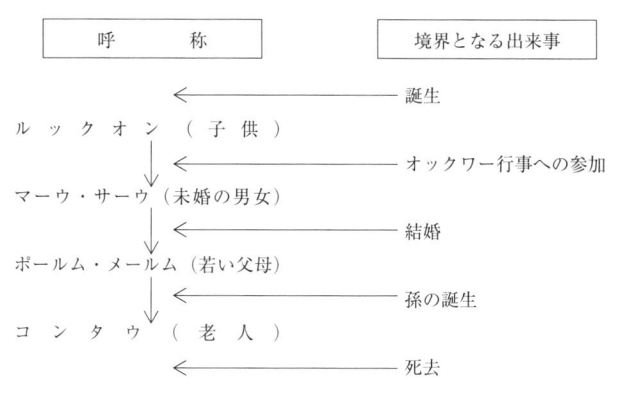

```
         呼    称              境界となる出来事
                    ←――――――― 誕生
   ルックオン（子供）
        ↓
                    ←――――――― オックワー行事への参加
   マーウ・サーウ（未婚の男女）
        ↓
                    ←――――――― 結婚
   ポールム・メールム（若い父母）
        ↓
                    ←――――――― 孫の誕生
   コンタウ（老人）
        ↓
                    ←――――――― 死去
```

図15 瑞麗における呼称の変化と境界になる出来事

ヒンになったのは56歳である。K氏は52歳でサムマーティになり，53歳でヒンになっている。

ここまでの記述をもとに，田の「社会年齢」を，瑞麗での実態に基づいて修正するなら，【図15】のようになるだろう。

3. 死者供養の儀礼

日本で出家者が必要とされるのは，第一に葬式であるが，これは上座仏教徒社会においても同様であり，葬式には出家者が招かれるのが一般的である。しかし寺院に出家者の止住しないTL村では出家者は招かれず，ホールーが主体となって儀礼を行う。また寺院に居住する女性修行者も招かれて誦経する。また葬式の直後の雨安居期間中に行われる幟立ての儀礼も徳宏の儀礼として特徴的である。以下ではこれらの儀礼について紹介する。

(1) 葬式

徳宏タイ語で葬式を意味するマーサー（*ma sa*）は，ビルマ語で葬儀を意味するマター（B: *ma tha*）に由来する。長期調査期間中，TL村では6回の葬式が行われたが，筆者が参加したのはそのうち3回のみである。その理由は，野辺送

りに参加して筆者の魂 (xɔn) が脱け出てしまうことを心配した寄宿先の「母」から，なるべく葬式には参列しないように止められたためである。

　徳宏ではミャンマーと同様，正常死の場合は土葬し，事故や殺人などによる異常死の場合は火葬する。火葬する理由を TL 村の人に尋ねると，「悪い死に方をした場合，悪霊となって人に害を及ぼす可能性があるが，火葬すれば害を及ぼせなくなる」（男性，39 歳），「悪い死に方をした場合，魂が身体から脱け出そうとしないが，火葬すると脱け出す」（男性，77 歳）などと説明する。正常死と異常死によって葬送の方法を変えることは共通するものの，西双版納やタイでは正常死の場合は火葬し，異常死の場合は土葬する，というように方法が逆転している。タイの場合，「異常死による遺体を火葬すれば，肉体を失った霊は必ず村へ戻ってきて，人びとの注意をひくためにさまざまな災禍をもたらす」［林 2000: 204］と説明される。説明の方法までまったく異なる点が興味深い。共通するのは，異常死した死者は村に災難をもたらす可能性があるため，それを避けるような方法をとるという発想である。

　儀礼のおもな目的は，生者が功徳を積み，それを死者のために廻向する（メークーソー）ことである。村の老人らが日取りを見て，死後 3 日以内に墓地へ葬送する。墓地は村外れにあり，TL 村の場合は村の裏山に共同墓地がおかれている。この点も，納骨の場所が共同墓地から村の寺院へと収斂しつつあるタイ［林 2000: 204］とは対照的である。

　ここでは TL 村で 2007 年 3 月 23 日から 25 日にかけて行われた葬式の事例を紹介する。3 月 22 日の夜，X 氏が死去した。死体をまず水浴びさせ，タイ族の衣服を着せて「仏典棚」のある客間に寝かせる。枕元と足下には蝋燭と線香が立てられる。死者の家の庭では親戚の者たちが延々と賭け事を行う。死者の家族に寂しい思いをさせないためであるという。日本人にとっては葬式で賭け事とは不謹慎な，と思われるかもしれないが，筆者はミャンマーでも同様の光景を目にしており，さほど珍しいことではない。

　翌 23 日の朝 7 時，「X 氏が死去したため，村全体で手伝いましょう」との放送が村全体に流れる。村人たちは放送を聞いて続々と X 氏の家へ集まり，絹の布，米，袋入りラーメン，金銭 10 元ほどを門の入り口で渡す。これらの金銭や物品を渡した人の名前は記録しておき，その人の家で不幸があったときに同額を返す。午前 8 時にホールーと老人が死者の脇に座り，家の「仏典棚」に食事を供えて誦経する。「仏典棚」の前には仏に供える食事 (sɔm pha la) と葬式

の食事 (sɔm ma sa) が盆に載せて置かれ，大きな碗に飯を山盛りにしてザックザーを立てた故人に供える飯 (xău je tsak) はその下に供える。誦経が終了すると親族たちが死者の周囲に集まり，死者の口の中に宝石や金，銀貨などを入れる。これらは人間界 (məŋ kon) と霊界 (məŋ phi) の間にある三途の川を渡るための船代 (ka hə/ka pe) と呼ばれる。

午前10時には村の女性修行者（ラーイハーウ）2名が死者の横でアースーパー (a su pha) と呼ばれる経を誦える。村の寺院に僧侶が止住している場合は僧侶を招いて誦経するが，TL村の場合は女性修行者が居住しているため，彼女たちを招く。外では男性たちが竹で枠組みを作り，その上から紙を切り抜いて糊で貼り，「死者の家 (hən kon tai)」を作り始める。

昼食前に遺体は町で漢族から買った棺桶 (kɔm kon tai) の中に入れられる。その前に親族は遺体に向かって跪き，最後のカントーをし，終わると遺体を布団ごと持ち上げて棺桶の中に入れる。入れ終わると死者の魂を人間界から霊界に赴かせるために幟（ホン）を壁にかける。その後参加者はX氏宅の敷地内か寺院の軒下に移動して昼食をとり，しばらく休憩する。昼食の費用は死者の家族が出し，上述の村の料理人と親戚たちが料理を作る。

午後3時に再び村の放送がかかり，村人たちは再びX氏の家へ行く。比較的年配の男性たちが「死者の家」を作り続ける。午後4時20分，棺桶を客間から家の前の道路に出し，棺桶を竹竿に括りつけるとともに，完成した「死者の家」を被せる。死者を送る際には女性数名が泣きながら，魂を送る歌 (xam sɔŋ xɔn) をうたう。また比較的若い親戚の男女15名が「死者の家」の前に1列に並んで跪き，その上を男性に担がれた「死者の家」が通過していく【写真70】。これは死者を人間界から霊界へと送るための橋と言われる。爆竹が鳴ると，長男が先頭を歩き始める。その後に「死者の家」が続き，さらに100名ほどの比較的若い男性が裏山の墓地まで野辺送りに行く【写真71】。女性や老人は魂が脱け出してしまう可能性があるため野辺送りについて行ってはならない。また死者が家へ戻りたがらないように，野辺送りの参加者は後ろをふり返ってはならない。

徒歩15分ほどで「死者の家」は村の裏山の墓地に到着する。墓地に着くと「死者の家」は取り払われ，廃棄される。まず墓穴の中に金銭を入れ，その上から棺桶を入れる。入れると最初に死者の長男が墓穴の端で背を向けて立ち，ひとつかみの土を頭上からかける。続いて参加者全員で土をかけ，レンガを墓

写真70　霊界への橋を渡る「死者の家」。

写真71　死者の長男を先頭に野辺送りに出る男性。

の脇に積み上げる。あとは漢族の葬儀屋がコンクリートで固めた墓を作っていく。墓に滞在する時間は 45 分ほどで，墓地から下りる。下るときには「魂よ戻っておいで (xɔn həi ma ma)」と口頭あるいは内心で唱える。そうしないと魂が脱け出し，病気になる可能性があるのだという。その後は全員，寺院に移動し，夕食をとる。

夜は 9 時から男性老人 3 名・女性老人 60 数名が死者の家の仏前に集まり，ホールー先導のもと参加者全員で「仏典棚」に花を供え，五戒を受ける。次にホールーが単独で折り畳んだ敷物の上に経を置き，「仏典棚」のほうを向いて誦える。この日朗誦された経は『9 つの墓場 (saŋ xɛŋ ko pa)』という題名で，2003 年にムーセー郡パーンサーイのホールーが筆写したものである。X 氏の家では常備していなかったため，親戚の家から借りてきたという。内容は，人が死後，腐乱していく様子を説いたものである。誦経は 40 分ほどで終了し，参列者たちには夜食として麺が配られる。比較的若い男性たちは今夜も徹夜で賭け事に明け暮れる。

2 日目 (3 月 24 日) は，朝 8 時半にホールーと男性老人 9 名，女性老人多数が X 家の「仏典棚」前に集まる。「仏典棚」横にはバナナの茎に紙幣とザックザーを結びつけた木 (ton ta pe sa/ton pe sa)，平たい幟 (xɔn pɛ)，管状の幟 (xɔn mo)，そして花を死者のために供える【写真 72】。また仏前には仏に供える食事，葬式の食事，故人に供える食事を供える。1 日目と同様にホールーの先導で参加者全員が誦経する。夜も 9 時から 10 時までホールーが仏典の前日の続きの部分を説法する。またこの日は多くの人が『この世の罪をのがれるための文 (Lik lo ka phe vot)』と呼ばれる仏典を仏前に供える。

3 日目 (3 月 25 日) も朝 8 時過ぎにホールー，男性老人 13 名，多数の老人たちが集まり，X 家の「仏典棚」の前に，仏の食事，葬式の食事，故人に供える食事の他，104 名の祖先への食事 (xău voi) を供える。8 時半にホールーが仏弟子 (バーラーターカー) X 氏と食事を供える 104 名の祖先の名前をよみあげる。続けてホールーが主導し，全員で五戒などを誦える。その後，家の中に置いてあった死者のための供物を参列者たちは持って寺院に移動する【写真 73】。寺院内でも再び仏に供える食事，葬式の食事，故人への食事を仏前に供え，参加者全員で誦経する。終わると老人たちは寺院内で賭け事を始める。また食事を作った親戚たちはホールーの前に花と菓子の盆を置き，祝福の言葉を請う。ホールーは彼らに対し，祝福の言葉をかける。その後寺院の軒下で食事をして，葬

写真72　死者に対する供物。　　写真73　死者への供物を寺院に運ぶ村人たち。

式の主要な儀礼は終了となる。

　6日目（3月28日）の夜には再び，老人が死者の家へ集まる。この日には死者の魂が説法を聴きに来ると言われる。当日までは死者の魂も自らが死んだかどうかを理解できないが，ようやく自ら死んだことを理解し，霊界に赴くのだという。夜9時過ぎに参加者全員で誦経し，花を供えて五戒を受ける。次にホールーは座布団を丸めたものの上に，参列者が布施した『この世の罪をのがれるための経』を置いて誦える。老人たちはひまわりの種を食べたり煙草を吸いながら聴く。この経は先述したようにシャン州で発行された経であるため，語彙にはパーリ語やビルマ語が混在し，時に意味がわからない場合もあるが，おおよその意味は理解できるという。葬式で誦えた後，この経は寺に布施する。最後まで誦え終わらなくても30分ほどで誦経は終了する。外では比較的若い世代の人たちが賭け事を続ける。

　7日目（3月29日）の朝が最終日であり，家の「仏典棚」に対して仏に供える食事，葬式の食事，死者のための食事を供えるとともに，死者の祖父，祖母，親しい親族など14人分の食事を供える。朝8時半からホールーの先導で家の「仏典棚」に対して誦経した後，参列者に食事がふるまわれる。午後には親戚の未婚の男女（マーウ・サーウ）が墓地へ行き，死者の墓を洗う（*me heu*）。

(2) 追善供養

　以上は人が死去した直後の儀礼であるが，その後に迎えた雨安居期間中の任

意の1日，寺院前の広場に幟（ホン）を立てる。1990年代には中安居の後に行っていたが，先述したように近年では新品種の導入によって稲の収穫時期が早まっているため，中安居の前に行うことが多い。この儀礼を，徳宏タイ語ではヘンホン（hɛn xɔn）またはヘンソムターントー（hɛn sɔm taŋ to）と呼ぶ。ヘンは「準備する」，ソムは「食事」，ターントーは「代理に」の意である。老人が死去した場合は3年間連続して行うが，家に金銭的余裕がない場合や故人が若い場合には1年で終了する。この儀礼を行うのは，「人の世のメンツ（la ta məŋ kon）」と「霊界の善果（a tso məŋ phi）」のためであると村人たちは説明する。死者への寄進によって得られた功徳は霊界へと届けられるとともに，盛大に儀礼を開催することによって遺族の面子も保てるというのである。幟を立てる理由については，地獄に落ちているかもしれない死者を，幟を立てることによって引き上げるのだと説明する村人もいる。ここでは上述した故X氏のために8月25日に幟を立てたときの様子を紹介する（▶動画リンク）。

　前日（8月24日）の夜9時頃から故X氏宅へ老人たちが集まり始め，それぞれ葬式の日と同様に『この世の罪をのがれるための仏典』などを仏前に供える。「仏典棚」の前には，金銭を吊るした木（トンペーサー）や，幟の先端部分（thi xɔn），竹の柱につける幟（xɔn sǎu），幟の尻尾（haŋ xɔn），平たい幟，管状の幟が用意されている。部屋の脇には，毛布，傘，ほうき，麦わら帽子，歯磨き粉，炭火鉢，バケツなどの日用品が置かれている。これは死者が霊界で用いるために寺へ供えるものである。まずホールーの先導で五戒などを誦え，終わるとホールーが単独で『大涅槃経（Lik tsǎu suk ta ma ha ni pān na）』などを誦える。内容は，「行い（a tsɛŋ）が良く，布施（lu）を良くすれば涅槃（məŋ li pan）へ行くことができ，涅槃では心配事もなく，危険もない。行いが悪く，布施をしなければ地獄（ŋa lai）へ落ちる」といった教えを説くものである。30分ほどで説法は終了する。庭では村の守護霊，ムンの守護霊に対しても食事を供える。

　当日（8月25日）は朝8時過ぎから老人が故X氏宅に集まり始め，「仏典棚」前に仏と死者，107名分の祖先への食事を供える【写真74】。ホールーは最初にX氏のためにX氏の妻の一家が食事を布施する旨を宣言し，続いて食事を

写真74　死者への供物を前にホールーが誦経する。　　写真75　竹竿に幟をつけて立ち上げる。

供える107名の祖先の名前を呼んでいく。次にホールーが主導し，参加者全員で誦経する。誦経が終了すると，幟の柱となる竹を先頭に，参加者全員で供物を寺院前まで運ぶ。寺院前の広場に着くと，まず竹竿の幹の部分に生姜，バナナ，砂糖キビ，りんご，みかん，ビスケットなどを竹紐でくくりつける（mak kɔp xɔn）。続いて幟を装着し，若い男性たちが直立させる（puk xɔn）【写真75】。さらに竹の下部にはバナナ，砂糖キビ，飯とビスケットを入れた竹籠（トーロー）を結びつける。竹竿の周囲の地面には蝋燭と線香を立てる。

　一方，老人たち（男性老人17名，女性老人67名）は，寺院内で仏像に食事を供えて誦経し，滴水儀礼によって死者に功徳を廻向する。こうして死者の代わりに生者が功徳を積み，それを死者に廻向するのである。

　以上の儀礼が終了すると，料理作りなどをおもに担当したX氏の子や親戚たちに対し，ホールーが祝福の言葉を述べる。なおこの儀礼は，以前はシャン州でも普及していたが，現在では次第に行われなくなり，徳宏のみ古い実践形態を残している。

表14　TL村で実施された儀礼（2006年10月～2007年11月）

分類	儀礼名（括弧内は徳宏タイ語）	開催日 陽暦	開催日 瑞麗のタイ暦	場所	僧侶・見習僧	女性修行者	ホールー	サムマーティ	ヒン・ライ	ポールム	メールム	マーウ	サーウ
年中儀礼	a. カティナ衣奉献祭（pɔi kan thin）袈裟を僧侶や仏像に供える	06年11月4日	12月15日	寺院・仏塔			○	○	○				
	b. スムロー儀礼（sɔt sum lo）薪で仏塔を作り，燃やす儀礼	07年1月31日	3月14日	仏塔横広場			○	○	○				
	c. 春節（lən si）漢族の新年	07年2月18日	4月3日	各戸									
	d. 4月祭（pɔi lən si）春節明けに実施	07年2月28日～3月2日	4月13日～15日	仏塔	○		○	○	○				
	e. 清明節（xun loŋ）祖先の墓参り	07年4月5日～	5月19日	共同墓地									
	f. 灌水祭（pɔi sɔn lām）水かけ祭り	07年4月13日～17日	5月27日～6月2日	寺院・仏塔・江辺広場			○	○	○				
	g. 村の除祓儀礼（jap man 午前）	07年5月22日	7月7日	村の柱上祠	○							○	
	h. 村直しの儀礼（me man 午後）			守護霊祠								○	
	i. 入安居（xău va）雨安居の開始の儀礼	07年7月29日	8月15日	寺院・仏塔			○	○	○				
	j. 他寺院への昼食布施（soŋ pen）	雨安居期間中		他村寺院			○	○	○				
	k. 中安居（kaŋ va tsa le）雨安居の中間の儀礼	07年9月26日	10月15日	寺院・仏塔			○	○	○				
	l. 出安居（ɔk va）雨安居の終了の儀礼	07年10月26日	11月15日	寺院・仏塔			○	○	○				
	m. 23日祭（pɔi sau sam）雨安居明けのタイ暦23日に実施	07年11月3日	11月23日	ホーマーウ仏塔・ペットハム仏塔			○	○	○				
不定期に開催される儀礼（個別に開催される儀礼）	n. 結婚式（xɛk）	1日間		各戸・公民館									
	o. 葬式（ma sa）	人の死後3～7日間		各戸・墓地・寺院	○								
	p. 追善供養（hɛn sɔm taŋ to）死者のために供物をそなえる	雨安居期間中の1日		各戸・寺院									
	q. 家の新築式（xun hən mau）	1日間		各戸									
	r. 年齢数の供物儀礼（xău a sak）不幸な出来事が起こった場合に行う	1日間		各戸／寺院	△	○							
	s. 108の供物儀礼（tso pak pet）不幸な出来事が起こった場合に行う	1日間		各戸／寺院									
	t. ムーザー儀礼（sɔm mu tsa）不幸な出来事が起こった場合に行う	1日間		各戸／寺院									
	u. 家屋の除祓儀礼（jap hən）家に病人などがでた場合に行う	1日間		各戸	○								
全村規模で行われる儀礼	v. 公民館の新築儀礼（xun koŋ faŋ mau）	1日間		公民館	○								

4. 在家者と仏

　これで，筆者がTL村に滞在した1年間に行われた集合儀礼のほぼすべてを紹介したこととなる。第4章で紹介する個別に開催される儀礼を含めて，【表14】に一覧としてまとめた。このうち儀礼が行われる場所に注目すると，TL村の人々の日常的な仏教実践にとって不可欠な存在は，仏塔，寺院，そして「仏典棚」の中の仏典であることがわかる。このうち全村規模で行われる儀礼のほとんどが仏塔や寺院で開催される。一方，結婚式や葬式など個別に行われる儀礼では，家屋の中の「仏典棚」に対して供物を奉納する。つまり，僧侶が存在しなくとも，それら仏と関わる聖遺物への供物の奉納が日常的な儀礼の大きな目的となっているのである。ここでは，それらの場所が持つ意味について説明しておきたい。

(1) 仏塔

　仏塔と寺院で性質が異なるのは，仏塔が盆地全体に関わる存在と位置づけられているのに対し，寺院は所在する村落と関わっていることである。このことは，TL村の年中行事において仏塔を参拝しないということを意味するわけではなく，4月祭，灌水祭，入安居，中安居，出安居など大規模な儀礼においてはホーマーウ仏塔にも参拝する。しかしこれはTL村には寺院付近に仏塔が建てられている比較的特殊な事情によるものであり，付近に仏塔のない場合は寺院のみ訪れる村落も多い。

　これに対し，4月祭，23日祭の2つの儀礼は，それぞれ仏塔委員会の主催によって勐卯鎮全体の仏塔祭として開催される。そのため会場はホーマーウ仏塔とペットハム仏塔のみであり，TL村の寺院では何も行われない。また両方の儀礼には勐卯鎮全体の中から6寺院の僧侶が招かれ，在家者による寄進が行われる。以上の大規模な儀礼の際には，TL村のみならず他村落からも仏塔への寄進に訪れるほか，後述する出安居の際には，寺院とともに仏塔に対して寄進する村落が多い。これは，ホーマーウ仏塔やペットハム仏塔などの仏塔がムン・マーウ全体を守護する存在とみなされているためである。

　徳宏タイ語の史書によれば，ホーマーウ仏塔は，スーターコンマラー（速塔共玛腊）王子の治世に，王子はTL村の丘が光を発しているのを発見し，翌日，

捜索させたところ，熊，スズメ，鴨，牛，人など7種の骨を発見したため，この地には仏がいたと考え，仏塔を建てたとされる［張編 1992: 227-228］。一方，瑞麗の村人たちは，ブッダが前世において熊（mi）であった時代の仏舎利（that to）を納めていると説明する。そのため仏塔も別名コンムー・ミーハム（Kɔŋ mu mi xăm 金熊仏塔）と呼ばれている。

　ペットハム（金鴨）の名称の由来も諸説ある。ひとつの伝説は，もともと仏塔付近は沼地で人が住んでいなかったが，ある日一対の金鴨が飛来して以来，人々に吉祥をもたらし，タイ族が移住するようになったため，金鴨の恩を忘れないために仏塔を建てたとする［瑞麗市志編纂委員会 1996: 697］。徳宏の人々は，ブッダの前世で金鴨であった時代の仏舎利が安置されていることに由来するとしばしば説明する。その建立は清代にまで遡り，タイ系民族の間で著名な僧侶ウンズム師（Tsău Vun tsum タイ国語ではブンチュム師と呼ばれる）が3度訪問し，タイ国製の仏像を寄進している。仏塔そのものは一度文革中に破壊されたが，1981年に中国政府の資金によって再建された。金鴨仏塔の境内には漢族の観音寺とタイ族のペットハム寺が隣り合っているが，両者は比較的新しいものである。観音寺は1992年に漢族女性が個人の資金で建築した。一方のペットハム寺は1996年，勐卯鎮団結行政村（全16か村）の村民が構成する金鴨仏塔委員会（Mu tsum kɔŋ mu pet xăm）と政府が共同出資して建築したものである。以前は団結行政村による管理であったが，2007年からは勐卯鎮54か村の仏塔委員会（Mu tsum kɔŋ mu）による共同管理となっている。

(2) 仏像

　全村規模で行う年中行事で中心となるのは，村人全員が寺院内の仏像に対して供物を奉納し，功徳を得ることである。具体的には，スムロー儀礼，灌水祭，入安居，寺籠り，他寺院への昼食の布施，中安居，出安居，カティナ衣奉献祭の8つの儀礼が寺院を中心に行われる。ホールーの誦経の際にも，仏像の前でTL村の全員が布施に訪れたことが告げられるとともに，村全体が「無事息災でありますように」との祈りが捧げられる。すなわち寺院内の仏像は，村全体を守護する存在として重視されているのである。

　寺院内の仏像の重要性を示す事例として，ここで仏像奉納祭（ポイ・パーラー）について紹介しよう。ポイ・パーラーについては，徳宏で最も重要な積

徳儀礼として田［1946］，T'ien［1986］，長谷［2007］らが取り上げてきた。筆者の長期調査期間中にも，TL村ではポイ・パーラーは行われなかったが，瑞麗市内では6回の仏像奉納祭が実施された[50]（▶動画リンク）。

第2章で先述したように，TL村の大仏も，2004年に村長の母親Lさん（76歳）とその家族・親戚6世帯が仏像奉納祭を主催して建立されたものである。仏像の建立，購入費用，さらに客人に対してふるまった食事代も含めて3万元以上かかった費用のうち，Lさんが最も多く1万元以上を支出した。TL村の2007年度の1人当たりの平均年収は3042元であるから，これは平均的な農民の3年分以上の年収に相当する。このように多額の出資をともなうため，ポイ・パーラーの主催者（tsău pɔi）になれるのは比較的裕福な層に限られている。ポイ・パーラーを主催した理由をたずねると，「年をとってきたため来世でも現世でもよく暮らせるように」との願いからだという。また儀礼の主催者は，大きな功徳が得られるばかりでなく，仏弟子名（ズーパーカー）を授けられ，日常的にも幼名（tsw cn）の前につけて呼ばれるようになる。これは徳宏の仏教徒にとって非常に名誉なことであり，Lさんは村の中でも有徳の人として知られている。

大仏のほかにタイ国製のものも含む小仏像を5体，亡くなった父，母，妹，妹の婿，弟のために奉納している。このような小仏像が，TL村の寺院内には無数に並べられており，村人たちが仏像の奉納を積徳行為として重視していることがうかがえる。

仏像はミャンマー側のナンカンで購入し，最初の1週間ほど主催者のLさんの自宅に安置された。続いて儀礼の初日（2004年3月29日）には仏像を庭のザーロム（tsa lom）と呼ばれる場所に置いた。2日目（同3月30日）は親戚らが訪れ，最終日（同3月31日）に仏像を寺院に移して滴水儀礼を行った。この日にはミャンマー側のムセ郡から，ムン・マーウでは最も著名なコーケー師を招

---

50) 2006年11月から2007年11月の間にポイ・パーラーが行われたのは2006年11月27日〜29日LN村，2006年12月6日〜8日PT村，2007年1月11日〜18日KX村，2007年2月25日〜28日TK村，2007年3月1日〜3日LP村，2007年10月30日〜11月1日VM村の6回である。

写真76 コーケー師（第6章コラム参照）

いた【写真76】。コーケー師を招いたのは，食堂を開いている娘が，偈頌を蝋燭や線香に吹き込んで（pău ten/pău ja phău）もらったものを家の「仏典棚」に灯しておいたところ商売が繁盛したためである（第6章コラム参照）。この他，娘がよく訪れるVT寺，VO寺，JT寺の住職，そしてTL村の寺院と教派（kəŋ tsɔŋ）が同じHS村の住職，隣のVM村の住職を招いた。

儀礼の最後に，ポイ・パーラーの主催者のみならず，寄進者全員に対し，僧侶が仏弟子名を命名して誦える。もともとLさんは40～50年前に父母が死去した際，父母のために寺院へ寄進してヨットセン（Jɔt sɛŋ「宝石の先端」の意）という仏弟子名をもらっていたが，今回は2回目ということでロイセン（Lɔi sɛŋ「宝石の山」の意）に変えてもらう。仏弟子名はほとんどの村人が持っているが，2回目に得られるロイがつく人はTL村の中でも数名しかおらず，仏教徒にとって非常に名誉なことであると認識されている。

また第2章で先述したように，徳宏ではミャンマー側と異なり，仏像を各家庭の「仏典棚」の中に置かない。その理由をTL村の村人に尋ねると，「在家信徒は忙しいため，家の中では仏像に供え物をするのがおろそかになってしまう。寺なら毎日，誰かが供物を捧げるため，仏像は寺に置くべきである」（男性，

58歳)、「家の中では性行為が行われるため、仏像は置けない。仏像の置いてある寺院で性行為ができないのと同じことである」(男性、23歳)といった返答がきかれる。こうした事実からも、仏像およびそれを安置する寺院が村人にとって重要な地位を占めていることがわかる。徳宏では出家者が少数にとどまるものの、寺院はほぼ各村落に存在することも、村落にとっての仏像、寺院の重要性を反映している。

(3)「仏典棚」

各戸で個別に実施される儀礼は、原則として「仏典棚（センターラー）」の前で実施されている。仏典棚の中に収められているのは、「仏の言葉（*xam pha la*）」を記した仏典（ターラー）である。仏典棚の中に仏典は、その家を守護（クム）するのだと村人は説明する。筆者が滞在していたA家では、昆明に住む長男が1年に数回、自動車を運転して瑞麗に帰省する。再び昆明に戻るときには、母親のTさんがいつも仏典棚に向かって「道中無事でありますように（*ka li ma hɔt*）」と祈りを捧げていた。また筆者が昆明へ行くときにも、同様に祈ってくれていたそうである。この他、Tさんの長女が自動車免許証を取得する時なども、「合格しますように」と祈る姿が見られた。そして1か月に4回の布薩日には必ず、Tさんが早朝に食事や水を供える。このように、「仏典棚」は家内安全を祈願する村人にとって、非常に重要な場所である。

また「仏典棚」は、各世帯の祖霊を祀る場でもある。上述した儀礼においても、結婚式、葬式、春節などの際に、「仏典棚」には必ず祖先への食事が供えられている。

(4) 守護力

以上のように、仏塔や仏像、そして「仏典棚」に置かれた仏典は、仏（あるいはその前世の存在）の遺骨や言葉など仏に由来する聖遺物として重視されている。ではなぜ村人たちは、儀礼においてこれらの存在に対して供物を奉納し、礼拝するのだろうか。この問題を考察する際に鍵となるのは、加護（クム）という概念である。このクムという言葉は、村人たちが仏像や仏塔を参拝する際にも「ご加護が得られますように（クムセンマーザー）」という形でよく用いら

れる。仏による加護とはどういうことなのか，さらに村人たちに尋ねると，「たとえば両親は，常に仏のように守護（クム）してくれる存在であり，自分にとっての仏（pha la paŋ）なのだ」という。

またある村人（男性，77歳）は筆者に対し，次のように述べた。「寺に仏像があれば，僧侶がいてもいなくても同じことである。仏像に供物を奉納すれば，功徳も積めるし，仏は村人を守護（クム）してくれる。出家者に寄進しても功徳は積めるが，出家者は守護することができない」。確かに【表14】の「参加者」の欄を見ると，ホールー，ヒン・ラーイ，サムマーティがほとんどすべての儀礼に参加するのに対し，出家者が招かれたのは1年間に4回のみであったことが読み取れる。つまり出家者が存在しなくとも在家者のみで多くの儀礼は成立しているのである。

これは，瑞麗市内で宝石商を営むビルマ人たちと比較すると対照的である。灌水祭，出安居の年2回，彼らは瑞麗市内の僧侶全員を宝石市場に招き，布施を行う。また1年を通じて布薩日には僧侶の止住する寺院へ輪番制で赴き，昼食を布施する。さらに灌水祭期間中には，一時出家するビルマ人商人もいる。しかし彼らは，僧侶不在の寺院へ布施に赴くことはまずない。このように，ビルマ人は布施の受け手として僧侶の存在を必要としており，僧侶への布施によって功徳を積むことを重視する。これは東南アジア大陸部の仏教徒社会と共通する発想である。もちろん，ビルマ人たちも入安居，出安居，灌水祭等の際にはTL村の仏塔を参拝に訪れる。ビルマ商人の店には仏壇が置かれているし，寺院を訪れれば仏像も拝む。そして家内安全や商売繁盛などを祈願する点は，徳宏タイ族と共通する。

しかし徳宏タイ族の実践が異なるのは，出家者との関わり方である。徳宏タイ族の日常的な仏教実践にとって重要なのは，息子を出家させたり，僧侶への寄進によって功徳を得ることよりもむしろ仏に関わる聖遺物に対して寄進して加護を得たり，聖遺物との関わりで功徳を積むことなのである。

5. 在家者と出家者

(1) 大規模な積徳儀礼

しかしTL村の村人たちも，出家者を寺院に常駐させこそしないものの，出

家者の存在をまったく不要と考えている訳ではない。儀礼にほぼ必ず招かれるホールー，ヒン・ラーイに比べるとはるかに回数は少ないが，1年間に4回，村に出家者が招かれていることも事実である。ではどのような時に出家者は招かれるのだろうか。【表14】の「僧侶・見習僧」の欄を上から順に見てみよう。

まず年中儀礼の4月祭であるが，これは上述したように仏の塔管理委員会が主催する盆地全体の仏塔祭として行われるものであり，TL村が招いたわけではない。きわめて稀なケースではあるが，第3章で先述したポイ・パーラーのように大規模な積徳儀礼の際には，TL村にもコーケー師（第6章コラム参照）を招いて寄進している。

(2) 村の除祓儀礼

年中儀礼の際に招請したのは，上述した村の除祓儀礼の際である。しかしこれは村によって異なり，数年に1度，あるいは何らかの問題が生じた際にしか招かないこともある。TL村も1998年以前はそうであったが，1998年以降，毎年実施するようになった。ではTL村ではなぜ毎年，僧侶を招いて除祓儀礼を行うようになったのだろうか。

その理由は，1998年にTL村内で，夫が妻を殺し，夫自身も自殺するという事件が発生したためである。その後，村落内では相継いで人や家畜が死ぬなど不幸や災難が続発したため，村人は夫婦が悪霊となったため村に災難がもたらされたと考えた。

そこでTL村の村人たちは僧侶に村の除祓儀礼を行ってもらうことにした。しかし悪霊祓いで有名な中国側のHS寺，LS寺の両住職に相継いで断られたため，ミャンマー側のムーセー郡在住の悪霊祓いや占いで有名な上述のコーケー師を呼び，村全体の除祓儀礼を行った。コーケー師はまず墓に行き，周囲を白糸で囲んで護呪経と羯磨文を誦えた。その後2人の遺体を掘り出し，火葬して墓地の下側に埋葬した。この後，村落内の災難や不幸はおさまったが，村人たちはその後も毎年，出家者を呼んで村の除祓儀礼を行うようになった。

(3) 公民館の新築儀礼

村の除祓儀礼の他，筆者のTL村滞在中にも一度だけHS寺の僧侶が招かれ

た。それは，TL 村の公民館を新築した際の儀礼（xɯn kɔŋ fāŋ mau̯）である（▶動画リンク）。儀礼は 2007 年 11 月 6 日に開催された。この日取りになったのは，招いた HS 寺の住職が，縁起のよい日を占いによって選んだためである。

　朝 7 時半，完成した新公民館の前に仏像を乗せる駕籠（kɯ pha la）が準備される。村人たちはそれを担ぎ，象脚鼓，銅鑼，シンバルを先頭に寺院まで迎えに行く。サムマーティが寺院に置かれている小仏像の中から 3 体を選んで駕籠の上に乗せる。駕籠は男性たちに担がれ，公民館の敷地に入場する。その際，迎える女性たちは仏像にハウテック（米をポップコーン状にしたもの）をふりかける。公民館の前を反時計まわりに一周後，男性たちが二階の「仏典棚」に持って上がる。外では象脚鼓，銅鑼，シンバルが鳴らされ続け，祭りの雰囲気を盛り上げる。若者たちはすでに昼食の準備を始める。

　8 時 20 分からホールーが放送をかけ，老人たち（男性 60 名，女性 104 名）は 2 階の「仏典棚」前に上がる。「仏典棚」前には仏に供える食事が並べられている。ホールーは，今から公民館の新築儀礼を開始する旨，そして各地の精霊に対し，ともに布施する（hom lu hom taŋ）ように呼びかける。ホールーが先導して誦経し，仏像に朝食を供えると，僧侶の入場を待つ。

　朝 9 時に HS 村の僧侶 5 名が「仏典棚」前に座る。僧侶の前には砂水入りのバケツを 2 つと，村の除祓儀礼の際に用いたものと同種の葉のバケツを 2 つ置く。その外側には白い糸（mǎi vaŋ pa lik）が張り巡らされる。この糸は悪霊祓いの役割を果たしている。

　準備が整うと，ホールーが主導し，僧侶を跪拝する言葉（xam vǎi tsău saŋ xa）をタイ語で誦える。次に僧侶が主導して五戒を在家に授け，さらに護呪経のうち吉祥経（Maŋ ka la suk），宝経（Jăt tăn na suk），慈経（Mɛt ta suk），晨朝経（Pok păn na suk）の 4 編を誦える。続いて仏法僧の三宝を敬うべきだとする僧侶の簡単な説法が 5 分ほどあり，終わると在家は滴水儀礼を行う。続いて僧侶たちは羯磨文をそれぞれ 3 回ずつ誦える【写真 77】。最後に在家全員で三宝帰依文を誦えて誦経は終了する。終了すると僧侶は前に置かれた水を参加者や公民館にふりかけていく。これも悪霊祓いの効果を持つ。終わると僧侶は退出し，村人

写真77　羯磨文を誦えるHS寺の僧侶たち。

たちは昼食をとる。

　午後は2時40分にホールーは「仏典棚」前で村人が所有する仏典マーンカーラーパットプン（Maŋ ka la păt pun）を誦える【写真78】。マーンカーラー（maŋ ka la）は「吉祥」，パット（păt）は「掃く」，プン（pun）は「底」をそれぞれ意味し，この仏典を誦えることによって，建材に含まれている可能性のある谷や山の精霊（phi hoi phi bi）を追い祓うことができるため，新築式ばかりでなく家人の体調がすぐれない場合に誦えても効果があるのだとされる。老人たちを中心に徐々に人が集まり，雨安居期間中の布薩日のように聴く。休憩を挟みながら午後4時まで誦えると，最後に仏前に花を供え，誦経して終了する。

　夜になると，再び村人たちは公民館に集まり，映画を見る。また夜遅くまで祝福の歌を歌って金銭を要求したり（tuk su），踊りが続けられる。これで基本的な儀礼は終了するが，村人たちの会食は3日間続けられた。

写真 78　午後はホールーが説法する。

6. 精霊信仰と仏教

(1) 善霊と仏

　以上の記述から，村落の仏教実践は数々の精霊と関わっていることがわかる。では，精霊とはどのような存在なのだろうか。ここで簡単に説明しておこう。
　精霊には大きく分けて善霊（*phi li phi ŋam*）と悪霊（*phi hai phi mək/phi ăm li ăm ŋam//phi tup phi tap*）の2種類が存在する。善霊とは村の守護霊，ムンの守護霊，祖先の霊など，村人を守護する霊である。天寿を全うし，良い死に方（*tai li*）をした場合には善霊になるとされる。一方の悪霊は，殺人，事故など横死（*tai tsa*）した人などの霊であり，体内に入る（*phi xău to/phi kap*）と病気や災難などの不幸をもたらす。また村に悪霊が存在すると，村人や家畜が次々に死ぬといった災いを引き起こす可能性がある。
　では，ともに守護する役割を果たす善霊と仏（パーラー）はどのように異なるのだろうか。村人（男性，51歳）にたずねると，「仏も精霊の一種ではあるが，他のいかなる善霊よりも地位が高く，守護力も強い」という。先述したように，男性の村人たちが1年に1回，村・ムンの守護霊に供物を奉納する「村直しの儀礼」に，仏教徒として戒律を守る老人ヒン・ラーイは精霊を拝むべきでな

いとされ，参加できない。しかし仏教と精霊信仰は深く関わりあって信仰されている。

たとえば寺院や仏塔で行われる儀礼の際には精霊が招かれ，それぞれに対して食事が奉納されている。仏像や仏塔の前に布施の品々を並べる際，食事は大きい盆の上に3人分，用意する。この3人というのは，①仏（*pha la pen tsău*），②稲魂神（*xiŋ loŋ pu xɔn xau*），③マーンカーンセン神（*tsău man kaŋ sɛŋ*）をさす。②の稲魂神について，TL村の老人たちは「最初ブッダは稲魂神を軽視していたが，怒って稲魂神が立ち去ると，この世で米はとれなくなってしまった。そこでブッダは稲魂神を探し出し，背負ってこの世に連れ戻したため，再び米がとれるようになった。稲魂神も後に仏教に帰依したため，偉大なヒン（*xiŋ loŋ*）と敬称をつけて呼ぶ」と説明する[51]。③のマーンカーンセンは天神であるというが，その由来ははっきりしない。それぞれに対し，炊いた白飯，ビスケット，果物，水，粉ミルクが捧げられる。また白い飯の上に豚肉，魚，卵をのせた碗が一つ用意される。これは肉食であるムンの守護霊に供えるものである。さらに白飯の上にバナナ，棕櫚糖（*lăm thăn*）をのせた碗が2つ用意される。これらは，菜食である村の守護霊と，仏塔に住むと言われる修行者（ザウストー）に捧げられたものである【写真79】。このザウストーというのは白い服を着た修行者で，仏塔に僧侶も女性修行者もいなかった頃，仏塔を守っていたという。

寺院や仏塔での儀礼の際に，ホールーはTL村の村人が布施をすることを宣言した後，村の守護霊，ムンの守護霊，5000年の仏法の守護霊（*phi pau sa săn la ha heŋ pi məŋ*），ピーユックハーゾー（*phi juk xa tso* 樹木の守護霊），ピープンマーゾー（*phi phuŋ ma tso* 水土の守護霊），ピーアーカーハーゾー（*phi a ka xa tso* 天の守護霊），国の四方の守護霊（*phi pau si la məŋ*）などをまず招き，「ともに布施をしましょう。布施が終わったら各自の場所へお戻りください」と呼びかける。

各戸で個別に行われる儀礼においては，村の守護霊，ムンの守護霊と，約10名から100名の範囲内で，父方・母方双方の祖先に対する食事も供えられる【写真80】。儀礼の最初にホールーは，食事を捧げた祖先全員の名前を読み上げる。

ではなぜ，このようなことを行うのだろうか。村人に尋ねると，「善霊を招

---

[51] これと同様の伝説は徳宏には広く伝えられており，たとえば張編［1992: 334-335］もほぼ同様の伝説を報告している。なお，タイ系民族の間にはほぼ同様のモチーフの「稲魂おばあさん」の伝説が広く伝えられている［岩田 1992: 145］。

写真79 仏塔前に供えられた食事。　　写真80 結婚式の際に祖先に供えられた食事。

けば，悪霊を追い祓い，村人を守護（クム）してくれる」（男性，64歳）といった返答がきかれることが多い。このように，仏教は精霊信仰と深く関わりながら実践されている。

(2) 悪霊と仏

　儀礼のもうひとつの大きな目的は，悪霊祓いである。村で最も頻繁に行われる悪霊祓いは，各戸で開催される家の新築式（xun hən mau）である。これは僧侶が止住する村落では僧侶が行うが，TL村の場合はホールーが行う。以下，儀礼の実際について簡単に紹介しよう。

　2007年2月22日にTL村のある家で新築式が開催された。儀礼は新居の「仏典棚」の前で行われる。「仏典棚」には花と蝋燭が3本ずつ供えられている。「仏典棚」の正面には仏に供える食事と新宅に供える食事（səm hən mau）の2つの盆，「仏典棚」に向かって右側には56人分の祖先に供える食事が置かれる。これは56人という数で一定しているわけではなく，老人たちが比較的近年に死去した祖先の中から任意に選ぶ。

　朝8時30分過ぎにホールー1名と男性老人11名，女性老人21名が「仏典棚」前に集まる。まずホールーが56人分の祖先の名前を誦える。次にホールーが先導して，食事を供えるとともに五戒を受ける【写真81】。9時に終了すると

第3章　「在家」が織りなす信仰空間　179

写真81 「仏典棚」に向かって食事を供えるホールー（中央）と村人たち。

　供物は家の外に片付けられて15分ほど休憩する。休憩後はホールー1人で上述のマーンカーラーパットプンを「仏典棚」に向かって唱え，悪霊を祓う【写真82】。すべての家に常備してあるわけではなく，家主が持っていなかった場合は近所の家から借りてくる。30分で説法は終了する。
　また庭には机を用意し，上にムンの守護霊とその従者への食事，地面には村の守護霊への食事を供える。参加者たちにも昼食，夕食がふるまわれ，夜にはすべて終了した。

　このように，ホールーの場合はマーンカーラーパットプン経の朗誦が用いられるが，僧侶が新築儀礼を行う場合には，村の除祓儀礼と同じく護呪経と羯磨文が用いられる。主要なものだけでも護呪経は11種類，羯磨文には20種類あるが，そのうち悪霊祓いの際に常用されるのは以下のとおりである。

護呪経
①吉祥経（Maŋ ka la suk）
②宝経（Jăt tăn na suk）

写真 82　マーンカーラーパットプンを読誦するホールー。

③慈経（Mɛt ta suk）
④晨朝経（Pok păn na suk）
羯磨文
⑤結界を作る際に地面の中から悪いものを引き抜くための羯磨文（B: Thein nok kanmawasa）
⑥得度式の際に結界の中で誦える羯磨文（B: Upathanpada dawanda kanmawasa）
⑦危害を防ぐ羯磨文（B: Anantayayika kanmawasa）
⑧悪霊を除祓する羯磨文（B: Patbazaniya kanmawasa）

　筆者が調査を行った際には，村の除祓儀礼では①③⑦⑧，公民館の新築儀礼では①②③④⑦⑧，第4章で述べる家屋の除祓儀礼では②③④⑦⑧が誦えられた。なお，羯磨文を誦える際には，僧侶の周囲に白い糸を張り巡らす。その際に用いられた糸や，前に置かれたバケツの中の砂，水，草も悪霊祓いの役割を果たす。
　ここで注意しておきたいのは，護呪経は在家者でも誦えられるが，羯磨文は僧侶のみが誦えられる点である。そのため，村人にとって重要な悪霊の除祓

第3章　「在家」が織りなす信仰空間　181

(*jap*) の際には出家者が招かれる。しかしそのような危機的な状況はしばしば生じる訳ではなく，村人は必要な時のみ他寺院から招請するという実践スタイルをとっている。そして羯磨文を誦える僧侶やマーンカーラーパットプン経を朗誦するホールーの声の力によって悪霊を除祓するのである。

それではここで，本章の記述についてまとめよう。

本章では，TL村の年中儀礼について，村人の1年間の生活との関わりから紹介した。徳宏の儀礼の多くは，上座仏教徒社会の他地域，中でもミャンマーの儀礼と共通する部分が多いが，さらにタイ系民族や漢文化の特徴も見られる。これは現在の徳宏周辺地域が王朝時代より，ビルマ王朝，中国王朝，さらにはタイ系の諸王国の狭間に位置してきた地理的特徴によるものだろう。

しかし上座仏教徒社会の他地域では出家者への寄進によって功徳を積むことをおもな目的とするのに対し，徳宏の仏教実践の独自性は，村落における集合儀礼で仏像や仏塔，各戸の「仏典棚」に置かれた仏典，さらに数々の守護霊への供物の奉納によって功徳や加護を得ることが儀礼の目的の中心となっている点である。つまり在家者と仏あるいは精霊との直接的な関係によって日常的な仏教実践は成立している。

もちろん4月祭のような勐卯鎮レベルで開催される大規模な儀礼には僧侶が招かれ，村人たちも出家者への布施によって功徳を積む。また村の除祓儀礼や公民館の新築儀礼の際には僧侶を招き，羯磨文を誦えてもらうことによって悪霊を祓う。しかしTL村の村人たちが参加する集合儀礼において，こうした機会は1年に3回のみである。TL村の日常的な儀礼において，供物の宛先はむしろ仏塔や寺院内の仏像，「仏典棚」に置かれた仏典，さらに数々の守護霊が中心である。そして仏塔は盆地全体，寺院内の仏像は村落，そして「仏典棚」に置かれた仏典は村落内の各戸を守護する役割を果たす。仏典を誦える在家の専門家ホールーや，安居期間中に寺籠りして八戒を守る老人ヒン・ラーイは，そうした事物と一般在家者との媒介者の役割を果たしている。中でもホールーは儀礼執行の際に不可欠の役割を果たしているのである。

本章では，集落全体で行われる儀礼について紹介してきたが，個々の村人たちが仏教とかかわるのは，集合儀礼ばかりではない。次に，個々の村人の生活と仏教の関わりについて述べる。

コラム　パターン誦唱祭 ── 論蔵の誦唱による悪霊祓い

　近年になってミャンマー側から伝わり，徳宏で行われるようになった儀礼のひとつに，パターン（発趣論）誦唱祭（Pɔi lɔt ho pa than/Pɔi pa than）が挙げられる。発趣論とは，論蔵（A phi thăm ma）の七部のうちの一部であり，24の物質（păt tse sau si）について解説したものである。パーリ語をビルマ文字で表記した書物では5冊に分かれている。TL村ではまだ行われたことがないが，筆者の調査期間中には瑞麗市内の4か村で雨安居明けの期間中に行われた。この儀礼は，発趣論を僧侶が1時間ごとに交代で3日間〜5日間にわたって，昼夜を問わず連続して誦える儀礼である。ミャンマー側では一般的に7日間開催されるが，中国側では仏教儀礼を長期間にわたって開催すべきでないという政府の指導もあり，開催期間は比較的短い。この儀礼はもともと1970年代にヤンゴンで開始されたものであり，シャン州では1980年代頃から普及し，中国側では2000年頃から行われるようになった。

　パターン誦唱祭を行う際には，24名の僧侶が必要である。そのため瑞麗・隴川・盈江のような比較的国境に近い市・県ではミャンマー側から僧侶を補充するが，芒市のような国境から離れた地域では僧侶をミャンマー側から招請できず，開催経験がない。

　仏像の前の高い段に僧侶が座り，その前には誦経台を設ける。3日間〜5日間で誦え終わるような分量ではないが，可能なところまで誦える。その間，誦経の声はマイクで村全体に響きわたる。僧侶が発趣論を誦える声には威力（phuŋ tăn xo）があるため，悪霊を祓い，危害を避けて利益をもたらし，経済も生活も良くなるとされる。

　また誦経のマイクからは白い綿糸が寺の外まで伸びている【写真】。境内には24のバケツが用意され，それぞれ24の物質の名前が記入されている。バケツには水が張ってあり，そこまで白い糸は到達している。糸を通して誦経の声のもつ力が水の中に入ることで，パターン水（lăm pa than）という特別な水ができあがるとされ，村人たちはこぞってこの水を持ち帰る。パタン水を飲用したり顔を洗ったりすることで，病気が治癒される，あるいは悪霊から身を守ることができるといわれ，ある地域では，口がきけなかった人が話せるようになったほどの効果があると伝えられる。

　僧侶が誦経を続けている間，他村の人たちが村ごとにまとまって布施に訪れ

パーターンを誦唱する僧侶。糸が伸びて寺院外のパーターン水に到る。

る。それを村人が受け取ると、ホールーは祝福の言葉をかける。布施が終了すると若い父親たちが境内で銅鑼、シンバル、太鼓を打ち鳴らし、それを中心に若い母親たちは踊り始める。寺院内の僧侶の誦経の聖なる声と、寺院外の俗なる踊りの音が交錯する。ひとしきり踊り終わると、他村の村人たちはふるまわれた食事をとり、帰宅する。このようにして次から次へと周辺の村落の人々が訪れる。

儀礼が終了すると、マイクに結ばれていた糸がはずされ、短く切って参加した在家たちに分け与えられる。これはパーターン糸（*măi pa than*）と呼ばれ、僧侶の誦経の力が宿っているため、厄除けになると考えられており、多くの参加者が先を争うようにしてこの糸を持ち帰る。

この儀礼で興味深いのは、三蔵の中の経蔵ではなく論蔵が誦唱される点である。というのも、上座仏教徒社会では、僧侶が経蔵などから抜粋される護呪経（パリッタ）を唱え、その声の宿る聖水や聖糸が、悪霊を祓い身を守護する力を持つと信仰されていることが知られているからである。また、タイには、同じく経蔵の一部であるジャータカを長時間にわたって僧侶が朗誦する儀礼が存在する。しかし誦えられる経典が徳宏では異なるのである。三蔵経典のうち、タイは経蔵を重視し、ミャンマーは論蔵を重視すると言われるが、そのことを反映しているのかもしれない。

第4章
担い手から見る宗教実践

村人が霊媒ザウラーンに新しくなると，その師を中心とするグループは祭り（ポイ）を開催する。この写真は，左側奥の女性のために行った祭りの際に撮影したものである。大部分は女性であるが，中には男性もいる。人間としての性別とは関係なく，男性の精霊が憑依すればザウザーイ，女性の精霊が憑依した場合はザウラーンと呼ばれる。左側中央の女性が全員の師であり、弟子たちの大部分は彼女の元クライアントである。当初は癒される側だった村人たちが，後に癒す側にまわり，村人の様々な宗教的需要に応えている。

ここまで，徳宏地域の宗教実践について，それを規定するさまざまな構成要素に即して，ある程度一般化しながら述べてきた。しかし，こうした村落全体で行われる集合的な儀礼よりも，生活上の困難に直面した際に行う宗教実践のほうが，村人とってはより切実に必要とされていることも多い。にもかかわらず，徳宏を対象とした先行研究ではこうした個人の実践についてほとんど明らかにされてこなかった。また実践する人々それぞれに視点を据えたとき，そこには何らかの「宗教」を必要とするさまざまな事情があり，それに対処するための実践形態もさまざまである。その多様性こそ，本書を通じて明らかにしたい点の一つである。そこで本章では，村人の日常生活において何らかの困難に直面した際に，どの儀礼専門家が必要とされるのかについて考察する。どの儀礼専門家を選択するか，そこにはその地域によって規定される諸条件に加えて，村落による事情の差異や，果ては個人の好みまで影響を及ぼしうる。その全貌を明らかにすることは困難であるが，幸い筆者は1年以上にわたって農家に寄宿させていただき，生活の中での宗教を観察する機会を得たため，本章では筆者の寄宿先のA家の事例を中心に考察したい。

　第3章でも少しふれたが，A家の男性老人M氏（60歳）はもともと高血圧であったが，50歳の時（1997年）に脳血栓で倒れ，半身不随となった。その時にA家の家族はまずM氏を瑞麗市民族医院，さらには芒市にある徳宏州医院に連れて行った。しばらく入院していたが治癒せず，医者にはあと4～5年の命であると言われた。そこでまず瑞麗HF村の女性霊媒師（tsău laŋ）を訪れ，悪霊祓いの儀礼を行ってもらった。しかしそれでも治らず，次は瑞麗LT寺の僧侶に偈頌を唱えてもらい，悪霊を除祓しようとした。それも失敗に終わったため，瑞麗LH村の女性霊媒師，保山の漢族の按摩師，ミャンマー側のナンカン郡LX村の男性悪霊祓い師（sa la），瑞麗LT村の女性霊媒師，遮放LY村の男性悪霊祓い師，芒市SK村の女性霊媒師と各地の霊媒師，悪霊祓い師，僧侶などを訪れたという。

　A家の家族たちがM氏を最初に連れて行ったのが地方の大規模病院であることからもわかるように，彼らが近代の医療技術を信頼していない訳ではない。しかしそれでも治癒しない場合，各地の宗教職能者のもとを訪れるのは，A家の家族のみならず多くの村人たちも同様であった。

　TL村で1年間を過ごした際に，何らかの生活上の問題が生じた村人たちの家に最もよく呼ばれていたのは，在家の誦経・説法専門家ホールーである。徳

宏のホールーは男性のみであり，各村に1名いる。A家の場合，長男の家族に問題が生じたため，元ホールーを自宅に1年間に2回呼んだ。その際，寺院に居住する4名の女性修行者にも寄進した。またA家の老夫婦は，村内の親戚がホールーを招いた際に，呼ばれて参加したことが2回あった。この他，A家の女性老人は，他村の寺院に居住する出家者を2回，村外に居住する在家の女性霊媒師ザウラーンを1回訪れた。以下では，これらの村人の生活にとって重要な役割を果たす宗教実践の担い手について紹介するとともに，担い手たちの経歴について説明する。

1. ホールー

ホールーのホーは「頭」，ルーは「布施」を意味するように，村の儀礼において，在家信徒が寄進する際，その代表として誦経を先導する男性である。前章【表14】のほとんどの欄に○印がついていることからもわかるように，儀礼に不可欠な存在で，在家者が仏や精霊に対して布施をする際に媒介者としての役割を果たす。瑞麗では各寺院に1名であるが，瑞麗以外の地域では1か村に複数のホールーが存在する場合もある。

調査当時，TL村でホールーを務めていたのはS氏（40歳）である。S氏はミャンマー側の出身で，寺子として4年間，寺院に居住した経験はあるが，出家経験はない。現在は中国側のKL村に居住し，儀礼の際にはTL村へ通っていた。もう1名，引退した前任のホールー（75歳）が存在する。彼はTL村に生まれて文革前にTL村で10年間，見習僧として出家の後，還俗した経歴を持つ。文革後の1984年にTL村の寺院が再建されてから1995年まで11年間にわたってホールーを務め，調査当時もTL村内に居住していた。S氏の後任のホールーも村外出身者であるが，村内に居住している。なおホールーの経歴や任務の全体については次の第5章で詳述することとし，ここでは村人たちが不幸や災難に直面した際に行われる儀礼に限って紹介したい。

(1) 年齢数の供物儀礼

A氏（男性，33歳）は調査当時，家庭内の問題を抱えていた。ちょうどA氏は33歳であり，年齢が3，6，9に関わる「厄年」であるため，こうした問題

写真83　あらゆる供物を年齢数揃える。 　　写真84　自宅の「仏典棚」前に供える。

が生じたのではないかとA氏の母は考え，親戚にあたるTL村の老ホールーに頼んで年齢数の供物儀礼を行うことにした。徳宏タイ語ではルーソムアーサーック (lu sɔm a sak) またはハウアーサーック (xău a sak) と言う。アーサークはビルマ語で「年齢」を意味するアテッ (B: athet) に由来し，ソムは「仏に供える食事」，ルーは「布施する」の意である。健康がすぐれないときや何らかの問題が発生したときに，供物をすべて年齢の数だけそろえて布施する儀礼である。ホールーを呼んで自宅の「仏典棚」に供えてもよいし，TL村の場合は，ホールーでなく女性修行者に依頼する村人もいる。その場合，女性修行者の居住するホーシン内の仏前で実施される。A氏の母は，老ホールーと親戚であるため，彼に依頼した。

儀礼が行われた2007年1月30日は，朝7時に老ホールーが到着した。自宅の仏前にうちわ34本，蝋燭34本，線香34本を供える【写真83】。供物はすべて年齢の数だけそろえて供えるが，34という数字は，A氏のタイ族での数え年に由来する。また小さい盆の中に砂の仏塔（コンムーサーイ）を作って供える。さらに花と仏の食事を載せるために2つの竹で編んだ台 (phən sɔŋ) が用意される。ひとつの台には花，バナナ，レモン，豚肉，長豆，米，砂，水が34ずつと10元札が載せられ，もうひとつの台には仏の食事（バナナ，みかん，飯，水，ビスケット）が載っている。さらに亡くなった祖父母，叔父のために，ビスケット，豚肉，みかんを上に載せた食事も供える【写真84】。準備が整うと，ホールーが「仏典棚」に向かって誦経する。終了するとA氏は近くのダムに亀を持って行き，そこで放生する。亀でなくとも何らかの生き物の命を救うことによって善行をしたことになるのだという。また34本の団扇を寺院に寄

第4章　担い手から見る宗教実践　189

進した。

(2) 108 の供物儀礼

　年齢数の供物儀礼が，TL 村の中ではしばしば行われたのに対し，108 の供物儀礼（sɔm tso pak pɛt）が行われたのは，TL 村に滞在中，筆者の知る限りは1度のみであった。ここでは，その 2007 年 7 月 23 日に M 家で行われた事例を紹介する。

　M 家では 2007 年 5 月下旬に長男の家庭不和が生じ，また M 氏自身も 9 月で 63 歳になることから 6+3=9 で，A 氏同様に，3, 6, 9 が含まれる「厄年」に近づいたため，隣村に居住する親戚の霊媒師（ザウラーン）のところへ相談にいった。すると霊媒師は，一家の「時（lam/tso/keŋ）」が弱まっているため，運勢を立て直す（kām tso kām keŋ/kām tso kām lam）ことが必要であり，108 の供物儀礼をやるように言った。

　徳宏タイ語のソムゾーパークペットのうち，パークペットは 108，ゾーは「時」を意味するが，日本語のニュアンスとしては「運勢」といった意味に近い。あらゆる供物（ソム）を 108 ずつそろえることによって運勢を変えようとする儀礼である【写真 85】。

　「年齢数の供物儀礼」が個人の年齢によって行われるのに対し，「108 の供物儀礼」は家族全体が何らかの不幸に見舞われた時に行う。そのため年齢数の供物儀礼より行われる頻度は低い。この儀礼は新ホールーがミャンマー側に居住する友人のホールーに誦える文句を筆写させてもらった後，比較的最近になって行い始めたものである。

　なぜ 108 なのかという理由について TL 村の新ホールーにたずねると，各曜日の動物の寿命を合計すると 108 になるからだという。すなわち，日曜日の鳳凰（ka lun）は 6 年，月曜日の虎（sɤ）は 15 年，火曜日の獅子（xaŋ si）は 8 年，水曜日午前の白象（tsaŋ phɤk）は 17 年，水曜日午後の黒象（tsaŋ lām）は 12 年，木曜日のネズミ（lu）は 19 年，金曜日の牛（ŋo）は 21 年，土曜日の蛇（ŋu）は 10 年である[1]。仏，守護霊とともに，これらの動物すべてに対して供物を捧げ，

---

[1] これらの曜日ごとに配当される動物と年はビルマとほぼ同様であるが，若干異なる。すなわち，ビルマの場合，水曜午前は牙あり象，水曜午後は牙なし象，金曜は天竺ネズミ，土曜は龍であるとされる［土佐 2000: 156］。

写真85　あらゆる供物を108ずつ用意する。　　写真86　「仏典棚」に向かって誦経するホールー。

ホールーと老人たちが誦経することによって一家の運勢を立て直す【写真86】。

　7月23日の朝8時にホールーとM氏夫妻，さらに親戚や友人の老人14名が家の「仏典棚」前に集まる。竹製の台の上には仏への食事（パン，飯，りんご，卵，黄瓜，水，豚肉，パイナップル）を供える。この他，茄子，豆，黄瓜，バナナ，砂糖キビ，ビスケットを108切れずつ用意する。茄子，豆，黄瓜は形状が長いことから，長寿になるとされる。バナナ，砂糖キビは最も甘い植物であり，上等な供物として必ず奉納される。この他，ザーックザーと花を108本，砂，水を108匙ずつ用意する。庭には村の守護霊，ムンの守護霊用の食事も用意する。

　ホールーはまず「仏典棚」に向かい，M氏が108の供物を布施する旨を告げる。そして村の守護霊，国の守護神，四方の善霊，父母の霊，8曜日すべての動物を招き，加護を請う。善霊が来ると悪霊は追い祓われるという。次に五戒などを誦えていき，30分ほどで終了する。終了すると供物は家の横の菩提樹の下に置く。菩提樹は長寿であるため，それにあやかり，供物を奉納することによって加護を請う。砂は川へ捨てに行く。しばらくして参加者には昼食がふるまわれて終了する。

(3) ムーザー供物儀礼

　徳宏タイ語ではソムムーザー（sɔm mu tsa）である。ムーザーの意味をTL村の村人たちに尋ねても不明であったが，芒市で調査を行った褚建芳によれば，ムーザーとは，「無事息災（ユーリーキンワーン）」を意味する［褚 2005: 269］。

褚はこの儀礼を,芒市では非常に普遍的な儀礼であるとするが,瑞麗ではタイ・ルーの村でのみ稀に行われ,タイ・マーウの村では実施されない。108の供物儀礼と同様,一家全体が不幸や災難に見舞われたときに,無事息災を祈って行われる。TL村はタイ・ルーの村であるため,文革前から行われていたというが,ミャンマー側出身の新ホールーに代わってからは108の供物儀礼のほうが比較的多く行われるようになった。新ホールーもTL村出身の元ホールーに方法を習ったため,この儀礼を行うことができるが,実際にはほとんど行わない。そのため筆者も参加できなかったが,新ホールからの聴き取りによってその概略を記述しておく。

　自宅の「仏典棚」前に仏への飯,食物（o tsa, 飯の上にビスケットや飯などを載せる）,花,ザーックザーをそれぞれ9ずつ2セット準備する。この他,線香,蝋燭を9本,油9匙,水を入れた竹筒9本,砂を入れた竹筒9本を準備する。このように供物の数が108の供物儀礼や年齢数の供物儀礼と異なって9に統一されているが,その他の儀礼の要領は基本的に同じである。

2. 女性修行者

　以上のように,ホールーに供物の布施を依頼する場合もあるが,村人によっては寺院境内のホーシン（第2章参照）に居住する女性修行者に依頼する人もいる。その他にも,村人はしばしば村の女性修行者を訪れるが,瑞麗市内の118の宗教施設において,女性修行者が居住するのはわずか12施設のみで,TL村はやや特殊な事例である。ここでは,その具体的な役割について紹介する。

　女性修行者は,一般にラーイハーウと呼ばれる。ラーイ（lai）は「お婆さん」,ハーウ（xau）は「純白な」の意であり,年齢が若い場合にはルック（luk 子ども）ハーウなどとも呼ばれる。現在ではミャンマーのティーラシン（B: thilashin）と同様,ピンク色の布を着用しているが【写真87】,以前は白い布であったためこのように呼ばれる［江 2003］。剃髪し,寺院境内に居住しているが,他の上座仏教徒社会と同様,徳宏においてもあくまで世俗に位置づけられているため,儀礼の際に寺院内で座る位置も,男性在家者の後方,女性在家者の最前列である。また徳宏では男性は女性より地位が高いため,男性在家者はラーイハーウを拝むべきでないとされている。

写真 87　TL 村のラーイハーウ。

　次に，女性修行者の日常生活について紹介しよう。彼女たちは，朝5時（中国時間6時半）に起床して瞑想。6時に朝食準備を始め，7時から7時半前まで仏像に食事を供える。自らの食事は7時半に朝食，11時半に正午前の食事をとる。日中は境内の掃除などをする。夜7時半に仏像に花を供え，瞑想を1時間ほどして9時ごろ就寝する。この掃除を始めとする寺院管理は女性修行者の重要な仕事であり，それを怠った場合には，村人から嫌われ，寺院境内への居住を拒否された例も筆者は知っている。

　また TL 村では葬式の際に，各戸で女性修行者を誦経に招く【写真88】。女性修行者が居住していない村ではホールーのみで済ませるため，葬式の際に必要不可欠という訳ではないが，ほとんどの村人たちが女性修行者のスポンサー（養父・養母）となっているため，葬式に招いてアースーパー経を誦えてもらう。なお，出家者が止住している村では出家者を招くが，TL 村で葬式に出家者を招くことはない。

　この他，結婚式や新築式の吉日を選ぶ際にも村人がよく訪れる。吉日はシャン州ティーボー発行の「タイ式占いカレンダー（Pik xa tiŋ pe tǎŋ vǎn tai）」を見て

写真 88　TL 村の葬式の際に誦経するラーイハーウ。

教える。このカレンダーはシャン文字で書かれているため，多くの TL 村の村人たちは読むことができず，女性修行者に読んでもらう。

　また村人の依頼に応じて，灌水祭 (saŋ tsɛn) の時にシャン州のティーボーで発行される『灌水祭誌 (Lik saŋ tsɛn)』を読み，村人の生まれた曜日の運勢が悪いと書いてあった場合には，「運勢直し (me tso me keŋ)」を行う。2006 年には 1 年間に 39 名がこれを行ったという。これは食事，果物，ビスケット，水をそれぞれ 1 碗，蝋燭，線香を 3 セットずつそろえ，さらに『灌水祭誌』に指定してある布施すべき物を寺院の仏像に供える。

　村人の運勢が悪い場合や病気になった際には「年齢数の供物儀礼 (xău a sak)」を行う。これは 2006 年の 1 年間に 6〜7 名が行った。先述したように，自宅で行う場合はホールーが誦経するが，寺院で行う場合には女性修行者が誦経する。方法はホールーと基本的には同じだが，飯，果物，ビスケット，花，蝋燭，線香，水，砂などを年齢の数より 2 つ多く供える。上述したようにホールーの方法は年齢に 1 を加えた数の供物をそろえるため，両者の方法は若干異なる。

では，女性修行者はどこから来たのだろうか。2009 年現在，TL 村の寺院に居住する 4 名の女性修行者の経歴を見てみよう。

年長の S さん（47 歳，受戒歴 30 年）は，1960 年にシャン州ナンカン郡 MO 村で生まれた。タアーン族である。小学校には学前班（B: tungedan）のみ通い，後は家の手伝いをしていた。1977 年（17 歳）のときに女性修行者として受戒したくなり，MO 村のカムマタン寺院（Tsɔŋ Kǎm ma than）の住職から受戒する（xam xau）。1982 年（22 歳）にマンダレー市内のマンアウンタイッ（B: Man aung taik）寺院へ教理学習に赴く。1985 年（25 歳）にはミャンマー政府の教理試験基礎レベル（B: Achyeipyu Muladan），1987 年（27 歳）には論蔵試験（B: Abidanma Sameibwe）に合格し，その直後にカムマタン寺院へ戻った。1988 年（28 歳）に TL 村の仏塔を参拝に訪れた際，先に居住していた高齢の女性修行者から，境内のホーシンに共住するよう要請を受けた。女性修行者たちはそれまで居住していたナンカン郡の寺院の住職の許可を得て仏塔へ移住したが，後から移住したタイ族の女性修行者との間に諍いが生じたため，1996 年に村の寺院へ移った。

次に，S さんとほぼ同時期に TL 村へ移動した N さん（45 歳，受戒歴 30 年）の経歴である【図 16】。N さんは 1962 年，シャン州クッカイン（B: Kut hkaing）郡 MS 村に生まれた。ミャンマー政府の中学校 7 年生まで通ったが，1977 年（15 歳）に上述の S さんと同じナンカン郡のカムマタン寺の住職から受戒した。その後 1979 年（17 歳）にはメーミョの寺院へ教理学習に赴くが，1980 年（18 歳）にいったんカムマタン寺へ戻る。1985 年（23 歳）にザガインのタメイッドーチャウン（B: Thameikdaw hkyaung）寺へ移った後，1988 年（26 歳）にカムマタン寺へ戻った。その直後に，友人の女性修行者 S さんとともに TL 村の仏塔を参拝し，先住していた女性修行者の要請を受けて仏塔へ移住。さらに女性修行者間の諍いの結果，S さんとともに 1996 年に村の寺院へ移住した。

なお，2008 年からは S さん，N さんに加えて，以下の 2 名の女性修行者が移住している。

一人は L さん（17 歳）である。L さんは 1991 年，クッカイン郡 MS 村に生まれた。N さんの親戚である。ミャンマー政府の小学校 4 年生まで通ったが，中学校は遠くて経済的負担がかかるため通えず，2002 年（11 歳）からは家事手伝いと家業（茶の栽培）の手伝いをしていた。しかしその後，両親が相次いで死去したため，叔母にあたる N さんの誘いもあり，2007 年（16 歳）に TL 寺で

図16　Nさんの移動経路

Sさん，Nさんを授戒師として受戒した。受戒後すぐ，先輩の女性修行者とともにザガインのタメイッドーチャウンへ教理学習に赴いた。しかし2008年に，ともにザガインへ赴いた先輩の女性修行者が還俗し，心細くなったためTL寺に戻っている。

もう一人はJさん（13歳）である。Jさんは1995年，Nさん，Lさんと同じくクッカイン郡MS村に生まれた。Nさん，Lさんの親戚である。小学校2年生まで通い，2003年（8歳）に退学し，その直後にTL寺でSさん，Nさんを授戒師として受戒した。2005年（10歳）からは先輩の女性修行者とともにザガインのタメイッドーチャウンへ教理学習に赴いたが，2008年には先輩の還俗にともない，TL寺に戻っている。

つまり，寺院内に女性修行者が居住してはいるものの，4人ともミャンマー側の国境に面したナンカン郡またはクッカイン郡の出身者で，ミャンマー中央

部で教理教育を受けた後に TL 村へ移住したのである。このようにミャンマー中央部へ教理学習に赴く女性修行者は伝統的に存在したが，以前はその数が限られており，現在のように増加したのは，1970〜80年代にシャン州内の交通網が発達して以降のことであるという。そしてラーイハーウたちは，ミャンマー中央部の教学寺院でパーリ語経典の学習に励み，瞑想寺院で修行した経験も持っている。

　しかし一方で，彼女たちの TL 村における日常的な宗教実践では，先述したようにシャン州で発行されたカレンダー・印刷物を参照した占いや布施の品物の相談が中心である。ミャンマー中心部で学んだパーリ語経典に基づく教理や瞑想法を村人たちに教えないのかと筆者は彼女たちに尋ねたことがある。すると彼女たちは，「真理を説けば飯が食えない (B: *Taya ho yin thamin ngat me*)」のだという。つまりミャンマー中央部の仏教を押し付ければ，村人の支持を得られず，布施も得られない。そのため村人たちの需要のあるシャン州式の占いに基づく実践はラーイハーウを通して普及したが，ミャンマー中央部の教学寺院で教育される三蔵経典に基づいた教理や瞑想法が徳宏で浸透している訳ではない。このように，人の移動は徳宏における地域の実践に変容をもたらしたが，かといってあらゆる実践の均質化が進行するとは限らず，地域に住む人々の志向に応じた取捨選択が行われているのである。

3．出家者

　第3章で述べたように，村落全体の集合儀礼において出家者が招かれたのは1年に3回のみである。しかし病気や何らかの不幸に直面した際に，村人が自宅に出家者を招いたことも1回のみだがあった。また村人たちが，商売の相談や病気の治癒を求めて僧侶を訪ねることもある。A家の場合は，前述したように，男性老人が病気で倒れた際や，筆者の滞在中にも赤ん坊がしばしば夜泣きをした際に，僧侶を訪ねていた。以下では，そのような時に出家者が行う儀礼について述べる。

　瑞麗では20歳未満の見習僧をザウサーン (*tsǎu saŋ*)，20歳以上の僧侶をモンザーン (*mon tsaŋ*) またはザウザーン (*tsǎu tsaŋ*) と呼ぶ。住職 (*mon tsǎu/tsǎu sɛ*) はおよそ30歳以上 (法臘10年以上) である。住職と僧侶は安居期間中の布薩日のうち新月と満月の2回のみ布薩堂に入り，戒文 (*pa ti muk*) を誦唱する。ミャン

マーでは安居期間中以外も布薩日には布薩堂へ入るのが一般的だが，徳宏では安居期間中に限られる。見習僧と寺子は布薩堂へ入らない。

なお，20歳以上の地位の僧侶に対する徳宏タイ語での呼称は一定していない。1982年以前は教派によって呼称が異なっていた［張編 1992］。

  ポイゾン派　……召尚（ザウサーン＝見習僧），召長（ザウザーン＝僧侶），召幾（ザウジー），西拉多（シーラードー）
  ヨン派　…………召尚（ザウサーン＝見習僧），召悶（ザウモン＝僧侶），召庭（ザウティン），沙弥（サーミー），桑召（サンザウ），祜瑪召（フーマーザウ），阿嘎瑪利（アガーマーリ），瑪哈尖（マハージェン）
  トーレー派　……召尚（ザウサーン＝見習僧），召長（ザウザーン＝僧侶），召虎（ザウフー），召貼（ザウティー），召瑪哈（ザウマハー），召尚哈拉扎（ザウサンハーラージャー）

1982年以降，徳宏州仏教協会によって出家者の呼称は以下のように統一されたという［張 1992: 135-136］。

  ザウサーン（*tsău saŋ*，召尚）　　……8歳から19歳までの見習僧
  ザウザーン（*tsău tsaŋ*，召長）　　……20歳以上で僧侶経験が3年から4年あり，住職を任せられる僧侶
  ザウモン（*tsău mon* 召悶）　　　　……住職
  ザウジー（*tsău tsi* 召幾）　　　　　……年齢35歳以上で僧侶経験が20年前後の長老僧
  ザウプンジー（*tsău puŋ tsi* 召崩幾）……官庁によって任命される長老僧。具体的には県レベル以上の仏教協会会長と副会長

しかし筆者が聴き取りを行った限りでは，必ずしも上記のとおりに呼ばれているわけではない。2007年当時の瑞麗市仏教協会会長S師（トーレー派）に聴き取りを行ったところ，以下のような説明を受けた。S師は調査当時，ナンカン郡から招かれて瑞麗市仏教協会会長を務めていたが，仏教協会会長の認識で

さえ公式見解とは異なっている。

　　カッピー（kăp pi）　　　　　　……寺子
　　ザウサーン（tsău saŋ）　　　　……20歳未満の見習僧
　　ザウザーン（tsău tsaŋ）　　　　……20～25歳の僧侶
　　ザウモン（tsău mon）　　　　　……25～30歳以上の住職
　　ザウティン（tsău thin）　　　　……30～35歳ぐらいで法臘10年以上
　　ザウフー（tsău xu）　　　　　　……優れた教師僧
　　ザウフーワー（tsău xu va）　　　……州レベルでの長老僧
　　ザウフーワームン（tsău xu va məŋ）……国レベルでの長老僧

　しかし同じトーレー派でも呼称は一枚岩ではなく，VM寺の住職（25歳）は次のように説明する。筆者は他にも多くの出家者に聴き取りを行ったが，以下のような説明を受けることが最も多かった。

　　カッピー（kăp pi）　　　　　　……寺子
　　ザウサーン（tsău saŋ）　　　　……20歳未満の見習僧
　　ザウザーン（tsău tsaŋ）　　　　……20歳以上の僧侶
　　モンザウ（mon tsău）　　　　　……法臘約10年（約30歳以上）の住職に
　　　　　　　　　　　　　　　　　　　対する在家者からの呼称
　　ザウセー（tsău sɛ）　　　　　　……法臘約10年（約30歳以上）の住職に
　　　　　　　　　　　　　　　　　　　対する僧侶どうしの呼称
　　ザウロン（tsău loŋ）　　　　　　……法臘が大きい僧侶

　このような状況は，呼称が比較的明瞭に規定されているビルマ語での呼称と比較すると対照的である。徳宏ではこのように様々な呼称が混在し，仏教協会の規定も一般化していない。その要因については第6章で考察する。
　家人が病気や不幸に直面した際，それに対処する方法の一つとして，僧侶を招き家屋の悪霊を除祓することがある。筆者が滞在した期間中に1回のみ行われたと聞いたが，筆者は参加できなかったため，儀礼を執行したVM寺とTT寺の住職への聴き取りによって儀礼の概略を紹介する。
　家屋の除祓儀礼のことを徳宏タイ語ではヤーップフン（jap hən）と言う。

第4章　担い手から見る宗教実践　199

ヤープは「鎮圧する」，フンは「家」の意である。僧侶3名または5名で護呪経と羯磨文を誦え，悪霊を祓う。終了後，TT 寺の住職の師にあたる先述のコーケー師が作成した護符 (aŋ) を玄関の上に貼る【写真89】。この護符には，赤い布にマジックで阿羅漢 (B: ara han) とビルマ文字で記してあり，これを貼っておくと危害を逃れることができると言われているため，多くの家に貼られている。

第3章で述べた村の除祓儀礼や公民館の新築儀礼と同様，護呪経と羯磨文を誦える家屋の除祓儀礼は，すべての僧侶が行うことのできる除祓儀礼である。一方で，それ以外の様々な技法を用いて，病気治療や占い，商売繁盛などのクライアントの要求に応えることのできる僧侶も存在するが，筆者の調査当時，こうした実践の可能な僧侶は瑞麗市内では6名のみであった。その方法は僧侶によって異なるため，ここではA家の女性老人も孫が夜泣きする時などに訪れたHS寺の住職S師 (51歳) の事例について紹介する (▶動画リンク)。

クライアントはS師に三拝するとまず米，ビスケット，金銭を供える。S師はそれが肉体的な病気なのか，悪霊によるものなのか診断するために，クライアントを床に脚を伸ばして座らせ，「もし悪霊がいるなら脚は持ち上がらず，いなければ持ち上がる」などと言いながら脚を持ち上げさせてみる。クライアントの脚が上がらなければ，悪霊が原因と診断され，S師が治療することになる。クライアントの脚が上がれば体調不良の原因は悪霊ではないということになり，病院へ行くように勧められる。

脚が上がらなかった場合，まずS師は護符を紙に書き，偈頌を口の近くで誦えて吹き込む (pāu ka tha)。この紙はミャンマー側のナンカンで購入したシャン紙 (tse sa) である。護符というのは碁盤の目状の升目や人，動物の絵の中にパーリ語やビルマ語の文句を配した表である。護符の種類は，悪霊が体内に入ったときに使うもの【写真90】や，商売繁盛を目的としたもの【写真91】，人がいなくなったときに探すものなど数限りなくある。またクライアントが生まれた曜日によっても護符の作り方は異なる。

僧侶が誦える偈頌というのは，経蔵，論蔵などに記された韻文の形で仏徳を

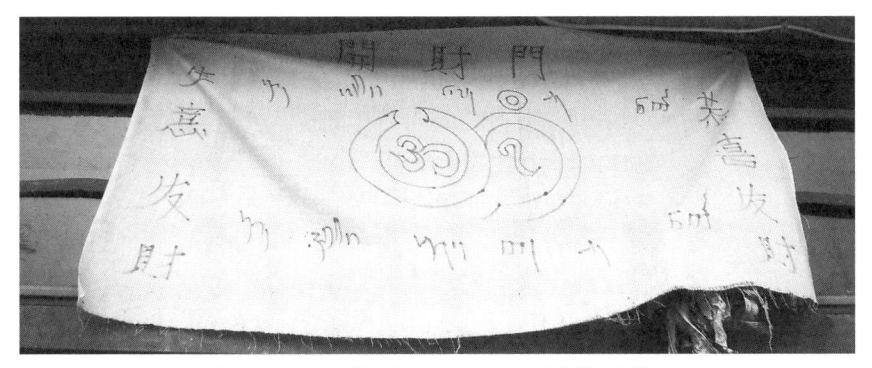

写真89　家の玄関に貼られたコーケー師直筆の護符。

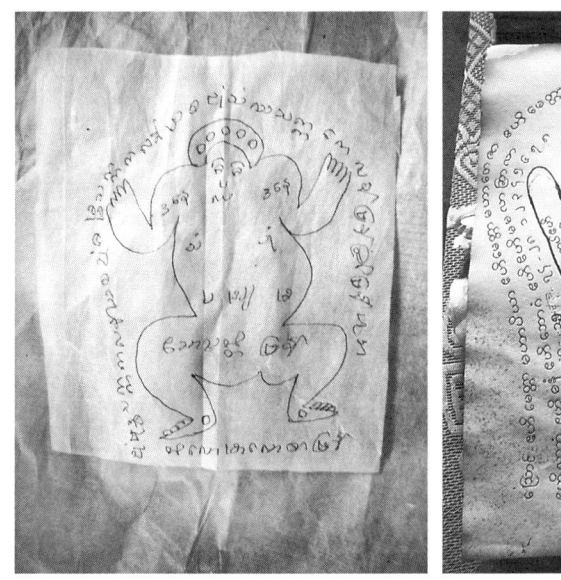

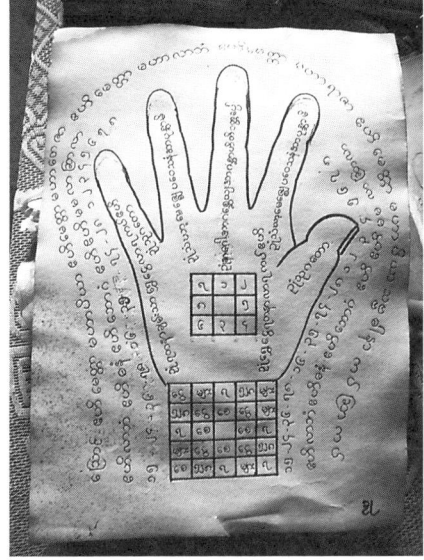

写真90（左）　悪霊除けの護符。
写真91（右）　商売繁盛を目的とする護符。下部の格子状の部分には，ビルマ文字で「グエー（B: ngwei）銀，金銭」，「ミャー（B: mya）多い」，「ヤー（B: ya）得る」，「ゼー（B: zei）～ように」という文字が枡の中に書かれており，それを組み合わせて読むと，「お金がたくさん手に入りますように」という意味になる。

第4章　担い手から見る宗教実践　201

賛嘆し教理を述べた文句である。偈頌は無数に存在するが、HS寺の住職が最もよく用いるのはカーターサムプッテー (Ka tha sǎm put the) である。これはブッダの28種類の恩徳 (kuŋ) について述べたものであり、誦えると悪霊を追い祓うことができると信じられている。そのため偈頌を吹き込むと紙も「生命 (a sak)」を持つようになる。これを火で燃やし、灰をコップに入れて水に溶かして護符を食べる (kin aŋ)。あるいはシャン州ティーボーやチャウッメー (B: Kyauk me、德宏タイ語ではゾックメー (Tsɔk me)) 産の薬草を用いて僧侶が作成した薬に偈頌を吹き込み、水に溶かして飲む場合もある。

写真92　水に偈頌を吹き込むコーケー師。

　帰る際にクライアントは、S師が偈頌を吹き込んだ水 (lām mɛt ta/lām pǎu) をペットボトルに入れて持ち帰る【写真92】。これを毎日飲むと、悪霊を追い祓うことができる。あるいは持参した米に偈頌を吹き込み、その米を家の中へ撒くことによって悪霊を追い祓う。最後に護身糸 (lak pɔi) に災難を防ぐ偈頌 (ka tha he phe) を吹き込み、手首や首に巻きつける。これも悪霊から身を守るものである。

　以上が基本的な治療方法である。これでも治癒できない場合には、別室で床にクライアントを横たわらせる。護符を油に浸し、僧侶の袈裟を切り取り、糸で結んで芯を作って皿に点火する【写真93】。袈裟は着用したものでも着用していないものでも悪霊祓いの威力 (phuŋ tǎn xo) があるためである。

　それを枕元と足下に置き、「悪霊よ出て行け、出て行け」と僧侶が強い口調で言う。次に結界を新しく設ける際に用いる『結界から悪霊を抜き出す羯磨文 (B: Theinnok kanmawasa)』の「結界 (sim)」の語の部分を人の名前におきかえて誦える【写真94・95】。この羯磨文は本来、新しく結界を設ける際に誦えるものであるが、人体から悪霊を除祓するためにも効果を発揮する。これを誦えると悪霊は体内から出て行くが、再び体内に戻らないように、護符と袈裟を浸した油を枕元と足下で30分ほど燃やし続ける (kǎi aŋ)。

　この他S師は、商売繁盛や道中安全の護符を芯にして蝋燭を作り、偈頌を吹

写真93　袈裟で芯を作り，油に浸して点火する。　　写真94　羯磨文を誦える住職。

写真95　パーリ語の文句をビルマ文字で書いた羯磨文。

き込む。これを寺院の仏前に置き，申請者の名前を誦えておく。これをクライアントが持ち帰り，自宅の「仏典棚」に点火すると目的が達せられるという。旅行の出発日についても，ミャンマー製のカレンダーを見て占う。

　一日の仕事が終了すると，S師は自分自身のために護符を書き，偈頌を吹き込む。それに火をつけて燃やし，灰を水に溶かして寺院内の大仏前で飲む。これは自分自身を悪霊から守るためである。というのも，住職は悪霊に触れる機会が多く，自らが悪霊にとりつかれる可能性も高いからである。瑞麗市内で悪霊祓い師として最も有名な僧侶のうちの一人であったLX寺の住職は2000年ごろまでこの悪霊祓いの仕事に従事していたが，悪霊の力に負け，シャン州のティーボーにいる高僧に治療してもらったことがある。それ以来，彼は悪霊を

第4章　担い手から見る宗教実践　203

恐れて治療行為をあまり行わなくなったという。S師自身も，毎日護符を飲用するほか，雨安居期間中の3か月間，瞑想を欠かさない。

　S師のもとには毎日10～20名ほどが訪れる。この他にも悪霊祓いや病気治療，占いを得意とする僧侶のもとにはひっきりなしに信徒が訪れる。瑞麗で最も信奉を集めている先述のコーケー師はムーセー郡に止住しているが，師が中国側を訪れると，様々な相談をするために信徒が行列を作る。

　こうした僧侶の病気治療や占いなどの実践は，ミャンマーでも1970年代までは広く見られたという。しかし1980年に全教派合同サンガ大会議（B: Gaing Paunzon Thanga Asiaweipwegyi）が開催されて以降，こうした三蔵経典に基づかない実践に僧侶が関わることは，サンガ機構によって禁じられている［小島2009］。もちろん上記の事例が示唆するように，ミャンマー側でも僧侶による病気治療や占いなどの実践が消滅してしまった訳ではないが，公の場で行うのは望ましくないとされる。しかし中国側では三蔵経典を基準として実践を排除する政策が存在しない。それゆえ中国側ではこうした実践が公然と行われ，信徒の需要に応えているのである。

　では次に，彼らがどのような経緯で瑞麗に到ったのか，その経歴について見てみよう【図17】。ここで挙げたHS村の寺院の住職S師（50歳）は，1957年，シャン州ティーボー郡MT村に生れた。9歳の時（1966年），MT村の寺院で見習僧として出家し，13歳（1970年）で教理学習のため，ティーボー市内のP寺へ移住した。15歳の時（1972年）にはP寺の住職とつながりのあるザガイン管区モンユワの教学寺院へ移住。ミャンマー政府教理試験の基礎レベルと初級に合格した。20歳の時（1977年）には故郷MT寺に戻り，たまたま得度式（*poi xam mon*）が行われる予定があった近くのMP寺で僧侶として得度する。出家後1年間はMT寺で過ごしたが，間もなくモンユワに戻り，29歳（1986年）でより高い教育を受けるため，知人の止住するマンダレーの寺院へ移る。この間，教理試験は中級に合格する一方，ティーボー，マンダレーで在家（ビルマ人，シャン人，漢族，インド人ら）や僧侶から占星術，悪霊祓いの方法などを習得した。37歳の時（1994年）にマンダレーで瑞麗市HS寺の住職に偶然，出会う。HS寺には商売で瑞麗に居住するビルマ人が多く参詣するが，前住職はビルマ語が得意でなかったため，前住職の要請によってHS寺へ移住することになったのである。

図17　S師の移動経路

　S師はシャン州のティーボー出身で，ティーボーやマンダレーで占星術や病気の治療法を習得したが，こうした技術を習得している6名の僧侶のうち3名がシャン州（ティーボー2名，メーミョ1名）出身で，3名が中国側（瑞麗2名，隴川1名）の出身である。しかし中国側出身者を含めた全員がS師と同様にティーボーやマンダレー，さらにはヤンゴンで技術を習得したという。先述した女性修行者と同様，シャン州からマンダレーやヤンゴンに移動して教理を学習する僧侶は伝統的に存在したが，多くの僧侶がこのような移動パターンをとるようになったのは，1970～80年代にシャン州内の交通網が整備されて以降のことである。移動の主要な目的は，教学寺院におけるパーリ語経典の学習である。徳宏の寺院を訪れると，壁にはよくミャンマー政府主催の教理試験合格証が貼ってあるのを目にする。この教理試験の内容には，ミャンマーにおいて特に1980年の全教派合同会議の開催以降，「正統」な仏教とは認知されていない占

第4章　担い手から見る宗教実践　205

星術や悪霊祓いに関する知識は当然のことながら含まれない。にも関わらず，彼らがそうした実践に関する知識を学んだのはなぜだろうか。S師に尋ねると，「興味があったし，在家信者とつきあう上で必要だと思った」のだという。実際，S師も儀礼の際などに行う説法においては，パーリ語経典の基礎的な知識に関する説法を行う。しかしS師の名声を高めているのは，教理に関する知識ではなく，占星術や悪霊祓いの実践である。S師のもとには，タイ族ばかりでなく時に漢族までひっきりなしに訪れるが，彼らはS師のミャンマーの教理試験の合格レベルについてはほとんど関心を示さない。そして村人を惹きつける実践のみが，S師の越境とともにミャンマー側から徳宏へともたらされたのである。

写真96　護符や偈頌の刺青。

4．サーラー

　サーラーはビルマ語サヤー（B: *hsaya* 師）に由来する。彼らはパーリ語の偈頌を誦えて悪霊を祓い，商売や仕事に関する占いを行う。また中には護符や偈頌を刺青し（*sǎm aŋ/sǎm lai*）【写真96】，悪霊から身を守る技術を修得した者もいる。男性が比較的多いが，後述するSさんのよろに女性も存在する。TL村には存在しないが，逆に一か村に複数のサーラーが居住しているケースも見られる。またホールーと兼務する例も少数ながらある。ここではTL村の村人たちもしばしば訪れる隣村KXのSさん（女性，48歳）の例を挙げる。彼女はタイ族ではあるがパラウン族の多いシャン州ナムサン出身であり，徳宏タイ語よりビルマ語のほうが得意である。そのためインタビューはビルマ語で行った。

　Sさんは，超自然的力を獲得した存在（ウェイザー）を信仰する集団として知られるガイン（B: *gaing*）の一員である［Mendelson 1960, 1961a, 1961b, 1963a, 1963b, 1991; 土佐 2000］。ガインには精霊のガイン（B: *nat gaing*）と仏教のガイン（B: *hpaya gaing*）の2種類があり，彼女自身はマノーセイットゥバ・ガイン（B:

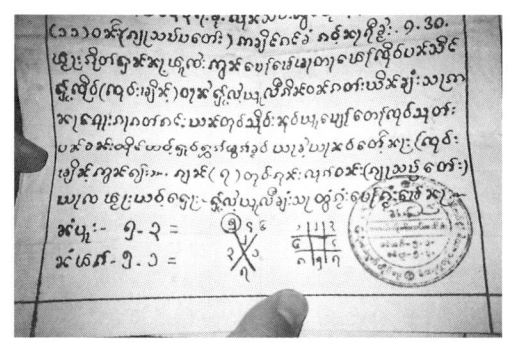

写真97　シャン文字で各自の生年月日を記録したマーットザー。

Manawseiktuba Gaing）という仏教のガインに所属していると主張する。マノーセイットゥバ・ガインはロイコー（Loi xɔ カヤー州ラインコーB: Laingkaw）の政府の役人ウー・タンティン（B: U Thantin）氏が指導者（B: *gaing gyok*）で，護符の作り方を教えるのも彼である。

　Sさんが扱う相談の項目で最も多いのは商売，恋愛，病気に関する問題である。ただし風邪などの病気の場合は医者に行くように勧め，精霊と運勢に関わる病気のみ治療する。精霊が関わっているかどうかは，来訪した時間や目の様子でわかるという。精霊が原因である場合は米，卵，干し牛肉，魚などを用いて頭から脚まで3回撫でる。それから「精霊が咬んだ」あるいは精霊が体内に入った場所へ行き，それを置いて後ろを振り返らずに帰ってくる。

　それ以外の運勢による病気にかかった際には，生まれた年と曜日，さらにSさん宅に着いた時間からビルマで出版された書籍を見て計算し，対処法を指示する。生まれた年や曜日を忘れた場合には，各自が保持する生年月日を記録した紙（*mat tsa*）【写真97】を見て判断する。筆者の場合は，今年中に靴，傘を捨てるもしくは人にやること，蟹10匹を西南の方角へ逃がすように指示された。

　運勢が悪い場合や，何らかの願い事がある場合には，シャン紙に護符をビルマ文字で書く。一般的な護符は，ヤンゴンで出版されたマヘタラ・ガイン（B: Mahethara gaing）のウー・テッシェー師（B: Hsayagyi U Thetshe）による著作『マハーディーパンインタイッジー（B: Maha dipan in thaik gyi）』を書写，あるいはコピーする。しかしガインの秘密とされる護符はガイン以外の人物には教えることができない。その護符を口の前に持ってきて偈頌をビルマ音で37回誦え

第4章　担い手から見る宗教実践　207

る。それを芯にして蝋燭を作り，Ｓさん宅の「仏典棚」前か自宅の「仏典棚」で点火する。その際，まずこの世を抜けた（B: *htwetyatpauk*）とされる僧侶１名，在家者２名と師のウー・タンティン氏の名を呼び，クライアントの名前，生年月日，年齢，誕生日，住所と願い事を告げる。具体的には商売繁盛の祈願をする商売人や，地位の下落をおそれた政府関係者がＳさんを来訪するケースが多い。民族別で言えば漢族45％，タイ族45％，ビルマ族10％ほどであるという。最初はタイ族のみであったが噂が広がり，現在では漢族も多い。

　この他，夫婦仲が悪い場合には，洗っていない男女の服を持参させて糸で結び，それに偈頌を37回誦える。それを蝋燭の芯にして「仏典棚」の前で燃やす。ただし根本的に生まれた曜日があわない天敵（B: *gabayan*）である場合には最初からやらない。

　またKX村では村全体で2007年にポイ・パーラーを行ったが，その際に多くの村人の仏弟子名を命名したのもＳさんである。その名前を書いたリストを儀礼最終日に僧侶が誦えて，正式に命名される。また新築式や儀礼の日取りも決める。

　以前はＳさんとともに，同じくマノーセイットゥバ・ガインの一員である夫が薬を調合して与えていたが，中国に来てから周囲の影響で薬，酒，賭事に溺れたため，薬を作る力（B: *a na*）がなくなってしまい，現在では行っていない。ロイコーのガイン本部で刺青を再度入れれば，また薬の調合が可能になるという。Ｓさんもガインに入る際に刺青を入れ，２回目の刺青を入れると薬を作る力が得られるが，子供がいてロイコーへ行く時間がないため，まだ薬の調合はできない。

　以上の記述から，先に挙げたＳ師の方法とは細部において異なるものの，護符に偈頌を吹き込み，それを燃やすことによって悪霊を祓ったり願望を成就させることは同様であることがわかる。護符や偈頌はいずれも仏教経典に典拠がある。経典を筆写した文字や経典を誦える声に宿る力を用いる点では僧侶の方法と類似しているのである。

　ではなぜ，Ｓさんはミャンマーから中国へ移住してきたのだろうか。以下ではその経緯について述べる【図18】。

　Ｓさんは1959年，シャン州ナムサン（B: Namhsan）に生まれた。父は製茶業に従事しており，比較的裕福な家庭だった。９歳の時（1968年），姉がシャン州

図18 Sさんの移動経路

チャウッメーで結婚したため，ついて行く．チャウッメーで7年生まで通学していた際，占いに興味を持った．17歳の時（1976年），父・兄がシャンの強盗に殺されたため，ナムサンへ帰って茶摘みの仕事をしていた．26歳の時（1985年），ティーボーに住んでいた親戚がタイへ出稼ぎに行くのに同行したが，山道を歩いての移動だったため途中でマラリアにかかって休み，27歳になって（1986年）ようやくタイのメーホンソーンに着いた．メーホンソーンでは裕福な人の家で料理を作っていた．その時，同じく出稼ぎに来ていた瑞麗KX村出身の夫と知り合い結婚した．結婚後3か月で宝くじの当選番号を的中させて有名になったため，仕事をやめ占いで生計をたてた．メーホンソーンには3年間住んでいたが，30歳の時（1989年）に夫の母が居住するロイコーへ戻った．シャン族の習慣に従い，刺青を入れていた夫が，タイ人のあまりしなくなった刺青のせいで不法入国者であることが発覚し，よく逮捕されるのと，メーホンソー

ンで生まれた子供が学校へ通えないためである。ロイコーに居住していた時に刺青を入れ，夫がすでにその一員であったマノーセイットゥバ・ガインに入門した。しかし当時のロイコーは，ビルマ軍と少数民族軍の戦闘が続いており，ビルマ軍による徴兵を恐れて3か月で夫の父・弟の住むKX村に移住した。当初は家事をしていたが，他人に勧められてKX村でサーラーになった。

現在では夫婦ともに中国の国民登録証を持っており，2004年からは長男が福建の靴工場へ出稼ぎに行き，2006年からは夫も長男のいる福建へ行って石工場で働いていた。福建は薬物がないため，薬を断ち切ることができるのも一つの目的だという。

Sさんがミャンマー側から中国側に移住したのは，1989年のことである。当時ミャンマー側で続いていた戦乱は，ミャンマーから中国への移住のプッシュ要因となった。それに伴い，ミャンマーのガインの実践も国境を越えたのである。

5. ザウザーイ・ザウラーン

筆者の滞在中，下宿先のTさん（女性，58歳）は腹痛が続いたことがあった。そこで筆者とともに親戚にあたるLX村のザウザーイXさん（女性，48歳）の家を訪れた。実はそれ以前にもザウザーイ・ザウラーンの存在は知っていたのだが，筆者が彼らの調査を行おうとしていることをTさんに伝えると，妖術をかけられて筆者が帰国できなくなることを恐れ，なかなか訪問を許可してくれなかった。それほどザウザーイ・ザウラーンは畏怖される存在でもある。XさんはTさんの親戚にあたったため，この時は同行を許可してくれた。

ザウザーイ（*tsāu tsai*）・ザウラーン（*tsāu laŋ*）は日本語で言うなら霊媒にあたる。ザウは「主人」，ザーイは「男性」，ラーンは「女性」を意味する。人間としての性別は女性が大部分を占めるが，憑依した霊が男性である場合はザウザーイ，霊が女性である場合にはザウラーンと呼ばれる。ザウザーイ・ザウラーンは，精霊を憑依させて占い，精霊の偈頌や護符を用いて悪霊祓いや病気治療を行う。中には死者の霊を呼び寄せ（*hoŋ phi*），憑依させて口寄せができる者もいる。瑞麗では1990年代の後半から急激に増加し，気功団体の法輪功が弾圧された1999年頃，一時的に取締りが厳しくなったが，現在では大規模でない限り黙認されている。ただし瑞麗では各村落にいる訳ではなく，数か村に1人

の割合で存在する。

　TL 村には元ザウラーン（女性）が1名，居住している。2004年ごろ，TL 村のザウラーンは毎朝のように仏塔や寺院の前で踊り，「私は毛沢東の息子だ」あるいは「周恩来だ」などと言いながら仏塔境内で天に向けて財布を広げ「金が入りますように」などと祈っていたという。「一緒に踊らないとあなたは死ぬよ」などと村人に言ったため，一時的に多くの村人（特に女性）が歌や踊りに参加した。しかし効果がないことが次第にわかったため信者は減少し，最終的には警察の指導を受けて現在は行動を中止している。小規模であれば問題にされないが，このように大規模になると中国でも公安当局の取り締まりにあう。村人たちも現在では彼女のことをほとんど信じておらず，訪ねる人もいない。

　現在，TL 村の村人に最も人気があるのは畹町鎮 MM 村のザウラーン（女性）である。彼女は死者の霊を憑依させることができるため，死者に対して必要な品を尋ね，それを「仏典棚」や寺院に供えるケースが多い。2006年に村の守護霊，ムンの守護霊の祠を新築した際にも，どのように行うべきか村長やサムマーティらが直接，尋ねに行っている。問題は，もともとムンの守護霊は裏山の上にあったが，村人が通うのに不便だったことである。しかし山の下に移築してよいものか村人たちには判断がつかなかった。そこでザウラーンがムンの守護霊を呼び寄せると，彼女に憑依して「山の下でも構わない」と言ったため，移築を決定した。例年，村の除祓儀礼には女性が参加していないが，新築祝いの際のみ女性を参加させてもよいかについて伺いを立てたところ，ザウラーンに憑依したムンの守護霊が「男性も女性も参加して全村で祝うべきだ」と言ったため，2006年の村の除祓儀礼には例外的に女性も参加して行われた。新築祝いにはムンの守護霊ポージン（第2章を参照のこと）の娘もミャンマーから参加したため，村人は彼女とともに再びザウラーンを訪れてポージンの霊に憑依してもらい，住み心地が良いかとたずねると，良いと答えたという。

　憑依の方法や憑依させる精霊は霊媒ごとに異なる。X さんは人間としての性は女性だが，2年前の2005年にザーイマイトン（Tsai mǎi tɔŋ）という男性の霊が憑依して以来，髪を短く切り，男性と同様にタイ族ズボンをはいて生活している。霊媒の家はどこもそうだが，「仏典棚」近くには多くの物が供えてある。X さんの家は比較的少ないが，それでも「仏典棚」の右脇には観音像が置かれる。さらに「仏典棚」と S さんに憑依したザーイマイトンの霊，村の守護霊，ムンの守護霊スーハーンファーの前には供物を載せた盥（プンポイ phən pɔi）が

写真 98　ザウザーイ X さん宅の祭壇。

置かれている。スーハーンファーとは，第1章で述べたように，14世紀頃にムン・マーウ王国が強大な勢力を誇ったときのザウファーである。プンポイの中には，ココナッツやバナナをはじめとして白米，茶の包み（トゥップレン），煙草，ジュース，扇子，歯磨き粉，石鹸，ハンカチ，線香，香水などが供えられている。これらの供物を奉納して初めて精霊は加護（クム）に来るのだという。さらに右側にはザーイマイトンの乗り物である馬や象の像が多数置かれている。また彼の刀も置かれている。枕が2つ置かれているのは，親戚や親しい友人（pi bŋ）が来て宿泊するからである【写真98】。

　Tさんに話を戻そう。最初に，TさんはXさんに，最近腹痛が続いて治らないと訴える。それを聴いてからXさんは「仏典棚」や精霊の供え物の前にろうそくと線香をつけ，香水をふりかける。続いて自分の顔にも香水を塗り，数珠を肩からたすきがけにする。続いて盆にのせた花とハウテックを手に持ち，仏，憑依霊ザーイマイトン，村の守護霊，ムンの守護霊を呼ぶ。呼び終わるとXさんはあくびをし，憑依霊のザーイマイトンが体内に入る。Xさんは自分の

前に準備してあったプンポイを持ち上げてみて，仏，憑依霊，ムンの守護霊，村の守護霊に伺いをたてる。具体的には「腎臓が悪ければ（供物が）重く，悪くなければ軽い」，「骨が……」，「神経が……」，「食べ物が……」というように，順次きいていく【写真99】。その結果，遺伝的に受け継がれる精霊（ピープーphi pho）の持ち主によって何らかの食べ物の中にピープーを入れられたため，痛いのだと診断される。しかしTさんは思い当たることがなかったため，ピープーの持ち主はどのような人かときくと，小石を持ちながら，「……の方角なら石が立ち，……の方角なら石が立たない」と憑依霊にきいてみる。すると西南の方角で，背が低く，顔が小さく，色の黒い人とわかる。Tさんは，4週間前に村のピープーを持っていると見られている人から水をもらって飲んだと答える。霊媒はそれが原因と診断した。

　ここでTL村のピープーを持つとされる人物について説明しておく。彼女（60歳代）はET村生まれで，両親ともにピープーを持つと言われた家の出身である。結婚することによってピープーは妻から夫，さらに子供へと受け継がれていくためET村の中では結婚できず，TL村内で同じくピープーを持つといわれる家の男性と結婚した。その結果3人の子供が生まれたが，ピープーが感染するのを恐れ，TL村の村人は結婚しなかった。長女，次男の結婚相手は漢族であるが，長男はTL村の女子と結婚した。その長男の結婚相手がTさんの親戚にあたり，親戚は皆反対したが，体の弱い女の子の面倒を長男がよくみたため最終的には同意した。しかしその1～2年後に女方の父が奇病で死去したため，周囲はピープーのせいであると見なし，彼らは村の中に住みにくくなって外地に移住したのだという。政府はピープーを迷信であると見なし，公的にはピープーは存在しないことになっているが，現代に到るまでこのようなピープーを持つとされる家系は各村落に存在する。これは筆者がTL村に居住して9か月ほどしてからようやく聞かせてもらうことができた話である。

　Tさんの身体に入り込んだピープーを除祓するために，Xさんはまず腹部と背中をマッサージし，ピープーを追い祓おうと試みる【写真100】。このマッサージの方法は，憑依霊ザーイマイトンや村の守護霊に習ったという。続いて手にコップ入りの水を持ち，偈頌を吹き込んで，偈頌水（lām ka tha/lām man tan）を作る。偈頌といっても憑依霊の偈頌（ka tha phi）であり，僧侶が用いるものと同様ではない。その偈頌水で顔や手を洗い，飲む。

　帰宅の際には偈頌水を持ち帰り，数日間飲んだり手や顔を洗ったりすると

第4章　担い手から見る宗教実践　213

写真99 プンボイを持ち上げて原因を診断する。

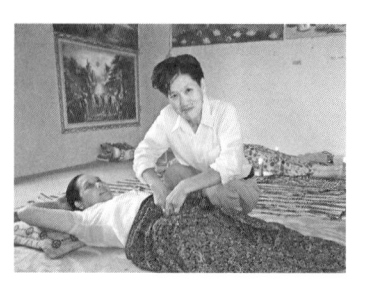

写真100 マッサージで悪霊を追い祓う。

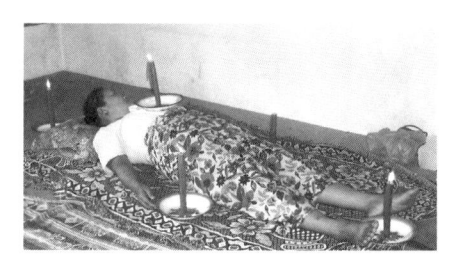

写真101 偈頌を吹き込んだ蝋燭を灯す。

ピープーは抜けるといわれる。偈頌水でもピープーがそれでも追い祓われなかった場合は，偈頌を吹き込んだ蝋燭を灯して追い祓う【写真101】。

　上述したのがザウザーイのXさんによる治療行為の例である。精霊を自身に憑依させるという点においては僧侶やサーラーの除祓方法と大きく異なる。また護符や偈頌は仏教経典に由来するものではなく，精霊のものであるという。しかし護符や偈頌を水や蝋燭に吹き込み，その力によって悪霊を除祓するという点においては共通している（▶動画リンク）。

　以上，記述してきたザウラーン・ザウザーイは，1990年代以降，ムン・マーウ盆地に出現した他地域には見られない霊媒である。これに対し，ミャンマー国境から比較的遠く，移住者も瑞麗より少ない潞西市，盈江県，梁河県においては、ヤーモット（*ja mot*）と呼ばれる霊媒の存在が知られている［劉 2008; 伊藤 2010］。盈江県在住の老人（男性、58歳）に聴き取りを行ったところ，ヤー

表15 徳宏州内の各市・県における寺院・出家者・女性修行者数（2007年）

	寺院	出家者	僧侶	見習僧	女性修行者
潞西市	202	13	5	8	9
瑞麗市	123	101	35	66	15
隴川県	127	25	17	8	4
盈江県	125	48	29	19	13
梁河県	25	4	4	0	0
合計	602	191	90	101	41

出典：徳宏州仏教協会への聴き取りによる。

モットの多い潞西市，盈江県，梁河県では，僧侶も瑞麗市より少ないため【表15】，「文革以前には葬式や村の除祓儀礼の際に僧侶を呼んでいたが，現在ではヤーモットが儀礼を行うことが多くなっている」という。瑞麗でも1958年に大躍進運動が開始される以前までヤーモットが存在したが，1960年代から70年代にかけての文革期に到ると，ヤーモットの実践は中国政府によって禁止された。その後，ミャンマー側出身の僧侶や村人への聴き取りによれば，ザウラーン・ザウザーイは1990年代初頭にシャン州のナンカンで出現したとされる。

では，なぜその時期にザウラーン・ザウザーイがミャンマー側の国境地域で出現したのだろうか。この要因の分析については今後のさらなる調査が必要であるが，1990年代以降，ミャンマー政府によって特に国境周辺地域への仏教の普及が目指されたことと関連しているのではないかと筆者は推測する。なぜなら，ザウラーン・ザウザーイとヤーモットは，霊を憑依させる霊媒としての役割を果たしている点では共通するが，Xさんが言うように，「ヤーモットは精霊のみ信じるが，ザウラーン・ザウザーイは精霊と仏の両者を信じる」点が異なるためである。Xさん自身も，雨安居期間中の布薩日には寺院へ赴き，ラーイとして八戒を守って過ごす。また儀礼も必ず「仏典棚」の前で行う。このように，ザウラーン・ザウザーイは自らが仏教徒であることを強調する。仏教の普及が政策的に進行する状況において，ザウラーン・ザウザーイは，自らが「仏教徒」であることを主張し，実践の正統化を目指したのであろう。

では，ザウラーン・ザウザーイは1990年代後半以降，なぜ徳宏でも増加したのだろうか。その要因について，上述のXさんの経歴をもとに考察する。

Xさんは1959年，ムーセーに生まれた。2度の離婚を経験し，38歳（1997年）で中国側のLX村に居住していた50代の老人と3度目の結婚をした。彼は経済的に裕福だったためだという。41歳の時（2000年）に夫婦で麻薬販売に手を出して逮捕され，更正施設に入れられる。44歳（2003年）で釈放されるが，服役中の2002年，夫は麻薬中毒で死去する。さらにその翌年（2004年）には息子がバイク事故で死去したため，精神的に不安定となり，徘徊を続ける。しかし2005年に近隣のTM村に居住しているザウラーンにもらった偈頌水を飲むと回復する。その後，自分にマイトンという名の男神（ザウザーイ）が入った夢を見たため，断髪し，ザウザーイになったのだという。

　Xさんのように，精神的な苦痛や病気からの回復後，自らザウラーン・ザウザーイとなった例は多く見られる。TM村の師の弟子たち約30名は，それぞれ以前クライアントだった人々であり，数か月に1回，弟子たちは師の自宅に集合するとともに，日常的にもしばしば共食するなど一種のコミュニティを形成している。新しいザウラーン・ザウザーイが誕生すると，彼らは祭り（ボイ）を開催し，村人たちに知らせる。こうしたシステムによって弟子たちは増加していく。

　またXさんと同様，ザウラーン・ザウザーイには，1990年代後半以降にミャンマー側から移住したか，あるいはミャンマー側への移住の経験を持つ人が多い。このことから，ザウラーン・ザウザーイの実践は，1990年代後半以降に，ミャンマーから瑞麗への移住者によってもたらされたものと考えられる。1990年代後半は，中国の経済発展が進み，ミャンマー側からの移住者が増加した時期と重なる。このような国境を越えた人の移動が，瑞麗に新たな実践をもたらしたのであろう。

　これと対照的に，徳宏州では伝統的に僧侶数も少なく，また中国政府も仏教の積極的な普及を目指してはいない。ヤーモットは法律上の規定からすれば「迷信」であり，違法の存在であるが，1999年の法輪功問題のように，彼らの布教・経済活動が大規模化するような特別な場合を別にすれば，中国政府によって実践が制限されているわけではない。それゆえ，特にミャンマー国境から比較的離れた地域では，伝統的なヤーモットが実践形態を大きく変化させずに復活しているのだと考えられる。

　以上，記述してきたTL村の仏教実践の特徴についてまとめておきたい。

本章ではまず，TL村に生きる個人が，毎日の生活の中で様々な困難に直面した際，いかに「宗教」と関わっているかについて明らかにしてきた。最も頻繁に行われるのは，各戸の「仏典棚」に対してホールーが寄進する儀礼である。もうひとつの方法として行われるのは，村人に災厄をもたらす悪霊を除祓することである。そのために僧侶，サーラー，ザウザーイ・ザウラーンは必要とされる。除祓の方法は，僧侶とサーラーは偈頌や呪符を用いる点において共通するが，羯磨文を誦える資格を持つのは僧侶のみである。一方，ザウザーイ・ザウラーンにとっての偈頌や護符は仏教経典の一節ではなく，憑依霊のものである点に相違がある。ただし基本的な方法として，経典（精霊の言葉）に書かれた文字や経典（精霊の言葉）を誦える声の力を，水やシャン紙，そして火に宿らせることによって悪霊を除祓する点においては共通するのである。もちろん彼らは近代医療を信用していない訳ではないし，日常生活上の問題に対してもまず現実的な解決の努力をする。しかし近代医療でも治療できない病や，努力によっても解決できない問題に直面した時，「宗教」を必要とする。
　そうした村人たちの需要に応えているのが，特に1990年代前後にミャンマー側から中国側へと流入した実践の担い手たちである。特にミャンマー側で続いた戦乱と瑞麗の経済発展は，彼らの「越境」を後押しした。それにともない，瑞麗にはミャンマー側から新たなスタイルの実践が持ち込まれている。しかし本章で述べたように，徳宏の仏教実践はミャンマー側の実践への「同化」に向かっている訳では必ずしもない。特にミャンマー側では1980年代以降，三蔵経典に基づく教理や瞑想実践が「正統」な仏教のあり方であるとサンガ機構によって規定されていくが，それらは徳宏においてほとんど浸透せず，逆にミャンマーで排除が目指された占星術や悪霊祓いに関する実践が普及している点が特徴的である。このような現象が生じるのは，徳宏の在家の人々が，日常生活の困難に直面した際，こうした実践こそを必要としているためである。その需要に応じ，担い手たちも身に着けた知識や実践の中から，現実に即して実践を選択していく。このようにして，徳宏という地域に根ざした独自の実践が展開されていくのである。
　しかし本章では，徳宏の仏教実践においてきわめて重要な役割を果たすホールーの役割については，その一部しか紹介していない。次章では，徳宏の実践に特徴的なホールーの誦経・説法実践の動態についてふれるとともに，彼らの人となりについて紹介する。

コラム　タイ族とタアーン族 —— 仏教を媒介とする民族間関係

　右の写真は，2007年にTL村の寺院にいる私の「娘」が女性修行者（ラーイハーウ）として16歳で受戒した際に撮影したものである。この時彼女は，髪を切られながら，涙をポロポロと流している。女性にとって，髪を切られる心細さはどこでも共通のようだ。断髪する二人は，先輩の女性修行者で，そのうちの一人は彼女の叔母にあたる。彼女はもともとミャンマー側で家業の手伝いをしていたが，両親が相継いで亡くなったため，叔母の誘いもあって中国側の村で受戒することに決めたのである。

　出家（第2章のコラム参照）同様，女性修行者になるためにも，費用を寄進する施主がいることが望ましく，受戒した後は擬制的な親子関係が結ばれる。その役割を引き受けて功徳を積んだのが，切った髪を白い布で受け止めている女性たちと筆者であり，彼女は筆者のことを「養父（ポーレン）」，女性たちのことを「養母（メーレン）」と呼ぶ。今では，「娘」に会うことも，フィールドへ戻るときの楽しみの一つになっている。

　彼女を含むTL村の女性修行者は，全員山地に居住するモン・クメール系のタアーン（徳昂）族である。本章で明らかにしたように，瑞麗のタイ族寺院にタアーン族の女性修行者が居住するケースは決して珍しいことではない（【表9】，【表10】参照）。タイ族の村人たちにたずねると，タアーン族は正直で，寺院内の物品が紛失することもなく，またもともと山住みの人々であるため労苦をいとわずに寺院境内を掃除し，清潔に保っており，村人たちも女性修行者のことを信頼しているという。一方，タイ族の女性修行者は，ミャンマー側のムーセー郡，ナンカン郡であっても人数が多くない。タアーン族の女性修行者は，タイ族の村に移住した当初はタイ語が流暢に話せないことが多いが，次第に話せるようになり，村人との信頼関係を築いていく。

　タアーン族を住職として招く例は少ない。例外なのがTN村で，ここは止住する出家者全員がタアーン族である。TN村は比較的大規模な村落で，村内には250戸が居住する。文革前には住職が止住していたが，文革によって住職がミャンマー側へ逃亡したため，住職不在の状況が続いていた。しかし葬式や新築式などの儀礼の際に，止住した出家者が必要なことから，村人たちは1997年にミャンマー側のタアーン族の村にあるMO寺院より住職を招いた。

TL 村の「娘」の剃髪

　タイ族村落にタアーン族の住職を招いた第一の理由は，MO 寺院が TN 寺院と同じメンゾー派（第6章参照）に属するためである。メンゾー派の住職にはシャン族の僧侶もいるが，あえてパラウン族の僧侶を選んだのは，パラウン族の僧侶のほうが戒律を厳守しており，「行いがよい (atsaŋ li)」ためだという。また年配のタアーン僧はタイ語を流暢に話すため，説法する際にも問題ない。こうした理由で，あえてタアーン族の僧侶をミャンマー側から招請したのである。

　対して，タアーン族にとってのメリットは何だろうか。山中のタアーン族の寺院は，経済的に厳しく，また出家者や女性修行者も多いため，寄進集めに苦労しなければならないのだという。それに比べタイ族の，とくに中国側の村は経済的に豊かで，出家者，女性修行者も少ないため，寄進が集まりやすく，修行生活を送りやすい。こうした条件もあり，彼らはタイ族の寺院に止住することを厭わない。

　なお，タイ族とタアーン族の関係についての詳細は，拙論 [Kojima and Badenoch 2013] をご参照いただきたい。

第 5 章

ホールーの越境と実践の動態

持戒する老人ヒン・ラーイたちが寺籠りする際，女性ラーイは就寝するザーロップ内部で食事をする。食事の際も会話をすることは禁じられており，無言のまま黙々と食べる。またラーイは米とおかずをバナナの葉の上に載せて食べる。この日，ヒン・ラーイ102名分の食事代を負担したのは筆者である。村人の中で最も密接に宗教と関わっており，大いにお世話になった彼らへ，最後に恩返しをした際の写真である。

第4章では，儀礼専門家たちの様々な実践について紹介してきた。そして近年，ミャンマー側の実践の影響を受けつつも，一方で受容しない側面も見られることを指摘した。では，在家者のなかでも重要な役割を果たすホールーの実践は，どのように変容しているのだろうか。第3章では村落の集合儀礼における誦経の先導者としての役割，第4章では村人が生活上の困難に直面した際の布施儀礼における役割を中心に紹介したが，本章ではホールーのもう1つの特徴的な実践である仏典朗誦の実践の変容と継続の局面に注目し，徳宏に特徴的な実践の所在を示す。またホールーの実践に関する知識の継承過程を明らかにする。

1. ホールーの役割

　仏教徒社会の各地において，儀礼の際に出家者と在家者の間を媒介する役割を果たす在家者の存在が知られている。たとえば東北タイの民間バラモン（T: *phram*）やモータム（T: *mo tham*），北タイのポークルー（T: *pho khru*）である。東北タイで調査を行ったタンバイアは，特に出家経験者の民間バラモンに注目し，彼らが寺院で出家者として文字知識を習得するとともに仏教にかかわる知識を身につけ，還俗後も仏教実践において重要な役割を果たしていると説明した［Tambiah 1970］。これに対しホールーは，必ずしも出家経験者であるとは限らない。では徳宏において，ホールーはどのように仏教実践に関わる知識を習得し，継承しているのだろうか。以下では，これらの在家者の役割と，知識の継承パターンの相違を明らかにしていきたい。

　北タイの仏教実践を調査したスウェアラーは，ポークルーと呼ばれる在家者について報告し，その役割について以下のようにまとめている［Swearer 1976: 157］。

　　①積徳儀礼において，サンガと在家信徒の媒介者として行動し，僧侶の役割を補助する。
　　②招魂（T: *riag khwan*）儀礼の際に，司祭者，呪術者的な役割を果たす。
　　③個人的な属性や知識によって，聖人や賢人としての役割を果たす。

　ここでポークルーとホールーの役割を比較してみよう。まず①については，ホールーも4月祭などの大規模な積徳儀礼において，僧侶と在家者の媒介者と

しての役割を果たしている。この点は共通するものの，徳宏ではそもそも出家者が非常に少ないため，その機会はさほど多くない。むしろ仏や守護霊と在家信徒の間の媒介者としての役割を果す機会のほうが中心的である。

②の招魂儀礼は，前章で見たように徳宏ではおもにザウラーン・ザウザーイが行っており，ホールーはそのような役割を担っていない。中にはサーラーとして偈頌や護符を用いた悪霊祓いを行うホールーもいるが，瑞麗市内では稀なケースである。ホールーが行うのは，村人に不幸なできごとが続く場合，彼らの自宅の「仏典棚」に布施して仏や守護霊の加護を乞う際の仲介者の役割を果たすことである。

また③の「聖人」としての役割というのは，在家者から特別な敬意が払われていることを意味する。確かにホールーも誦経・説法の専門家としての役割から「賢人」とはみなされている。しかし瑞麗では持戒する老人ヒンになっていないホールーも多く，彼らは「聖人」とまでは見なされていない。

このように，ポークルーとホールーの仏教実践における役割と社会的な位置づけは，共通点を持ちながらも相違が見られる。では，ホールーの役割とはいかなるものだろうか。

ホールーのホーは「頭」，ルーは「布施」を意味する。村全体で行う儀礼において在家者が寄進する際，その代表として誦経を先導する男性である。瑞麗では各寺院に1名であるが，芒市，盈江など他地域では1か村に複数のホールーが存在する場合もある。第3章に挙げた【表14】のほとんどの欄に印がついていることからもわかるように，儀礼に不可欠な，もっとも重要な役割を果たす。また結婚式，家の新築式，葬式，不幸や災難が起こったときなどに，各家庭の「仏典棚」に供物を捧げ，誦経する。

TL村のホールーに，1年間にどのような仕事があるか尋ねたところ，村全体の年中行事を除けば，結婚式が最も多くて約10件，続いて葬式で3〜10件，幟を立てる儀礼も3〜10件，新築式5〜6件，年齢数の供物儀礼4〜5件，108の供物儀礼2〜3件，ムーザー儀礼1〜2件とのことであった。儀礼がないときは仏典の筆写（*ku ta la*）を行い，なかには教理や仏教説話を翻案した仏典を創作する（*saŋ ta la*）者もいる。また農業や商売など他の仕事と兼務しているケースが多い。

儀礼の際に誦経するほか，1年間に30〜40巻の仏典を筆写する。1巻は早くて8日ほどで書き終わるが，実際には儀礼に呼ばれたり，農作業もあるため，

さらに時間がかかる。そのため筆写し終わっていない仏典が，常にたまっているという。なお，ホールーは時にジェーレー (*tse le*) とも呼ばれるが，これはビルマ語で「文書係」を意味するサイエー (B: *sayei*) に由来する。このことが示唆するように，仏典の筆写も彼らの重要な任務のひとつとなっている。

儀礼がないときに仏典筆写や農業に従事するのは，他村のホールーも同様であるが，仏典筆写は労力のわりに収入が少ないとして，コンピューターで文書（おもに結婚式や新築式の招待状 *phit tsa*）を作成するホールーも増加している。第1章で述べたように，ムン・マーウではシャン文字と徳宏タイ文字が用いられているが，特にミャンマー側の人々はシャン文字しか読むことができない。結婚式や新築式にはミャンマー側からも親戚を招待することが多いため，招待状はシャン文字と徳宏タイ文字の両方で併記しなければならない。そのため，彼らの識字能力が求められるのである。この他，独自に商売を行っているホールーもいる。

ホールーは仏典を朗誦する在家の専門家であり，村人の語りのなかでもホールーはタイ族の「大学卒」だと称せられることが多い。つまりそれほどの知識人であると見なされている。

たとえば儀礼に僧侶が出席する場合には，先に僧侶が五戒や八戒を誦えて授戒し，在家者が後について誦えて受戒する。一方，僧侶が不在の場合には，ホールーが仏像に向かって先に五戒・八戒を誦え，在家者が続けて誦える。ホールーと僧侶の役割は似ているようにも見えるが，僧侶が在家者に向き合って戒を授けるのに対し，ホールーは在家者とともに仏像に向き合い，自誓受戒の形を取る点が大きく異なる。

また僧侶の重要な役割の一つに，在家者が布施をして功徳を積んだ際，「無事息災でありますように」などと祝福の言葉（ハームマーンカーラー）をかけることが挙げられる。TL村のように僧侶が止住しない場合は，在家者が仏像や仏塔への供物の奉納を終えると，ホールーが祝福の言葉をかける。これを見て筆者が「ホールーに布施しているのか」と村人に尋ねると，一様に「ホールーはあくまで在家者であって布施の対象にはなり得ない。ホールーではなく仏（パーラー）への布施である」という。ホールーに支払う金銭はあくまで「謝礼 (*ŋ sak*)」である。このように，ホールーはあくまで俗人としての位置づけではあるが，村落の仏教実践にとって不可欠な役割を果たしている。

2. ヒン・ラーイの寺籠りとホールー

上述したように，ホールーの実践は多岐にわたるが，寄進行為における在家者と出家者，あるいは在家と仏の媒介者としての役割のほかに，もう一つ重要な役割がある。それが，仏典を在家者のために朗誦する実践である。仏典朗誦は，灌水祭，カティナ衣奉献祭などの大規模な儀礼の際にも行われるが，特に雨安居期間中の寺籠りと他寺院への昼食の布施儀礼の際に最も頻繁に行われる。まずは，寺籠りがいかなる宗教実践か，簡単にふれておこう (▶動画リンク)。

徳宏タイ語ではロンゾンであり，ロンは「寝る」，ゾンは「寺院」を意味する。入安居後，雨安居は3か月にわたって続くが，その期間中，新月 (lən lǎp)，上弦8日 (pɛt vǎn)，満月 (lən mon)，下弦8日 (23日 sau sam) の布薩日は全部で13回ある。TL村の老人は2007年の調査当時，全ての布薩日に，2泊3日で寺籠りしていた。TL村の周囲の村では寺院内に宿泊するのは新月，満月の1か月2回のみで，8日と23日の布薩日には宿泊せず，朝は仏像に食事を布施し，午後にホールーの説法を聴き，夕方に仏像に花を供えて帰宅するという形態になった村が多い。TL村でも2008年から，若者たちが農業に従事せず，町で働くことが多くなってきたため，老人の寺籠りに協力する若者たちに負担をかけるのは良くないという理由で，ヒン・ラーイたちは1か月2回のスタイルに変更している。この儀礼はミャンマー側でも行われていたが，現在では寺院に宿泊せず，布薩日に僧侶から5戒または8戒を授けてもらうことが多い。

一般的な寺籠りでは，布薩入りの日の夕方にヒン・ラーイたちが寺院に集まる。布薩日に八戒を受け，仏像に花や食事を捧げて，ホールーの説法を聴いたり数珠を繰る。そして布薩明けの日の朝に帰宅する。つまりスケジュールは，第3章で挙げた入安居とほぼ同様であるが，ハウソムホムを作って水に流す儀礼や，布施の品々を1000ずつ供えること，蝋燭1000本に点火して寺院境内に立てる行事は，入安居，中安居，出安居の主要な布薩日以外は行われない。

また仏塔や寺院内での朝食と昼食の費用は，入安居，中安居，出安居のとき

は村全体で出資するが，それ以外の日にはヒン・ラーイの家族が各自で食事を寺院に持参する。時によっては希望する村人が出資し，ヒン・ラーイへの食事（tsa ka xāu e ka）を布施する場合もあるが，TL村では近年になってヒン・ラーイが増加し，食事を作る手間がかかるようになったため，食事の布施は減少し，現金の布施が増加している。いずれにせよ，ヒン・ラーイの寺籠りの費用を負担することは，村人にとっての積徳行ともなっている。

　ここで，ホールーによる説法のおもな聴き手であるヒン・ラーイについて紹介しておこう。ヒン・ラーイとは日常的に五戒を守り，雨安居期間中の布薩日に寺へ籠って八戒を守る老人である。男性老人はヒン，女性老人はラーイと呼ばれる。TL村では2007年の雨安居期間中，50～80歳代の102名（ヒン20名，ラーイ82名）が寺籠りに参加した【写真102・103】。ヒンの最長老は80歳代であるが，体調が悪く，寺籠りすることはできないため，現役のなかでは老ホールーのJ氏が75歳で実質的な最長老である。2007年現在，TL村の村民のなかでもっとも若いヒンは52歳であるが，村民以外も含めれば現ホールーのS氏が40歳で最も若い。ホールーが2005年からヒンになったのは，他人に8戒を守らせて自らが守らないのはよくないと思ったからだという。ラーイの最長老は80歳代，最年少は49歳である。
　寺院へ布施や誦経に行く際，男性老人ヒン，女性老人ラーイは頭に白い布（セウホー seu ho またはケンホー ken ho）を巻く。仏像前に座って誦経する際には頭から外し，左肩から右側の腰へ斜めに襷のようにして掛ける。このように肩に掛けている時はパーワット（pha vat）と呼ぶ。誦経が終了すると再び頭に巻きつける。なお，この作法は村によって異なり，襷にせず左肩へ掛けるだけの村もある。TL村でも2000年頃までは左肩へ掛ける形であったが，ラーイのうちひとりが雨安居期間中にムーセーの寺院へ瞑想に行き，その後TL寺に戻って寺籠りをしていたところ，ある日突然，精霊がラーイに憑依し，「ミャンマー側の作法のようにすべきだ」と告げたため，TL村でも襷がけするようになったのだと村人たちは説明する。
　第2章で述べたように，寺院の内部は仏像の前が一段高くなっており，以前は上段（tsăn lo）にはヒン，下段（tsăn tau）にはラーイというように分かれて座っていた。しかし近年になってラーイが増加し，下段だけでは座りきれなくなっ

写真 102　TL 村のヒン（2007 年の出安居の日に）。

写真 103　TL 村のラーイ（2007 年の出安居の日に）。

た[1]。そのためラーイのうち寺籠りの経験年数（*va*）の長い人たちは上段のヒンの後ろに座る。ヒン・ラーイともに経験年数の順に前から並んでいくため，ラーイのなかでも経験年数の長いほうが仏像に近い側に座ることになる。

　ヒン・ラーイになる手続きは簡単である。入安居の前日の寺籠り直前に，花とハウテック（米をポップコーン状にしたもの）を持ってヒン・ラーイに許可を請えば認められる。年齢制限はないが，一番下の子供が結婚し，家事について心配する必要がなくなってから寺へ通うのが一般的である。ただしパーリ語の基本的な誦経の文句を憶えてからでなければならない。

　ではなぜ多くの老人はヒン・ラーイになるのだろうか。ヒン・ラーイ自身に尋ねると，「悪を捨て，善に従い，来世では苦しみ（トゥックハー）がないように」するためだという。しかし一方で，「年をとって党員でもないのにヒン・ラーイにならなければ尊敬（*lo se*）されず，陰口をたたかれる」（男性，62歳）からだと説明する人もいる。また「ヒン・ラーイにならずに死んだ場合，墓地ではヒン・ラーイより必ず低い位置に埋葬されるため，それを嫌う」（女性，52歳）といったように，世間体を考えている側面もあるだろう。

　また大規模な儀礼を開催する際には，主催者がまずヒン・ラーイ全体に告げて相談し，合意するとさらに男性のヒンのなかから寺籠りの経験年数が長い長老（タウマーン）3名が村民会議の際，村全体に告げて同意を得るという手続きをとる。日常的な儀礼にも必ず招かれ，村人たちから尊重される存在である。

　文革後のTL村で，寺院や仏塔が再建される前に，初めて仏教実践を再開させたのもヒン・ラーイであり，彼らは破壊された仏塔の下から仏像を掘り出し，小さなホーシンを建てて「寺籠り」から開始したという。他村での聴き取りでは，文革終了後，村に寺院が再建されるまでの間は，ミャンマー側の寺院に通って寺籠りをしていたという話もきく。積徳行に対し，村のなかでもっとも熱心なのは，やはりヒン・ラーイである。

3．越境するホールー

　このように，ホールーはTL村の人々の生活に根ざした宗教実践において，さまざまな役割を果たしている。では，ホールーを務めるのはどのような人物

---

[1] 2004年にはTL村のヒンは10名，ラーイは40名ほどであったが，2007年にはヒン20名に対し，ラーイ82名とわずか3年の間に倍増している。

なのだろうか。ここでは文革後の TL 村における 3 人のホールーの経歴を見ておこう。

(1) 文革後の初代ホールー J 氏

　文革後，寺院が再建されるまでの間は，中国側の近隣の VK 村からホールーを招き，寺籠りの際に誦経や説法をしていた。1984 年に TL 村寺院が再建された際にホールーとなったのは，J 氏 (75 歳) である。

　J 氏は 1932 年，TL 村に生まれた。1939 年 (7 歳) に TL 村で出家する。第 2 章で述べたように，当時，出家する子供はきわめて限られていたというが，それでも出家した理由は，「勉強して善い人になりたかったため」だという。寺では住職にビルマ文字，古徳宏タイ文字 (*lik tho ŋɔk*)，徳宏タイ文字，シャン文字などを習った。1949 年 (17 歳) に還俗し，TL 村で結婚，家庭をもうける。文革後の 1984 年に TL 村寺院が再建されたのにともない，52 歳でホールーになる。1995 年 (63 歳) には高齢で視力が弱り，説法が困難になったためホールーを辞めたが，筆者の寄宿先のように，個別に行われる儀礼の際には呼ばれることもあった。

(2) 2 代目ホールー S 氏

　1995 年に J 氏がホールーを辞めたため，次に S 氏 (40 歳) がホールーになった。S 氏は 1967 年，シャン州ムーセー郡 LX 村に，13 人きょうだいの 6 番目として生れた。きょうだいが多すぎたため，親に子供を養育する経済的余裕がなく，1976 年 (9 歳) に寺子として寺へ預けられた。寺ではシャン文字の読み書きと基本経典の誦え方を習ったが，見習僧になるための出家式の費用がなく，出家することができなかった。1980 年 (13 歳) に家へ戻り，農業の手伝いなどに従事していたが，1988 年 (21 歳) に村人の勧めで LX 村のホールーになった。シャン文字は読めたが，仏典の朗誦法を知らなかったため，他のホールーが説法するのを聴いておぼえた。1990 年 (23 歳)，LX 村に近い中国側の KL 村のホールーが高齢化によって不在となったため，サムマーティらがホールーを探しに来る。KL 村には知り合いもいなかったが，要請を受けてホールーになった。1992 年 (25 歳) には KL 村の女性と結婚して KL 村に移住し，間もなく中国籍

を取得した。現在は結婚しても中国籍の取得は難しいが，当時は容易だったし，ミャンマー側は戦争が多く，ポーターとして徴兵される危険もあったため，中国籍が欲しかったのだと言う。しかし1995年（28歳）にKL村の村人たちとの折り合いが悪くなり，ホールーを辞めた。ちょうどその時，TL村では前ホールーが高齢で引退し，新しいホールーを探していたため，知り合いの紹介でTL村から声がかかり，サムマーティが招きに来たため，新ホールーとして移籍した。現在もKL村に居住しながら通いでTL村ホールーを務めている。

　S氏は出家経験を持たないが，寺子として4年間を寺院で過ごしている。このように瑞麗市内の多くのホールーは出家ないしそれに近い経験を持つ。これは，出家経験者には識字能力があり，誦経の誦句も習得しているためであり，出家経験が必ずしも必須とされているわけではない。出家経験がなくとも，識字能力があり，誦経の誦句や仏典の朗誦法を習得すれば，ホールーになることは可能である。

　また中国側では若者の出家経験者がきわめて少なく，ホールーの人材不足が生じているため，ミャンマー側の村から呼ばれてくるケースが多い。郭・董［2005］によれば瑞麗市内の114名のホールー中，70名（61.4％）がミャンマー籍であるという。2009年に筆者が調査を行った結果では，瑞麗市内の112名のホールー中，80名（71％）がミャンマー側の出身で，中国側の出身者は32名（29％）であった。また中国側の出身者のうち，自村出身者は16名（ホールー全体の14％）にすぎず，多くが他村落出身者に頼っていることがわかる。

　上述のJ氏によれば，このように他村のホールーを招くことは，文革前も珍しくなかったという。しかし当時は，中国側にもホールーの候補者は多かったため，村の住民が務めるか，または中国側の近隣村から招いていた。その後，文革期間中にホールーの実践も断絶したため，後継の世代のホールー候補者が育たなかった。文革後も文革前に出家を経験した世代がしばらくの間は（TL村の場合は11年間）ホールーを務めていたが，高齢化が進み，現在では世代交代が必要になりつつある。しかし下の世代には出家経験者もほとんど存在せず，また仏教に関心のある若者たちも少ない。そのため出家経験者の多いミャンマー側からホールーを招くことになる。

　中国側の村に招かれることは，ミャンマー側出身のホールーにとっても都合がよい。先述したように，TL村の新ホールーは中国側の赴任先の村で結婚し，中国側の村に住んでいるが，聴き取りを行うとこのような例は非常に多い。

「ミャンマーには法律がない。だから軍人のやりたいようにやれる。中国側には法律があるから安心して住むことができる」(ナンカン郡出身の HV 村ホールー, 26 歳),「ミャンマー側は金を稼いでもまったく価値がない。中国側のほうが何をやっても稼ぎになる」(ムーセー郡出身の元 ET 村ホールー, 38 歳) といった理由で, 中国での生活を望む。ホールー以外の在家者も中国籍をもつ人とミャンマー籍をもつ人の「国際結婚」は多く, ミャンマー側の男性が中国側の女性と結婚するケースと, ミャンマー側の女性が中国側の男性と結婚するケースのどちらもほぼ同程度存在する。ただその場合, 夫婦が結婚後にミャンマー側で居住するケースは少ない。それはミャンマー側が中国側と比較して経済条件が悪いことは明らかだからである。中国籍の取得は現在では困難だが, 村落に 2000 元程度の「落戸費 (定住費)」を支払えば村落の一員として居住を認められる。昆明など遠隔地へ移動する際には身分証明書が必要だが, 中国側の村落内に居住することはまったく問題ない。筆者が各村落の事情に通じていることを知り,「ホールーの空きがある村があったら教えてくれ」とミャンマー側の出家経験者に頼まれたことさえある。

　上記の事例から明らかになるのは, 特に文革による仏教の断絶を経験した後, ミャンマー側からホールーが続々と流入していることである。TL 村の場合は旧ホールーの J 氏から新ホールーの S 氏への交代が 1995 年に起こった。移動の背景にあるのは, 中国, ミャンマー両国における社会経済的な変化である。中国側では村落内のホールーの高齢化が進むとともに, 文革期の仏教断絶によって次世代のホールーを務められる人が存在しなくなり, 人材を必要とした。また 1990 年代以降, 中国側は急激な経済発展を実現し, 特に瑞麗は国境貿易の街として栄える一方, ミャンマー側では戦乱が続き, 経済も低迷した。ホールーの移動は, このような世俗社会の動態に埋め込まれているのである。

(3) 3 代目ホールー T 氏

　TL 村の 2 代目ホールー S 氏も, 一部の村人との関係が悪化し, 2011 年には交代した。ムン・マーウ盆地内では近年, ゾーティー派のホールーの説法の評判が高まっているため, TL 村の村人たちはゾーティー派出身で仏教協会の役員を務めるなど知人の多いホールー A 氏に新ホールーの派遣を依頼した。そこで紹介されたのが T 氏 (18 歳) である。ここで, 彼の経歴を紹介しよう【図

19〕。

　T氏は1993年，シャン州クッカイン郡HP村に生まれた。13歳の時（2006年），カチン独立軍に徴兵されたが，途中で脱走する。身の危険を感じたため，14歳の時（2007年）にカチン州モーフニンのゾーティー派寺院で見習僧出家した。500キロ以上離れたモーフニンで出家したのは，出身村のHP村がゾーティー派の村だったためである。16歳の時（2009年）に還俗し，瑞麗市のTK村に居住していた兄の家に寄宿した。兄も同じくゾーティー派の寺院で出家者，還俗後に瑞麗市内の寺院でホールーを務め，結婚してTK村に居住していたためである。その兄が，A氏と知り合いだったため，2011年に18歳でTL村ホールーになったのである。

　2009年と2010年に行った瑞麗市内118寺院の悉皆調査で明らかになったのは，S氏のように，瑞麗市内においてゾーティー派の寺院で出家した後にホールーになるケースが瑞麗市内114名のホールーのうち18名（16%）を占めており，次第に増加していることである。ゾーティー派は，出家者がムン・ヤーン所在の寺院にのみ止住しており，第6章で述べるようにきわめて厳格な戒律を保持しながら全体一致の生活を送ることを特徴とする。またムン・ヤーンの寺院では，タイ族式の仏典朗誦法や仏法詩（ランカー *laŋ ka*）の専門的な教育を行うため，この寺院出身のホールーは説法の声が良いとの評判が近年になって瑞麗でも広まっている。また儀礼においてホールーが重要な役割を果たし，ホールーの仕事で生活していけるのはシャン州の中でもムン・マーウが中心であるため，ホールーとして生活を希望する者もムン・マーウに集中するのである。

　ホールーと村人の関係は，一種の雇用関係である。ホールーが不在になると，老人代表のサムマーティらはミャンマー側の村落へ親戚関係などを頼りに新ホールーを探しに行く。候補者に説法させてみて，村人たちが気に入ると報酬について交渉する。村側とホールーの両者が合意した場合，村に招かれるのである。上述したようにTL村の場合，文革後に3名がホールーを務めているが，このような交代は頻繁に起こり，2007年の本調査時に親しかったホールーの多くが，2009年の補足調査時には交代してしまっていたことに驚かされた。村人との人間関係や，村からの報酬交渉によって，ホールーは村から村へと渡り歩く。ここでS氏に聴き取ったホールーの収入について記しておこう。

　TL村は218戸と比較的大規模の村で，ホールーへの報酬として1年間に1戸あたり10元ずつ支出しているため，毎年約2200元が得られる。これは他

図19 T氏の移動経路

村より比較的多い収入だという。この他，個別に行われる儀礼では，結婚式は20～30元，葬式は40～50元，幟を立てる儀礼は30～40元，新築式は20～30元，年齢数の供物儀礼，108の供物儀礼，ムーザー儀礼はそれぞれ10～20元の収入となる。なお，結婚式以外では，現金のほかに米も支給される。さらに雨安居期間中の布薩日ごとに誦経・説法の際，村人からの謝礼（具体的には金銭約25元とビスケットや米などの布施）が送られる。米は自家消費する他，ビスケットは売って金銭に換える。また仏典を筆写すると1巻あたり150元ほど受け取る。そのうちミャンマー側のムーセーで購入する紙代は1万6000チャット（約100元）なので，1巻あたり50元の収入になる。

これに対し，隣村のKX村は61戸と比較的小規模であるため，報酬は1500元にとどまっている。そのため2003年，2007年，2009年と相次いでホールーは辞め，他村へ移っている。このように，特に小規模村落では村の待遇によっ

てしばしばホールーが交代しているのである。ホールーを廃業して文書作成業に転職したET村のY氏（38歳）は，「ホールーは忙しいわりに儲からない。それでもミャンマー側の収入と比較すればよいため，今ではミャンマー側の人しかやりたがらない」という。こうして中国側の村落出身のホールーは徐々に減少し，ミャンマー側出身の比較的若い世代の役割へと変容してきている。

4. 誦経・説法に関する実践の変容

(1) 徳宏タイ語の誦句の変化

　ホールーのミャンマー側からの移動にともなって，誦経・説法をめぐる実践にも変化が生じた。まず挙げられるのは，儀礼の際に誦える徳宏タイ語の誦句が，シャン州式に統一されてきていることである。現在，TL村のあらゆる儀礼において最初に誦えられる基本的な経は，以下のとおりである。

　　①三宝帰依文（xam vǎi lat ta na sam tsǎu）……徳宏タイ語とパーリ語で誦える。ホールーが先導し，村人全員で後に続く。
　　②花，食事の布施の言葉（xam lu mɔk lu sɔm）……徳宏タイ語とパーリ語で誦える。ホールーは，ハウテック（米をポップコーン状にしたもの），米，花，冷水，蝋燭，線香，ザーックザー（紙を切ってデザインした三角形の小さな旗），マウトゥン（長方形の小さな旗）を少しずつ載せた小さな盆を持ち上げながら誦え，終わると盆をおろす。
　　③仏の九徳（kuŋ pha la pen tsǎu kau pəŋ），法の六徳（kuŋ ta la tsǎu hok pəŋ），僧の九徳（kuŋ sǎŋ xa tsǎu kau pəŋ），五大無量（仏，法，僧，親，師）を礼拝する文（xam vǎi a nǎn ta ha tsǎu）……パーリ語で連続して誦える。
　　④五戒を請う文（xam jɔn sin ha），帰敬偈（na mo tǎt sa），三帰依（sa la na guŋ sam pəŋ），五戒文（sin ha）……パーリ語で誦える。ヒン・ラーイが八戒を受戒する際，僧侶が存在しない場合にはホールーが先導して仏像から直接，受戒する。僧侶を招く場合には，僧侶が在家者に授戒する形になるため，僧侶の先誦に続いて在家者がパーリ語で誦える。
　　⑤慈愛を送る文（xam sɔŋ mɛt ta）……パーリ語と徳宏タイ語で誦える。徳宏タイ語バージョンは，タイ系民族の間では著名な僧侶ウンズム師（タイ国

ではブンチュム師として知られる)が翻訳したものによる。ここまではホールー先導のもと出席者全員で誦える。

⑥滴水文 (xam jat lăm) ……徳宏タイ語で誦える。ホールーがひとりで誦えながら滴水 (ヤートラム jat lăm) していく。これは仏教徒社会に広く共通して行われる儀礼で、布施で得られた功徳を、あらゆる存在や四方の精霊に回向する。

⑦三宝帰依文 (再度)

誦経は全体でも20〜30分ほどで終了する。上記の内容は、瑞麗市内ではどの村落においても大差なく、シャン州ともほぼ共通である。上座仏教の儀礼の際に用いる誦句のうち、パーリ語の部分は一部の発音の相違を除いて (たとえばビルマ語の「タ (B: tha)」はシャン語音、徳宏タイ語音では「サ (sa)」になる [cf. 石井 1998]) 地域ごとにほぼ共通するが、民族語の誦句の部分には地域差が見られ、さらに民族によっても異なる。特に誦経の最初に必ず誦えられる①の三宝帰依文 (xam văi răt ta na sam tsău) には、ビルマ語の語彙が多く含まれるビルマ式、ターンヤーン (Taŋ jan シャン州タンヤン B: Tanyan) で制定されたターンヤーン式など多くのスタイルが乱立し、ムン・マーウ盆地内でも地域によって誦経法が異なっていた。このような状態では「異なる地域の僧侶を招いて儀礼を執行する際に不都合」だと考えたムーセー郡TH寺の住職N師 (55歳) は、1993年にシャン州全体の高僧66名をムーセーに招いて会議を開催し、標準版を決定した。会議には66名の僧侶が出席し、N師らが提案したビルマ語をタイ語 (シャン語) に置き換え、比較的短縮したシャン式が採択された。②〜⑥の、日常的に用いられるタイ語 (シャン語) の誦経文も決定され、翌1994年にはシャン州ピンロン (B: Ping long, 徳宏タイ語ではパーンロン (Paŋ loŋ)) にあるシャン州サンガ協会センター (ŋău ŋun muk tsum săŋ xa tsuŋ tai) から『仏教の礼儀 (Fiŋ ŋɛ put tha pa sa)』という書籍の形で出版された [ŋău ŋun muk tsum săŋ xa tsuŋ tai 1994]。このシャン州サンガ協会センターが設けられているゾン・ピーターカット (Tsɔŋ pi ta kat「三蔵寺院」の意) は、シャン・サンガの中心的な教学寺院であり、4年に1度、シャン州東部のヨン派を除くサンガの代表者が集まって会議を開催する。そのため現在ではシャン州内の広い地域にこのシャン式誦経文が普及している。

これに対し、中国側でも徳宏州仏教協会は、儀礼の際の便を図るため徳宏州

内での誦経法の統一を目指し，2006年に『仏法書（Păp ta la put tha pha sa）』を発行した［Lum put tha pha sa ɯŋ taɯ xoŋ 2006］。誦経の内容はミャンマー側で決定された前述の『仏教の礼儀』に依拠しており，異なるのはシャン文字を新徳宏タイ文字に改めた程度である。

またこの『仏法書』を教科書として，徳宏州仏教協会は第1回（2006年, 於瑞麗），第2回（2007年, 於芒市）徳宏南伝仏教寺院賀露培訓班（ホールー養成講座）を開催した。養成講座開催の第一の目的は，ホールーの後継者を養成することである。前述したように，徳宏州内ではホールーの高齢化によって世代交代の時期を迎えている。瑞麗ではミャンマー側から新たなホールーを招請することが容易であるが，国境から離れた瑞麗以外の地域においてはミャンマー側から招くことは困難で，後継者不足が問題となっている。そこで各地域から参加希望者を募り，ホールーとしての基礎的な知識を学ぶとともに，自村に戻って他の村人に誦え方を伝授するシステムの形成を目指している。そこで教育されているのは，このようにシャン州で標準化された誦句なのである。

TL村で儀礼の際に用いられる誦句は，老ホールーの時代はビルマ式であったが，新ホールーが1995年に着任した際にシャン式へ改められ，現在に到っている。ビルマ語の語句がシャン語に置き換えられたため，意味も理解できるようになり，さほど抵抗なく受け入れられたという。①～⑦の基本的な誦唱文は，ヒン・ラーイが寺籠りをする前には記憶しておかなければならない。新規の寺籠り希望者は，雨安居に入る1～2か月前からホールーや親しいヒン・ラーイの家へ通い，口伝で誦経の方法を教えてもらう。ヒン・ラーイの中には識字者もいるが，非識字者も多い。仮に識字者であったとしても，それをどのように誦えるかは，やはり耳から学ばなければならない。それゆえ毎日，村のなかのヒン・ラーイを訪ねては，繰り返し誦えて記憶するのである。

一方，国境線から離れた芒市では，新しい誦句の浸透が比較的遅く，新旧の両者が混在している状況である。筆者は芒市で開催された第2回ホールー養成講座に参加したが，参加した芒市出身の老ホールー（77歳）は，教師役の僧侶やホールーの誦経を聴いて，「これはわれわれの誦経法ではない」と，彼ら自身の誦経法を滔々と筆者に語り聞かせてくれたのが今でも印象に残っている。SS村のホールー（52歳）は，「2006年の養成講座に参加した後，比較的若いヒン（男性老人）たちには新しい誦句を教えた。しかし年長のヒンは誦句をおぼえられないため，現在ではやむなく各自が誦えられる方法で誦えている。今後，

年長のヒンは減少し，若いヒンが増加していくため，徐々に村全体で新しい誦句に変わっていくだろう」と述べた。このように，瑞麗以外の地域でも徳宏タイ語の誦句は徐々にシャン式に統一される方向へと向かっているのである。

(2) 仏典に使用される文字の変化

　徳宏やシャン州，カチン州に特徴的なのは，灌水祭，雨安居期間中の布薩日，他寺院への昼食の布施，カティナ衣奉献祭の日の午後，ホールーがターラー（仏典）を誦える実践である。ホールーが誦える仏典の声を聴くことは，在家者の積徳行の重要な位置を占めている。まずターラーをホールーがどのように誦え，村人たちはどのように聴くのかについて説明しておく。

　ターラーを誦える際には，寺院内の仏像前，男性老人と女性老人の座る位置の中間あたりに説法台（ku ta la）を置く。最初に参加者全員で，上述の①の三宝帰依文を誦えた後，ホールーは説法台の上へ上がる。TL村の場合は仏像に背を向けて女性老人側を向いて座り，寺院に居住するラーイハーウも女性の列の先頭に座って説法を聴く。上座の男性老人もホールー側を向いて座る【写真104】。このスタイルは村によって異なり，ホールーを含めた全員が仏像側を向く形態と，ホールーのみ横向きになって説法する形態がある【写真105】。筆者がTL村ホールーに，なぜこのようなスタイルで座るのかとたずねたところ，「老人に背を向けて説法するのは失礼だから」と答えた。逆に仏像側を向く村で尋ねると，「仏像に背を向けるのは失礼」と言い，理由も村によって異なる。

　仏典は，村人がホールーから購入し，寺院へ供えたものである。村人たちは，寺でホールーの説法を聴いて気に入った仏典，または事前にあらすじを聴いたなかから好みの経を，ホールーに依頼して筆写してもらう。筆写が終わるとホールーは寺院内で儀礼の際などに誦え，その後に村人は経を自宅に持ち帰って「仏典棚」のなかに保管する。ホールーが寺院内で誦えて初めて仏典には威徳（プン）を持ち，家を守護することができるという。また仏典を寺院に寄進することも，在家信徒にとっての積徳行となるため，寺院には多くの仏典が保管されている。

　仏典を聴く前に，女性老人は頭に巻きつけていた白い布を肩に掛け直す。ホールーが説法台の上へあがり，説法を開始すると，女性老人は正座を横に崩した

写真104 仏像に背を向けるTL村のホールー。　　写真105 横向きに座るV0村のホールー。

ような形で座り，男性老人は片膝を立てて手で抱えるようにして座る。説法の際にはアイスクリームがふるまわれ，喫煙やお茶を飲むのも比較的自由である。仏典にはパーリ語やビルマ語も含まれるため，村人たちは時に理解できない部分もあるが，大筋では理解できるという。この点は，第4章で扱った悪霊祓いに用いる文字や声がほとんどパーリ語であるため，意味を全く理解していない点と異なる。説法の際にはヒン・ラーイでない村人たちも寺院で朗誦に聴き入る。ホールーの説法は聴くだけでも功徳が得られると村人たちは説明する。

　40〜50分ほどで1章を誦え終わると，休憩に入る。休憩時間にはたいてい軽食や煙草がふるまわれ，15〜20分の休憩を挟んでホールーは説法を再開する。このパターンが数回繰り返され，通常2〜3時間程度で説法は終了する。仏典の残りの部分は別の機会に誦えられる。仏典1巻をすべて誦え終わると，次の希望者が持参した仏典を誦えることになる。説法が終了するとホールーは説法台を下り，仏典に向かって三拝する。その後，男性老人とともに仏像側に向き直り，前述の②〜⑦の部分を全員で仏像に向かって誦えてからヒン・ラーイは退出して各自の場所に戻る。ヒン・ラーイが退出すると，ホールーは残されたヒン・ラーイ以外の誦経を聴きに来た村人たちのために花を寄進し，仏像側に向き直って誦経する。午後6時前に終了すると，米，ビスケット，果物，金銭を説法に対する謝礼としてホールーに捧げ，ヒン・ラーイ以外の村人は帰宅する[2]。

----

2) 金銭はひとりあたり平均0.5元で100名ほどが参加するため，50元ほど得られる。そのうち半分の約25元はホールー，女性修行者には10元を渡す。残り15元は茶や碗などの購入費として

仏典は交代で村人が持ち寄り，数回に分けて全体を誦え終わると別の仏典を誦える。その内容は，布施 (ta la)，戒 (si la)，瞑想 (pa va la) を物語の形式で述べたものや，仏の前世譚 (tsat to)，ヒン・ラーイのあるべき行動について述べたものなど様々である。最も多いのはモーリック (mo lik) と呼ばれる在家の仏典作者であり，なかには僧侶が創作するケースも見られる。ホールー自らが創作する場合もあるが，2007年当時，瑞麗市内で仏典の創作までできるホールーはわずか2名のみであり，ほとんどのホールーは朗誦と筆写専門である。原作者が中国側の人であるケースはきわめて少なく，ほとんどがミャンマー側のモーリックまたはホールーの創作である。一方，TL村の家庭の「仏典棚」に置かれている仏典の多くを筆写したのはTL村のホールーである。では，ホールーはどのような内容の仏典を朗誦するのだろうか。以下にいくつか例を挙げておきたい。

　入安居の2007年7月29日に誦えた『輪廻経 (vāt ta sǎm sa ra tsɛn)』は，前世で牛，人の関係だったものが，生まれ変わった次の世では人，牛の関係に入れ替わったという説話から，自らも次の世では牛に生まれるかもしれないのだから動物を虐待してはならないとの教訓を導くという内容である。

　VM村の寺院へ食事を布施した2007年8月24日に誦えた経は，『象牙の花の仏の前世譚 (A lɔŋ puk tha si la mɔk ŋa tsaŋ)』という仏が象だった時代の前世譚（ジャータカ）に基づくものである [cf. 上村・長崎訳 1988: 220-233]。この仏典は，ムーセー郡パーンサーイ (Paŋ sai) 在住の古老が語った物語をモーリックが筆写し，VM村の老人がパーンサーイで購入したものである。

　中安居の2007年9月26日に誦えられたのは『6つの戒，6つの布薩 (Sila hok pa uk puk hok pa)』で，2003年にTL村ホールーが筆写したものである。「持戒 (kǎm sin) すれば善果が得られ，涅槃に到れるが，持戒できなければ地獄へ落ちる。そのためヒン・ラーイはどのように持戒して過ごすべきか」といった内容を物語の形式で述べたものである。この仏典はすでにTL村では何度も誦えられたことがあるが，仏典の持ち主のヒン・ラーイの希望で再び朗誦されることになった。

　出安居の2007年10月26日には，「拘泥せずに精進すること (U pik xa pa ra mi)」のうち4章を朗誦した。これはムーセー市内在住のホールー兼モーリッ

サムマーティが保管する。

クが創作したものを TL 村ホールーが筆写し，あるラーイの家に保管されているものである。内容は，息子の嫁のうちひとりは家で同居，ひとりは家の外に住んでいた。ふたりは同じ場所で同じ食べ物を買って親に渡した。ある人が「どちらがうまいか」とたずねたところ，「外の嫁が買ってきたほうがうまい」と言い，同居していた嫁はあきれた。つまり家の中より家の外のほうが好ましいという気持ちを捨てる（*u pik xa*）ことが大切だということをヒン・ラーイに対して教えたものである。

　このように，TL 村で朗誦されたターラーロンの多くがミャンマー側で創作されたものであるが，内容のみならず使用される文字や紙もミャンマー側の影響が強くなっている。TL 村の人にたずねると，文革前に徳宏でおもに使用されたのは古徳宏タイ文字で，保山などで製造された中国産の薄紙に書かれていた。文革の時代が来ると，各家庭や寺院に所蔵されていた仏典はすべて焼却処分しなければならなかった。文革終了後に TL 村内で仏典の筆写をしていたのは，老ホールーの兄だった。彼は出家経験がなかったが，村の老人から文字を習い，仏典を古徳宏タイ文字で筆写した。しかし高齢によって次第に筆写が困難となり，1995 年の新ホールー S 氏の就任後は，おもに S 氏が筆写するようになった。前述したように S 氏はミャンマー側の出身で，寺院ではシャン文字を習得したため，新旧徳宏タイ文字も読めることは読めるが，シャン文字ほど読み書きに慣れておらず，シャン州のラーショーやタウンジーで生産された厚紙にシャン文字で筆写するようになった【写真 106】。ミャンマー側でも 1950 年代までは古徳宏タイ文字（リックトーゴック「もやし文字」の意）を使用していたが，1960 年代以降はシャン文字統一運動の影響を受けて，次第にシャン文字が一般化したのである。そのため現在，TL 村で朗誦される仏典のほとんどはシャン文字で，パーリ語の部分のみビルマ文字で書かれたものである【写真 107】。

　以上に挙げたターラーロンと呼ばれる仏典のほか，第 3 章で述べたように，葬式の際には，死者のために『この世の罪をのがれるための仏典（*Lik lo ka phe vot*）』などの仏典を供える習慣がある。これはシャン州のティーボーで印刷，発行されたものであり，シャン文字で書かれている。この経も，老ホールーの兄らが古徳宏タイ文字で筆写していたが，近年ではシャン州製のものが大量に流入し，村の中の売店でも 2〜3 元で安価に購入できるため，現在ではすべてこの印刷されたものに代わっている。

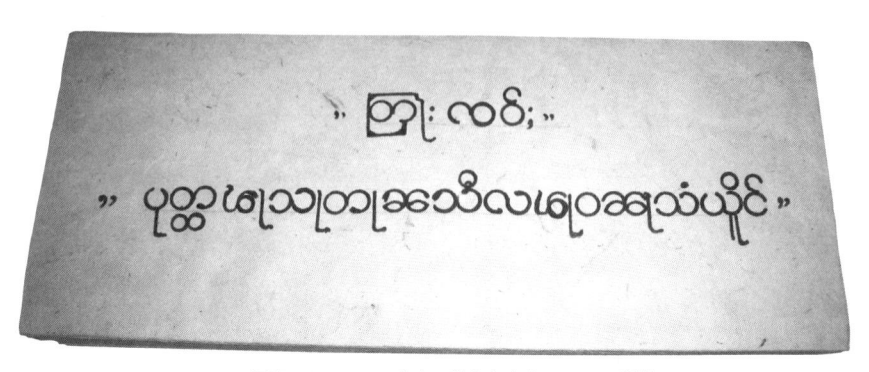

写真106　シャン文字で書かれたターラーの表紙。

写真107　パーリ語はビルマ文字。

写真108　古徳宏タイ文字で書かれた仏典。

　一方，筆者が芒市のSS村で調査を行った際に目にしたのは，ターラーや葬式で供える経を含めてすべて薄い紙に古徳宏タイ文字で書かれた仏典のみであった【写真108】。芒市はミャンマー国境から離れているため，村にミャンマー側のホールーを招くケースは少ない。そのため，ホールーや村のなかの識字能力を持つ老人たちが，葬式の際に供える仏典を筆写しており，シャン州製の印刷された仏典はまだ普及していない【写真109】。しかし現在，仏典を筆写している老人たちの下の世代には，徳宏タイ文字の読み書きができる人もきわめて限られており，いずれは芒市でもシャン州製の仏典が普及していく可能性もある。

写真 109　仏典を筆写する芒市 SS 村のホールー。

5. 継続する声の実践

　以上のように，モノとしての仏典にはシャンの影響が浸透する。一方で，徳宏独自の実践が継続する部分もある。それは朗誦の節回しである。
　モーリックやホールーは仏教の教理やブッダの前世譚を在家者がわかりやすいように物語の形式にしてターラーロンを創作するが，これは基本的に目で読むものではなく，寺院内でホールーが朗誦し，それを在家者が耳で聴くものであるため，聴き心地のよいものでなければならない。この節回しは，各盆地によって微妙に異なる。中国側の瑞麗市とミャンマー側のムーセー郡，ナンカン郡を含む盆地全体において，1970 年代まで主流だったのは，セン・トゥンマウ (Seŋ Thuŋ Mau) である。このうちセン (seŋ) は「音」を意味し，トゥン・マウ (Thuŋ Mau) は，「中国側もミャンマー側も含めた盆地全体」であることを

強調したい時に用いられる言葉である[3]。すなわちセン・トゥンマーウは「トゥン・マーウの音」を意味する。

しかし「盆地全体」と言っても，ミャンマー側のムーセー郡，ナンカン郡のゾーティー派寺院では朗誦の際の節回しが異なっていた。ナンカンには以前，ゾーティー派の本山が置かれていたこともあり，トゥン・マーウのミャンマー側にはゾーティー派の村落がもともと比較的多い。ミャンマー全土で，ゾーティー派の寺院は112か所にあるが，そのうちナンカン郡には15か村，ムーセー郡には36か村（一部，瑞麗，遮放，芒市の寺院を含む）のゾーティー派寺院が存在する［Tsum kɔ pă kă văt tsɔŋ lɔi tsɔ ti 2003: 172-175］。これに対し中国側の瑞麗では現在，ゾーティー派寺院は1か村のみにとどまる。このことは，同一盆地内における仏典朗誦の節回しの差異を生むことにつながった。

ゾーティー派寺院では，ホールーがターラーロンや滴水文を誦える際に用いる以下の3種類の節回しを教育している。

①セン・ピーラー（seŋ phi la）……センは「音」を意味するが，ピーラーの語源は不明である。音の上がり下がりが小さく，「蛙が飛ぶ」様子にたとえられる。
②セン・ピェウ（seŋ pyeu）……語源はおそらくビルマ語の仏教叙事詩ピョ（B: pyo）に由来するものと推測される。この節回しの特徴は，やはり抑揚が小さく，「子供が歩く」様子にたとえられる。
③セン・カールンペン（seŋ ka lun pɛn）……カールンは「鳳凰」，ペン（pɛn）は「飛ぶ」を意味し，全体では「鳳凰が飛ぶときの音」といった意味で，音の上がり下がりが大きいのが特徴である。

ムーセー郡出身のホールーA氏（男性，51歳）によれば，これらの節回しは，セン・トゥンマーウと異なる（セン・トゥンマーウのほうが音がやや高い）ため，ミャンマー側ではゾーティー派の村のみ，説法の節回しが異なっていたと言う。ところが，ゾーティー派寺院での出家経験者はホールーとして優れた誦経・説法技術を持っているため，ゾーティー派の方式で説法することを村人の側も1980年代頃から許容し始めた。さらに「仏法詩およびタイ語韻文教室（Paŋ sɔn

---

3) ムン・マーウという言葉は，中国側の行政区画名が勐卯（C: Meng mao）鎮であるため，時に中国側だけを指すニュアンスを持つことがある。

läŋ ka loŋ lɛ lik tai seŋ tɛt)」の指導者たちも多くがゾーティー派出身であることから，セン・カールンペンが主流になったのだと言う。

　詳しくは今後の調査が必要だが，1999年から毎年1回，1週間の日程で開催されている「仏法詩およびタイ語韻文教室」がゾーティー派式の説法のムーセー郡，ナンカン郡における普及に大きな役割を果たしたことは間違いない。講座を主催するのは民間団体のタイ語仏法詩保存協会（Mu tsum pauu pa tara läŋ ka phai tai）であり，トゥン・マーウ全体のホールーやモーリックによって構成されている。講座はトゥン・マーウ盆地内の寺院を輪番制で実施されており，中国側でも2002年～2004年にかけて3回，実施されたため，瑞麗市内のホールーの多くも1回は参加経験がある。

　2008年までその指導者（ho pău）を務めていたのがヒン・グンヨット（Xiŋ ŋuɯn jɔt）氏である。ヒン・グンヨット氏は1933年にナンカン郡で生まれた。1943年（10歳）に，当時シャン州モーメイッに所在していたゾーティー派本山で見習僧出家の経験を持っている。還俗後は，長らくシャン州のムン・ユー（Məŋ ju）でモーリックとして多数の仏法詩を著した人物である。

　本調査当時，この講座では，ヒン・グンヨット氏の指導のもと，ホールーやモーリックとして必要な朗誦，創作知識について，毎年テーマを決めて教えていた。そのひとつは，先述したターラーロンや説法の最後に誦えられる滴水文の創作方法である。これらはすべて，聴き心地の良いように韻を踏んで書かなければならない。その技法を教え，各自で創作できるように教育するのが講座の目的の1つである。もう1つの目的は，朗誦の節回しの習得であり，そこではゾーティー派式の上記3種類の節回しが教育されているため，ミャンマー側でのムーセー郡，ナンカン郡では，ゾーティー派式の説法の方法が最も一般的な節回しとなり，逆にセン・トゥンマーウはあまり使用されていない。

　1995年にTL村の2代目ホールーになったS氏は，ミャンマー側の出身であるため，もともとセン・カーロンペンに慣れていた。そのためTL村のホールーになった当初はセン・カーロンペンで仏典を誦えていたが，TL村のヒン・ラーイたちに朗誦の節回しが変わると説法が聴きにくくなると言われたため，彼は他のホールーが朗誦するのを聴いてセン・トゥンマーウをおぼえた。3代目ホールーのT氏も，モーフニンのゾーティー派寺院で習得したセン・カールンペンを誦えていたが，当初はTL村のヒン・ラーイたちから不評で，

サムマーティの指導を受けて習得に努力する姿を筆者も見ている。このような経過により，ミャンマー側出身のホールーS氏がTL村で仏典朗誦を開始した後，仏典の文字は変化したものの，朗誦の節まわしは変化しなかったのである。

これはTL村に特殊な現象ではなく，他村でも同様の事例を聞いている。ではなぜこのような現象が生じるのであろうか。それは，今までに述べてきた仏典をめぐる実践を想起すれば明らかになる。仏典は寺院内でホールーが朗誦し，それを在家者は耳で聴くことによって功徳を得る。朗誦し終わると在家者は自宅に仏典を持ち帰り，「仏典棚」に置いて毎日拝む。それによって仏（パーラー）の加護を得る。しかし仏典を目で読んでいる在家者を筆者は見たことがない。それゆえ徳宏タイ文字，シャン文字のいずれで書かれても在家者にとってはさほど大きな問題ではない。むしろ仏典は耳で聴くものであるため，長年にわたって聴き慣れ，身体に染みついた朗誦の節まわしの変化に対しては敏感に反応するのである。

このことから，徳宏においては仏典に節をつけて朗誦する「声の実践」が重視されている事実が浮かび上がる。ホールーには確かに出家経験者が多い。しかしTL村ホールーのように出家経験がなくても字の読み書きができ，経がうまく誦えられればホールーになることは可能である。逆に出家経験者（識字者）でも経の誦え方がうまくなければホールーにはなれない。TL村には出家経験者が5名いるが，元ホールー以外は文字が読めるものの朗誦が得意でなく，ホールーを務められない。2代目ホールーのS氏も，ホールーになる際には他のホールーから朗誦法を習い，おぼえたのだという。つまり識字能力がホールーになるための必要条件ではあるが，「声の実践」に関する知識がより重要な意味を持っているのである。またそうした声の実践に関わる知識は，識字能力を持つ出家者（または出家経験者）から在家者へと継承されるとは限らず，在家者から在家者へと継承される局面がきわだっている。

もちろんこれは，ゾーティー派村落が合計で40を越えるムーセー郡，ナンカン郡に対し，中国側の瑞麗には2007年現在，ゾーティー派の村落は1か村しか存在せず，ゾーティー派のスタイルで説法する村落が歴史的に見てきわめて限定的だったことにもよる。しかし上述したように，近年，瑞麗でもゾーティー派ホールーの評判が上がり，徐々に増加しつつある。今後，ゾーティー派のホールーがさらに増加した時，瑞麗の仏教徒は果たしてセン・カーロンペ

ンを受容するのだろうか。仮に将来，変化が起こったとしても，文字の変化が起こった1990年代と比較するとかなり遅れるのである。

　以上，徳宏の仏教実践において特徴的なホールーの説法について紹介した。ヒン・ラーイの寺籠りの際，寺院で仏の教えをホールーの独特の節まわしによって聴くことは，積徳行の一つの核心をなしている。ホールーは文革以前は自村または近隣村の出身者が多かったが，特に1990年代以降，第4章で述べた仏教実践の他の担い手と同様，ミャンマー側からの移住者が増加した。それに伴い，仏典の筆記に書かれる文字や誦経の際の誦句は1990年代にミャンマー側と共通するものへと変化した。しかし本章で注目したのは，ミャンマー側の実践の影響が強まる一方で，徳宏の地域に根ざした独自の実践，すなわちホールーの仏典朗誦の節回しは変化していないという事実である。このことは，外来の実践を受容しつつも，身体に染みついた声の実践は徳宏の村人たちが維持しようとする主体性を示している。またこの事実が示すのは，徳宏の仏教徒が仏典を聖なるものとして重視していることである。自宅で仏典を拝み，寺院で仏の教えをホールーの独特の節回しによって聴くことは，在家者の積徳行の一つの核心をなしている。

　こうした実践は，徳宏に例外的な特殊な実践であるかのように見える。たとえば村上忠良は，北タイのメーホンソーンにおいてチャレー（T: *care*）と呼ばれるシャンの在家知識人がリックロン（T: *lik long*）を朗誦する実践について報告している［Murakami 2009］。チャレーの実践はホールーがターラーロンを誦唱する実践と共通する部分も多いが，これ以外には，先行研究も見当たらない。

　しかし筆者による最近の調査から，シャン州北部のティーボー，チャウッメーのシャン寺院でも1980年代以前には徳宏と同様，寺籠りの際にはザレー（*tsa le*）と呼ばれる在家仏教徒が節回しをつけて仏典を朗誦する実践は日常的に見られたことがわかった。その後，交通網の整備によってミャンマー中央部に留学する僧侶が増加した結果，三蔵経典に基づく僧侶の説法が主体となり，ザレーの仏典朗誦は徐々に衰退しつつある。またシャン州北部のパラウン村落では，ターザレー（*ta tsāle*）と呼ばれる仏典朗誦専門家が，儀礼の際に仏典を朗誦する［Kojima and Badenoch 2013］。以上の他，筆者の知る限りではカレン族やパオ族などの仏教徒少数民族にこれと同様の実践が見られる。さらに言えば，かなり時代は遡るものの，ミャンマー中央部のビルマ族にもクェッセイッ・サ

ヤー（B: *kwetseik hsaya*）と呼ばれる在家の講談師がいたが，現在では見られなくなってしまったという。このことは，徳宏のように在家者が仏典を朗誦して聴かせる実践形態が，現代でこそ「特殊」に見えるものの，さらに時代を遡れば広い地域で見られたことを示唆しているのである。

　以上，TL村の事例を中心に，国境を越える人がもたらす実践の動態について明らかにしてきた。しかし地域の実践も，中国やミャンマーの政治権力と無関係ではありえない。次章では，中国側の他村やミャンマー側の事例と比較しながら，地域の仏教実践と政治権力の関わりについて考察していきたい。

コラム　タンマザッカ誦唱祭 —— 国境を跨ぐ「声の実践」

　筆者の調査期間中に印象的だったことの一つは，タンマザッカ協会（Mu tsum Thăm ma tsăk ka）が主催するタンマザッカ誦唱祭（Pɔi hop thop lɔt hɔ Thăm ma tsăk ka）である。1999年からムーセー郡タンマザッカ協会の書記（*phu lăm lau*）を務めるM氏によれば，会員はムーセー郡で3828名を数え，2007年度より会員の登録を始めた中国側にも，瑞麗市内に500名あまり，隴川県内に約100名もの会員が存在するという。中国側で会員数が急激に増加したのは，第1章のコラムでふれたタイ文字講座の修了者たちが会員になったためである。会員になる手続きは，申請書に記入し，500チャットの入会料を払うのみ。タンマザッカ協会の代表（*ho pāu*）3名，書記3名は在家が務める。理事（*phu lăŋ tsəŋ*）7名はいずれもムーセーで著名な高僧が名を連ねているが，彼らよりもむしろ在家が中心となって活動している。

　タンマザッカとは，ブッダが悟りを開いた後，5名の僧侶に対して最初に行った説法で，日本語では初転法輪と言われる。パーリ語原典をもとに，ムーセー郡タンマザッカ協会がシャン文字版［Tsău sɔ pha na 1999］，瑞麗市仏教協会が徳宏タイ文字版［Lum put tha sa săn la məŋ mau 2007］を出版している。この書籍を見ながら参加者全員で誦えるのが儀礼の中心である。

　M氏によれば，タンマザッカ協会の目的は，仏教や礼儀作法を普及し，特に青少年が薬物などの非行に走らず，行いの良い優れた人物となることであるという。現在では，ラム・マーウ川を境に，中国側とミャンマー側に分かれて活動している。中国側では，中国領13村，飛び地になっているムーセー郡18村，ナンカン郡5村の36村が参加し，誦唱祭ごとに1000名以上の在家信者が集まる。寄進者がいればどの村でも開催することができ，各村の代表者による会議でその年の開催年が決定される。開催するのはおもに雨安居期間中の布薩日以外の日で，1年に約10か村で開かれる。

　この儀礼の特徴は，誦経の節回しで，まさに歌うように誦えていくところにある（▶動画リンク）。M氏によれば，この節回しは1975年にの在家のインド人信者がヤンゴンで考案したとのことで，70年代後半にミャンマーで普及し，各地に初転法輪協会（B: Danmasetkya ahpwe）が組織されている。ムーセーに伝

わったのは70年代後半のことで，考案者のインド人が直接タンマザッカの誦え方を教授したという。このように，口伝で普及する性質のものであるため，町によって節回しが異なるが，ミャンマー中央部で習得した人々が伝えた他の町に比べ，考案者から直接伝わったムーセーのものが正当な誦経法だとM氏は言う。ただし理事を務める僧侶の一人は，ムーセーの町中に在住していた（2005年に死去）ソイセンラーウ（Sɔi sɛŋ lau）氏がムン・マーウ独自の節回しを考案したと説明しており，真相は明らかではない。いずれにせよ，在家の考案によるものであることは間違いないだろう。また，他の町では参加者が数十名にとどまるのに対し，毎回1000名以上の参加者があるムーセーは「世界最大のタンマザッカ普及地域」であるとM氏は自負している。

　タンマザッカ誦唱祭が開始されるのは午後3時過ぎからである。参加者は全員，服装が規定されており，男性はタイ族のズボン，女性はコーヒー色の巻き布を着用し，男女ともに白い長袖のシャツを着用しなければならない。この他，会則には「飲酒後に誦唱祭へ参加してはならない」「寺院境内での喫煙禁止」「寺院内での飲食禁止」といった規定があり，タイ族の一般的な祭りとは雰囲気が異なっている。ミャンマー側の参加者には青年が多く，中国側の参加者に

は中年の女性が多い。第1章で述べたように，中国側の村には出稼ぎに出ている若者が多く，村の中で若者の姿を見かけることがあまりない。一方，ミャンマー側の村々には若者の姿が目立つ。ヤンゴンより中国国境のほうが経済的に豊かで，出稼ぎに行くなら瑞麗市内のほうが魅力的なためである。またミャンマー側でも結婚すると，家事や仕事で忙しく，老人たちも寺籠りで忙しい。そのため若者の参加が多くなるのだという。

タンマザッカ誦唱祭では，僧侶による短時間の説法の後，仏前に花を供え，瞑想する。これらが終了すると，夕方からタンマザッカを全員で誦え始める。筆者も一緒に独特の抑揚をつけて歌うように誦えていると，不思議な心地よさが感じられ，気がつけば誦経の世界に没入している。徳宏タイ族の若者たちも「誦経は心地よい」という。彼らを引きつけるのはこの心地よさなのではないかと実感する。誦経は40分ほどで終了する。

興味深いのは，こうした「声の実践」が，当初はミャンマー中央部で考案されながらも，ムン・マーウのような周縁部で発展していることである。このことは，ホールーが歌うように仏典を朗誦する実践がムン・マーウで盛んである現象と重なるように思われる。

第6章
仏教実践と政治権力

正面の赤い布には「徳宏・保山南伝仏教寺院第 2 回ホールー養成講座」と書かれている。徳宏州仏教協会の幹部の話を，徳宏州の各地域から集まったホールーが聴く。特に瑞麗のホールーの多くはミャンマー側の出身であり，彼らが「外国人」であることを中国政府は問題視している。ホールーは村人たちへの影響力も大きいため，講座では中国籍を持つホールー志望者に対し，誦経や説法の技術とともに中国の法律や政策について教育し，村人たちに伝えるよう指導する。

第2章から第5章までは，おもにTL村の事例を中心に検討した。寺院に出家者の止住しないTL村では，ミャンマー側から越境したホールらの在家者が主体となって，徳宏に新たな仏教実践のスタイルを築いていた。しかしTL村のケースは，先述したように徳宏では一般的であるが，どの村の実践形態も一様であるわけではない。実際，先述したように僧侶が住職として止住する施設も118施設中19（16%）あり，出家者に対する意識も村落によって異なる。筆者はTL村で1年あまりの定着調査を行った後，瑞麗市内で118施設の悉皆調査を行った。村々を回ってみると，各村落における共通性が見られつつも，実践の多様性に驚かされることも多かった。しかし多様性が維持される要因は，必ずしも自明ではない。本章では，特に戒律実践の多様性に着目し，それが維持拡大される社会状況を明らかにしたい。

　こうした徳宏の宗教実践の多様性を媒介したのは，一つには多様な教派の存在である。また越境する出家者たちも，多様な実践をもたらした。しかし一方で，国境線が厳然と存在することも事実である。では，中国政府はこうした出家者を含む人の越境にどのように対処しようとしているのだろうか。また政治体制の異なる中国とミャンマーでは宗教政策にも相違が見られる。こうした2つの国家の狭間において，徳宏の出家者や在家者たちは，いかに政治権力と関わり，いかに自らの宗教実践を築いているのだろうか。本章では，こうした複数の政治権力との関わりの中で築かれるローカルな実践のあり方に着目する。

1. 戒律実践の多様性

　戒律の実践をめぐる問題に着目するに到ったのは，筆者のミャンマーと徳宏での生活，調査経験が契機となっている。上座仏教徒は戒律を厳守することで知られるが，ミャンマーの上座仏教徒が守るべき戒律について，先行研究では「在家者は5戒または8戒，9戒，10戒，見習僧は10戒，僧侶は227戒を守る」とされてきた［ex. 池田1995］。実際にミャンマー人に尋ねてもほぼ同様の答えが返ってくる。しかし徳宏では，寺院内に居住する剃髪した見習僧たちが，袈裟を脱ぎ，俗人と同じ服装で生活している姿をしばしば見かける【写真110】。TX村の寺院の住職（25歳）は，「見習僧は儀礼の際と雨安居期間中のみ袈裟を着用して10戒を守るが，それ以外の期間は袈裟を脱ぎ，寺子として5戒を守る」という。なぜなら「袈裟を着用して祭りや買い物に行くのはふさわしくない」

写真110　日常的には寺子として過ごす見習僧（中央）。

ためである。

　ここでミャンマーと徳宏を比較してみると，在家者が5戒，見習僧が10戒を守るという点においては共通している。しかしミャンマーでは，師僧から受戒した後，還俗するまで袈裟を脱ぐことはできない。つまりミャンマーと徳宏では，遵守すべき戒の数は共通するものの，その実践が異なっているということになる。このような例は先行研究でも報告されてこなかった。では，徳宏において戒律はどのように実践されているのか。またなぜこのような相違が生じるのか。これらの点について，フィールドワークで得られた知見と文献資料をもとに検討する。

　先述したように，従来の研究では一般的に，上座仏教徒の在家者は5戒（1. 不殺生戒，2. 不偸盗戒，3. 不邪淫戒，4. 不妄語戒，5. 不飲酒戒）または8戒（5戒（ただし3は不淫戒となる）＋ 6. 不非時食戒，7. 離歌舞観聴・香油塗身戒，8. 離高広大床戒），見習僧は10戒（1. 不殺生戒，2. 不偸盗戒，3. 不淫戒，4. 不妄語戒，5. 不飲酒戒，6. 不非時食戒，7. 離歌舞観聴戒，8. 香油塗身戒，9. 離高広大床戒，10. 離金銀宝物戒），僧侶は227戒を守るとされてきた。しかし徳宏での聴き取りから得られた事例には，以下のようなものが挙げられる。

　まずHS寺に止住する僧侶N師（33歳，トーレー派）のように，「在家者は日常的に5戒，ヒン・ラーイは雨安居期間中の布薩日に8戒，見習僧は10戒，

僧侶は227戒を守る」と従来の研究とほぼ同様の解釈をするケースである。

しかしLM寺の住職V師（39歳，ポイゾン派）によれば，「見習僧は，袈裟を着用しなければ寺子として5戒，袈裟を着用すれば10戒を守るが，本来の戒は108ある。僧侶は見習僧と同様，日常的に10戒を守るが，本来は528の戒が存在する」という。N師と比較すると戒の数はずいぶん多いが，その一方で「以前は飲酒やアヘンの吸引，夕食をとることも可であり，現在ではこのような習慣は減ったが，今でも夕食をとることはある」と証言する。

次にゾーティー派寺院で見習僧出家の経験をもつTP村のホールーS氏（43歳）に尋ねると，「在家者は日常的に5戒，ただし寺籠りの老人ヒン・ラーイは雨安居期間中の布薩日に8戒，見習僧は10戒，僧侶は4戒」を守るのだという。なぜ俗人より僧侶のほうが少ないのかと尋ねると，「俗人は寺院の外に居住しているため戒の数が多い。ゾーティー派の僧侶は寺院から外出できないため戒の数は少なくともよい」と説明した。

さらにN師と同様，トーレー派の寺院で見習僧出家の経験を持つTL村の元ホールーJ氏（75歳）に尋ねたところ，S氏，L氏と同様，僧侶は4戒を守るとするが，「僧侶の4戒というのは227のシックハー（*sik xa*）と呼ばれる規則を含む戒である」という。4戒とはB: Patimaukhka thanwada, B: Eindadiya thanwada, B: Pitsayathanneikthita thanwada, B: Aziwaparithokdi thanwadaであり，最初のPatimaukhka thanwadaとは227の戒律，Eindadiya thanwadaは眼耳鼻舌身意の六根を防護する戒，Pitsayathanneikthita thanwadaは正しい方法で収入を得て生活する戒，Aziwaparithokdi thanwadaは正しく自覚して衣食住薬などの資具を受用する戒，をそれぞれ意味するのだと説明する。つまりJ氏もS氏も戒の数のみ比較すれば同じことを述べるが，そのとらえ方は異なっている。

このように徳宏の戒律に関する説明とその実践はミャンマー中央部とは差異がみられ，また教派，村落，個人による多様性が大きい。ではこうした多様性を生む要因は何なのだろうか。いくつかの要因に即して，検討しよう。

2. 多様性を生む要因

要因の1つとして考えられるのは教派の問題である。現在の徳宏に相当する地域には，近代国家の成立以前にビルマや北タイから多様な教派が流入した。こうした状況は，時に教派間の反目を生じさせることもある。1949年の新中

国成立以前の状況について報告した資料によると，ポイゾン派，ヨン派の信徒はトーレー派，ゾーティー派の信徒を「開化していない田舎者」であるとみなし，トーレー派，ゾーティー派の信徒はポイゾン派，ヨン派の僧侶を「アヘンを吸い，酒を飲み，誤った道を歩んでいる」と批判した。またゾーティー派の年長者は，子女が他教派の子女に婿入りしたり嫁入りすることを禁止していたという［張編 1992: 155］。

これに対し，第 2 章で述べたように，1982 年以降の政府・仏教協会の指導によって教派は統一されたというのが先行研究や仏教協会による見解である。先行研究においても「現在では各教派間の偏見は日増しに消失し，相互に団結，尊重している」［張 1992: 132］との記述が見られるし，瑞麗市仏教協会の幹部らに尋ねると「徳宏州内の教派は統一されたため，現在では教派は存在しない」との答えが返ってくる。

実際，筆者がフィールドワークを行った TL 村の仏塔は，文革の際に破壊され，再建後の 1984 年には戴傘式が開催されたが，その際に仏塔修復小組の組長を務めた K 氏（男性，71 歳）は，「異なる教派の僧侶が同席せずに苦労した。現在は仏教協会の指導によって教派の統一が進んだのでこのような事態は生じない」と証言している。また教派が異なる僧侶は文革前，ともに布薩堂へ入って受戒することはなかったが，「以前の仏教協会会長の僧侶の呼びかけにより，1990 年代から，雨安居期間中の布薩日に瑞麗市内の僧侶が教派を問わず，ともに布薩堂へ入る習慣ができた」(LM 寺住職，39 歳）という。

このように教派「統合」が進む側面が見られる一方で，実際には，寺院の教派 (kəŋ) は現存している。住職は基本的に同じ教派の僧侶が継承し，僧侶が不在となった場合でも，基本的に前住職の教派が受け継がれる。TL 村の場合は，文革前の住職がトーレー派であったため，文革後に僧侶が不在となった現在でもトーレー派の HS 寺とのつながりを維持している。

また「無住寺」に他寺院から新たに住職を招く場合は，同一教派の寺院から招請することを基本とする。ここでポイゾン派の TS 村の寺院の事例を紹介しよう。1994 年に寺院を改築した当初，TS 村の村人たちは，最も近くのミャンマー側の KH 寺院から住職を招請しようとしたが，教派が異なるという理由で住職に断られた。そのため，同じポイゾン派に属するカチン州の MV 寺院から V 師（34 歳）を住職として招いたのである。

V 師は，1972 年にミャンマーのカチン州で生まれ，7 歳の時に出生村近く

のMV村の寺院で見習僧として出家した。そのまま20歳（1992年）まで止住し、僧侶として出家したが、より高度な教理を学習するため、ミャンマー中央部のヤンゴン、マンダレーの教学寺院に移った。25歳の時（1997年）に、カチン州のMV村の寺院に戻る。27歳の時（1999年）に、中国側のTS寺の在家者たちが住職として招くことを希望したため、移住した【図20】。

　ここで注意しておきたいのは、V師がミャンマー中央部のヤンゴン、マンダレーで教理学習し、ミャンマー政府主催の教理試験を受験していることである。

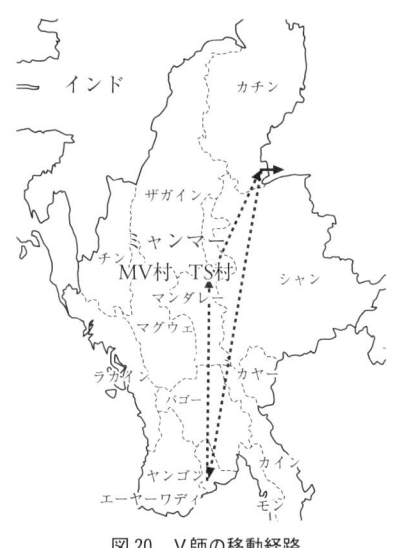

図20　V師の移動経路

第2章の【図8】を見てもわかるように、こうした僧侶の移動は現在のミャンマーにおいて一般的であり、特にシャン州内の道路が改善された1970年代から80年代以降に強まった。そして彼らは、教理試験合格のためのよりよい教育を受けられる教学寺院を移動しつつ、ムン・マーウ盆地内ではミャンマー政府によって公認されていないポイゾン派のネットワークに基づいて移動するのである。

　徳宏には、ポイゾン派、トーレー派、ヨン派、ゾーティー派の主要4教派が存在することは第2章で述べた。教派によって出家者の戒律実践は異なるが、さらに在家者の実践を規定する教派もある。先行研究では、徳宏の主要4教派のなかで、ポイゾン派、ヨン派は戒律解釈が緩く、トーレー派はやや厳しい、最も厳しいのがゾーティー派と言われている。以下、本書の知見と関連づけながら、主要4教派の実践の特徴を挙げておく。

a. ポイゾン派

　ポイゾン派のポイはビルマ語のプエ（B: *pwe*「祭り」の意）、ゾンはビルマ語のチャウン（B: *kyaung*「寺院」の意）に由来する。もっとも早く徳宏に伝わり、最大の勢力を誇った。現在でも徳宏州内ではポイゾン派の寺院が最多数を占める。

第6章　仏教実践と政治権力　259

張［1992: 146］によれば，プエチャウンという名称が意味するように，寺院は村落のもっともにぎやかな場所に建築され，儀礼が多く開催されるのを特徴とするという。

　中国側の記録には，「僧侶は飲酒，アヘンを吸引し，夕食をとる。袈裟は毛織物製を着用し，車や馬に乗ることが許される。僧侶は自由に寺院を出て民家に入り，俗人と会話することができる」［江 2003: 373］というように，戒律解釈が比較的緩いとするものが多い。

　一方，ビルマ語による仏教史伝『タータナー・リンガーヤ・サーダン』［池田 2007］を参照すると，プエチャウン派ともうひとつの徳宏の主要教派であるトーネー（徳宏タイ語ではトーレー）派の分立について，以下のような記載が見られる。

> 　ピンヤ朝の1340年にウザナー大王が持戒有徳の7名の長老にサガー樹（キンコウボク）材で7寺院を寄進した。しかしウザナー大王が多くの寺領地を寄進したため，寺領地に関する問題が増え，教法習得や修行実践への熱意が減退して戒律を破り，悪事放逸をなすようになった。恥を知り戒を愛する僧侶たちは，サガー寺院を去り，彼らは丘陵や山麓に住んだため，「トーネー・エーカサーラ（森林住独行者）」と呼ばれるようになった。一方，都市や村の近くに残っていた僧侶たちを「プエチャウン・ガーマワーティー（祭礼寺院・村落寺院）」と呼んだ。（池田［2007: 199-200］の記述を筆者要約）

　このようにビルマ語の仏教史伝では，森林に居住し，戒律を厳守する僧侶をトーネーと呼び，村落の近くに居住し，戒律を守らない僧侶たちのことをプエチャウンと呼ぶようになったと説明される。またビルマ王朝時代の記録によれば，プエチャウンの僧侶たちは，占星術，戦闘術，医術，按摩術などの世俗的な教育をおもに行っていたとされる［土佐 2000: 144］。

　植民地時代の1900年代初頭に，瑞麗市に面したシャン州のナンカンで2年以上を過ごしたミルンは以下のような記録を残している。

> 　最も厳格でない宗派は，Poikyaung派である。この派の僧も，経典の少々位は，もちろん心得ているであろうが，数多くの仏教の掟や戒律などというものを，全然無視している。彼らはよく俗人と同じ服装をしていることがある。背広にズボンを着用したりするのである。Poikyaung派の僧侶は，概ね雲南，あるいはシナとシャン州の国境地帯にいる。Poikyaung派の僧は，多く阿片を飲用するの

で，マンダレーやラングーンにはめったに行かない。というのは，ビルマ人の同胞に蔑視されるからである［ミルン 1944（1910）: 71］。

現在では僧侶がアヘンなどの薬物を使用することは禁じられており，そのような場合，村人によって寺院から追放されるケースもある。またミャンマーでは 1980 年の全教派合同会議の開催以降，僧侶に対する戒律の厳守が要求されたため，僧侶が飲酒したり夕食をとる姿は，少なくとも在家者の前では見られない。しかし徳宏では，先述したように僧侶の飲酒や夕食は珍しいことではない。

にもかかわらず，ポイゾン派は徳宏最大の教派である。石井［1975］は，持戒した清浄なサンガが保たれてこそ，在家者の信奉を獲得できるのだという。では戒律を厳守しているとは言えないポイゾン派がなぜ最大教派になりえたのだろうか。その理由として張［1992: 147］は，「信徒の戒も比較的緩く，信奉者の私生活に過度な干渉をせず，豚や鶏の飼育が可能であるため，多くの人が帰依する教派になった」とする。後述するように，殺生を禁じた戒律を厳守するため，在家の豚や鶏の飼育を認めなかった教派も存在したのである。

これは一つの要因かもしれない。しかし悪霊祓いや占いによって信奉を集める僧侶をしばしば輩出してきた側面も見逃せない。ポイゾン派は在家の様々な宗教的需要に最も応えてきたのだとも言える。ポイゾン派の最長老僧は，ここまでもたびたび登場したコーケー師であり，彼はムン・マーウの在家者の信奉を集めている。1 年に 1 回，ポイゾン派の全僧侶がムーセー郡のコーケー寺に集まってコーケー師に対する挨拶（カントー）を行うなど，徳宏のポイゾン派は師弟関係に基づく教派としてのまとまりを保っている。

b．ヨン派

ヨン派は北タイや西双版納の仏教の流れを汲んでおり，ヨンパーン（Jon paŋ）とヨンソン（Jon son）の 2 つのサブグループが存在する。ヨンパーンのパーン（paŋ）は「山野」を意味する。得度式の際，出家者はまず山林の中に隠れ，人が太鼓などを打ち鳴らして探しに行き，みつかった後に寺で儀礼を執行するという点に特徴があるとされる。一方，ヨンソンのソン（son）は「庭，畑」を意味し，得度式の際，出家者はまず庭に隠れ，後に人に連れ戻されてから儀礼を執行するのだという［張 1992: 147］。ヨン派の僧侶は文革後，瑞麗には存在し

ないため，筆者の調査時に以上のような儀礼は行われておらず，実際にどのような実践の相違が見られたかについては明らかでない。

また先行研究には「ヨン派とポイゾン派の戒律解釈は大差なく，比較的緩いが，ポイゾン派ほど多くの人が信仰せず寺院も多くない」［江 2003: 373］といった記述も見られる。筆者の調査でも「文革前，ポイゾン派の VO 寺とヨン派の LH 寺，VT 寺の僧侶は布薩日に同じ布薩堂に入っていた」（ヨン派の LH 村の男性，74 歳），「ヨン派の TX 寺に住職が不在となった場合にはポイゾン派の TS 寺から僧侶を招請した」（芒市 TX 寺の住職，33 歳）といった証言を得ており，ポイゾン派との関係が比較的近かったようである。

瑞麗には現在，ヨン派の僧侶は存在しなくなったため，以前ヨン派の寺院であった VT 寺には，ポイゾン派の VO 寺から僧侶が招請され，住職を務めている。

c．ゾーティー派

ゾーティーという名は開祖のシャン僧ワーラゾーティー（Va la tso ti）に由来する。ゾーティー派の特徴の 1 つは，僧侶の止住する寺院が教派全体で一寺院しか存在せず，また僧侶の集団も各地を遊行して移動を続けたことにある。ゾーティー派の僧侶は，第 2 章で述べたように以前は芒市に止住していたこともあったが，1915 年にポイゾン派とゾーティー派の争いが激化した際，土司の寵信を失ったため，シャン州モーメイッに移動し，現在はさらにカチン州モーフニンに僧侶は止住している【写真 111】。それ以来，徳宏でのゾーティー派勢力は縮小傾向にある［張元慶 1987；張建章 1993］と先行研究では言われるが，第 5 章で述べたように，ホールーの実践にとっては依然として重要な役割を果たしている。

ゾーティー派の特徴は，僧侶がきわめて厳格な戒律を保持しているばかりでなく，在家者の日常生活にまで戒律の厳格な拘束力が及ぶことである。江［2003: 374］によれば，ゾーティー派は以下のような規則を遵守しなければならなかったという。

①アヘンの吸引や賭博を絶対にしてはならない。
②就寝する際に布団を用いてはならず，馬や乗り物に乗ってはならない。
③寺の中で鶏，豚，犬などを飼ってはならない。

写真111　モーフニンのゾーティー派長

④寺院内は清潔に保ち，家畜などを門から入れてはならない。
⑤僧侶は特別な事情がない限り，寺の門を出てはならず，いかなる状況下においても民家に入ることができない。
⑥寺院は村落から比較的遠い静かな場所に建てなければならない。
⑦僧侶は1名の長老僧に率いられ，ひとつの集団をなす。僧侶は常に流動しており，固定した居住地がない。
⑧俗人が寺に入る際には，帽子と靴を脱ぎ，長老僧の前で伏して後，長老僧と言葉を交わすことができる。
⑨ゾーティー派を信仰する在家者は，以下の条項を厳格に遵守しなければならない。
　・飲酒厳禁
　・殺生厳禁。豚，鶏などを飼ってはならない。ただし他人が殺した後に金銭で肉を買って食べるのは可。
　・狩猟，魚釣りの禁止。他人の狩猟や魚釣りを見ることも禁止。
　・人を死に到らしめるような物を売ることの禁止。たとえばマッチ，刀，縄，棒などを買って自ら使用することはかまわないが，他人に転売す

ることができない。

　瑞麗市内のゾーティー派村落は，現在ではTP村の1か村のみである。ただしTP村は例外的に，ポイゾン派とゾーティー派の2寺院が存在しており，在家者は家族ごとに通う寺院が異なっている。ゾーティー派の寺院に通う家族は，以上のように戒律を厳守する他，精霊を信じず，ムンの守護霊や村の守護霊の祠を参拝しない。ただし近年では家畜の飼育者も現れるなど，戒律実践には若干の変化も見られるが，基本的にこれらの特徴は保たれている。また出家者は寺院から外出せず勉学に励むため，ゾーティー派出身のホールーは説法がうまく，行いがよいのだという。毎年の入安居，出安居，灌水祭の年3回はカチン州のモーフニンに止住する僧侶への寄進が行われる。徳宏の瑞麗，遮放，潞西のゾーティー村の布施は一旦，シャン州ムーセーのゾーティー派寺院に集められ，数名の代表者がモーフニンへ持参している。また3年に1回実施される見習僧出家式には，徳宏のゾーティー村からも毎回，数名が参加するなど，国境を越えたネットワークが存続している【図21】。

d. トーレー派
　トーレー派のトー（to）はビルマ語のトー（B: taw「森林」の意），レー（le）はビルマ語のネー（B: nei「居住する」の意）に由来する。その名の通り，トーレーの僧侶はもともと森林で修行し，毎日下山しては托鉢する生活を送っていたとされる。後に村民はその修行生活が高潔清貧であることを知り，村に招いて寺に住まわせたのだと言われる。
　しかしトーレー派は，上述したポイゾン派との対立関係の記述からもわかるように，もともと共通の僧侶を始祖とするグループであったわけではない。そのため，師弟関係にもとづく多数のサブグループを下部に抱えている。先行研究では僧侶の金銭の使用を可とする「蘇探瑪」と，僧侶の金銭の使用を禁止する「睡晋」の2つのサブグループが存在したとする［張 1992: 147-148］。蘇探瑪（スータムマ，Su thăm ma）はミャンマーのトゥーダンマ（B: Thudanma），睡晋（ソイズィン，Soi tsin）はシュエジン（B: Shweigyin）派に相当するが，トゥーダンマの内部にはさらに多くのサブグループを包含しており，教派としてのまとまりを持っているわけではない［小島 2009］。
　一方，1930年代末に徳宏で調査を行った江応樑によると，トーレー派には

図21　徳宏からモーフニンのゾーティー派寺院への寄進ルート

さらに徳干当，密朱，東比刺，鄂瓦打などの小グループが存在したという。このうち徳干当の戒律実践が最も厳格でゾーティーに近く，他の3派は比較的緩いと報告されている［江 2003: 376］。瑞麗市仏教協会会長を務めていたS師（56歳）への聴き取りをもとに推定すると，徳干当はタコッターン（Ta kok taŋ）派，密朱はメンゾー（Mɛŋ tso）派，東比刺はトンピーラー（Ton phi la）派，鄂瓦打はオーワーター（O va ta）派に相当すると思われる。このうちメンゾー派の僧侶は現存するものの，タコッターン派，トンピーラー派，オーワーター派の僧侶の存在は確認できなかった。

また前述のミルンは，以下のような記録を残している。

　　最も頑固で，行の厳しいのは，Menkyao 派の僧である。この派の僧は，厳格な菜食主義者で，魚類も肉類も食せず，その宗の凡ての教義に忠実な生活をし

第6章　仏教実践と政治権力　265

ていくよう，最善の努力を尽くす。シャン州には，何処にもこの派の僧侶がいる。Menkyao 宗に次いで厳格なのは，Tawne である。この派の僧もやはり，仏教の掟を守ること厳であるが，Menkyao 派より些か寛いであろう。その僧院は，村落にあることは稀で，彼らは密林の中や，あるいは少なくとも他の家々から離れた所に好んで住む。シャンのどこの村にも見られる最も普通の宗派は，Nalong 派である。他にもうひとつ，Sawti という派があるが，これは余り数が多くない。彼らは，礼拝には，互いに他宗派とは一緒にならず，また自派の僧院のほか，他の僧院を訪れることはほとんどない［ミルン 1944（1910）: 70-71］。

　ミルンは，江応樑と異なりメンゾー（Menkyao）派をトーレー（Tawne）派と別教派として扱っている。しかし筆者が調査を行った際，当初はトーレー派と言っていた寺院の住職が，聴き取りを重ねるうちに「実はメンゾー派だった」ということもあった。このように，トーレー派は単独の教派というより，様々な小グループの総称と考えたほうがよい。

　また「シャンのどこの村にも見られる最も普通の宗派は，Nalong 派である」という記述が見られるが，筆者は調査期間中に一度もその名を耳にすることがなかった。このように師弟関係に基づく無数の教派が，時代とともに生じては消えていったのであろう。

　筆者が調査を行った限りでも，ポイゾン派，ゾーティー派には僧侶間あるいは在家者間のネットワークが存在するが，トーレー派全体としてはそのようなつながりは存在しない。ただしトーレー派の中でもメンゾー派の僧侶と在家信徒は，出安居の際に 2007 年当時，瑞麗市仏教協会会長を務めていた TO 寺の住職 S 師（58 歳）の居住する TO 寺に集まって挨拶（カントー）するなど，教派内のつながりを維持していた。

　このように多様な教派の存在は，徳宏における戒律実践の多様性を生み出す一つの要因となった。しかし在家者の実践に注目すると，ゾーティー派のような強いまとまりを維持している教派以外は，村落ごとの相違が見られることも多い。第 5 章で述べたヒン・ラーイが寺籠り（*lɔn tsɔŋ*）して持戒する実践においても，たとえば食事を菜食にするかしないか，寺籠りの回数を 1 か月に 2 回にするか 4 回にするか，座禅の際に数珠を繰るか繰らないか，といった点において同一教派でも村ごとに相違が見られる。こうした実践はヒン・ラーイたち自身が合議によって決定する。そして先輩のヒン・ラーイから後輩のヒン・ラーイへと実践の作法は受け継がれていくのである。

以上に挙げたような要因によって，教派や村落による戒律実践の多様性が生まれていく。しかし考えなければならないのは，先述したN師とJ氏のケースである。N師は調査当時HS村の寺院に止住しており，J氏がTL村の寺院で見習僧出家した際にもHS村の寺院出身の僧侶から教育を受けた経験を持っている。このように同じくHS寺院と関わりながら，なぜ戒律に関する異なった説明をするのだろうか。その背景を考察するためには，彼らが仏教を学んだ経歴も考慮に入れなければならない。

図22　N師の移動経路

　J氏は，1939年から1949年にかけてTL村の寺院で見習僧として修行していた時にミャンマー中央部での教理学習の経験がない。第2章で述べたように，当時，ミャンマー中央部への移動は困難であり，出身村の寺院か，あるいはムン・マーウ盆地内の同教派の寺院で学習するのが一般的だったという。

　これに比べてN師は，1993年に故郷のシャン州タンヤンで出家した後，タウンジーに3年，バゴーに2年，アマラプラに4年とミャンマー中央部での教理学習経験が長い【図22】。その後N師は，漢語を習得できると思い，中国側のHS村の寺院へ移住した。また住職にとっても村の悪霊祓い儀礼などを行うのに僧侶は最低5名必要であり，僧侶の少ない中国側で5名を確保するのは困難であるため，止住を認められたのだという。

　このように，N師はミャンマー中央部での教理学習経験を経ているため，ミャンマーでよく聞かれる典型的な説明をするのだと考えられる。こうした個人の学習経験の相違や世代差が，戒律に関する説明の多様性を生む。しかし説明と実践の間に乖離が見られる場合も往々にしてある。N師が現在，止住する中国側のHS寺とミャンマー中央部の寺院では戒律実践も異なり，ミャンマー側の寺院のほうが戒律実践に対する要求は厳しいと言う。ではN師自身はどちらの実践に従っているのかと尋ねると，ミャンマー中央部で教学寺院に

第6章　仏教実践と政治権力　267

止住していた際にはその寺院の実践に従い，現在では HS 寺の実践に従っていると言う。つまり移住先の寺院ごとの実践に従っているのである。

　ミャンマー側での実践に関しては今後の調査が必要だが，少なくとも戒律に関する説明が標準化され，徳宏では多様な説明や実践が存在しているのはなぜだろうか。この問題を考察する際に重要なのは，それぞれの国家の宗教政策の問題である。なぜなら「正しい」戒律実践のあり方を決定してきたのは政治権力だからである。ここで国境を挟んだミャンマー，中国の宗教政策を比較してみよう。

3. ミャンマー政府の宗教政策と地域の実践

　徳宏では男子の一時出家を理想とする慣行が存在せず，出家するのは一部の男子のみであったことについては，第 2 章で述べた。また無住寺が全寺院の 8 割以上を占めている。そうした状況において，ホールーを中心とする在家者が中心となって実践を構築している。では，ミャンマー側のムーセー郡，ナンカン郡ではどのような状況だったのであろうか。まずはミャンマー側の状況から述べておきたい。

　ムン・マーウ盆地のミャンマー側の出身者に対して聴き取りを行うと，1960 年代まではムーセー郡，ナンカン郡でも男子なら誰でも出家したという訳ではなかったことがわかる。ナンカン郡出身の僧侶 T 師（59 歳，1950 年生）は次のように言う。「ナンカンにおいても出家は誰でもした訳ではない。出家はしたい者がすればよく，無理に出家させるのは間違っている。われわれのやり方は『デモクラシー』である。男子なら誰でも出家するのはタイ国の習慣に過ぎない。」

　しかしミャンマーにおいては，中国側のような宗教に対する弾圧を経験しなかったため，中国側より出家者数が多い状況が生じるのはある意味当然のことである。しかしそればかりでなく，シャン州では戦乱が続き，ビルマ共産党軍やシャン州軍（SSA: Shan State Army），カチン独立軍（KIA: Kachin Independence Army）の徴兵を恐れて出家した者も多い。特に瑞麗江を挟んだ中国側の岸のミャンマー領の飛び地（通称シップカウ・マーン（Sip käu man，「19 か村」の意））には，1968 年からビルマ共産党軍が立て籠もり，当時の中国共産党から武器や弾薬の援助を得て 1987 年まで国境地帯に居座った［cf. Lintner 1990］。その間，国境地域の住民たちは，男子の徴兵を恐れて出家させ，そのため特に見習僧が急増したのだという。

また1980年代までは，ミャンマー側でも「無住寺」は珍しくなかったらしい。現在のようにほぼすべての寺院に住職が止住するようになったのは，1990年代以降のことであるという。ムーセー郡TH寺の住職S師（55歳）は以下のように証言する。

> 1980年代頃にはムーセー，ナンカンでも僧侶が止住しない寺院が3割ほどあった。しかし1990年代になって，ミャンマー政府が各寺院に対し，僧侶を各寺院に止住させなければならないという指示を出したため，現在では僧侶の存在しない寺院はほとんどなくなった。この政策は，寺院に僧侶を止住させることによって，少数民族のクリスチャン化，ムスリム化を防ぐことが目的である。

　次に，ムーセー郡LX村出身で，2005年当時，中国側のTL寺の住職を務めていたO師（27歳，2006年に還俗）は次のように証言する。

> 1988年に出家した当時，故郷のLX村に寺院はあったが僧侶がいなかったため，TL寺で出家した。しかし90年代に入るとミャンマー政府は，寺院には僧侶が止住していなければならないと言ったため，同じ教派のTL寺から住職を呼び，LX寺の住職とした。というのも，もし住職をおかなければビルマ族の布教僧を寺院に止住させると言われたためである。それを嫌った村人たちは，他寺院から住職を招くことによってビルマ僧が住職になることを防いだ。このようなことが行われた結果，80年代には約3割の寺院で僧侶が不在であったのが，現在ではゾーティー村など僧侶不在の寺院は5％ほどに減少した。

　ではなぜミャンマー政府は，寺院に僧侶が止住していないことを問題視したのか。これはS師の証言にあるように，ミャンマー国内の少数民族にはクリスチャンやムスリムが多く存在するため，民族間の宗教の相違が民族紛争の要因になっているとミャンマー政府が認識しているためである。特に1988年の民主化運動とその後の政権交代を契機として，1991年には宗教省の改組が行われ，仏教発展普及局（B: Thadhanadaw Htunga Pyanpwayei Uzi-htana）が新設された。この部局の大きな任務は国内の少数民族に仏教を普及することであり，布教僧の養成などを行っている。そして少数民族の非仏教徒化を防ぎ，国民統合を実現することをミャンマー政府は目指しているのである［小島 2009: 110-113］。その結果，特に1990年代以降，ムーセー，ナンカン地域においても無住寺が減少したのだと考えられる。

またムーセー郡，ナンカン郡は国境地域に位置しているため，1970年代頃まではミャンマー中央部との交通が不便であった。そうした状況が特に1980年代以降，交通網の整備によって変化し，ミャンマー中央部の教学寺院で教理学習した後にミャンマー政府主催の教理試験を受験することが一般的になっている。中国側出身の出家者でさえ，比較的若い世代であればほぼ全員，ミャンマー中央部での教理学習経験を持っている。中国側の経済発展によってミャンマー側から国境周辺地域への人の移動が加速していることを第4章，第5章で述べてきたが，出家者には逆に，国境周辺地域からミャンマー中央部へ移動するという流れが存在するのである。

　1990年代頃になって彼らがムーセー郡，ナンカン郡へ戻ると，ミャンマー中央部の実践スタイルを持ち込んだ。雨安居期間中の布薩日にもホールーの説法に代わって，僧侶が三蔵経典に則った説法をするようになる。序章で述べたように，1980年の全教派合同会議の開催以降，ミャンマーでは経典に記された教理に基づく実践への標準化に向かい，僧侶への戒律厳守も要求されるようになった。それゆえ特にミャンマー側では戒律実践に関する定型的な説明が一般化しているのではないかと考えられる。

4. 中国政府の宗教政策と実践の変容

　前節でミャンマーが国民統合のツールとして仏教を政治利用の対象としていることを見てきたが，社会主義国である中国は，こうしたローカルな宗教実践にどのようなスタンスをとっているのだろうか。以下では，中国政府の宗教政策について考察する。

　第5章で述べたように，TL村における仏教実践の復興に大きな役割を果たしたのは儀礼専門家ホールーとヒン・ラーイであったが，出家者を必要と考える村落も存在した。中国側では文革後も出家者は増加せず，出家者を必要とする村落ではミャンマー側から出家者を招請し，住職とした。また文革後，ミャンマー側からホールーが流入していることについても，第5章で述べた。

　かといって出家者は自由に中国側へ移動できるわけではない。まずミャンマー国籍の僧侶が中国側で托鉢することは禁じられている。ミャンマー側の「偽僧侶」が経済的に豊かな中国側で不正に寄進を集めるという事件が発生するためだと言う。またミャンマー側から中国側に儀礼の際などに呼んで滞在で

きるのは，規則上，3日間のみということになっている。僧侶が中国側の寺院に止住する場合，瑞麗市仏教協会と民族宗教事務局の同意を得られば止住は認められる。やや手続きが煩雑になるのは住職の場合である。まず村人が合議のうえ，住職を招請することを決定する。その上で，ミャンマー側の郡サンガ長老委員会（B: *myonei thanga nayaka ahpwe*）と，中国側の瑞麗市仏教協会と民族宗教事務局の許可を得られば招請することができる。さらにミャンマー側から招いた僧侶は瑞麗市仏教協会会長の僧侶の止住する寺院に一定期間，止住しなければならない。それによって，仏教協会会長の「弟子（ターペー）」になったことにするのだという。こうした手続きさえふめば，ミャンマー側から出家者を招くことは十分に可能なのである。

　では，このようにミャンマー側出身の出家者が多数を占める状況を，中国政府，具体的に言えば徳宏州政府はどのように認識しているのだろうか。以下では，徳宏州民族宗教事務局が2005年6月6日に発行した内部文書「徳宏州南伝上座部仏教状況汇报」に基づいて，中国政府の政策動向を明らかにする。

　まず報告書は，現存する問題点として以下のように述べる。

> 　国外の僧侶がわが州で住職を担当するケースが一定の割合を占めている。州内の僧侶数が比較的少なく，信徒たちは宗教感情の要求を満足させるため，現地僧を招請する方法がないという状況におかれ，次々とミャンマーから僧侶を招請して寺院の住職を担当させている。統計によれば，現在州内にはあわせて68名の外国籍僧侶がおり，全州南伝仏教（筆者注：上座仏教をさす）僧侶数232名の29.3％を占めている[1]。また40名の外国籍僧侶，尼僧（筆者注：女性修行者をさす）が国内の南伝仏寺の住職あるいは管理者を担当している。こうした状況は，以下のような管理上の混乱をもたらしている。
> ①国外からの僧侶は漢語を理解しないため，党，政府の方針や政策を宣伝，徹底することができない。
> ②国外の僧侶が仏教活動を行う際，国外の思想や観念を国内の信徒たちにもたらすため，信徒の思想に影響を及ぼしている。
> ③わが州の信徒たちが，国外の僧侶の経典学習レベルは国内の僧侶より高いと錯覚し，本州の僧侶の地位を貶めている。
> ④一部のミャンマー籍僧侶は心がけが悪く，中国で住職となって布施を集め，布施が一定の数量に達するとそれを携えて寺を去るという事件が発生している。

---

1) 先述したように，実際にはミャンマー側出身者が8割近い。

これは信徒の感情をきわめて傷つけ，現在の僧侶は金銭のことばかり重視していると考え，もはや僧侶を住職としておくことを望まなくなり，僧侶全体のイメージを大きく損なうものである。
⑤以上の要因ならびに信徒の観念上の改変によって，現在瑞麗の一部の村では僧侶を寺院に止住させようとせず，むしろ国外の「ホールー」を呼び，村での仏事活動を司らせ，食費を支払うばかりでなく，田地を分け与えるという状況さえ生じている。こうした状況が出現したおもな原因は，僧侶はおきたくないが宗教生活は送りたいという一種の折衷方式である。南伝仏教の僧侶は一般に信徒の料理によって生活するが，ホールーには一定の生活費さえ払えばその生活起居まで面倒を見る必要がない。

この文書からは，外国籍の僧侶が中国政府の政策と矛盾するようなことを宣伝し，さらに国家の財産である布施や田地が外国籍の僧侶やホールーに流失してしまうことを中国政府が憂慮していることがうかがわれる。このような問題に対し，解決策として以下のような方法での僧侶養成を提案している。

①中央，省の全面的な支持を積極的に取り付け，雲南省仏学院徳宏分院を速やかに成立させることは，わが州の仏教教育者にとって好ましい条件をもたらす。雲南仏学院徳宏仏学分院は，国家宗教事務局が1993年に批准したものである。2000年には徳宏州委常委会議での検討を経て，徳宏州人民政府は徳政復［2000］49号文によって正式に批准し，建設指導小委員会を成立させた。2004年には徳宏州発展計画委員会も徳計社会［2004］58号文によって批准している。仏学院の設立は，わが州が自主独立した仏教を堅持し，隣国の仏教各派のわが州に対する影響を制御するのに有利である。また多数の愛国愛教僧の育成に有利である。また仏教の教えを人生，および社会に役立てるのに有利である。さらに仏教組織が信徒に対し，党と国家の法律，法規，政策の執行を貫徹させるのに有利である。
②各仏寺は，師をもって信徒を導き，教育にあたりながら学び，学問に励み，法規政策の水準と宗教的学識の水準を高めなければならない。
③国内の著名な寺院，仏学院に青年僧を選抜して派遣し，学問を深めさせるとともに，条件がそろっている場合には自主的に，あるいは資金援助によって国外留学することの奨励を継続し，愛国愛教の幹部となる人材の養成を急ぐ。
④自力更生の立場にもとづき，適宜中短期仏学養成クラスを開催，あるいは国内外の高僧をわが州に招請し，経典講義や説法を行う。

ところで①に挙げられた,「仏教を社会に役立てる」とは何を意味しているのか。報告書は次のようなことを挙げている。

> 積極的な社会公益事業の実行,学資の支援,貧困救済,売春・賭事・麻薬に対する宣伝教育への参与,信徒大衆の愛国主義・社会主義意識の高揚,信徒の遵法指導,国家の政策,法律,法規の許す範囲内で活動を展開するよう信徒への積極的な指導,対外友好交流の積極的な展開,仏教界の穏定の維持を行い,民族団結,社会経済の発展,および辺境の穏定を促進するために積極的な作用を果たす。

このように僧侶は,中国政府から,国外向けには「友好交流」の使者となり,国内向けには民族団結や辺境の穏定,そして社会経済の発展,政策の推進の実現のために貢献することを期待されている。筆者の調査期間中に参加したものだけでも以下のような事例が挙げられる。

まず2006年12月1日の世界エイズデーには瑞麗市主催の「禁毒防艾動員大会」に毎年僧侶が参加している。その直後の12月5日から6日にかけてTT村で仏像の開眼祭(pɔi saŋ that)を行った際にも,瑞麗市仏教協会会長のS師らが寺院境内でエイズ予防のためのパンフレットを配布した。また2007年の雨安居期間中には徳宏州仏教協会の幹部僧が徳宏州内の各地を巡回し,在家信徒に対して「禁毒防艾」講座を開催している。

2007年2月8日から16日の間には,「徳宏瑞麗市僧侶教師培訓班 (Paŋ phuuk hen tsău mo sɔn, ven məŋ mau, uŋ tau xoŋ)」が瑞麗市の総仏寺で開催された。ここでいう「僧侶教師」とは約45日間にわたって村落の寺院に赴き,タイ文字教育,「禁毒防艾(薬物の使用を禁止し,エイズを防ぐ)」教育,さらに交通安全教育に従事する僧侶をさす。講座ではまず政府関係者(瑞麗市民族宗教局,瑞麗市統一戦線部),仏教協会会長,病院,警察関係者らが指導を行う。最後に瑞麗市民族宗教局のT氏が,講座開催の理由について「在家者は仏教を信仰しているため,僧侶が在家者に訴えると一般人が訴えるより効果があるため」と説明し,協力を求めた。

僧侶のみならず,ホールーにも上記の政策遂行への貢献が期待されている。第5章で述べた徳宏州仏教協会主催の第2回ホールー養成講座(2007年6月25日～7月9日)では,誦経・説法の方法とともに,ホールーが村人たちへどのように「禁毒防艾」を訴えるべきかについて,徳宏州仏教協会の幹部僧による

指導がなされた。

　また仏教を利用した経済発展を目指す事業も，近年になって続々と展開されている。その代表とも言えるのが，2007年5月に完成した芒市の「勐煥大金塔」である。この他，瑞麗市内でも著名な寺院は政府の出資によって再建や修復が進められている。これらを徳宏州政府・共産党は「民族文化資源」とし，「文化旅游産業」への利用を計画しているのである［龔・朗 2006］。

　こうした政策を実行するためには，ミャンマー国籍の僧侶やホールーが多数を占める状況は政府にとって望ましくない。また中国政府も決して「無住寺」が多数を占める状況を好ましいと認識している訳ではなく，徳宏州民族宗教局関係者によれば，1寺院に1名から数名程度の出家者は寺院管理のために必要だと考えている。では中国政府はどのような対策をとっているのだろうか。

　まず僧侶の養成については，上述の①で触れられているように，「雲南省仏学院徳宏分院」を建設し，国内での僧侶の純粋培養が可能となるようなシステムの構築を目指している。従来のシステムでは，徳宏の中国籍の僧侶が希望する場合，仏学院西双版納分院へ留学し，さらに雲南省仏学院（安寧市）へと進学するコースがすでに存在する。これに対し，徳宏州民族宗教事務局と仏教協会幹部を兼任するF氏によれば，「中学校3年生までの義務教育を終了した子供たちが出家を希望する場合，まず仏学院徳宏分院で学習し，本人が希望する場合，雲南省仏学院（高校レベルに相当）を経てさらに雲南民族大学（昆明市）へ進学する」といった徳宏独自の教育ルートの構築を目指しているのだという。

　2009年現在，仏学院徳宏分院は完成していないが，暫定的に瑞麗市の江辺広場にある総仏寺に「菩提学校」が設けられている。「菩提学校」は2003年にトゥンハムロン（Tuŋ xǎm loŋ 大等喊）寺院に設置されたが，2006年からは総仏寺に移され，2008年から本格的な教育が開始された。2009年現在，教師役を務めているのはミャンマー側出身の僧侶1名と中国側出身の見習僧1名である。2名の指導のもと，26名の見習僧と寺子14名の計40名が学習している。授業内容は，タイ文字（シャン文字，徳宏タイ文字），基本的な経文，そして漢語，数学，コンピューターである。ここで注目したいのは，40名の学生中，中国側出身者はわずか10名に過ぎず，ミャンマー側の出身者が30名と大部分を占めていることである。筆者の聴き取りによれば，学生たちは，瑞麗市仏教協会の幹部僧の呼びかけにより，中国側とミャンマー側の寺院から漢語の勉強を希望する見習僧が集められたものである。見習僧（あるいはその親たち）が，中

国側の寺院で漢語を勉強したがる（または勉強させたがる）のは，ミャンマー側の寺院ではビルマ語やシャン語しか習得することはできないためである。現在では中国側とミャンマー側の経済格差が歴然としており，中国側の寺院で漢語を身につけておけば還俗後によい仕事を得られる可能性があると彼らは考える。こうした現実に対し，仏教協会の幹部僧は，中国政府の意図とは裏腹に，国籍にこだわらず見習僧や寺子の教育センターの設立を目指している。つまり政府の描くモデルのように，中国籍の子供たちが「義務教育9年→仏学院→各村落の寺院」というようなルートをたどっているケースは，2010年現在ではほとんど見られなかった。

　また2007年の調査当時，ミャンマー国籍のホールーも，村民の合意で招請した場合には特に問題なく受け入れられていた。ところが，2009年に調査を行った際には，ミャンマー国籍のホールーは基本的に村落での受け入れが認められないとの規定が設けられていた。このようにミャンマー籍のホールーが中国側の村へ居住することに対する管理も徐々に開始されている。

　その一方で，第5章で述べたようなホールー養成講座の開催による国内での「純粋培養」が試みられている。また2009年以降，トゥンマーウ全体のホールーを対象とした民間主催の「仏法詩およびタイ語韻文教室」の中国側での開催は禁止されてしまう。その代わり，瑞麗市の総仏寺に，中国側の村のホールーが全員集まり，瑞麗市仏教協会の主催，資金提供で7日間の「賀露培訓班（ホールー養成講座）」が開催された。つまり2009年からはミャンマー側と中国側の2箇所で誦経・説法講座が開催されているのである。この理由について，当時，徳宏州仏教協会理事を務めていたホールーのS氏は次のように説明してくれた。「タイ族どうしではミャンマー側から教えに来るのも習いに行くのも何の問題もない。しかし外国から有名な人が教えに来るのを共産党や政府が好まないため，新しい規則ができた」。このように2009年以降，ミャンマー側と中国側のローカルなネットワークを分断するような動きも見え始めているのである。

　2009年現在では，こうした中国におけるホールーの「純粋培養」計画はまだ開始されたばかりで，各村落ではまだミャンマー側出身のホールーが「手伝い（thɛm tsɔi）」という名目で受け入れられている。この計画を，現場のホールーたちはどのように受け止めているのだろうか。あるホールー（41歳）は，「中国側の若者にはホールー希望者などほとんどおらず，ミャンマー側からのホー

ルーの招請を禁止するのは不可能である。そもそもホールーは中国側へ悪事を働きに来ているわけではないのだから、このような規定を作ること自体がおかしい」と述べる。このように現状では緩やかな管理にとどまっているのは、徳宏周辺の国境地域で宗教に起因する大きな社会問題が発生していないためであろう。また大部分をタイ族が占める仏教協会や民族宗教事務局関係者自身が、ミャンマー側とのネットワークを分断しては、徳宏の仏教実践が成立しないことを認識している可能性もある。しかし状況によっては、ホールーや僧侶をミャンマー側から招くことを制限する規定が厳密に運用される可能性もありうる。その場合、地域の実践にどのような事態が発生するのだろうか。今後の推移を見守りたい。

5. 政治権力と宗教実践

　本章ではまず、ミャンマー側では戒律の数に関する説明が定型化されていく傾向が見られるのに対し、徳宏では説明のみならず実践にも多様性が存在していることを明らかにした。これは背後にある宗教政策の差異によるものだと考えられる。中国における宗教政策の特徴を浮き彫りにするために、ここで改めてミャンマーの宗教政策と比較してみよう。

　序章で述べたように、1980年の統一サンガ機構の設立以降、ミャンマーでは三蔵経典に記された教理に基づく実践への標準化に向かった。それゆえ特にミャンマー中央部では戒律の数に関する定型的な説明が一般化している。

　これに対し、中国政府や仏教協会は1996年以降、寺院、仏塔などの「宗教活動場所」や出家者、女性修行者らの「教職人員」に対する登録制度は実施しているものの、戒律数に関する説明や実践の標準化までは行っていない。また僧侶に世俗法を守ることは要求するが、彼らが戒律を守るか否かに対しては無関心である。仏教徒諸国と政治体制の異なる中国政府は、実践の作法を統一したり規定する制度的な措置を浸透させていないため、僧俗双方のレベルで流動的にして多様な、徳宏という地域に根ざした実践の存続が可能となっているのである。

　このような状況が生じたのは、徳宏がまさにミャンマーと中国の「境域」に位置していることが大きな要因である。本章で扱った戒律は、ブッダ亡き後、異なった解釈に基づく実践の相違が生じ、それはサンガ内での分派を生じる一

つのきっかけともなってきた。さらに同一教派内でも村落，個人によって実践が無限に多様化していくという本章で述べた現象が，徳宏に限らず上座仏教徒社会において普遍的に見られたはずである。その中から「正統」な実践を決定し，「異端」教派を追放する役割は，王朝時代には国王が果たしてきた。ミャンマーでは，ボードーパヤー王やミンドン王らが仏教の「浄化」を行ったことが知られている。しかし序章で述べたように，徳宏はビルマ王権の所在地から地理的に遠く離れていたため，仏教実践に関してビルマ王権の直接的な影響を受けることが限られていた。もちろん各教派は自由に活動できた訳ではなく，王朝時代の土着の政治権力者ザウファーとの良好な関係を構築しておく必要があった。しかしザウファーの側も伝統的に，複数の教派による多様な実践を容認してきたのが特徴的である。

　こうした状況が大きく変容するのは，中華人民共和国の成立以降のことである。まず大躍進・文革期に仏教は大きな打撃を受けた。文革後の徳宏では，ミャンマー側出身のホールーや出家者が国境を越えて中国側へと移住し，仏教実践の復興を支えた。こうしたローカルな実践に対し，仏教協会と民族宗教事務局の許可さえ得れば従来は中国側の寺院への招請が認められていた。しかし近年，中国政府は，従来のように国境を自由に越えてホールーや出家者が往来し，中国側の村落に定着する状況を問題視し，中国国内での「純粋培養」を目指しつつある。

　このように人の越境の制限を目指し，また越境者に対しては世俗法の遵守を要求する一方で，中国政府は多様性に富む仏教実践の統一に向けての制度化を進行させていない。これは仏教を国民統合の原理の一つとみなすミャンマーにおいて，1980年の全教派合同会議以降，サンガ組織が規定する仏教実践への標準化が目指されてきたことと比較すると対照的である。それゆえ徳宏では，実践の多様性が顕著な形で存続しているのだが，近代国家の成立以前に遡れば，こうした状況は上座仏教徒社会の各地でも見られたはずである。徳宏の状況は，近代国家による実践の制度化が進行する以前の地域に根ざす実践の姿を示しているように思われる。

　果たして今後，中国政府は仏教実践の規範を築き，現在のように多様な実践を標準化に向かわせるのであろうか。今後の展開に注目したい。

コラム　越境する「カリスマ僧」コーケー師——「非公認教派」の長老

　筆者がはじめてコーケー師に出会ったのは，2004年のことである。ポイゾン派の実践に関心をもち，シャン州のムーセー郡，ナンカン郡を探し回った末にようやくたどり着いたのが，ムーセーの街中から車で30分ほど離れた山中に佇むコーケー村の寺院であった。

　住職の通称コーケー師（僧名カッティヤ師）が止住する建物に入ると，早朝にもかかわらず，多くの人が列をなして師の登場を待っている。まず，寺院の壁に掛けられた長刀が筆者の目を奪った。いうまでもなく，上座仏教では戒律で殺生を禁じている。さらに，しばらくして現れたコーケー師の身体が不自由であることに，再度筆者は驚かされた。上座仏教は出家者に五体満足であることを義務づけており，このような例は目にしたことがなかったからだ。「診療」が始まると，コーケー師は手にペンを持ち，偈頌を誦えながら患者の身体にマジックで印をつけていく。こうすれば医者にも治せない病気が治るのだという。1980年以降，サンガ機構の成立に伴い，僧侶による治療行為も禁止されたミャンマーにおいて，このような実践を目にするのは筆者にとって初めての経験であった。しかし当時は，山中の寺院における，サンガ機構の管理を逃れた例外的な現象にすぎないと考えていた。

　中国側の瑞麗で長期定着調査を行ったとき，その予想は根底から覆された。大規模な儀礼の際にポイゾン派の最長老としてミャンマー側から必ず招かれるのが，他ならぬコーケー師であったのだ。ポイゾン派は，ミャンマー側ではサンガ機構によって公認されていないが，中国側の徳宏ではむしろ多数を占めており，コーケー師は大きな影響力をもっていたのである。

　コーケー師は1950年，広東出身の漢族の父と芒市出身のタイ族の母の間に生まれた。父は国民党の軍人で，芒市郊外の村に駐在して漢語教師を務めていた際に，妻と知り合い結婚した。間もなく共産党軍が徳宏へ進駐したため，両親はムーセーに移住し，そこで師を生んだ。その後，父親はさらに台湾へ逃亡し，母親も後に再婚したため，師は1959年に見習僧として芒市の寺に預けられる。しかし文革が近づくと中国側の寺院へ止住できなくなり，同じポイゾン派であるミャンマー側のコーケー寺へ移住する。コーケー寺の前住職から占いの術を習い，さらに21歳から5年間，山中の洞窟で瞑想修行したことにより，徐々に有名になったという。

袈裟を広げて寄進を受け取るコーケー師

　コーケー師が中国側を訪れる際には，儀礼の合間の時間を狙って在家信者が押しかける。コーケー師は漢語が話せることもあり，信者はタイ族のみならず，漢族も多い。彼らのおもな目的は，占いや病気の治療である。また師が偈頌を誦えて吹き込んだ聖水や聖糸，護符を記した赤い布を授かる。これらは悪霊祓いに効果があるとされ，筆者がコーケー師に会う予定があることを知ったTL村の村人たちからは，「聖糸をもらって来ておくれ」と頼まれることがしばしばあった。

　タイ・ミャンマー・中国の3国をまたいでカリスマ的な人気を誇る僧侶としては，現在，北タイに止住するウンズム師（タイ語ではブンチュム師）が有名であり，瑞麗でも寺院や家庭の「仏典棚」でウンズム師の写真をしばしば見かける。コーケー師はウンズム師ほどではないが，国家や民族の境界を越えて信仰を集める点においては共通する。とくに国家の周縁部においては，ローカルなカリスマ僧が，制度化された仏教とは別の磁場を築いているのである。

終 章

徳宏タイ族の仏教実践とその行方

この看板は，瑞麗と昆明を結ぶ国道の脇に立てられたものである。中国共産党瑞麗市委員会・瑞麗市人民政府の連名で，「西南に向けて開かれた国際的な陸の港となるよう瑞麗を建設する」と宣言しており，背景には国境の瑞麗江を跨ぐ橋の写真が載っている。このスローガン通り，瑞麗では高速道路と鉄道の建設が進み，市街地も拡大している。TL村の農地も，筆者の長期調査終了後にすべて売却された。TL村の生活は，大きく変化しつつある。

1. 在家者が主導する仏教実践

　最後に，徳宏の上座仏教の特徴をもう一度まとめておこう。

　従来の先行研究において上座仏教の特徴は，戒律を厳守した出家生活を送ることによって救済を求める「出家主義」であるとされてきた。戒律によって労働が禁止されている出家者は，在家者からの布施によって生活しなければならない。一方の在家者は出家者への寄進によって功徳を積むことができる。そのため，仏教徒社会の儀礼においては多くの場合，出家者が招かれるのが一般的である。

　しかし徳宏では，仏教徒社会の他地域と比較して圧倒的に出家者が少ない。この要因は，他地域において一生に一度は出家経験を持つことが理想とされ，在家の多くも出家経験者であるのに対し，徳宏には，このような出家慣行が伝統的に存在しなかったからである。

　こうした状況において，徳宏では在家信徒が中心となって仏教実践が成立している。出家者が存在しなくとも，在家のホールーが誦経を先導し，ヒン・ラーイらの参加によって仏像や仏塔，仏典に対して供物を奉納すれば日常的な儀礼は成立する。儀礼の際に不可欠なのは出家者よりもむしろ仏とかかわる聖遺物，すなわち仏像や仏塔，そして仏典である。

　一部の村落のみに存在する出家者も，特に悪霊祓いの儀礼において在家者の誦えられない羯磨文を誦える際に必要とされる。ただし村落に常駐している必要はないため，村落の寺院に出家者をおかない場合は，必要な際に他村へ赴いたり，あるいは他村から一時的に招くことによって対処している。また在家の儀礼専門家たちが，仏や精霊にまつわる声とそれを記した文字を用いて，人々の様々な宗教的需要に応じている。

　在家の中で特に重要な役割を果たしているのは，誦経・説法専門家のホールーである。ホールーは上述の寄進儀礼や悪霊祓いの儀礼にも関わるが，持戒する老人ヒン・ラーイが雨安居期間中に寺籠りする際に説法する実践が特徴的である。ホールーは村落内の出身者とは限らず，村落内に適当な人材がいない場合には，近隣村から招く。特に文革後は，中国側でホールーの後継者が不足したことと，特に改革開放後の中国側の経済発展により，ミャンマー側から多くのホールーが中国側へと「越境」し，それは徳宏タイ語の誦句や仏典に使用される文字の変化を惹起した。しかし仏典を朗誦する際の節まわしは変化しな

かったことや，文字知識を習得していても説法の声がよくなければホールーは務まらないという事実は，徳宏の仏教徒にとって，身体に刻み込まれた「声の実践」が重要であることを示唆している。そしてこのような徳宏の仏教徒にとって重要な知識は，寺院で出家者によって継承されるとは限らず，むしろ在家者間で継承される局面が際立つ。

　また徳宏の戒律実践に注目すると，ミャンマー中央部における説明とは異なっており，さらに各教派，村落，個人による実践の多様性が大きい。仏教徒の各自が彼ら自身の戒を守り，功徳を積んでいくのである。こうした現象が生じた要因としては，まず近代国家の成立以前から徳宏に流入した教派の多様性が挙げられる。しかし同一教派内でも，在家者の選択によって村ごとの実践は異なっていく。こうした状況に対し，徳宏の伝統的な政治権力者ザウファーの側でも多様な実践のあり方を容認してきた。特に改革開放後，中国政府は仏教の管理を進め，近年ではミャンマー出身の出家者の影響力増大を防ぐため出家者に対して法律（世俗法）の遵守を要求するとともに，中国国内で出家者を再生産するシステムの確立を目指している。だが実践の標準化までは目指しておらず，地域に根ざした実践の多様性が顕著な形で存続しているのである。

　こうした徳宏の仏教実践の特徴は，上座仏教徒社会においては積徳のために出家者を不可欠の存在とする，あるいは近代国家の成立以降，地域における実践の標準化が進行した，といった見方をする従来の研究とは異なっている。それは，以下のようなことを示している。

　東南アジアの仏教徒諸国では，国家の統治体制の整備にともない，国家単位でサンガ機構が成立し，国内の民族や地域によって異なる多様な実践を排除するとともに，仏教の標準化が目指されてきた。そのため上座仏教研究においても，経典に記された教理に基づく実践や，国家の築く制度が規定する実践を「正統」とみなし，地域に根ざす実践を，正しい実践から逸脱した形態と捉える傾向があった。中でもタイは植民地化，社会主義化を経験せず，現在まで王室を保持しているため，東南アジアの上座仏教と社会に関する研究の枠組みは，おもにタイの事例をモデルとして作られてきた。これは冷戦時代にタイ以外の地域におけるフィールド調査の機会が閉ざされたことにもよるものであった。1990年代以降になってようやく，徳宏のような国家の境域でのフィールド調査が可能となる。その結果，本書で述べたように，仏教の実践者たちが国家の枠組みを超えて地域に根ざした実践のダイナミズムをもたらしている現実，出

家者を媒介としない仏像や仏塔・仏典と在家者との直接的な関係に基づく実践，そして教派や村落，個人によって異なる多様な戒律実践のあり方などが明らかになったのである．

こうした実践のあり方は，経典から演繹される実践や制度が規定する実践とは異なっている．もちろんこれは中国において，地域や個人によって異なる多様な実践を統一したり規定する制度化がまだ進行していないことによるものである．しかし東南アジアの仏教徒社会においても，近代国家の表象する制度仏教の水面下では，程度の差こそ異なれ，徳宏の実践の特徴を共有しているのではないだろうか．その特徴が，徳宏において顕著な形で現れているとも考えられるのである．実際，本稿でとりあげたように，ミャンマーにおいて公認9教派に再編された後も，徳宏においては教派が融通無碍な実践を築き，それはミャンマー側ともネットワークでつながっている．このことは，東南アジア大陸部の近代国家形成にともなう仏教の標準化をめぐる議論にも再考を迫る．制度としての標準化は確かに進行した．だがその現実はどうなっているのだろうか．地域に根ざした独自の実践を築いていく教派のあり方や，国境を越えた教派間ネットワークの実態など，均質な制度の水面下をさらに見ていく必要があるだろう．このことは，制度が規定する実践を前提とする従来の研究に再考を促すことにもつながるのである．

2．課題と展望

序章で述べたとおり，筆者は長期調査の期間中，多くの時間を TL 村で過ごし，村人への聴き取りや儀礼の参与観察を行ってきた．したがって，本書で言及した事例の多くは TL 村のものである．この他，瑞麗市内の他村で儀礼が開催されるという噂を耳にしては，ほとんどすべての儀礼に参加した．また出家者，女性修行者が居住する寺院はすべて訪れ，ライフヒストリーや宗教実践などに関する聴き取りを行った．その過程で瑞麗市内だけでも村ごとの実践の多様性が大きいということにある程度は気づいていた．その後，2009年と2010年に瑞麗市内の仏教寺院，仏塔，仏足跡の合計118箇所の悉皆調査を行った．その結果，長期調査期間中に見たものとはさらに異なる実践が他村落で展開されていることが判明した．たとえば寺院を持たない村落は瑞麗市内に6村落のみ存在するが，そのうちの3か村は，山中の仏足跡境内のホーシンと呼ばれる

建物へ雨安居期間中の布薩日に集まり，八戒を守って「寺籠り」を実践している。本文では触れられなかったが，徳宏の仏教徒にとって仏足跡も重要な役割を果たしているのである。このことは，徳宏の仏教徒たちが仏像や仏塔，仏典との直接的な関わりを重視していることと無関係ではないだろう。また仏足跡の位置する場所は，共通して深い森を流れる川沿いに位置している。このことは，仏教以前の信仰とも関連するかもしれない。自然環境と仏教関係の施設との関わりを解明するのは，今後の課題の1つである。

　また同じ徳宏州内でも他の盆地の実践は，瑞麗盆地とさらに異なった様相を呈している。たとえば短期間の調査を行った盈江では，大躍進の際に僧侶がミャンマー側へ逃亡した後，現在ではヤーモットと呼ばれる霊媒が村落の集合儀礼においても重要な役割を果たすなど，筆者が瑞麗で目にしたこともないような実践が築かれているという。また第2章で触れたように，漢文化の影響の強い芒市と瑞麗では，かなり実践形態が異なる部分もある。このように，徳宏では盆地による実践の多様性が見られるのがむしろ一般的であり，今後は徳宏州内の各市・県における宗教実践の地域間比較研究も行っていきたい。

　さらに本書では徳宏において様々な「教派」が独自の実践を展開していることを明らかにした。同一の教派の内部にもさらに教派が形成されては消えていく。さらに僧侶と在家の師弟関係によって形成される教派のみならず，ホールーやサーラー，ザウラーン・ザウザーイらの信徒間にも師弟関係は築かれ，それは時に「教派」を形成する。本書で明らかにできたのは，無数に形成される「教派」の一部に過ぎない。今後さらに徳宏のみならずシャン仏教やビルマ仏教の「教派」に関する調査を進めていきたいと考えている。ミャンマーの周縁の仏教を見ることによって得られた視角から，再びミャンマーの各地域の仏教を見直すことにより，今まで焦点化されてこなかった実践の存在が明らかになるだろう。

　また本書では在家の仏典朗誦専門家ホールーの実践に注目し，ミャンマー側でも少数民族を中心に同様の実践が見られることについて，第5章で述べた。筆者は当初，この実践はタイ系民族に由来する実践だと予想していたのだが，ビルマ族の間にもジャータカなどの仏典に節をつけて朗誦する在家の講談師（B: *kwetseik hsaya*）がおおよそ1960年代頃まで存在したことが，最近の調査で判明した。現在では出家者が説法するのが主流となり，その習慣は廃れてしまったというが，時代を遡れば，ミャンマー中央部でもホールーと同様の実践は見

られた可能性もある。今後，ミャンマー中央部でクエッセイッ・サヤーに関する調査を継続し，在家者による仏典朗誦の実践が次第に淘汰されていく過程についても，さらに研究を進めていきたい。

そして最後に，本書ではおもに徳宏における地域の実践を記述することを優先したため，中国共産党，政府，仏教協会による宗教政策の動向については第6章でその重要な点に触れるにとどまった。筆者はすでに各種の文献資料を入手しているものの，これらの文献資料を用いた詳細な政策・制度分析については他日を期したい。

以上のように，本研究で得られた視点をもって，将来的には地域に根ざした宗教実践の調査を他地域でも進め，地域間あるいは宗教間の比較研究にも貢献したいと考えている。

3. TL村の生活変化と仏教実践の行方

2007年の筆者の調査当時，村人の大きな話題となり，『徳宏団結報』紙でもしばしば報道されていたのは，雲南省の下関から瑞麗を経由してシャン州のラーショーに通じる鉄道と，保山から同じく瑞麗経由でミャンマーに抜ける高速道路の計画であった。当時はまだ計画が発表されたばかりで，TL村の人々もまだ他人事のように「これから瑞麗はどうなるのか」「高速道路や鉄道はどこを通るのか」などと話していた。2009年の8月から9月にかけて再びTL村を訪れると，この話はにわかに現実味を帯びたものになっていた。というのも，政府がTL村全村の田地の売却を要請したのである。調査期間中にもしばしば村民会議が開催され，村長を始めとする村人のほぼ全員がこれに反対しているとのことであった。田地がなくなってもしばらくの間は売却で得られた資金で生活していけるだろう。しかしその後，田地を失った農民はどう生活すればいいのか，という不安を多くの村人たちが筆者に訴えた。しかし，2011年の稲の収穫が終わった後，ついにTL村の田地はすべて売却されてしまったばかりでなく，2013年には筆者の寄宿先も取り壊され，高速道路の下に埋もれることになった。こうした状況は他村も同様であり，市街地の開発や，工場の建設が盛んに進められている。TL村の隣村の山には，別荘地やゴルフ場まで建設された。そしてミャンマー人の出稼ぎ労働者も，筆者の調査当時より格段に増加した。逆にミャンマー側シャン州で調査を行うと，山深いナムサンのパ

ラウン族の村でも,「若者たちは皆,瑞麗へ出稼ぎに行って帰って来ない」という声がしばしば聞かれた。

　もう1つの大きな変化は,瑞麗江のほとりの総仏寺で開講されていた菩提学校を,TL村に近いホーカム仏塔に移転し,「仏学院」として僧侶教育の拠点にするとともに,観光地化する計画が実現に移されたことである。第6章で述べたように,「仏学院」計画は数年来の懸案であったが,社会主義国・中国においても,仏教はもはや観光資源の1つとみなされているのである。

　以上の計画が実現されたとき,TL村の生活や仏教実践は大きな変容を遂げるだろう。第3章で述べたように,仏教は農業に基づくライフ・サイクルと強く結びついていた。TL村の人々は,農民でなくなった時にどのような仏教を築いていくのだろうか。また産業構造の変化は,必然的に人の流失をともなうだろう。その時に,TL村の仏教は誰が支えていくのだろうか。本書の示した議論の枠組みは,いずれ過去のものとなるだろうが,せめてこうした大きな変化が起こる以前の実践の姿を記録として残すことには,少なくとも意義があると筆者は考えている。

参考資料1　用語集

ローマ字	カタカナ	徳宏タイ文字	意味
a la hăm	アーラーハム	ᥐᥣ ᥞᥣᥛ	阿羅漢（← B: *arahan*, P: *arahant*)
a lăt ta	アーラッター	ᥐᥣ ᥘᥖ ᥖᥣ	無我（← B: *anatta*, P: *anatta*)
a lik tsa	アーリックザー	ᥐᥣ ᥘᥤᥐ ᥓᥣ	無常（← B: *aneiksa*, P: *anicca*)
a lɔŋ	アーロン	ᥐᥣ ᥘᥩᥒ	仏の前世（← B: *alaung*)
a pɛt	アーペット	ᥐᥣ ᥙᥥᥖ	罪・過失（← B: *apyit*)
A phi thăm ma	アーピータムマー	ᥐᥣ ᥚᥤ ᥗᥛ ᥛᥣ	論蔵（← B: Abidanma, P: Abhidhamma)
a sak	アーサック	ᥐᥣ ᥔᥐ	年齢，寿命，生命（← B: *a thet*)
a su pha	アースーパー	ᥐᥣ ᥔᥧ ᥚᥣ	葬式（の時に誦える経）（← B: *a thu ba*)
a tsaŋ	アーザーン	ᥐᥣ ᥓᥣᥒ	行い，品行（← B: *akyin*)
a tsaŋ li	アーザーンリー	ᥐᥣ ᥓᥣᥒ ᥘᥤ	行いがよい，品行がよい
a tso	アーゾー	ᥐᥣ ᥓᥨ	善果，成果，利益（← B: *akyo*)
aŋ	アーン	ᥐᥒ	護符（← B: *in*)
ău ku so a tso	アウクーソーアーゾー	ᥐᥨ ᥐᥧ ᥔᥨᥱ ᥐᥣ ᥓᥨ	功徳を積む
haŋ xɔn	ハーンホン	ᥞᥒ ᥑᥩᥢ	幟の尻尾
haŋ xɛn	ハーンフン	ᥞᥒ ᥑᥥᥢ	（果物を花状に切った）飾り
he phi	ヘーピー	ᥞᥥ ᥚᥤ	悪霊を防ぐ
hɛn sɔm taŋ to	ヘンソムタントー	ᥞᥥᥢ ᥔᥩᥛ ᥖᥒ ᥖᥨ	追善供養
hɛn xɔn	ヘンホン	ᥞᥥᥢ ᥑᥩᥢ	死者のために幟をたてること
hə	フー	ᥞᥨ	船，小船，筏
hən haŋ	フンハーン	ᥞᥨᥢ ᥞᥒ	2階建ての家屋
hən kon tai	フンコンターイ	ᥞᥨᥢ ᥐᥨᥢ ᥖᥭ	（竹ひごと紙で作った葬儀の際に用いる）死者の家
hən lin	フンリン	ᥞᥨᥢ ᥘᥤᥢ	床が地面に接した1階建ての家屋
ho	ホー	ᥞᥨ	頭
ho lu	ホールー	ᥞᥨ ᥘᥧ	ホールー
ho mau	ホーマーウ	ᥞᥨ ᥛᥝ	マーウ頭
ho me	ホーメー	ᥞᥨ ᥛᥥ	母親頭
ho mo	ホーモー	ᥞᥨ ᥛᥨ	料理人
ho po	ホーポー	ᥞᥨ ᥙᥨ	父親頭
ho sau	ホーサーウ	ᥞᥨ ᥔᥝ	サーウ頭
ho sək	ホースック	ᥞᥨ ᥔᥨᥐ	将軍
ho sin	ホーシン	ᥞᥨ ᥔᥤᥢ	持戒して修行する建物

ローマ字	カタカナ	徳宏タイ文字	意味
ho ta la	ホーターラー		説法する（← B: taya ho）
ho xǎm	ホーハム		金紙で丸く包んだ飯。入安居，中安居，出安居の時，仏前に供える
hom lu hom taŋ	ホムルーホムターン		ともに布施する
hɔŋ phi	ホンピー		死者の霊を呼び寄せる
ja mot	ヤーモット		女性の霊媒，巫婆
ja phai	ヤーパーイ		センダングサ
ja phǎu	ヤーパウ		線香
ja phɛt	ヤーペット		鉄線草
jap	ヤープ		除祓する，鎮圧する
jap hən	ヤープフン		家屋の悪霊除祓儀礼
jap man	ヤープマーン		村の除祓儀礼
jap mo tho	ヤープモートー		バイクの除祓
jap tsau	ヤープザウ		面倒である
jat lǎm	ヤートラム		滴水儀礼
Jǎt ta na suk	ヤットターナースック		宝経（← B: Yadana tok）
jiŋ sai tsai ha	インサーイザーイハー		女は左，男は右
Jon	ヨン		ヨン派
Jon paŋ	ヨンパーン		ヨンパーン派
Jon son	ヨンソン		ヨンソン派
jɔn an mak lǎp	ヨンアーンマックラップ		数珠を繰ることを請う
jɔn tok mak lǎp	ヨントックマックラップ		数珠を下すことを請う
jɔt lǎm	ヨットラム		新年最初の水
ju li kin van	ユーリーキンワーン		無事息災
ka hə	カーフー		三途の川を渡るための船代。金銀宝石を死者の口の中に入れる
ka kɔŋ	カーコン		象脚鼓の踊り
ka li ma hɔt	カーリーマーホット		道中無事でありますように
ka lun	カールン		鳳凰（← B: galon, P: garuḷa）
ka pe	カーペー		三途の川を渡るための船代。金銀宝石を死者の口の中に入れる

ローマ字	カタカナ	徳宏タイ文字	意味
ka tha	カーター	ᨠᩣ ᨾᩮ	偈頌（げじゅ）。経蔵・論蔵などの中に，韻文の形で仏徳を賛嘆し，教理を述べたもの（← B: gahta）
ka tha he phe	カーターヘーペー	ᨠᩣ ᨾᩮ ᩉᩮ ᨻᩮ	災難を防ぐ偈頌
ka tha phi	カーターピー	ᨠᩣ ᨾᩮ ᨻᩥ	憑依霊の偈頌
kăi aŋ	カイアーン	ᨠᩱ ᩋᩢᨦ	護符を燃やす
kam	カーム	ᨠᩣᨾ	1 運，運命，2 業，行為，3 報い，応報，（← B: kan）
kăm pa va	カムパワー	ᨠᨾ ᨸ ᩅᩣ	羯磨文
kăm sin	カムシン	ᨠᨾ ᩈᩥᩁ	持戒する
kăm tso kăm keŋ	カムゾーカムケン	ᨠᨾ ᨧᩮᩤ ᨠᨾ ᨠᩮᩢᨦ	運勢を立て直す
kăm tso kăm lam	カムゾーカムラーム	ᨠᨾ ᨧᩮᩤ ᨠᨾ ᩃᩣᨾ	運勢を立て直す
kaŋ	カーン	ᨠᩣᨦ	新中国成立前の徳宏の「郷」に相当する行政区画
kaŋ va tsa le	カーンワーザーレー	ᨠᩣᨦ ᩅᩣ ᨧᩣ ᩃᩮ	中安居，雨安居期間の中間に行われる儀礼
kăn to	カントー	ᨠᨶ ᨴᩮᩤ	懺悔する，過ちを悔いる，罪を告白する（← B: gadaw）
kap pen	カープペン	ᨠᨷ ᨸᩮᩢᨶ	（僧侶に食事を）捧げる，供える
kăp pi	カッピー	ᨠᨷ ᨸᩥ	寺子（← B: katpiya）
ken ho	ケンホー	ᨠᩮᩢᨶ ᩉᩮᩤ	頭に巻く白い布
keŋ	ケン	ᨠᩮᩢᨦ	運勢，時局
keu ho	ケウホー	ᨠᩮᩫᩣ ᩉᩮᩤ	女性の髪の毛を束ねた部分
kɛn tsau man	ケンザーウマーン	ᨠᩮᩢᨶ ᨧᩮᩤ ᨾᩣᨶ	村の中心（の柱）
kin aŋ	キンアーン	ᨠᩥᨶ ᩋᩢᨦ	護符を食べる
kin xău taŋ mat	キンハウターンマート	ᨠᩥᨶ ᩁᩮᩤ ᨴᩣᨦ ᨾᩣᨲ	（雨安居明けに）未婚の男女が寺院へ集まって供え飯を共食する
koi ho xăm	コイホーハム	ᨠᩭ ᩉᩮᩤ ᩉᨾ	金紙でバナナ状に包んだ飯。入安居，中安居，出安居の際に供える
kɔm kon tai	コムコンターイ	ᨠᩢᨾ ᨠᩫᩁ ᨲᩣᩥ	棺桶
kon	コン	ᨠᩫᩁ	ズボン（← C: kun）
kon tăi	コンタイ	ᨠᩫᩁ ᨲᩱ	タイ族ズボン
koŋ pau	コンパウ	ᨠᩫᨦ ᨸᩮᩤ	守護霊祠の管理人
kon thău	コンタウ	ᨠᩫᩁ ᨳᩮᩤ	老人
kon tsɔm	コンゾム	ᨠᩫᩁ ᨧᩫᨾ	（新郎，新婦の）付き添い

ローマ字	カタカナ	徳宏タイ文字	意味
kɔŋ sɔn	コンソン		灌水祭で仏像に灌水するための回転式水車
kɔn tsɔn	コンゾン		寺院を管理する，寺院の管理人
kɔŋ	コン		象脚鼓
kɔŋ mu	コンムー		仏塔，善行（← B: *kaung hmu*）
Kɔŋ mu ho mau	コンムー・ホーマーウ		ホーマーウ仏塔。ムン・マーウ盆地最大の仏塔。TL 村に位置する
Kɔŋ mu mi xǎm	コンムー・ミーハム		金熊仏塔（ホーマーウ仏塔の別名）
Kɔŋ mu pet xǎm	コンムー・ペットハム		ペットハム（金鴨）仏塔
kɔŋ mu sai	コンムーサーイ		砂の仏塔
kɔŋ mu tse	コンムージェー		紙の仏塔
ku pha la	クーパーラー		仏像を乗せる駕籠
ku so	クーソー		功徳（← B: *kutho*, P: *kusala*）
ku ta la	クーターラー		仏典を筆写すること
ku ta la	クーターラー		（ホールーの）説法台
kum	クム		加護，守護
kum xɛn ma tsa	クムセンマーザー		ご加護が得られますように
kuŋ	クン		恩徳（← B: *gon*）
kəŋ	クン		教派（← B: *gaing*）
la u	ラーウー		両親
la ta	ラーター		面子（メンツ）
lai	ラーイ		持戒する女性。雨安居期間中の布薩日に寺籠りする。母方の祖母
lai mɛt	ラーイメット		崇高なラーイ
lai tset	ラーイジェット		純粋なラーイ
lai xau	ラーイハーウ		女性修行者
lǎk man	ラックマーン		村の柱
lak pɔi	ラーックポイ		護身糸。手首や首に巻くお守り，魔除けの糸（← B: *let hpwe*）
lam	ラーム		生まれた曜日
lǎm jap man	ラムヤープマーン		村の除祓水
lǎm ka tha	ラムカーター		偈頌水
lǎm man tan	ラムマーンターン		呪文水（← B: *mandan*）
lǎm mɛt ta	ラムメッター		偈頌を吹き込んだ水
lǎm pa than	ラムパーターン		パーターン水。論蔵の一部（発趣論）の一節を吹き込んだ水

ローマ字	カタカナ	徳宏タイ文字	意味
lăm pău	ラムパウ	ᥘᥛᥴ ᥙᥝᥴ	偈頌を吹き込んだ水
lăm thăn	ラムタン	ᥘᥛᥴ ᥖᥢᥴ	棕櫚糖
laŋ tsɔŋ	ラーンゾン	ᥘᥣᥒᥴ ᥓᥩᥢᥴ	寺洗い
lăŋ ka	ランカー	ᥘᥢᥴ ᥐᥣᥱ	仏法詩
lăŋ kan	ランカーン	ᥘᥢ ᥐᥢ	座禅，瞑想する
lik tho ŋck	リックトーゴック	ᥘᥤᥐᥳ ᥗᥨᥝᥱ ᥒᥩᥐᥳ	古徳宏タイ文字。もやし文字。
lik to mon	リックトーモン	ᥘᥤᥐᥳ ᥖᥨ ᥛᥨᥢᥴ	シャン文字。丸文字。
lik to jau	リックトーヤーウ	ᥘᥤᥐᥳ ᥖᥨ ᥕᥣᥝᥴ	徳宏タイ文字。長文字
lo se	ローセー	ᥘᥨᥴ ᥔᥥᥴ	尊敬する，重尊する（← B: *yothei*)
lɔn tsɔŋ	ロンゾン	ᥘᥩᥢᥴ ᥓᥩᥢᥴ	寺籠り。雨安居期間中の布薩日に老人が八戒を守って寺に籠ること
lɔn saŋ kan	ロンサーンカーン	ᥘᥩᥢᥴ ᥔᥣᥒᥴ ᥐᥢᥴ	（仏像の）袈裟を脱がす
lu	ルー	ᥘᥴ	布施する，寄進する（← B: *hlu*)
lu	ルー	ᥘᥴ	ネズミ
lu sɔm a sak	ルーソムアーサーック	ᥘᥴ ᥓᥩᥛᥴ ᥣᥴ ᥔᥣᥐᥳ	年齢数の供物儀礼
luk ɔn	ルックオン	ᥘᥐᥳ ᥩᥢᥴ	子供
lum la pha la	ルムラー・パーラー	ᥘᥛᥴ ᥘᥣᥴ ᥚᥣᥴ ᥘᥣᥴ	仏像の世話をする
lup pɛt	ルップペット	ᥘᥙᥳ ᥙᥦᥖᥳ	追い祓う
lən lăp	ルンラップ	ᥘᥨᥢ ᥘᥙᥴ	新月
lən mon	ルンモン	ᥘᥨᥢ ᥛᥨᥢᥴ	満月
lən si	ルンシー	ᥘᥨᥢ ᥔᥤᥴ	春節
ma sa	マーサー	ᥛᥣᥴ ᥔᥣᥴ	葬式（← B: *ma tha*)
ma ta pi tu	マーター・ピートゥー	ᥛᥣᥴ ᥖᥣᥴ ᥙᥤᥴ ᥖᥱ	母（← B: *mata*, P: *mātā*) 父（← B: *pitu*, P: *pitu*)
ma tsău	マーザウ	ᥛᥣᥴ ᥓᥝᥴ	守護霊が乗用する馬
măi kaŋ	マイカーン	ᥛᥭᥴ ᥐᥣᥒᥴ	ネモノキ
măi jap man	マイヤップマーン	ᥛᥭᥴ ᥕᥙ ᥛᥣᥢᥴ	村の除祓糸
măi lo	マイロー	ᥛᥭᥴ ᥘᥨᥴ	糸玉
măi pa than	マイパーターン	ᥛᥭᥴ ᥙᥣ ᥖᥣᥢᥴ	パーターン糸
măi sum lo	マイスムロー	ᥛᥭᥴ ᥔᥩᥛᥴ ᥘᥨᥴ	（スムロー儀礼で用いる）皮を剥いだ白い木
măi xăi	マイハイ	ᥛᥭᥴ ᥑᥭᥴ	柳の木
mak ka	マークカー	ᥛᥣᥐᥳ ᥐᥣᥱ	綿
mak kat	マークカート	ᥛᥣᥐᥳ ᥐᥣᥖᥳ	山椒
mak kɔp xɔn	マークコップホン	ᥛᥣᥐᥳ ᥐᥩᥙ ᥑᥩᥢᥴ	幟にくくりつける果物

ローマ字	カタカナ	徳宏タイ文字	意味
mak lăp	マークラップ		数珠
maŋ ka la	マーンカーラー		吉祥（← B: *mingala*, P: *maṅgala*）
Maŋ ka la suk	マーンカーラースック		吉祥経（← B: *Mingala tok*, P: *Maṅgala Sutta*）
Maŋ ka la păt pun	マーンカーラーパットプン		新築式の際に誦える仏典
mat tsa	マートザー		生年月日を記録した紙（← B: *hmatsa*）
mau	マーウ		未婚男性
mau sau	マーウ・サーウ		未婚の男女
mau tuŋ	マウトゥン		紙を切ってデザインした長方形の小さな旗（宗教用品）
me heu	メーヘウ		死後7日目に墓を直す（洗う）
me leŋ	メーレン		養母（出家者を経済的に支える在家女性）
me leŋ loŋ	メーレン・ロン		大養母（出家者を経済的に支える既婚の女性）
me leŋ sau	メーレン・サーウ		未婚の養母（出家者を経済的に支える未婚の女性）
me lum	メールム		若い母親，若い既婚女性
me man	メーマーン		村直しの儀礼
me tso me keŋ	メーゾーメーケン		運勢直し
mɛ ku so	メークーソー		功徳を分け与える，廻向する
Mɛt ta suk	メッタースック		慈経（← B: *Metta tok*）
mi la ta	ミーラーター		面子が保てる
məŋ	ムン		盆地．（盆地を単位とする）クニ
məŋ kon	ムンコン		人間界
məŋ li pan	ムンリーパーン		涅槃
məŋ phi	ムンピー		霊界
Məŋ mau	ムン・マーウ		瑞麗盆地
mo lik	モーリック		在家の識字者
mon tsaŋ	モンザーン		僧侶
mon tsău	モンザウ		住職（在家が呼ぶとき）
mɔk ko sɔi	モックコーソイ		水祭りの時に飾る花
mɔk lăm	モックラム		水を入れた竹筒
mɔk sai	モックサーイ		砂を入れた竹筒
mɔŋ	モン		銅鑼
mu tsum	ムーズム		委員会

ローマ字	カタカナ	徳宏タイ文字	意味
ŋa lai	ガーラーイ	ŋlɑ ɑlʯʌ	地獄（← B: ngaye）
ŋo	ゴー	ŋɪɔʌ	牛
ŋu	グー	ŋɪʌ	蛇
ŋək koŋ sɔn	グックコンソン	ŋʌɔ ʌŋʌ ʋɪɲʌɑ	灌水龍
ŋən kin ŋən lu	グンキングンルー	ŋɒɩʌɑ ʌŋʌɒ ŋɒɩʌɑ ɑlɛ	食費と布施のための金
ŋən teŋ pi	グンテンピー	ŋɒɩʌɑ ɑɩɩʌ ʋɒ	お年玉
o tsa	オーザー	ʯɩɔɛ ɑʋlɛ	食物，食品（← B: awza, P: ojā）
ɔk va	オックワー	ʯɪɲɛ ʋlɛ	出安居
ɔŋ sak	オンサック	ʯɩɲɛ ʋlʯ	ホールーに渡すお礼の品々や金銭
ɔŋ leŋ xău	オンレンハウ	ʯɩɲɑ ɑlɲʌ ɑʋɑ	（公共の）食堂
pa heu	パーヘウ	ʋlɛ ʯɩʋ	墓地
pa lik	パーリック	ʋl ʌɑʋʌ	護呪経（← B: payeit, P: paritta）
pa lit	パーリット	ʋl ʌɑʋɩɑ	護呪経（← B: payeit, P: paritta）
pai heu	パーイヘウ	ʋlʯɑ ʯɩʋ	墓を参拝する
pai lɔŋ	パーイロン	ʋlʯɑ ʌɩɲ	墓を参拝する
pan	パーン	ʋlɲɛ	竹製の盆（← B: ban）
păŭ ja phău	パウヤーパウ	ʋɔɛ ʋʋlɛ ʋɔɛ	偈頌を線香に吹き込む
păŭ ka tha	パウカーター	ʋɔɛ ɑʌ ɩʋlɛ	偈頌を口の近くで誦えて吹き込む
păŭ ten	パウテン	ʋɔɛ ɑɩɩʌɑ	偈頌を蝋燭に吹き込む
paŭ man paŭ mən	パウマーン・パウムン	ʋɪɒ ʋlɲɑ ʋɪɒ ʋɒɲɑ	村やムンをお守りください
pe taŋ	ペーターン	ʋɲɛ ɑɩɲɛ	占い（← B: beidin）
pen	ペン	ʋɩɲʌ	（僧侶やブッダの）昼食
pɛt tsa xa li	ペットザーハーリー	ʋɩɑɑ ʋlɛ ɑʌʯ ʌɑ	悪しきを捨て，善きを求める
pi lɔŋ	ピーロン	ʋɒ ɑɩɲɑ	親戚，兄弟姉妹，親しい友人
pi mau tăi	ピーマウタイ	ʋɒ ʋɩɛ ɩɑʯʌ	タイ族新年
pi pha la	ピーパーラー	ʋɒ ɩʋʌ ʌɑ	仏暦年
pi sa săn la	ピーサーサンラー	ʋɒ ʋlɛ ʯɲɛ ʌɑ	仏暦年
pi tăi	ピータイ	ʋɒ ɩɑʯʌ	タイ暦年
po leŋ	ポーレン	ʋɪɔ ɑɩɲʌ	出家者を経済的に支える在家男性
po leŋ lɔŋ	ポーレン・ロン	ʋɪɔ ɑɩɲʌ ʌɩɲɛ	大養父（出家者を経済的に支える既婚の男性）
po leŋ mau	ポーレン・マーウ	ʋɪɔ ɑɩɲʌ ʋɪɒɛ	未婚の養父（僧侶を経済的に支える未婚の男性）

参考資料　295

ローマ字	カタカナ	徳宏タイ文字	意味
po lum	ポールム		若い父親，若い既婚男性
po me	ポーメー		父母，既婚の男女
po me leŋ	ポーメーレン		養父母（出家者・女性修行者を経済的に支える男女）
pɔi	ポイ		祭り（← B: *pwe*）
Pɔi ka thin saŋ kan xin	ポイ・カーティン サーンカーンヒン		雨安居明けの1ヶ月間，僧侶に対して在家がカティナ衣を布施する盛大な祭
Pɔi kǎn thin	ポイ・カンティン		僧侶にカティナ衣を布施する祭
Pɔi lən si	ポイ・ルンシー		4月祭。タイ暦4月に行われる
Pɔi pa than	ポイ・パターン		パターン（発趣論）誦唱祭。論蔵の一節を唱える祭（B: *pahtan pwe*）
Pɔi pha la	ポイ・パーラー		仏像奉納祭
Pɔi saŋ tsen	ポイ・サーンジェン		灌水祭（← B: Thingyan pwe）
Pɔi sau sam	ポイ・サーウサーム		23日祭。雨安居明けのタイ暦23日に仏塔で行われる
pɔi sɔn lǎm	ポイ・ソンラム		灌水祭
pɔi taŋ thi	ポイ・ターンティー		仏塔の戴傘式
Pɔi tsoŋ	ポイゾン		ポイゾン派
pɔi xam saŋ	ポイ・ハームサーン		見習僧出家式
pɔi xam mon	ポイ・ハームモン		（僧侶の）得度式
pot sin	ポットシン		捨戒すること
pu sin	プーシン		戒を守る人
puk tha pha sa	プックターパーサー		仏教（← B: *bokdabatha*）
puk xɔn	プックホン		死者のために幟を立てること
puŋ	プン		威徳（← B: *hpon*）
pha ka	パーカー		仏弟子。ポイ・パーラーを主催することによって得られる称号
pha la	パーラー		仏，仏像（← B: *hpaya*）
pha la loŋ	パーラーロン		大仏
pha la paŋ	パーラーパーン		自分にとっての仏

ローマ字	カタカナ	徳宏タイ文字	意味
pha la pen tsău	パーラーペンザウ		仏
pha la ta ka	パーラーターカー		仏弟子（← B: *hpaya daga*）
pha vat	パーワーット		（寺籠りをする時に）肩に掛ける布
phən	プン		盆
phən kăt to	プンカットー		（僧侶への布施を載せた）盆
phən sɔŋ	プンソン		竹で編んだ台
phi	ピー		神，霊，精霊
phi a ka xa tso	ピーアーカーハーゾー		天の守護霊
phi ăm li ăm ŋam	ピーアムリーアムガーム		悪霊
phi hai phi mək	ピーハーイ・ピームック		悪霊
phi hoi phi loi	ピーホイピーロイ		谷や山の精霊
phi juk xa tso	ピーユックハーゾー		樹木の守護霊
phi kap	ピーカープ		ピーが咬みつく
phi li phi ŋam	ピーリーピーガーム		善霊
phi pau sa săn la	ピーパーウサーサンラー		仏法の守護霊
phi pau si la məŋ	ピーパウシーラームン		国の四方の守護霊
phi phə	ピープー		琵琶鬼
phi phuŋ ma tso	ピープンマーゾー		水土の守護霊
phi puŋ tău	ピープンタウ		竈の神
phi tup phi tap	ピートゥップピータップ		悪霊（トゥップタープは「めちゃくちゃな」の意）
phi xău to	ピーハウトー		精霊が体内に入る
phit tsa	ピッツァー		仏教行事の招待状（← B: *hpeik sa*）
phuŋ tăn xo	プンタンホー		威力（← B: *hpon dago*）
sa la	サーラー		悪霊祓い師，師（← B: *hsaya*）
sa leŋ	サーレン		豚肉サラダ
sa tăp lu	サータップルー		豚の肝臓サラダ
sai jap man	サーイヤープマーン		村の除祓砂

ローマ字	カタカナ	徳宏タイ文字	意味
săk ka let	サックカーレット	ꫛꪱꪵꪀ ꪀꪱ ꪶꪜꪳꪒ	ビルマ暦年（← B: *thetgayit*）
saŋ kan	サーンカーン	ꪎꪱꪉ ꪀꪱꪙ	袈裟（← B: *thingan*）
saŋ lɔŋ	サーンロン	ꪎꪱꪉ ꪶꪜꪉ	見習僧出家予定者（← B: *shin laung*）
saŋ that	サーンタット	ꪎꪱꪉ ꪖꪱꪒ	仏像の入魂儀礼
saŋ tsɛn	サーンジェン	ꪎꪱꪉ ꪊꪵꪙ	灌水祭（← B: *thingyan*）
saŋ tsɛn lɔŋ	サーンジェンロン	ꪎꪱꪉ ꪊꪵꪙ ꪶꪜꪉ	灌水祭の1日目。天神が天界から降臨する日とされる
saŋ tsɛn xun	サーンジェンフン	ꪎꪱꪉ ꪊꪵꪙ ꪐꪳꪙ	灌水祭の3日目。天神が天上へ戻る日とされる
Saŋ xa	サーンハー	ꪎꪱꪉ ꪐꪱ	サンガ，出家者（← B: Thanga, P: Sangha）
saŋ xɛŋ	サーンヘン	ꪎꪱꪉ ꪐꪵꪉ	墓地，墓場（← B: *thingyain*）
sam sa	サームサー	ꪎꪱꪣ ꪎꪱ	幸福（← B: *chantha*）
săm aŋ	サムアーン	ꪎꪱꪣ ꪀꪱꪉ	偈頌を刺青する
săm lai	サムラーイ	ꪎꪱꪣ ꪩꪱꪥ	刺青する
săm ma thi	サムマーティ	ꪎꪱꪣ ꪣꪱ ꪗꪲ	老人の代表（← B: *thamadi*, P: *samadhi*）
san ta la	サーンターラー	ꪎꪱꪙ ꪕꪱ ꪩꪱ	仏典を創作する
săt ta va	サッターワー	ꪎꪱꪒ ꪕꪱ ꪠꪱ	生き物，動物（← B: *that ta wa*）
sau	サウ	ꪎꪱꪺ	未婚女性
seŋ	セン	ꪎꪵꪉ	音
seŋ ta la	センターラー	ꪎꪵꪉ ꪕꪱ ꪩꪱ	仏典棚
sɛm	セム	ꪎꪵꪣ	シンバル
sɛu ho	セウホー	ꪎꪵꪺ ꪬꪮ	頭に巻く白い布
si la	シーラー	ꪎꪲ ꪩꪱ	戒（← B: *thila*）
si phuŋ	シープン	ꪎꪲ ꪑꪳꪉ	蜜蜂の糞
sim	シム	ꪎꪲꪣ	布薩堂，戒壇，結界
sin	シン	ꪎꪲꪙ	女性が着用する巻き布（← C: *qun*）
sin	シン	ꪎꪲꪙ	戒
sin ha	シンハー	ꪎꪲꪙ ꪬꪱ	五戒
sin pet	シンペット	ꪎꪲꪙ ꪜꪵꪒ	八戒
siŋ fon	シンフォン	ꪎꪲꪉ ꪠꪮꪙ	雨季（およそ6月～10月）
siŋ kăt	シンカット	ꪎꪲꪉ ꪀꪱꪒ	寒季（およそ11月～2月）
siŋ măi	シンマイ	ꪎꪲꪉ ꪣꪱꪥ	暑季（およそ3月～5月）
soŋ kin soŋ lu	ソンキンソンルー	ꪎꪮꪉ ꪀꪲꪙ ꪎꪮꪉ ꪩꪴ	食物や布施の品々を（女性修行者に対して）布施すること
soŋ pen	ソンペン	ꪎꪮꪉ ꪜꪵꪙ	雨安居期間中，他村の寺院へ赴き，昼食を布施する儀礼
sɔm	ソム	ꪎꪮꪣ	（仏像や僧侶に供える）食事，食べ物（← B: *hsun*）

ローマ字	カタカナ	徳宏タイ文字	意味
sɔm haŋ xəŋ	ソムハーンフン		西瓜や南瓜を花の形に切って飾りつけたもの
sɔm hən mau	ソムフンマウ		新宅に供える食事
sɔm ma sa	ソムマーサー		葬式の食事
sɔm mu tsa	ソムムーザー		ムーザー供養儀礼
sɔm pha la	ソムパーラー		仏に供える食事
sɔm tso pak pɛt	ソムゾーパックペット		108の供物儀礼
sɔt sum lo	ソットスムロー		スムロー儀礼
su to	スートー		修行者（← B: *thudaw*)
suk ta	スックター		護呪経・経蔵
sə	スー		虎
sə xo tăi	スーホータイ		タイ族服
suŋ făi	スンファイ		台所
ta pe	ターペー		弟子，従者（← B: *dabe*)
ta ka	ターカー		信徒（← B: *daga*)
tak ka la	タークカーラー		占い
ta la	ターラー		仏典，仏法（← B: *taya*)
ta la	ターラー		布施（← B: *dana*, P: *dāna*)
ta lɛu	ターレウ		竹で六角形に編んだ魔除け
tai li	ターイリー		良い死に方をする
tai tsa	ターイザー		横死する
Tăi lə	タイ・ルー		上方のタイ族，北側のタイ族
Tăi tau	タイ・タウ		下方のタイ族，南側のタイ族
Tăi loŋ	タイ・ロン		大きいタイ族（シャン州に住むタイ族の自称）
Tăi mau	タイ・マウ		瑞麗のタイ族の自称
taŋ a le ka tsa	ターンアーレーカーザー		仏像の入魂儀礼（← B: *aneigaza tin*)
To le	トーレー		トーレー派（← B: *Tawnei*)
to lo	トーロー		竹で編んだ籠。儀礼の際，中に米やビスケット・果物などを入れて柱に結びつける
toi ka la	トイカーラー		占い
ton hăi	トンハイ		菩提樹
ton huŋ	トンフン		ガジュマルの木
ton ja phau	トンヤーパウ		線香の木

ローマ字	カタカナ	徳宏タイ文字	意味
ton sǎm mi	トンサムミー	ᥩᥣᥢ ᥔᥣᥛ ᥛᥤ	蝋燭の木（出安居の時，バナナの茎に点火した蝋燭を挿して作る）
ton pe sa	トンペーサー	ᥩᥣᥢ ᥙᥥ ᥔᥥ	バナナの茎に紙幣とザーックザーを結びつけた木（← B: badeida bin）
that to	タットー	ᥖᥛ ᥩᥣᥙ	仏舎利（← B: datdaw）
thǎu man	タウマーン	ᥗᥝ ᥛᥢ	村の長老
theŋ thǎm	テンタム	ᥗᥥᥢᥴ ᥗᥛ	仏法亭
theŋ tsa tsi	テンザージー	ᥗᥥᥢᥴ ᥓᥣ ᥓᥤ	ザージー亭
thɛm jem	テムイエム・テムトイ	ᥗᥦᥛᥴ ᥓᥥᥛᥴ	どうぞお見守りください
thɛm toi		ᥗᥦᥛᥴ ᥩᥣᥭ	
thɛm kǎn	テムカン	ᥗᥦᥛᥴ ᥐᥢ	助け合い
thɛm lu	テムルー	ᥗᥦᥛᥴ ᥟᥣᥭ	布施の手伝い
thɛm tsɔi	テムゾイ	ᥗᥦᥛᥴ ᥓᥭ	手伝い
thi xɔn	ティーホン	ᥗᥦᥛᥴ ᥡᥥ	幟の先端部分（← B: thi）
tho he	トーヘー	ᥗᥩ ᥡᥥᥴ	木豆，三葉豆
thoŋ pa	トンパー	ᥗᥩᥢᥴ ᥙᥣ	肩掛け鞄，シャンバッグ
thɔm ta la	トムターラー	ᥗᥛᥴ ᥖᥣ ᥟᥣ	説法を聴くこと
thup leŋ	トゥップレン	ᥗᥧᥙ ᥟᥥᥢ	（何かを依頼するときに用いる）茶を円錐状につつんだもの
tsa ka	ザーカー	ᥓᥣ ᥐᥣ	施しの食事。無償の施しをすること
tsa ka xǎu e ka	ザーカーハウエーカー	ᥓᥣ ᥐᥣ ᥑᥝ ᥠ ᥐᥣ	雨安居期間中の布薩日にヒン・ラーイのために布施する食事
tsa ɔp	ザーロップ	ᥓᥣ ᥟᥩᥙ	寺院・仏塔の境内に建てられた休憩・宿泊用の建物（← B: tsayat）
tsa tsi	ザージー	ᥓᥣ ᥓᥤ	村の柱上祠
tsa lom	ザーロム	ᥓᥣ ᥟᥩᥛ	ポイ・パーラーの際に仏像を数日間，安置しておく場所
tsǎn lə	ザンルー	ᥓᥢᥴ ᥟᥳ	（寺院内の）上段，上層
tsǎn tau	ザンターウ	ᥓᥢᥴ ᥖᥝ	（寺院内の）下段，下層
tsaŋ lǎm	ザーンラム	ᥓᥣᥒ ᥟᥛ	黒象（← B: hsin）
tsaŋ phək	ザーンプック	ᥓᥣᥒ ᥚᥪᥐ	白象（← B: hsin）
tsak tsa	ザーックザー	ᥓᥐ ᥓᥣ	紙を切ってデザインした三角形の小さな旗（← B: kyet sha）
tsak to	ザーックトー	ᥓᥐ ᥩᥣᥙ	仏足跡
tsat la	ザットラー	ᥓᥖ ᥟᥣ	来世
tsat lǎi	ザットライ	ᥓᥖ ᥟᥭ	現世
tsat to	ザットー	ᥓᥖ ᥩᥣᥙ	仏の前世譚（← B: zatdaw, P: Jātaka）
tsǎu	ザウ	ᥓᥝ	持ち主，所有者，敬意を払うべき存在に対する敬称

ローマ字	カタカナ	徳宏タイ文字	意味
tsău fa	ザウファー	ᥞᥝᥲ ᥚᥣᥴ	土司，土着の政治権力者
tsău lăm mo	ザウラムモー	ᥞᥝᥲ ᥘᥛᥳ ᥛᥨᥴ	井戸の神
tsău laŋ	ザウラーン	ᥞᥝᥲ ᥘᥣᥒᥴ	霊媒（女性の霊が憑依した場合）
tsău loŋ	ザウロン	ᥞᥝᥲ ᥘᥨᥒ	長老僧，法臘の多い僧侶，住職
tsău man	ザウマーン	ᥞᥝᥲ ᥛᥣᥢᥴ	村の守護霊
tsău man kaŋ sɛn	ザウマーンカーンセン	ᥞᥝᥲ ᥛᥣᥢᥴ ᥐᥣᥒᥴ ᥔᥦᥢᥴ	マーンカーンセン神
tsău mon	ザウモン	ᥞᥝᥲ ᥛᥨᥢ	住職
tsău məŋ	ザウムン	ᥞᥝᥲ ᥛᥪᥒᥴ	ムンの守護霊
tsău pɔi	ザウポイ	ᥞᥝᥲ ᥙᥩᥭᥴ	ポイの主催者
tsău puŋ tsi	ザウプンジー	ᥞᥝᥲ ᥙᥨᥒ ᥓᥤ	長老僧，住職（← B: hpongyi）
tsău saŋ	ザウサーン	ᥞᥝᥲ ᥔᥣᥒ	見習僧（← B: shin）
tsău sɛ	ザウセー	ᥞᥝᥲ ᥔᥦ	住職
tsău ta la	ザウターラー	ᥞᥝᥲ ᥖᥣ ᥘᥣ	施主
tsău thin	ザウティン	ᥞᥝᥲ ᥗᥤᥢᥴ	統轄僧（30～35歳ぐらいで法臘10年以上）
tsău tsai	ザウザーイ	ᥞᥝᥲ ᥓᥣᥭᥴ	霊媒（男性の霊が憑依した場合）
tsău tsaŋ	ザウザーン	ᥞᥝᥲ ᥓᥣᥒ	僧侶
tsău xu va	ザウフーワー	ᥞᥝᥲ ᥑᥪ ᥝᥣ	最長老僧
tse le	ジェーレー	ᥓᥥ ᥘᥥ	ホール，会計，文書係（← B: sayei）
tse sa	ジェーサー	ᥓᥥ ᥔᥣᥴ	シャン紙
tse tse	ジェージェー	ᥓᥥ ᥓᥥ	銅磬
tse xo	ジェーホー	ᥓᥥ ᥑᥨᥴ	紙銭
tsu ɔn	ズーオン	ᥓᥧᥲ ᥟᥩᥢᥴ	幼名
tsu pha ka	ズーパーカー	ᥓᥧᥲ ᥚᥣ ᥐᥣᥴ	仏弟子としての名
tso	ゾー	ᥓᥨ	時期，時間
Tso ti	ゾーティー	ᥓᥨ ᥖᥤᥴ	ゾーティー派
tsɔi kăn	ゾイカン	ᥓᥭᥴ ᥐᥢᥴ	助け合い
tsɔŋ	ゾン	ᥓᥨᥒ	寺院（← B: kyaung）
tsɔŋ fai	ゾンファイ	ᥓᥨᥒ ᥚᥭᥴ	僧侶用の台所
tsɔŋ haŋ	ゾンハーン	ᥓᥨᥒ ᥞᥣᥒ	高床式の寺院
tsɔŋ lin	ゾンリン	ᥓᥨᥒ ᥘᥤᥢ	床が地面に面している寺院
tsɔŋ pha la	ゾンパーラー	ᥓᥨᥒ ᥚᥣ ᥘᥣ	仏殿
tsɔŋ si	ゾンシー	ᥓᥨᥒ ᥔᥤᥴ	傘状の旗
tsɔŋ sim	ゾンシム	ᥓᥨᥒ ᥔᥤᥛ	布薩堂，戒壇
tsɔŋ sɔm	ゾンソム	ᥓᥨᥒ ᥔᥨᥛᥴ	僧侶用の食堂
tsɔŋ tan	ゾンターン	ᥓᥨᥒ ᥖᥣᥢᥴ	寺院・仏塔の入り口前の長廊
tsɔŋ u	ゾンウー	ᥓᥨᥒ ᥟᥧ	寺院頭。寺院側面の張り出し部分

ローマ字	カタカナ	徳宏タイ文字	意味
tsum kon lum	ズムコンルム		父母組，（既婚の）若者組
tsum kon thau	ズムコンタウ		老人組
tsum mau sau	ズムマーウサーウ		未婚青年組
tsum po lum me lum	ズムポールムメールム		父母組
tuk xa	トゥックハー		苦，苦労する，つらい（← B: *dokhka*, P: *dukkha*）
tuk su	トゥックスー		祝福する。大規模な儀礼を行なう際に，参加者が歌をうたって祝福し，金銭を要求すること
u saŋ kan	ウーサーンカーン		袈裟駕籠
va	ワー		雨安居，法臘（僧侶，ヒン・ラーイとして雨安居を過ごした年数）
văn ɔk sin	ワンオックシン		布薩明けの日
văn phit	ワンピット		布薩日の前日，仏教儀礼の初日（← B: *a hpeik nei*）
văn sin	ワンシン		布薩日
văn sin loŋ	ワンシンロン		（入安居，中安居，出安居の）主要な布薩日
văt	ワット		寺院
xam maŋ ka la	ハームマーンカーラー		祝福の言葉（← B: *mingala*, P: *maṅgala*）
xam pha la	ハームパーラー		仏の言葉
xam soŋ xɔn	ハームソンホン		魂を送る歌
xam văi lăt ta na sam tsău	ハームワイラッタナーサームザウ		三宝帰依文
xam văi tsău saŋ xa	ハームワイザウサーンハー		僧侶を跪拝する言葉
xam xau	ハームハーウ		（女性修行者が）受戒する
xaŋ si	ハーンシー		獅子，ミャンマーのチンディッ
xau	ハーウ		純白な，尼，ティラシン
xău a sak	ハウアーサック		年齢数の供物儀礼
xău je tsak	ハウイエーザック		（葬式の際に）故人に供える飯（← B: *ye zet*）

ローマ字	カタカナ	徳宏タイ文字	意味
xāu mun	ハウムン	…	餅, 団子 (← B: *mon*)
xāu mun sɔn lām	ハウムン・ソンラム	…	灌水餅
xāu puk	ハウプック	…	餅
xāu si tseŋ me man	ハウシージェンメーマーン	…	村の除祓儀礼の際に柱上祠の四隅におく果物・ビスケット入りの飯
xāu sɔi	ハウソイ	…	もち米で作った麺
xāu sɔm heŋ	ハウソムヘン	…	1000 の食事
xāu sɔm hɔm	ハウソムホム	…	もち米に蜂蜜, 砂糖キビの汁, 砂糖, 牛乳, ピーナッツ, ゴマを混ぜたもの
xāu taŋ mat	ハウターンマート	…	供飯 (出安居前日の夜に作り, 仏塔や仏像, 菩提樹に供える)
xāu tɛk	ハウテック	…	米をポップコーン状にしたもの。米花
xāu tsāu man tsāu mən	ハウザウマーン・ザウムン	…	村の守護霊・ムンの守護霊用の食事
xāu va	ハウワー	…	入安居
xāu vɔi	ハウウォイ	…	(祖先に) 供える飯, 分配する飯
xāu vɔi pi mau	ハウウォイピーマウ	…	新年のお供え
xeŋ mat	ヘンマット	…	(出安居の際の) 供え飯の壇
xə hən	フーフン	…	家系
xə xat	フーハート	…	家系が途絶える
xə tsɔŋ	フーゾン	…	寺院間のつながり
xɛk	ヘック	…	結婚式
xi	ヒー	…	旗 (← C: *qi*)
xiŋ	ヒン	…	持戒する男性老人。雨安居期間中の布薩日に寺籠りする
xiŋ lai	ヒン・ラーイ	…	持戒する老人
xiŋ lɔŋ pu xɔn xau	ヒンロン・プーホンハウ	…	稲魂神
xun hən mau	フンフンマーウ	…	家の新築式
xun jau mau suŋ	フンヤウマウスン	…	繁栄しますように
xun lɔŋ	フンロン	…	(清明節で) 祖先の墓参りをする
xɔn	ホン	…	幟 (人の死後三日目あるいは五日目, 七日目に寺院へ供える)
nɔn	ホン	…	魂

ローマ字	カタカナ	徳宏タイ文字	意味
xɔn həi ma ma	ホンフイマーマー	ajne ajne ujn ujn	魂よ戻っておいで
xɔn mo	ホンモー	ajne ujpe	管状の幟
xɔn pɛ	ホンペー	ajne ujn	平たい幟
xɔn său	ホンサウ	ajne uɔc	竹の柱につける幟
xun saŋ	フンサーン	ajnc ulnc	天神，魔王

注）徳宏タイ語の語源に関しては，孟編［2007］，大野［2000］等の資料を参照し，確実に特定できるもののみ記入した。

参考資料2　年表

西暦	社会	仏教
1256	モンゴル軍が雲南のタイ族地区を征服	
1271	元朝成立	
1276	芳穿罕が元朝から麓川路総管府土官に任命される	
1340	思漢法即位（～1369）	
1355	思漢法が元朝から平緬宣慰使に任命される	
1368	明朝成立	
1382	思倫法（混法）が明朝から平緬宣慰使に任じられる	思倫法（混法）は仏教に帰依し，その後タイ族，ダアーン族，アーチャン族の間に信者が増加
15世紀		ヨン派伝来？ゾーティー派伝来？
1441	三征麓川①，思任法（昂法）ムンヤーンへ逃亡	
1443	三征麓川②，十土司設置	
1444	明朝は麓川宣慰司を廃し，隴川宣撫司をおく。以後，徳宏各地の土司は麓川支配下から明朝支配に編入	
1448	三征麓川③（～49）。思機法はムンヤーンへ逃亡し，麓川思氏政権は消滅する	
1604	明の淋国公は，思忠を衍忠と改名させた上で勐卯安撫使に任命。姐告に司署をおく。後にTL村へ移転	
1644	清朝成立	
1751		トーレー派伝来
1756		ホーマーウ仏塔建立
1787	司署がTL村から勐卯の旧市街に移転	
1886	ビルマ英領化	
1894	清英緬甸境界通商条約	
1897	清英境界商務条約付款19条が策定される。瑞麗江からサルウィン川までの間の国境画定（～98）	19世紀末，常斎教が騰沖，龍陵から徳宏に入り，路西市・梁河県の山地部に広まる
1912	中華民国成立	
1915		ゾーティー派の僧侶が芒市からシャン州へ移動

西暦	社会	仏教
1929	衎景泰即位。当時3歳で執務不可能であったため、母親ら3人の女性が執務	
1930		フランス籍神父が盈江にカトリックを伝える
1934		芒市に中華寺建立
1937	日中戦争開始。国民党は重慶に遷都。滇緬公路建設	
1938	滇緬公路完成し、畹町が国家級口岸となる	
1940		等慈法師が中華寺で僧侶の短期養成講座を開催
1942	日本軍、徳宏に侵入（～45）	
1945	衎景泰土司に就任。瑞麗県県長などを務める	
1949	中華人民共和国成立	
1950	解放軍が徳宏進駐、潞西県人民政府成立。TL村の国民党小学校廃校	党と人民政府は宗教信仰の自由政策をとる
1953	徳宏タイ族ジンポー族自治区（56年に自治州）成立	中国仏教協会成立
1954	中共徳宏州地委成立。TL村小学校創立	州地委統一戦線工作部が宗教工作を担当
1955	和平協商土地改革を実施。土司制度が廃止される	
1956	中緬両国辺民連歓会に両国の総理参加	中国仏教協会が仏歯を芒市に1ヶ月展示
1957		中国仏教協会雲南省徳宏州分会成立（在芒市）
1958	大躍進運動開始（～60）	宗教に対する攻撃が行われ、僧侶・牧師・神父の大部分が外国へ逃亡。州、県仏教協会は活動停止
1960	中華人民共和国与緬甸連邦辺界条約調印。保山移民がTLダムの建設に参加	宗教政策の正常化。徳宏州仏教協会第1期2次理事会開催
1961	湖南省の1500人が瑞麗国営工場で働くために移住	
1966	文化大革命開始	
1969	知識青年が瑞麗の農村へ	
1977	文化大革命終結	
1978	改革開放政策提出	
1979	一人っ子政策開始。生産責任制の導入	
1981		ホーマーウ仏塔再建（～83）。「中国共産党中央委員会関于建国以来党的若干歴史問題的決議」発表

西暦	社会	仏教
1982	現行「中華人民共和国憲法」制定	共産党「関于我国社会主義時期宗教問題的基本観点和基本政策」発表。徳宏州仏教協会が，重要な宗教行事を行う日を統一し，各教派の団結を促す
1984		ムーセーでタイ新年が初めて開催される。TL寺再建
1986	9年生義務教育法実施	ホーマーウ仏塔の初代女性修行者がムセから移住，現TL村女性修行者が数か月後に共住
1988		初代女性修行者死去。KT村より新女性修行者移住
1989	天安門事件	『仏教の作法』『沙弥規則』『護呪経』『仏陀の一生』などの書籍が徳宏民族出版社から出版される
1990	姐告辺境貿易経済区成立	
1991		HM村からホーマーウ仏塔へ女性修行者が移住
1992	瑞麗県が市に昇格。姐告大橋完成	
1993		タイ語（シャン語）の誦経の誦句が統一される
1996		女性修行者2名，村の寺へ移る。瑞麗市内の寺院が宗教活動場所として登記される
1999	潞西県が市に昇格 畹町市が瑞麗市に編入。	法輪功への弾圧が開始される
2000	西部大開発計画の策定。第1回中国昆明国際旅遊節の開催。徳宏は分会場。瑞麗では中緬胞波狂歓節	
2003		雲南省仏教協会第一期「遠離毒品」宣伝培訓班開催。TL村でポイ・パーラー行なわれる
2004		ホーマーウ仏塔の傘のつけかえ儀礼開催
2006		瑞麗市内の寺院を宗教活動場所として再登記

あとがき

　本書は，2010年3月に京都大学大学院アジア・アフリカ地域研究研究科へ提出した博士論文「中国雲南省における徳宏タイ族の宗教と社会——国境地域の仏教徒の実践をめぐって」に大幅な加筆修正を加えたものである。本書の完成に到るまでに，筆者は多くの方々の学恩を受けている。筆者をここまで導いてくださった方々のことを最後に記しておきたい。

　最初に挙げなければならないのは，京都大学大学院アジア・アフリカ地域研究研究科の博士課程に在学中，主指導教官を務めてくださった林行夫先生（京都大学地域研究統合情報センター教授）である。筆者の大学時代の専門は中国文学で，社会人生活やミャンマー留学を経験した後に大学院へ入学した際には，社会科学の素養をまったく持ち合わせていなかった。そんな筆者をご指導いただいた一貫制博士課程の7年間，たいへんなご苦労をおかけしたことと思う。博士課程修了後も京都大学地域研究統合情報センターの受け入れ教員として，常に叱咤激励をいただいた。

　副指導教官を務めていただいた速水洋子先生（京都大学東南アジア研究所教授），杉島敬志先生（京都大学大学院アジア・アフリカ地域研究研究科教授），加藤剛先生には，ゼミや講義の際，たびたび有益なコメントと暖かい励ましをいただいた。33歳で大学院に入学し，道を誤ったかと思うこともしばしばであったが，何とか大学院生活を続けられたのは，先生方の励ましによるところが大きい。

　博士論文の副査をお願いした片岡樹先生（京都大学大学院アジア・アフリカ地域研究研究科准教授）は，フィールドから帰国後，「先輩」として良き相談相手になってくださった。

　京都大学大学院アジア・アフリカ地域研究研究科の院生の皆さん，中でも林先生のゼミ関係者の皆さんにも感謝したい。皆さんからいただいた質問やコメントは，筆者の財産になっている。さらに大阪大学外国語学部ビルマ語専攻，滋賀大学経済学部，京都精華大学人文学部の学生の皆さんからの質問に答える過程でも，筆者は多くのことを学んだ。先輩，後輩，教え子たちに恵まれたことを幸せに思う。

　旅行者として瑞麗を最初に訪れたのは，1991年のことだった。文学部で中

国文学を専攻していた筆者は，漢語を使うことができたため，夏休みを利用して中国を訪れた。上海まで船で渡り，汽車の切符を中国人料金で買うために上海駅の長蛇の列に並んだ。当時は外国人料金が存在し，外国人用の窓口に行けば簡単に購入できるのだが，貧乏学生としてはどうしても中国人料金で旅をしたかったのである。最初はシルクロードにでも行こうと思っていたのだが，窓口に「有」の表示があるのは昆明行の「硬座」のみだった。そこで文字通り，硬い座席に2泊3日揺られて，雲南の地に降り立った。当時の中国には「未開放地域」があり，外国人の旅行が一部制限されていたのだが，ちょうどその当時，「瑞麗が開いたから行ってみよう」と現地で知りあったバックパッカーに誘われ，初めて瑞麗を訪れたのだった。それまで中国世界しか知らなかった私にとって，初めての「東南アジア」は新鮮だった。国境を越えたミャンマー側にはどんな世界が広がっているのだろうか。その時の経験が，私を東南アジアへと導くことになる。そして中野美代子先生を始めとする北大中国文学科の先生方は，東南アジアに関心を持たれていたこともあり，私を中国に引き戻すどころか中国から押し出してくださった。

当時のミャンマーは1988年民主化運動直後で，旅行も困難であったが，1993年にようやく訪れることができた。期待以上にミャンマーは素晴らしい国で，いつか暮らしてみたいとの思いを強くしたが，当時はミャンマーへの留学も就職も容易なことではなかった。そこで高校教師として就職したが，ミャンマーへの思いは冷めやらず，1999年にヤンゴンのWIN日本語学校に就職させていただいた。2000年から2002年まではヤンゴン外国語大学に留学してビルマ語を習得し，その間に2度の一時出家を経験した。それを機に，上座仏教に関心を抱くようになった。

そんな筆者が研究の世界に入る後押しをしてくれたのは，たまたまヤンゴンへ調査に来ていた中西嘉宏氏（現京都大学東南アジア研究所准教授）と，ヤンゴン外国語大学の同級生だった億栄美さん（現赤十字国際委員会ヤンゴン駐在員）である。そして33歳で筆者は大学の世界に戻った。

大学院に入学した2003年から2005年までは，ミャンマーの政治権力と地域の実践の関係について，他の上座仏教徒諸国の事例と比較しながら研究した。こうした経緯もあり，長期フィールドワークでは徳宏を調査地とすることで，漢語とビルマ語の両言語を駆使して，ミャンマーの事例も踏まえつつ，東南アジア上座仏教徒社会の地域間比較研究を進めることができるだろうという見通

しがあった。

　しかし徳宏州瑞麗市郊外のTL村までの道のりは平坦ではなかった。2005年9月から昆明の雲南民族大学に留学した筆者を待ち受けていたのは，当時の小泉首相の靖国参拝を契機とする「日本バッシング」であった。参拝の翌日には新聞の一面トップで「小泉，亡霊を拝む」といった見出しが躍り，テレビでは連日連夜，戦時中の日本軍による中国人への残虐な行為をとりあげた報道番組やドラマが繰り返されていた。筆者が日本人であることを知ると，見ず知らずの人に「なぜ日本人は中国侵略を反省しないのか」と詰問されることさえあった。また中国では外国人が農村で長期定着調査を行うことに対する警戒があり，調査許可の取得は困難であった。申請書類は担当部局を虚しく往来し，何度も調査を断念する事態を想定しながらも当局と交渉を続けた結果，留学先の雲南民族大学の受入教員である楊光遠教授，和少英教授との間に築いた信頼関係が，最終的にTL村での調査を実現させることになった。まさに僥倖というほかはない。

　この幸運が得られたのは，筆者の先輩にあたる方々が雲南民族大学との太いパイプを築いてくださったからである。そのもっとも重要な役割を果たしてくださったのが長谷川清先生（文教大学文学部教授）である。また先生には徳宏研究のパイオニアとして文献資料を閲覧させていただいたのみならず，徳宏に関する様々な情報を提供していただいた。

　調査の際に中国側のカウンターパートを務めてくださった雲南民族大学の楊光遠先生（雲南民族大学東南アジア言語文化学院教授）は，調査村のTL村や瑞麗市内の親戚の方々ばかりでなく，徳宏州内の政府関係者をご紹介くださった。また雲南民族大学での指導教官をお願いした和少英先生（雲南民族大学副学長）は，調査許可が取得できずに調査をあきらめかけたこともあった筆者を何度も励ますとともに，手続きの労をとってくださった。

　調査地の徳宏では本当に多くの方々にお世話になった。本書の執筆中にも，多くの憶い出が頭の中を駆け巡った。何かを見るにつけてはあれこれ質問を繰り返すよそ者に対し，徳宏の人々は優しかった。特にTL村の村人たちは，筆者を村の一員として受け入れてくださった。中でも寄宿先の麦喊伍，呑旺夫妻と息子の岩瑞氏，徳宏タイ語だけでなく村の様々なことを教えてくださった麦喊六先生は，実の家族のように筆者と接してくださった。

　中国留学の資金を援助してくださったばかりでなく，本書に先立つブック

レットの出版にご協力くださったのは，松下アジアスカラシップ（現松下国際スカラシップ）である。また本書の出版に当たっては，平成25年度科学研究費補助金（研究成果公開促進費，課題番号255261）の交付を受けた。

　何とか書き上げたものの，しばらく読み返す気にならなかった博論と再び向き合い，出版にまでたどり着いたのは，京都大学地域研究統合情報センター准教授の西芳実先生と京都大学学術出版会の渕上皓一朗さんのおかげである。特に渕上さんは拙稿を丁寧に読み込み，本書の完成につなげる有益なコメントをくださった。もし渕上さんがいなければ，本書は「お蔵入り」になっていただろう。

　映像の編集を担当してくれたのは，新井一寛氏である。筆者は調査期間中，自分自身の記憶保持やプレゼン用にと思ってビデオを撮りためていたが，技術的にはまったくの素人で，人様にお見せするのが恥ずかしく，テープは机の中で6年ほど眠ったままだった。その中でも使える断片をかき集め，彼がそれを何とかつなぎあわせてくれた。とは言え，もとより映像作品を目指したものではなく，宗教実践の現場の雰囲気を感じ取っていただければ幸いである。

　本書の執筆は，おもに息子の慧真が誕生した直後に，その無邪気な姿から力をもらいながら行った。日常生活を支えてくれている妻のタムに対しても，感謝したい。妻は，もともと雲南民族大学留学中の同級生だった。思えば，2人と出会えたのも，徳宏のおかげだったかもしれない。

文献一覧

〔日本語文献〕

綾部恒雄．1971．『タイ族——その社会と文化』弘文堂．
馬場雄司．1984．「Sip Song Panna の民族詩人贊哈について——雲南地方における文化複合の一形態として」『東南アジア——歴史と文化』13: 29-58.
―――．1990．「雲南タイ・ルー族のツァーン・ハプ——歌（ハプ）を専門とする職能者の諸相」藤井知昭・馬場雄司編『職能としての音楽』東京書籍，155-188.
―――．1994．「雲南，シプソーンパンナーと北部タイ，ランナーのランカーウォン受容に関して」森祖道編『南方上座仏教の展開と相互交流に関する総合的研究』（科学研究費補助金研究成果報告書），22-33.
ダニエルス，クリスチャン．1998．「タイ系民族の王国形成と物質文化——13〜16世紀を中心として」新谷忠彦編『黄金の四角地帯——シャン文化圏の歴史・言語・民族』慶友社，152-217.
―――．2002．「東南アジアと東アジアの境界——タイ文化圏の歴史から」中見立夫編『境界を超えて——東アジアの周縁から』山川出版社，137-189.
―――．2004．「雍正七年清朝によるシプソンパンナー王国の直轄地化について——タイ系民族王国を揺るがす山地民に関する一考察」『東洋史研究』62-4: 94-128.
古島琴子．2001．『攀枝花の咲くところ——雲南タイ族の世界』創土社．
長谷川清．1990．「タイ族における民族文化の再編と創造」『文化人類学』8: 116-126.
―――．1991．「『伝統』の改革——タイ族の文化変化をめぐって」『聖徳学園岐阜教育大学紀要』21: 75-99.
―――．1993．「雲南省タイ系民族における仏教と精霊祭祀」田辺繁治編『実践宗教の人類学——上座部仏教の世界』京都大学学術出版会，221-256.
―――．1995．「『宗教』としての上座仏教——シプソーンパンナー，タイ・ルー族の仏教復興運動とエスニシティ」杉本良男編『宗教・民族・伝統』南山大学人類学研究所，55-82.
―――．1996．「上座仏教圏における『地域』と『民族』の位相——雲南省，徳宏タイ族の事例から」林行夫編『東南アジア大陸部における民族間関係と「地域」の生成』総合的地域研究成果報告書シリーズ No 26 文部省科学研究費補助金重点領域研究「総合的地域研究」総括班，79-107.
―――．2001．「中華の理念とエスニシティ——雲南省徳宏地区，タイ・ヌーの事例から」塚田誠之・瀬川昌久・横山廣子編『流動する民族——中国南部の移住とエスニシティ』平凡社，221-240.
―――．2002a．「歴史と政治のせめぎあう場所」『季刊民族学』101: 61-63.
―――．2002b．「中国・ビルマ国境問題」松原正毅編『世界民族問題事典』平凡社，711.
―――．2006a．「中国・ミャンマー境域における宗教実践とローカリティの再創出——徳宏州，ムン・マオ（瑞麗）の事例研究」林行夫編『東南アジア大陸部・西南中国の宗教と

社会変容―制度・境域・実践』平成 15 年度～平成 17 年度科学研究補助金（基盤研究
　　　　（A））研究成果報告書，82-118.
―――．2006b.「雲南省の宗教政策と上座仏教に関する基礎資料―中華人民共和国の成
　　　　立以降の動向について」林行夫編『東南アジア大陸部・西南中国の宗教と社会変容―制
　　　　度・境域・実践』平成 15 年度～平成 17 年度科学研究補助金（基盤研究（A））研究成果
　　　　報告書，119-148.
―――．2009.「宗教実践とローカリティ―雲南省・徳宏地域ムンマオ（瑞麗）の事例」
　　　　林行夫編『〈境域〉の実践宗教―大陸部東南アジア地域と宗教のトポロジー』京都大学
　　　　学術出版会，131-170.
林行夫．1984.「モータムと『呪術的仏教』―東北タイ・ドンデーン村におけるクン・プラ
　　　　タム信仰を中心に」『アジア経済』25-10: 77-98.
―――．1989.「ダルマの力と帰依者たち―東北タイにおける仏教とモータム」『国立民族
　　　　学博物館研究報告』14-1: 1-116.
―――．1998.「カンボジアにおける仏教実践―担い手と寺院の復興」大橋久利編『カン
　　　　ボジア―社会と文化のダイナミックス』古今書院，153-219.
―――．2000.『ラオ人社会の宗教と文化変容』京都大学学術出版会．
―――．2004.「仏教と民衆宗教」小松和彦・田中雅一・谷泰・原毅彦・渡辺公三編『文
　　　　化人類学文献事典』弘文堂，830-831.
―――．2009.「「タイ仏教」と実践仏教の位相―東北農村のタマカーイにみる制度と教
　　　　派の展開」林行夫編『〈境域〉の実践宗教―大陸部東南アジア地域と宗教のトポロジー』
　　　　京都大学学術出版会，235-304.
林行夫編．2006.『東南アジア大陸部・西南中国の宗教と社会変容―制度・境域・実践』平
　　　　成 15 年度～平成 17 年度科学研究補助金（基盤研究（A））研究成果報告書．
―――．2009.『〈境域〉の実践宗教―大陸部東南アジア地域と宗教のトポロジー』京都大
　　　　学学術出版会．
飯島明子．1999.「北方タイ人諸王国」石井米雄；桜井由躬雄編『東南アジア史 I』新版世
　　　　界各国史 5　山川出版社，133-156.
飯國有佳子．2010.『ミャンマーの女性修行者ティーラシン―出家と在家のはざまを生きる
　　　　人々』風響社．
―――．2011.『現代ビルマにおける宗教的実践とジェンダー』風響社．
池田正隆．1995.『ビルマ仏教―その歴史と儀礼・信仰』法藏館．
池田正隆訳．2007.『ミャンマー上座仏教史伝―「タータナー・リンガーヤ・サーダン」を
　　　　読む』法藏館．
石井米雄．1975.『上座部仏教の政治社会学―国教の構造』創文社．
―――．1998.「シャン文化圏からみたタイ史像」新谷忠彦編『黄金の四角地帯―シャン
　　　　文化圏の歴史・言語・民族』慶友社，86-103.
―――．1991.『タイ仏教入門』めこん．
伊藤悟．2010.「徳宏タイ族のシャマニズムムームンコァンとムンヤーンにおけるシャマンの
　　　　比較研究」『総研大文化科学研究』6: 1-40.
岩田慶治．1992.『草木虫魚の人類学』講談社．
小林知．2011.『カンボジア村落世界の再生』京都大学学術出版会．
小島敬裕．2005a.「現代ミャンマーにおける仏教と国家―『1980 年全宗派合同会議』後の

制度化の現実」京都大学大学院アジア・アフリカ地域研究研究科提出博士予備論文.
―――. 2005b.「ミャンマー連邦サンガ組織基本規則」『東南アジア―歴史と文化』34: 103–127.
―――. 2006.「現代ミャンマーにおける仏教の制度再編―『1980 年全宗派合同会議』後の仏教と国家」林行夫編『東南アジア大陸部・西南中国の宗教と社会変容―制度・境域・実践』平成 15 年度〜平成 17 年度科学研究補助金（基盤研究（A））研究成果報告書, 337–450.
―――. 2009a.「現代ミャンマーにおける仏教の制度化と〈境域〉の実践」林行夫編『〈境域〉の実践宗教―大陸部東南アジア地域と宗教のトポロジー』京都大学学術出版会, 67–130.
―――. 2009b.「中国雲南省徳宏州における上座仏教―戒律の解釈と実践をめぐって」『パーリ学仏教文化学』23: 21–39.
―――. 2010a.「中国雲南省における徳宏タイ族の宗教と社会―国境地域の仏教徒の実践をめぐって」京都大学大学院アジア・アフリカ地域研究研究科提出博士論文.
―――. 2010b.「中国雲南省徳宏州におけるザウラーン・ザウザーイ・ヤーモットの宗教実践」北沢直宏・小島敬裕・前川佳世子編『アジアにおけるシャーマニズムと社会変容』松香堂書店, 3–14.
―――. 2010c.「越境するカリスマ僧コーケー師」『京都大学地域研究統合情報センターニューズレター』7: 12.
―――. 2011a.「第 7 章　西南中国におけるパーリ仏教」奈良康明・下田正弘編『スリランカ・東南アジア―静と動の仏教』新アジア仏教史 4　佼成出版社, 352–381.
―――. 2011b.『中国・ミャンマー国境地域の仏教実践―徳宏タイ族の上座仏教と地域社会』風響社.
―――. 2012.「中国雲南省徳宏州における上座仏教徒社会の時空間マッピング―地域に根ざした「教派（kəŋ）」の実践を中心に」片岡樹編『聖なるもののマッピング―宗教からみた地域像の再構築に向けて』（CIAS ディスカッションペーパーNo 26）京都大学地域研究統合情報センター, 27–35.
―――. 2013a.「山地民・平地民の境界を越える上座仏教―中国・ミャンマー国境地域におけるタアーン族と徳宏タイ族の事例から」片岡樹編『東南アジア大陸部における宗教の越境現象に関する研究』平成 22 年度〜平成 24 年度科学研究費補助金（基盤研究（A））研究成果報告書, 135–146.
―――. 2013b.「中国雲南省徳宏州における功徳の観念と積徳行」兼重努・林行夫編『功徳の観念と積徳行の地域間比較研究』（CIAS ディスカッションペーパーNo. 33）京都大学地域研究統合情報センター, 37–45.
リーチ，エドモンド．1995.『高地ビルマの政治体系』関本照夫訳，弘文堂．
牧野勇人．2001.「ミャンマー―ビルマ化政策と少数民族教育」村田翼夫編『東南アジア諸国の国民統合と教育―他民族社会における葛藤』東信堂, 131–142.
ミルン．1944.『シャン民俗誌』牧野巽・佐藤利子訳，生活社．
村上忠良．1997.「タイ・ヤイ（シャン）村落における「守護霊」と「村の柱」の二重性―タイ・ヤイ（シャン）の宗教研究のための予備的考察」『族』29: 2–25.
―――. 2003.「シャン仏教チョーティ派史素描―東南アジア大陸部における仏教実践の事例研究」『宮崎公立大学人文学部紀要』11-1: 155–172.

———．2013「上座仏教徒の積徳行に関する試論―タイ北部シャンの事例より」兼重努・林行夫編『功徳の観念と積徳行の地域間比較研究』（CIAS ディスカッションペーパー No. 33）京都大学地域研究統合情報センター，24-30.
長谷千代子．2007．『文化の政治と生活の詩学―中国雲南省徳宏タイ族の日常的実践』風響社．
奥平龍二．1990．「国民統合の政治思想―『ビルマ的社会主義』論」土屋健治編『東南アジアの思想』講座東南アジア学第 6 巻　弘文堂，173-205．
大野徹．1991．「英領ビルマ」矢野暢編『東南アジアの国際関係』講座東南アジア学第 9 巻　弘文堂，32-54．
———．2000．『ビルマ（ミャンマー）語辞典』大学書林．
高谷紀夫．2008．『ビルマの民族表象―文化人類学の視座から』法蔵館．
田原史起．1999．「村民委員会」天児慧・石原享一・朱建栄・辻康吾・菱田雅晴・村田雄二郎編『岩波現代中国事典』岩波書店，671-672．
田辺繁治編．1993．『実践宗教の人類学―上座部仏教の世界』京都大学学術出版会．
土佐桂子．2000．『ビルマのウェイザー信仰』勁草書房．
上村勝彦・長崎法潤訳．1988．『ジャータカ全集 7』春秋社．
宇佐美洋．1998．「タイ諸語」新谷忠彦編『黄金の四角地帯―シャン文化圏の歴史・言語・民族』慶友社，27-46．
吉田香世子．2009．「北ラオス村落社会における出家行動と移動の経験―越境とコミュニケーションの動態の理解に向けて」『アジア・アフリカ地域研究』9-1: 1-29．
楊光遠（兼重努訳）．2009．「中国雲南省徳宏州ドアン族の仏教文化と土着信仰」林行夫編『〈境域〉の実践宗教―大陸部東南アジア地域と宗教のトポロジー』京都大学学術出版会，575-630．

〔英語文献〕

Condominas, Georges. 1975. "Phiban Cults in Rural Laos." In: G. W. Skinner and A. T. Kirsch (eds.), *Change and Persistence in Thai Society* Ithaca: Cornell University Press, pp. 252-273.

Davis, Sara. 2003. "Premodern Flows in Postmodern China: Globalization and the Sipsongpanna Tais.", *Modern China,* 29-2: 176-203.

Durrenberger, Paul E. 1980. "Annual Non-Buddhist Religious Observances of Mae Hong Son Shan", *Journal of Siam Society,* 68-2: 48-56.

Ferguson, John P. and Mendelson, E. Michael. 1981. "Masters of the Buddhist Occult: The Burmese Weikzas", *Contributions to Asian Studies,* 16: 62-80.

Keyes, Charles F. 1975. "Kin Groups in a Thai-Lao Community" In: G. W. Skinner and A. T. Kirsch (eds.), *Change and Persistence in Thai Society,* Ithaca: Cornell University Press.

Kojima, Takahiro. 2012. "Tai Buddhist Practices in Dehong Prefecture, Yunnan, China", *Southeast Asian Studies,* 1-3: 395-430.

Kojima, Takahiro and Badenoch, Nathan. 2013. "From Tea to Temples and Texts: Transformation of the Interfaces of Upland-Lowland Interaction on the China-Myanmar Border", *Southeast Asian Studies,* 2-1: 95-131.

Leach, Edmund R. (ed.). 1968. *Dialectic in Practical Religion,* Cambridge: Cambridge University

Press.

Lintner, Bertil. 1990. *The Rise and Fall of the Communist Party of Burma (CPB)*, Ithaca: Cornell University.

Luo Yongxian. 1999. *A dictionary of Dehong, Southwest China*, Canberra: Pacific Linguistics.

Mendelson, E. Michael . 1960. "Religion and Authority in Modern Burma", *The World Today*, 16–3: 110–118.

―――. 1961a. "The King of the Weaving Mountain", *Royal Central Asian Journal*, 48: 229–237.

―――. 1961b. "A Messianic Buddhist Association in Upper Burma", *Bulletin of the School of Oriental and African Studies*, 24: 560–580.

―――. 1963a. "The Uses of Religious Scepticism in Upper Burma", *Diogenes*, 41: 94–116.

―――. 1963b. "Observations on a tour in the region of Mount Popa, Central Burma", *France-Asie*, 179: 786–807.

Mendelson, E. Michael (ed. by Ferguson, J. P.). 1975. *Sangha and State in Burma*, Ithaca: Cornell University Press.

Mendelson, E. Michael (Tarn, N.). 1991. *Views from the Weaving Mountain*, Albuquerque: University of New Mexico Press.

Murakami, Tadayoshi. 2009. "*Lik Long* (Great Manuscripts) and *Care*: the Role of Lay Intellectuals in Shan Buddhism", In: Masao Kashinaga (ed.), *Written Cultures in Mainland Southeast Asia, Senri Ethnological Studies*, 74: 79–96.

Okell, John. 1971. *A Guide to the Romanization of Burmese*, London: The Royal Asiatic Society of Great Britain and Ireland.

Redfield, R. 1960. *Peasant Society and Culture*, Chicago: The University of Chicago Press.

Sadler, A. W. 1970. "Pagoda and Monastery: Reflections on the Social Morphology of Burmese Buddhism", *Journal of Asian and African Studies* 5(4): 282–293.

Scott, J. G. and Hardiman, J. P. 1983 (1900). *Gazetteer of Upper Burma and Shan States*, Part 1, Vol 1, New York: AMS Press.

Scott, George J. 1999 (1906). *Burma: A Handbook of Practical Information*, Bangkok: Orchid Press.

Sao Tern Moeng. 1995. *Shan-English Dictionary*, Kensington: Dunwoody Press.

Sangermano, Vincenzo . 1995 (1893). *The Burmese Empire a Hundred Years Ago*, Bangkok: White Orchid Press.

Spiro, Melford . 1967. *Burmese Supernaturalism*, New Jersey: Prentice-Hall.

―――. 1970. *Buddhism and Society: A Great Tradition and Its Burmese Vicissitudes*, New York: Harper & Row.

Swearer, Donald K. 1976. "The Role of the Layman Extraordinaire in Northern Thai Buddhism", *Journal of the Siam Society*, 64(1)：151–168.

Tambiah, Stanley J. 1968. "Literacy in a Buddhist Village in North-east Thailand" In: Jack Goody (ed.), *Literacy in Traditional Societies*, Cambridge: Cambridge University Press, pp. 86–131.

―――. 1970. *Buddhism and the Spirit Cults in North-East Thailand*, Cambridge: Cambridge University Press.

―――. 1976. *World Conqueror and World Renouncer: A Study of Buddhism and Polity in Thailand against a Historical Background*, Cambridge: Cambridge University Press.

Tannenbaum, Nicola. 1990. "The Heart of the Village: Constituent structures of Shan

Communities." *Crossroads,* 5(1): 23-41.
―――. 1995. *Who Can Compete Against the World?: Power-Protection and Buddhism in Shan Worldview,* Ann Arbor: Association for Asian Studies.
Than Tun (ed.). 1990. *The Royal Order of Burma, A. D. 1598-1885,* Vol 4, Kyoto: The Center for Southeast Asian Studies, Kyoto University.
T'ien, Ju-K'ang. 1949. "Pai Cults and Social Age in the Tai Tribes of the Yunnan-Burma Frontier", *American Anthropologist,* 51: 46-57.
―――. 1986. *Religious Cults of the Pai-I along the Burma-Yunnan Border,* Ithaca, New York: Southeast Asia Program, Cornel University.
Wolters, O. W. 1999. *History, Culture, and Region in Southeast Asian Perspectives,* Ithaca, New York: Southeast Asia Program, Cornel University.
Yos Santasombat. 2001. *Lak Chang: a reconstruction of Tai identity in Daikong,* Canberra: Pandanus Books.
Yule, Henry. 1858 (1968). *A Narrative of the Mission to the Court of Ava in 1855,* London: Oxford University Press.

〔中国語文献〕

褚建芳．2005．『人神之間―雲南芒市一個傣族村寨的儀式生活、経済倫理与等級秩序』北京：社会科学文献出版社．
徳宏州傣学学会編．2005．『勐卯弄傣族歴史研究』昆明：雲南民族出版社．
徳宏州史志弁公室編．2008．『徳宏年鑑（2008）』徳宏：徳宏民族出版社．
杜継文・黄明信編．2006．『仏教小辞典』上海：上海辞書出版社．
方国瑜．2008．「滇緬南段界務管見」『滇西辺区考察記』昆明：雲南人民出版社，71-91．
龔家強・朗昌輝．2006．「徳宏州民族文化資源的現状与開発利用研究」中共徳宏州委政策研究室編『建設美好家園―徳宏傣族景頗族自治州新世紀発展戦略与決策』昆明：雲南民族出版社．
郭濱明・董允．2005．「雲南南伝仏教寺院管理問題研究―有寺無僧和緬僧入境主持法事活動現象分析」熊勝祥・楊学政主編『2004～2005雲南宗教情勢報告』昆明：雲南大学出版社，31-41．
何鴻生．1987．「辺疆工作回憶」『徳宏州文史資料選輯』第6輯 潞西：徳宏民族出版社，118-133．
江応樑．1948．「擺夷的種属淵源及人口分布」『辺政公論』7-3: 24-33．
―――．1950a．『擺彝的生活文化』上海：中華書局．
―――．1950b．『擺夷的経済生活』広州：広州嶺南大学西南社会経済研究所．
―――．1963．「明代外地移民進入雲南考」『雲南大学学術論文集』第二輯：1-33．
―――．1983．『傣族史』成都：四川民族出版社．
―――．1992．『江応樑民族研究文集』北京：民族出版社．
江応樑（江暁林箋注）．2003a．『滇西擺夷之現実生活』潞西：徳宏民族出版社．
江応樑（撮影）；江暁林（撰文，補図）．2003b．『滇西土司区諸族図説』潞西：徳宏民族出版社．
劉江．2008．『官純―変遷中的土司属官寨』昆明：雲南大学出版社．
劉揚武．1990．「徳宏傣族小乗仏教的教派和宗教節日」王懿之・楊世光編『貝葉文化論』昆

明：雲南人民出版社，425-431.
孟尊賢編．2007.『傣漢詞典』昆明：雲南民族出版社
《民族問題五種叢書》雲南省編輯委員会編．1984a.『德宏傣族社会歷史調査（一）』昆明：雲
　　南人民出版社.
―――．1984b.『德宏傣族社会歷史調査（二）』昆明：雲南人民出版社.
田汝康．1986（1941）.「擺夷的擺」『德宏史志資料第六集』潞西：德宏民族出版社
―――．2008（1946）.『芒市辺民的擺』昆明：雲南人民出版社.
呉之清．2007.『貝葉上的傣族文明―雲南德宏南伝上座部仏教社会考察研究』成都：巴蜀書
　　社.
―――．2008.『貝葉上的傣族文明―雲南西双版納南伝上座部仏教社会研究』北京：人民
　　出版社.
西双版納傣族自治州民族宗教事務局編．2006.『西双版納傣族自治州民族宗教志』昆明：雲
　　南民族出版社.
熊勝祥・楊学政編．2005.『2004～2005 雲南宗教情勢報告』昆明：雲南大学出版社.
顔思久編．1986.「雲南小乗仏教考察報告」『宗教調査与研究』1: 394-469.
楊常鎮．1997.「従勐卯果占壁到勐卯安撫司―勐卯傣族土司史略」德宏州政協文史和学習委
　　員会編『德宏州文史資料選輯　第十輯（德宏土司専輯）』潞西：德宏民族出版社，1-48.
雲南省編輯組編．1987.『德宏傣族社会歷史調査（三）』昆明：雲南人民出版社.
雲南省人口普査弁公室・雲南省統計局人口処・雲南省公安庁三処編．1990.『雲南省人口統
　　計資料汇編（1949-1988）』昆明：雲南人民出版社.
張建章編．1992.『德宏宗教―德宏傣族景頗族自治州宗教志』潞西：德宏民族出版社.
―――．1993.『雲南辺疆宗教文化論』潞西：德宏民族出版社.
張元慶．1987.「德宏傣族社会風俗調査」『德宏傣族社会歷史調査（三）』潞西：雲南人民出
　　版社，123-151.
鄭信哲・孫懿・烏小花．2006.『瑞麗市傣族卷』中国少数民族現状与発展調査研究叢書 北京：
　　民族出版社.
中国勐卯鎮委員会・勐卯鎮人民政府 http://ynszxc gov cn/szxc/villagePage/vreport aspx?
　　departmentid = 96365（2009 年 11 月 9 日閲覧）.
《中国少数民族社会歷史調査資料叢刊》修訂編輯委員会編．2009.『德宏傣族社会歷史調査』
　　北京：民族出版社.
中央党校民族宗教理論室（編）．1999.『新時期民族宗教工作宣伝手冊』北京：宗教文化出版
　　社.
朱德普．1996.『傣族神霊崇拝覓踪』昆明：雲南民族出版社.

〔德宏タイ語文献〕

Goŋ su tsoŋ. 2005. *Lăk li sau pi*(『二十年傣曆』), Məŋ xɔn: ɔŋ ɔk lai a meu tau̇ xoŋ.
Lum put tha pha sa ɯŋ tau̇ xoŋ. 2006. *Păp ta la put tha pha sa*(『仏法書』), Məŋ xɔn: Lum put tha
　　pha sa ɯŋ tau̇ xoŋ.
Lum put tha sa săn la məŋ mau. 2007. *Păp thăm tsău thăm ma tsăk ka*(『初転法輪経典』), Məŋ
　　mau: Lum put tha sa săn la məŋ mau.

〔シャン語文献〕

ŋău ŋun muk tsum săŋ xa tsɯŋ tai. 1994. *Fiŋ ŋɛ Put tha pa sa* (『仏教の礼儀』), Paŋ lɔŋ: ŋău ŋun muk tsum săŋ xa tsɯŋ tai.

Tsău sɔ pha na. 1999. *Păp thăm tsău Thăm ma tsăk ka* (『初転法輪経典』), Mu tse: Mu tsum thăm ma tsăk ka.

Tsum kɔ pă kă văt tsɔŋ lɔi tsɔ ti. 2003. *Mai kum Pi kɔn xăm, Tsɔŋ lɔi Tsɔ ti, Veŋ Məŋ Jaŋ* (『ムン・ヤーン町, ゾンロイ・ゾーティー寺院 50 周年記念』).

〔ビルマ語文献〕

TUH (Thadanayei Uzi Htana). 1996. *Thanga Ahpweasi Ahkyeihkan Siming hnin Loukhtonlouknimya* (『サンガ組織基本規則および手続き』), Yangon: Thadanayei Uzi Htana.

索引（事項 / 儀礼・祭祀 / 人名）

■事項索引

愛国愛教　272
悪霊　9, 96, 110, 128-132, 160, 174-175, 177, 179-184, 187, 191, 199-200, 202-203, 206, 208, 210, 214, 217, 279
　——祓い　21, 174-175, 179-181, 183, 187, 202-204, 206, 210, 217, 224, 239, 261, 267, 283
異常死　160
異端　13, 21, 277
一時出家　3, 58, 60, 81, 103-104, 173, 268
　——者　104
移動　4, -6, 14, 20-21, 50, 66-68, 110, 123, 126, 133, 141, 143-144, 146, 154, 161, 163, 195, 197, 205, 209, 216, 232, 235, 259, 262, 267, 270
稲魂神　178
運勢　79, 114, 190-191
雲南民族大学　7, 274
盈江　29, 31, 34-36, 38, 74, 125, 183, 214-215, 224, 286
越境　5, 20-21, 206, 217, 229, 255, 277, 278, 283
援蔣ルート　37　→旧ビルマルート，滇緬公路
畹町鎮　36, 38-40, 45, 60, 70, 211
王権　8, 10-11, 13, 15, 21

改革開放　17, 22, 39-40, 74, 283-284
戒文　133, 197
戒律　8, 10-11, 13, 21, 74, 81-82, 104, 133-134, 177, 219, 233, 255-257, 259-262, 264, 266-268, 270, 276, 278, 283-285
ガイン　196, 204, 206-208, 210
家系　31, 74, 88, 213
加護　20, 120-121, 127, 133, 146, 172-173, 182, 191, 212, 224
火葬　160, 174
カッピー　→寺子199
羯磨文　130-132, 174-175, 180-182, 200-203, 217, 283
紙の仏塔　129
漢語　4, 6-7, 33, 37, 52, 74, 150, 267, 271, 274-275, 278-279
漢族　18, 20, 25, 27, 30-33, 35-40, 44, 46, 48, 50, 74, 79, 81, 83, 91, 111, 113, 119-120, 123, 148-149, 161, 163, 169, 187, 204, 206, 208, 213, 278-279
漢族寺院　81
漢タイ（旱タイ）　27
漢文化　3, 19-20, 25, 29, 34-36, 50, 74, 90, 148-149, 182, 286
灌水龍　124-127
カントー　145-146, 161, 266
カンボジア　3-4, 7, 12, 58, 60
寄進　8, 11, 20-21, 69, 86, 91-92, 110, 117, 119, 124, 135-137, 139-140, 147, 165, 168-169, 171, 173-174, 182, 188-189, 217-224, 226, 238-239, 249, 260, 264, 270, 279, 283
　——者　57
義務教育　52, 71, 274-275
旧ビルマルート　36-37, 39-40　→援蔣

321

ルート．滇緬公路
境域　50, 276, 284
共産党　14-15, 17, 46, 139, 274-275, 278
　──統一戦線部　69
教職人員　276
経典　5, 9, 12-13, 21, 100, 184, 197, 208, 214, 217, 230, 247, 260, 270-272, 276, 284-285
教派　11, 13, 21, 64, 66, 68-69, 73, 82, 110, 140, 171, 198, 255, 257-262, 264, 266-267, 269, 277, 284-286
教理試験　195, 204-205, 259, 270
近代国家　10-11, 13, 20-21, 34, 50, 257, 277, 284-285
禁毒防艾　48
功徳　10-11, 20, 57, 81, 102-104, 109, 135, 137, 139, 160, 165-166, 169-170, 173, 182, 218, 225, 236, 239, 246, 283-284
　──を分け与える　57
供物　20, 57, 109-111, 115, 117, 120, 124, 133, 136, 143, 153, 163-164, 168, 169-173, 177, 180, 182, 189-194, 211-213, 224-225, 283
袈裟　64, 66, 81, 110-111, 124, 127, 202-203, 255-257, 260, 279
偈頌　118, 171, 200, 202-203, 206-208, 210, 213-214, 217, 224, 278-279
　──水　213-216
結界　94, 181, 202
ケンザウマーン　94
現世　57
　──利益　9
還俗　12, 60, 64, 66, 73, 77-80, 102, 104, 188, 196, 223, 230, 233, 245, 256, 269, 275
元朝　34
声の実践　21, 243, 246-247, 249, 251
五戒　10, 118, 124, 126, 130, 135-137, 139, 141, 146, 148, 153, 163-165, 175, 179,
225, 227, 235
　──文　235
国王　11, 21, 67, 277
国民党　17, 46, 278
護呪経　118, 174-175, 180-181, 184, 200
国家サンガ大長老委員会　13
国境　3-6, 19-20, 25, 36, 40, 46, 48, 50, 81, 85, 152, 183, 196, 210, 214-216, 237, 248-249, 255, 260, 264, 268, 270, 276-277, 285
　──画定問題　35
　──地域　13
　──貿易　20, 39-40, 232
護符　200, 202-204, 206-208, 210, 214, 217, 224, 279
暦　31-32, 35, 113, 117, 122
コンソン　88-89, 123-124, 126
昆明　16, 25, 37, 39, 44, 48, 85, 100, 172, 232, 274

サーウ　143-146, 151-152, 155, 159, 164
　→未婚女性
ザージー　94-95
ザーックザー　117-118, 124, 128, 135, 137, 143-144, 146, 191-192, 235
サーラー　21, 206, 210, 214, 217, 224, 286
ザーロップ　88-89, 117, 141-142
ザーロム　170
在家者　3, 10-13, 20-21, 57, 82, 86, 88-91, 93, 102, 118, 168, 173, 181-182, 187-188, 192, 199, 204, 208, 223-226, 232, 235, 238, 240, 243, 246-247, 255-257, 259, 261-263, 266, 268, 273, 283, 287
ザウザーイ　21, 186, 210, 212, 214-217, 224, 286
ザウサーン　197-199
ザウザーン　197-199

ザウセー　199
ザウティン　198-199
ザウファー　14, 21, 34-35, 45, 67-69, 85, 88, 96-97, 212, 277, 284
ザウマーン　83　→村の守護霊
ザウムン　83　→ムンの守護霊
ザウモン　198-199
ザウラーン　21, 186, 188, 190, 210-211, 214-217, 224, 286
ザウロン　199
サムマーティ　84, 88, 111, 117-118, 130, 140, 143, 148, 154, 157, 159, 173, 175, 230-233, 240, 246
サンガ　8, 10-13, 15, 57, 223, 236, 261, 271, 276-277
　――機構　11, 13, 204, 276, 278, 284
三征麓川　35
西双版納　3-4, 7, 14-15, 18, 20, 25, 27, 58, 60, 64, 66, 69, 75, 83, 160, 261
シーポー　3　→ティーボー
寺院　88-94
持戒　3, 11, 21, 66, 88-89, 110, 134, 240, 260, 266, 283
識字者　52, 100, 237, 246
十戒　10
師弟関係　13, 21, 261, 264, 266, 286
社会主義　4-5, 11, 13-14, 60, 270, 273, 284, 288
社会歴史調査　17, 19
沙弥　→見習僧
シャン　3-4, 19-20, 27-32, 34, 44, 50, 66-68, 81, 95, 97, 125, 128, 200, 207, 209, 217, 219, 230, 236-238, 241, 247, 266, 275, 287
　――暦　31-32
　――州　3, 8, 21, 28-29, 32, 35, 37, 53, 58, 67-68, 73, 76, 85-86, 88, 93, 97, 100, 109, 112, 125-126, 128, 164, 166, 183, 194-195, 197, 203, 205-206, 208, 215, 233, 235-238, 241-242, 245, 247, 259-260, 262, 266-268, 278, 287-288
　――サンガ協会センター　236
　――僧　262
　――文字　25, 33-34, 52-53, 125, 194, 207, 225, 230, 237, 241, 246, 249, 274
周縁　15, 19, 50, 251, 279, 286
宗教事務条例　14
シュエジン　264
誦経　7, 21, 47, 66, 73, 84, 95, 110-111, 113, 117-119, 126-131, 136, 146, 148, 157, 159-164, 166, 169, 175-176, 183-184, 187-189, 191, 193-194, 217, 223-224, 227, 229-231, 234-239, 244, 247, 249-251, 273, 275, 283
守護　21, 96, 99-100, 102, 111, 168-169, 172-173, 177, 179, 182, 184, 191, 238
　――霊　20, 95-97, 99, 133-134, 153, 178, 180, 182, 190, 211, 224, 264
　　――への参拝儀礼　128
　――祠　97
出家
　――慣行　20, 75, 102, 283
　――者　3, 6-8, 10-15, 20-21, 57-58, 60, 64, 70-82, 88-2, 102, 104-105, 118, 134-135, 149, 159, 172-174, 182, 188, 193, 197-199, 218-219, 223, 226, 233, 255, 259, 261, 264, 268, 270-271, 274, 276-278, 283-284, 286
　――主義　3, 8, 283
誦句　21, 231, 235-238, 247, 283
上座仏教徒社会　3, 5, 8, 10-11, 13, 20, 57-58, 60, 92, 109, 111, 113, 119-121, 133-134, 143, 149, 153, 182, 184, 192, 277, 284
　――諸国　5, 11, 15, 104

索引（事項・儀礼・祭祀・人名）　323

女性修行者　6-7, 15, 20-21, 70-71, 73, 76,
　　　83, 85-92, 118, 135, 159, 161, 178,
　　　188-189, 192-197, 218-219, 239, 271,
　　　276, 285　→ラーイハーウシンバル
ジンボー族　45, 83, 97, 123
水タイ　27
瑞麗
　　　──市統一戦線部　273
　　　──市仏教協会　52, 54, 78-79, 93, 198,
　　　249, 258, 265-266, 271, 273, 275
砂の仏塔　110-111, 189
スリランカ大寺派系　3
姓　31, 74
生産隊　46-48
正常死　160
制度化　5, 12, 277, 279, 285
精霊信仰　4, 9-10, 15, 18, 99, 178-179
説法　7, 21, 84, 110, 118-119, 125, 139,
　　　141, 143, 145, 148, 163-165, 175, 177,
　　　180, 187, 206, 217, 219, 224, 226-227,
　　　230-235, 238-239, 244-251, 264, 270,
　　　272-273, 275, 283-284, 287
善果　18, 57, 165, 240
全教派合同（サンガ大）会議　13, 21,
　　　204-205, 261, 270, 277
善霊　177-178, 191
象脚鼓　110-111, 117, 122-123, 125, 143,
　　　146, 148, 155, 175
総仏寺　68, 70-71, 89, 273-275, 288
僧侶　197-206
ゾーティー派　64, 67-69, 100, 232-233,
　　　244-246, 257-259, 262-264, 266
　　　──寺院　233, 244, 257
ゾンパーラー　91

タアーン（族）　18, 44, 67, 70, 82-84, 87,
　　　90, 97, 109, 195, 218-219　→徳昂族
ターラーロン　241, 243-245, 247

タイ
　　　──族　6, 37, 44, 46, 109, 123, 148-150,
　　　155, 160, 169, 189, 195, 206, 208,
　　　211, 218-219, 225, 233, 250, 275-
　　　279
　　　──寺院　218
　　　タイ・タウ　28-29
　　　タイ・ヌア　27
　　　タイ・ヌー　27
　　　タイ・マーウ　29-33, 100, 111-115,
　　　117, 122, 126, 128, 149, 192
　　　タイ・ルー　27, 29-34, 74, 90, 100,
　　　111, 113-115, 117, 119, 122, 126,
　　　149, 192
　　　──暦　31
　　　タイ・ロン　29
　　　──暦　32-33, 95, 109-114, 116-117,
　　　122, 126-128, 131, 134, 137, 141,
　　　143, 145-146, 148
　　　──人　18, 85
　　　──新年　32
　　　──文字　72, 273
　　　──講座　52-53
大乗仏教　83
大躍進（運動）　4-5, 14-15, 17, 19-20,
　　　46-47, 69, 71-73, 77, 79, 86, 90, 102,
　　　215, 277, 286
托鉢　11, 76, 93, 102, 264, 270
魂　9-10, 160-161, 163-164
タンマザッカ協会　53
地域
　　　──間比較　5-6, 8, 12, 286
　　　──社会　3, 5-7, 12, 14, 19
父親頭　143, 151, 155
中国（新中国）　16, 38, 46, 68, 72-73
　　　──王朝　34, 50, 182
　　　──共産党　268, 287
　　　──国境　50, 152, 251
　　　──人　16, 18-19

——仏教協会　126
通過儀礼　75, 149
ティーボー　3, 193, 202, 204-205, 209, 241, 247
ティーラシン　192
テインニー　35
寺子　7, 60, 73, 188, 198-199, 230-231, 255-257, 274-275
寺籠り　21, 57, 84, 89, 92, 93, 99, 112, 132-136, 140, 143, 145, 155, 157, 169, 182, 226-227, 229-230, 237, 247, 251, 257, 266, 283, 286
テンザージー　95
転送　57
テンタム　94, 130
滇緬公路　36-37　→援蔣ルート，旧ビルマルート
統一戦線部　69
トゥーダンマ　264
騰沖　36, 39, 50
東南アジア大陸部　3, 8-9, 14-15, 19, 25, 121, 173, 285
トーレー派　65, 68-69, 72-73, 82, 141, 198-199, 256-259, 264, 266
　　——寺院　68
徳　238, 260, 276
　積徳儀礼　57, 173-174, 223
　積徳行　9, 21, 57, 67, 100, 103, 119, 136, 170, 227, 229, 238, 247
土司　14, 16, 34-35, 45, 67-68, 96, 119, 262
　　——制度　14
徳宏
　外国人による徳宏研究　18
　　——の出家　58
　　——の地域的特徴　25
　　——州仏教協会　69, 85, 198, 215, 236-237, 273, 275
　　——州民族宗教事務局　77

徳昂族　18, 44, 83, 218　→タアーン族
徳宏タイ
　——語　6-8, 21, 25, 27-28, 31, 35, 52, 67, 73, 85, 88-89, 96, 99, 102, 105, 109, 112-113, 116, 119, 121, 128, 133, 140-141, 143, 151, 159, 165, 168, 189-191, 198-199, 202, 206, 226, 235-236, 245, 260, 262, 283
　——族　3, 7, 17-18, 27-28, 35, 43-44, 46, 70, 74, 99, 137, 145, 149, 173, 251
　——文字　25, 33-34, 52-53, 74, 225, 230, 237, 241-242, 246, 249, 274
　古徳宏タイ文字　241
土葬　160
銅鑼　110-111, 117-118, 122, 125, 143, 148, 155, 175, 184

ナンカン（ラムハム）　8, 15, 19, 29, 48, 72, 76, 78-79, 83, 85, 87, 90-92, 117, 170, 187, 195-196, 200, 215, 218, 232, 244-246, 249, 260, 268-270, 275, 278
二二七戒　10
日本軍　16, 36-38, 45-46, 97
農家経営請負制　48
農暦　31-32, 35, 117
幟　143-144, 149, 159, 161, 163, 165-166

ハーウ　192
パーラー（仏）　177, 225, 246
パーリ語　7, 100, 157, 164, 183, 203, 206, 235-236, 239, 241, 249
　　——経典　12, 197, 205-206
ハウテック　117, 124, 135, 175, 212, 229, 235
墓　36, 99, 102, 119-121, 161, 163-164, 174

索引（事項・儀礼・祭祀／人名）　325

バスケットコート　94
八戒　10, 57, 84, 134, 137, 139, 182, 215, 225-227, 235, 286
母親頭　151, 155
ピープー　213-214
比丘 10　→僧侶
一人っ子政策　71, 74
ビルマ　3-4, 19-21, 33-37, 45, 50, 66-68, 81, 93, 100, 173, 183, 190, 200, 203, 207, 230, 236-237, 241, 247, 257, 260, 269, 286
　——王権　277
　——王朝　50, 182
　——共産党　50, 268
　——軍　35, 47, 210
　——語　4, 7, 27, 33, 52, 53, 67, 85, 87-90, 97, 102, 121, 159, 164, 189, 199-200, 204, 206, 225, 236-237, 239, 244, 259-260, 264, 275
　——国王　66, 68-69
　——暦　31-32, 137
　——寺院　3
　——人　50, 87, 91, 104, 125, 138, 145, 173, 204, 261
　——族　53, 208
　——文字　25, 52, 74
ヒン・ラーイ　21, 57, 84, 93, 99, 110-112, 123, 132-134, 135-140, 143, 145, 157, 173-174, 177, 182, 226, 227, 229, 235, 237, 239-241, 246-247, 256, 266, 270, 283
福田　57
節回し　21, 66, 243-245, 247, 249-250
布薩
　——堂　68, 90, 94, 133, 197-198, 258, 262
　——日　32, 57, 68, 84, 89, 94, 99, 133-134, 136-137, 139-141, 143, 146, 172-173, 176, 197-198, 215, 226-227, 234, 238, 256-258, 262, 270, 286
布施　9, 11, 18, 57, 73, 76-80, 87, 93, 102-103, 110-111, 116-119, 124, 126, 130-131, 135, 137, 139-141, 143-148, 151, 153, 157, 164-165, 169, 173, 175, 178, 182-184, 188-189, 191-192, 194, 197, 224-227, 234-236, 238, 240, 264, 271-272, 283
仏教
　——協会　14, 68-69, 76, 85, 198-199, 232, 258, 271, 275-277, 287
　——儀礼　7, 57
　——実践 3, 5, 12-19, 21, 88, 110, 168, 177, 182, 216-217, 223-225, 229, 247-248, 255, 270, 276-277, 283, 287-288
　——徒
　　　——社会　3-4, 8-9, 12, 19-20, 73-75, 100, 102, 109, 149, 173, 223, 236, 283, 285
　　　——諸国　3, 14, 276, 284
福建人　48
仏学院　272, 274-275, 288
仏像　12, 17, 20, 68, 80, 86, 88, 91-92, 99-100, 110-112, 117-118, 123-127, 135, -137, 141, 143-144, 146, 148, 166, 169-173, 175, 178, 182-183, 193-194, 225-227, 229, 235, 238-239, 283, 285-286
仏足跡　70, 94, 285
仏弟子名　153, 170-171, 208
仏典　14, 20-21, 47, 99-100, 163, 165, 168, 172, 176, 182, 223-226, 230-231, 233-234, 238-248, 251, 283, 285-286
　——棚　20, 47, 83, 99-100, 102, 114-116, 123, 133, 137, 140, 153-154, 157, 160, 163-165, 168, 171-172, 175-176, 179-180, 182, 189, 191-

192, 203, 208, 211-212, 215, 217, 224, 238, 240, 246, 279

仏殿　89, 91

仏塔　14, 20, 43, 67, 70, 77, 82-83, 85-88, 90, 94, 110-112, 117-119, 123, 125, 127, 136, 138-139, 143-148, 151-152, 168-169, 172-174, 178, 182, 195, 211, 225-226, 229, 258, 276, 283, 285-286, 288

仏法詩およびタイ語韻文教室　244, 275

仏暦　31-32, 137

文革（文化大革命）　4-5, 14-15, 17, 19-21, 39-40, 44, 47-48, 60, 64, 69, 71-73, 75-78, 82, 85-86, 88, 90, 94, 99, 102, 119, 126, 141, 169, 188, 192, 215, 218, 229-233, 241, 247, 258, 261-262, 270, 277-278, 283-284

分節化　5

プンポイ　211-212, 214

ペットハム（仏塔）　117, 146-148, 168

紅衛兵　85, 90

ポイゾン派　64-69, 79, 198, 257-259, 261-262, 264, 266, 278

芒市　16, 18-19, 25, 28-31, 34-37, 43-45, 67, 79, 81, 83, 102, 117, 119, 148, 150, 183, 187, 191-192, 224, 237, 242-244, 262, 274, 278, 286

法臘　73, 77, 118, 126, 197, 199

ポェチャウン派　67

ホーシン　87-90, 92-93, 135, 137-138, 143, 189, 192, 195, 229, 285

ホーポー　151

ホーマーウ（仏塔）　82, 85, 117, 146-148, 168

ホーメー　151

ホール　21, 45, 72, 84, 87, 91, 100, 110-111, 113, 117-119, 125-126, 128-130, 132-133, 135-137, 139-141, 143, 145-146, 148, 153-154, 157, 159-160, 163-166, 169, 173-182, 184, 187-194, 206, 217, 223-227, 229-247, 251, 255, 257, 262, 264, 268, 270, 272-277, 283-284, 286
　――養成講座　237, 273, 275

ポールム　154-155, 159

ポーレン・マーウ　105

菩提学校　274

マーウ　105, 143-146, 151-152, 155, 159, 164　→未婚男性

マインカイン　73

マンダレー　3, 58, 66, 91, 195, 204-205, 259, 261

未婚女性　105, 125, 150, 152, 155　→サーウ

未婚男性　105, 150, 152　→マーウ

見習僧　10, 45, 58, 60, 67, 70-75, 78-79, 92-93, 104-105, 118, 135, 148, 174, 188, 197-199, 204, 230, 233, 245, 255-257, 259, 264, 267-268, 274-275, 278

ミャンマー
　――国境　6, 48, 216, 242
　――暦　122
　――人　85, 255
　――政府　195

民族
　――間関係　7, 218
　――宗教事務局　69, 76, 125, 271, 274, 276-277
　――文化資源　274

明朝　35

ムーセー（ムージェー）　8, 19, 25, 29, 33, 39-41, 47-48, 53, 74, 76, 78, 80, 86, 117, 163, 170, 174, 216, 218, 227, 230, 232, 234, 236, 240, 243-246, 249-250, 261, 264, 268-270, 278

無住寺　3, 15, 20, 70, 90, 268-269, 274
村の守護霊　83, 94-99, 102, 105, 115, 117, 128, 132-134, 165, 177-178, 191, 212-213, 264
村の柱　83, 94-95, 128-132
ムン（盆地）　34-35, 68, 96, 99, 102, 112, 127-128, 199, 211, 262
　ムン・クン　73
　ムン・マーウ　29, 34-36, 41, 43-45, 50, 68-69, 74, 85, 88, 90, 125-126, 168, 170, 212, 214, 225, 232-233, 236, 244, 250-251, 259, 261, 267-268
　ムン・ミット　67　→モーメイッ
　ムン・ヤーン　35　→モーフニン
　ムンの守護霊　83, 94-99, 115, 117, 127, 132-134, 153, 165, 177-178, 180, 191, 211-213 →ザウムン
　　——祠　94-96, 99, 128, 133
瞑想　104, 193, 197, 204, 217, 227, 240, 251, 278
　——寺院　197
メールム　154-155, 159
メーレン・サーウ　105
メンゾー派　219, 265-266
モーフニン　35, 233, 245, 262, 264

モーメイッ　67, 245, 262
モーリック　100, 240, 243, 245
勐卯鎮　40, 70, 117, 125, 146-148, 182
　——仏塔協会　88

ヨン派　64, 66, 259

ラーイ　192
ラーイハーウ　192　→女性修行者
　——シンバル　110-111, 117-118, 122-123, 125, 143, 148, 155, 175, 184　→女性修行者
来世　57
ラオス　3-4, 7, 11-12, 58, 74
隴川　29, 31, 34-36, 45, 183, 249
梁河　29, 31, 35-36, 38-39, 214-215
冷戦　4, 11, 284
潞西　16, 18-19, 25, 38, 68, 83, 87, 214-215

若い父親　139, 155, 184　→ポールム
若い母親　155, 184　→メールム

■儀礼・祭祀索引

入安居　31, 69, 133-135, 137-141, 143, 145, 157, 168-169, 173, 226, 229, 240, 264
（雨）安居　31, 52, 53, 57,73, 84, 88, 89, 91-92, 104, 109, 112, 117, 133-134, 140-141, 143, 145-146, 151-153, 155, 159, 164, 176, 182-183, 197-198, 204, 215, 226-227, 234, 237-238, 249, 255-258, 270, 273, 283, 286
オックワー儀礼　143, 159　→　出安居

カーンワーザーレー　→中安居
家屋の除祓儀礼　181, 199-200
カティナ衣奉献祭　109, 111, 127, 169, 226, 238
灌水祭　30, 32-33, 43, 69, 88, 89, 94, 104, 111, 113, 121-123, 125-126, 128, 149, 155, 157, 168-169, 173, 194, 226, 238, 264
結婚式　7, 47, 52, 100, 113, 153-155, 157, 168, 172, 193, 224-225, 234

4月祭　88, 111, 117, 146, 155, 157, 168, 174, 182, 223
死者供養の儀礼　155
集合儀礼　7, 20, 149, 168, 182, 197, 223, 286
春節　31-33, 43, 47, 88, 99, 113-117, 122, 149, 172
清明節　102, 119, 122, 149
招魂儀礼　224
除祓儀礼　10, 130, 200
新築儀礼　80, 100, 133, 157, 174-175, 180-182, 200
スムロー儀礼　112, 144, 157, 169
ソンペン　140-141, 157
葬式　7, 47, 52, 100, 113, 155, 159-160, 163-165, 168, 172, 193-194, 215, 218, 224, 234, 241-242
出安居　31, 69, 110, 135, 137, 139, 143, 145-146, 149, 151-152, 155, 157, 168-169, 173, 226, 240, 264, 266
滴水儀礼　57, 136, 153, 166, 170, 175
得度式　12, 94, 105, 181, 204, 261
中安居　135, 137, 139-141, 143, 145, 157, 165, 168-169, 226, 240
23日祭　88, 117, 148, 168
年中儀礼　109, 149, 174, 182
年齢数の供物儀礼　188-190, 192, 194, 224, 234
幟を立てる儀礼　224, 234
108の供物儀礼　190, 192, 234
布施儀礼　129, 223, 226
仏像の開眼祭　273
仏像奉納祭　37, 150, 170
仏塔祭　117
ポイ　18, 109, 116, 118, 121, 146, 149-150, 152, 259, 278
　ポイ・カンティン　109　→カティナ衣奉献祭
　ポイ・サーウサーム　146　→23日祭
　ポイ・サーンジェン　121　→灌水祭
　ポイ・ソンラム　121　→灌水祭
　ポイ・パーラー　17, 19, 37, 92, 150, 151, 169-171, 174, 208　→仏像奉納祭
　ポイ・ルンシー　116　→4月祭
　ポイ儀礼　150-151
ムーザー供物儀礼　191
村直しの儀礼　95, 128, 132, 149
村の守護霊儀礼　9
村の除祓儀礼　95, 99, 126-129, 131-133, 149, 157, 174, 175, 180-182, 200, 211, 215

■人名索引

アノーヤター王　66
アラウンパヤー王　67
石井米雄　10, 57, 261
ウンズム（師）　169, 235, 279
江応樑　16-17, 71
コーケー（師）　74, 170-171, 174, 200, 202, 204, 261, 278-279
サドラー　82, 88
スーアンファー　35
スーハーンファー　34-35, 211-212
スーホムファー　35
スウェアラー　223
スパイロ　9-10
タンバイア　9-10, 223
褚建芳　18
張建章　17, 262

索引（事項／儀礼・祭祀／人名）　329

田汝康　16-19, 37, 149, 151-152
長谷千代子　18
長谷川清　15, 18
林行夫　7, 57
ブンチュム（師）　169, 236, 279　→ウンズム（師）
ボードーパヤー王　13, 67
ミンドン王　13, 67, 277
メンデルソン　10, 67
ヨット　18

［著者紹介］

小島敬裕（Kojima, Takahiro）

1969年生まれ。1994年，北海道大学文学部文学科中国文学専攻課程卒業。札幌北斗高等学校，WIN日本語学校（在ミャンマー）勤務の後，ヤンゴン外国語大学に留学。帰国後，京都大学大学院アジア・アフリカ地域研究研究科博士課程に入学し，雲南民族大学留学を経て2010年に修了。博士（地域研究）。単著に『中国・ミャンマー国境地域の仏教実践 ── 徳宏タイ族の上座仏教と地域社会』（2011年，風響社），共著に『＜境域＞の実践宗教 ── 大陸部東南アジア地域と宗教のトポロジー』（2009年，京都大学学術出版会），『静と動の仏教 ── 新アジア仏教史04 スリランカ・東南アジア』（2011年，佼成出版社）等がある。

国境と仏教実践
── 中国・ミャンマー境域における上座仏教徒社会の民族誌
（地域研究のフロンティア 3）

© Takahiro KOJIMA 2014

2014年2月28日　初版第一刷発行

著　者　　小島敬裕
発行人　　檜山爲次郎
発行所　　京都大学学術出版会
京都市左京区吉田近衛町69番地
京都大学吉田南構内（〒606-8315）
電　話（075）761-6182
FAX（075）761-6190
URL http://www.kyoto-up.or.jp
振　替 01000-8 64677

ISBN 978-4-87698-385-8
Printed in Japan

印刷・製本　㈱クイックス
装幀　鷺草デザイン事務所
定価はカバーに表示してあります

本書のコピー，スキャン，デジタル化等の無断複製は著作権法上での例外を除き禁じられています。本書を代行業者等の第三者に依頼してスキャンやデジタル化することは，たとえ個人や家庭内での利用でも著作権法違反です。